KB149732

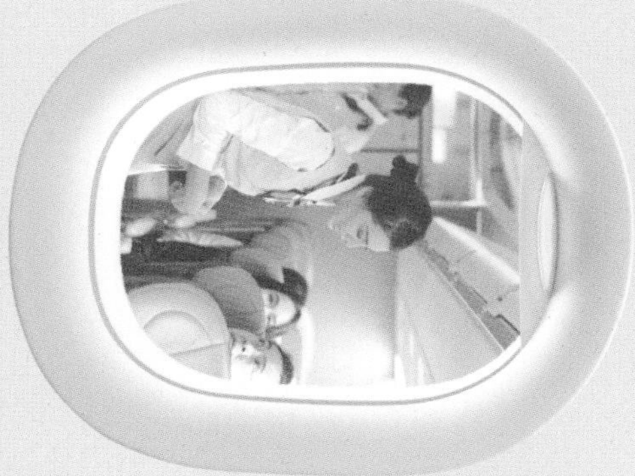

Airline Cabin Service

New

항공객실 업무론

Preface

2023년 2월, 본권을 개정 중 문득 서울시 강서구의 파란 하늘을 바라보니 A380 비행기 한 대가 멋진 비행운을 그리며 날아가고 있었다. 수년 전 저자는 분명히 기내에 책임자로 있었고 탑승한 객실승무원, 승객의 안전과 최상의 기내 서비스를 제공하기 위해 40,000ft 상공에서 이리저리 객실을 순회하며 고군분투하고 있었다.

31년 9개월 비행. 현재 여객기로 지구를 876바퀴 도는 시간

처음 보는 분마다 어떻게 긴 세월을 비행기와 함께 지냈냐고 매우 의아해 하지만 찰나와 같은 시간이었고 비행 중 기뻤던, 슬펐던, 어려웠던, 보람 느꼈던 일이 융합되어 정말 길다고 느낀 적은 한 번도 없었다.

이제 비행의 날개를 접고 지상에서 미래의 객실승무원을 양성하고 있어 더욱 더 보람을 느끼고 있지만 나를 위해서가 아닌 후학을 위해 뜻 깊은 일을 하고 싶어 뜻을 같이 하는 국내 최고 대학의 항공서비스과 교수님들과 함께 이 책을 집필하게 되었다. 교재를 만드는 작업이 순조롭지는 않았지만 예비항공인을 위한 정성과 헌신의 입장에서 모든 공동저자 교수님들의 헌신적인 노력과 희생이 있었고 수많은 날들을 열정으로 되새김하여 이제 지금까지 볼 수 없었던 최신 항공관련 지식

Preface

을 듬뿍 담은 새로운 객실업무론이 다시 한 번 후학의 손에 넘어가는 대장정의 막을 내렸다.

이 책은 그렇게 우리 모두와 같이 항공사 객실승무원이라는 소중한 꿈이 가슴에서 용솟음치는 예비승무원들과 현직승무원 그리고 국내항공사의 객실승무원 업무에 대해 강의하고 가르치는 교수님께 큰 도움이 될 수 있기를 바라는 마음이 간절하다.

끝으로 어려운 출판환경임에도 불구하고 이 책을 출판해주신 한올 출판사 대표님과 국내외 상공에서 함께 숨쉬며 고락을 함께 했던 국내 대형항공사 선후배 여러분께 머리 숙여 깊은 감사의 마음을 전한다.

"객실업무론" 공동저자 대표 최성수 드림

PS : 항공 기내방송업무에 관한 사항은 다루어야 할 부문이 너무 많아 본서에 수록하지 않았다. 기내방송업무는 저자의 항공기내방송업무에서 상당히 자세히 다루었으니 참고하도록 하자.

Contents

Contents

AIR PIAN

Contents

Contents

객실승무원의 정의

01 Chapter 객실승무원의 정의

1 항공사 객실승무원의 정의 및 자격

(1) 객실승무원 정의 및 자격

객실승무원이란 항공기에 탑승하여 비상시 승객을 탈출시키는 등 승객안전을 위한 업무를 수행하는 사람(항공안전법 2016.3.29)을 말한다. 따라서 항공기 객실승무원은 비행 중 객실업무 수행을 위한 훈련과정을 이수하고 평가에 합격한 자이어야 하며 직급과 근무연한에 따라 필요한 교육과정 및 보수교육을 이수한 자이어야 한다. 또한 항공기 안전운항을 위해 객실 비상사태나 응급환자 발생 시 필요한 조치를 취할 수 있는 지식과 능력을 겸비해야 하며 이를 학습하고 유지하기 위해 소정의 교육훈련(신입안전훈련, 기종전문훈련, 정기안전훈련)을 이수하고 최종절차에 합격한 자이어야 한다.

(2) 객실승무원의 자질

항공사마다 요구하는 객실승무원의 자질과 인재상은 항공사별로 다소 차이가 있다. 공통적으로 추구하는 인재상은 투철한 객실승무원의 직업의식, 철저한 안전의식, 봉사정신과 서비스 마인드, 원만한 인간관계, 글로벌 매너와 에티켓, 능숙한 외국어 구사 능력, 철저한 자기 관리, 건강한 신체와 체력이며 가장 많은 시간을 할애하는 것이 기내에서의 고객응대이므로 다른 어떤 직업보다 친화력이 필요하다고 생각된다. 또한 글로벌 항공회사의 필수 인재로서 각국의 문화사절단의 역할을 수행하므로 글로벌 매너와 외국어 구사능력이 필수적이다. 그리고 항공기 탑승 근무에 적합한 신체 및 정서적 건강 조건을 항상 유지하여 기내에서 원만한 업무를 수행할 수 있어야 하며 요즘 대학 재학시절의 학점을 많이 참고하는 항공사도 상당수 있으니 재학시절 성실과 끈기로서 좋은 평가를 받을 수 있도록 노력해야 한다.

(3) 객실승무원의 장점

세계 각국의 다양한 문화와 문물을 익힐 수 있다

국제선 비행을 하게 되면 항공사에서 전략적으로 운영하는 유럽, 미주, 오세아니아, 남미, 아프리카 등 지구촌 모든 곳에 체류하게 되어 자연적으로 그곳의 문화와 문물을 습득하게 된다. 저자도 1985년도 스위스를 처음 비행으로 방문하여 이전에 보지 못한 의복, 문화, 풍습과 그 나라의 음식(퐁듀)에 흠뻑 빠진 경험이 있었다. 그 다음 비행이 파리였는데 중·고등학교 교과서에서만 보아왔던 에펠탑을 처음 보았던 감격과 흥분은 지금도 잊지 못하고 있다. 세계 각국의 다양한 문화와 문물 그리고 특색 있는 현지음식을 접할 수 있다는 점이 객실승무원 지망생에게는 제일 큰 장점으로 부각되리라 생각하며 입사 후 비행근무를 시작하고 어느 정도 시간이 경과하면 세계의 어떤 인텔리와도 견주어 볼 수 있는 지적인 모습, 현지문화와 문물에 대한 멋진 지식을 자연스럽게 습득하게 된다.

객실남승무원 Wing

객실남승무원 견장

객실여승무원 Wing

여성·남성의 사회적 지명도가 높다

남녀차별 없이 자신의 능력을 보장받는 것이 객실승무원으로서 가장 큰 매력이라고 할 수 있으며 항공사에서는 오히려 남성이 역차별당한다는 우스개 소리가 나올 정도로 여성에 대한 대우가 파격적이다. 2016년부터 정년이 4년 연장되어 만 60세까지 근무할 수 있다. 따라서 적절한 자기관리와 우수한 비행 근무태도를 계속 유지한다면 남녀차별 없이 개인이 희망하는 오랜 기간 동안 항공사 근무가 가능하다.

저자가 그동안 항공기에서 승객과 나눈 이야기를 종합해 보면 비행기를 이용하는 승객에게 객실승무원이란 위치는 승객자신의 안전을 지켜주고 장거리 비행 동안 돌보아 줄 훌륭한 인재라고 생각하지 승객 자신이 우위에 있다고 생각하지는 않는다고 본다. 지금은 퇴직했지만 아직도 마음 속에는 비행기를 이용하게 될 때 마주치는 멋진 객실승무원을 보게 된다면 가슴이 벅찰 정도로 이 글을 읽은 여러분은 미래의 우리나라와 소속 항공사를 대표하는 멋진 커리어우먼, 커리어맨이라 할 수 있다.

깔끔하고 세련된 용모와 국제적 매너를 몸에 익힐 수 있다

객실승무원의 특성상 매번 비행 시 실시하는 것이지만 지적 메이크업, 단정한 용모복장을 자연스럽게 습득할 수 있고 국제적인 승객과 항상 마주하는 직업인 만큼 모든 상황에 대처할 수 있는 국제적 매너를 자의반 타의반 매년 실시하는 항공사 보수교육과 현지에서 부딪히는 실전으로 쉽게 체득할 수 있다. 저자가 비행 근무 시 어느 객실승무원의 말에 의하면 자신을 무대에 올라간 연극배우로 지칭하고 싶다고 했다. 이유는 항공기 기내라는 제한된 공간에서 모든 승객이(항공사에서 제공하는 영화 이외 딱히 볼 수 있는 장면이 없다.) 승무원의 일거수 일투족을 주시하고 있으며 승무원의 말과 행동에 따라 담당구역의 비행 분위기가 좌우되기 때문에 매번 비행 나갈 때마다 무대에 서는 연극배우가 무대 뒤편에서 엄청난 준비를 하듯이 자신도 수많은 비행 때마다 그렇게 몸과 마음을 준비하는 과정에서 부지불식간 세련된 용모와 매너를 습득하게 되었다고 한다.

항공사의 좋은 복지를 마음껏 누릴 수 있다

국내 항공사에서는 항공사별로 차이는 있지만 항공사 직원 및 객실 승무원에게 무료 항공권을 지급한다. 또한 다른 나라 제휴항공사에서도 같은 혜택을 받을 수 있기 때문에 사실상 지구상의 모든 항공사 비행기를 승객 대비 약 10~15% 정도의 비용만 지불하고 이용이 가능하며 이러한 항공권은 재직 중 가족뿐만 아니라 처부모와 시댁부모까지 이용이 가능하고 특히 대한항공에서는 재직 중 결혼하면 신혼여행지 왕복 항공권을 비즈니스 클래스로 제공한다. 또한 외국에 나가면 체류호텔, 관광지, 면세점, 운송수단, 헬스클럽, 식사까지 객실승무원에게 많은 할인을 제공하여 일반승객 대비 상당히 저렴한 가격에 이용할 수 있다. 또한 일부 항공사에서는 객실승무원의 학습을 위해 물심양면으로 많은 지원을 하고 있다. 가령 대학원을 진학하는 승무원 에게는 학비를 지원하고 외국어 향상을 위한 시험비용도 일부 지급하고 있으며 자녀들의 중·고등학교 및 대학교 학비, 유학 학비도 전액 지원하고 있다.

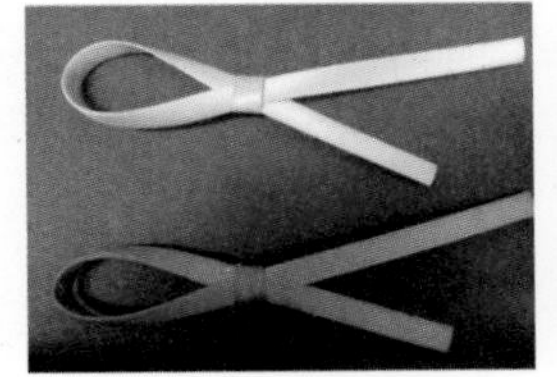

여승무원 헤어핀

국제여행의 관문 영국

사우디아라비아 체류 시 복장

비교적 높은 급여를 받을 수 있다

항공사 객실승무원은 본봉 이외에 비행수당을 받게 되는데 비행수당이 본봉과 거의 맞먹을 정도로 충분하게 책정되어 있다. 또한 비행수당에는 할증제도(월 실제 비행시간이 80시간이 넘으면 그 이후부터 탑승하는 비행시간이 할증됨)가 있어 비행을 많이 하면 할수록 생각한 금액보다 훨씬 높은 급여를 받을 수 있으며 해외에서 체류 중 문화 활동비를 포함하여 기타 약간의 체류비용을 회사에서 지급하는 곳이 많아 적절한 소비를 한다면 알차게 해외체류를 즐길 수 있다. 아마도 한국에서 미국 달러화와 유로화 그리고 일본화폐의 가치를 알고 마음껏 사용할 수 있는 사람은 몇명 안 되리라 생각하며 참고로 승무원의 지갑을 열어보면 해외 체류를 대비해 항상 미국달러와 유로 그리고 일본화폐는 기본적으로 준비되어 있는 것을 볼 수 있다.

언어 면에서 일반사람보다 관심 가질 기회와 학습할 수 있는 환경을 쉽게 접할 수 있다

만일 영어, 일본어, 중국어, 독일어, 불어, 아프리카어, 서반아어 등 여러 가지 언어학습에 관심이 있는 사람이라면 항공사 객실승무원을 택하는 것은 최상의 선택이라 생각한다. 특히 항공사 객실승무원은 위에 언급한 언어를 사용하는 국가를 직접 가볼 수 있는 기회가 상당히 많아서 본인의 의지만 있다면 한국에서는 상상도 못할 현지 언어 학습방법을 습득할 수 있는 방법이 무궁무진하다. 특히 항공기에는 중국 현지승무원이 많이 탑승하게 되는데 이러한 현지 승무원은 해

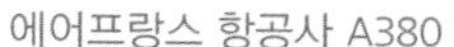
에어프랑스 항공사 A380

대한항공 A380

아시아나 항공사 A380

당 국가에서도 인텔리에 속해 마음만 먹으면 개인교습까지 받을 수 있는 기회도 많다. 저자도 이런 기회를 많이 살려 보려 했는데 게으른 관계로 32년간 실천 못한 점 지금 현재도 후회하고 있다. 만일 다시 객실승무원으로 돌아간다면 3개 국어를 완벽하게 구사할 정도의 실력을 갖추고 싶다.

비행 후 시간을 내어 보람찬 사내·외 사회봉사활동에 참여할 수 있다

하늘에서 승객의 마음을 사로잡고 있는 객실승무원은 비행 후 지상에서도 마음만 먹으면 가슴이 따뜻해지는 봉사활동에 참여할 수 있다. 항공사마다 조금씩 다르지만 주변 이웃에 대한 사랑을 실천하는 객실승무원의 봉사활동으로는 대한항공·아시아나항공의 '하늘사랑 바자회'와 '캐빈사회 공헌 바자회'가 있으며 각종 회사 내 동아리를 이용하여 장애인 초청 공연과 봉사활동 그리고 겨울을 나는 어르신과 독거노인, 장애인시설을 위한 '하늘사랑 김장 담그기' 그리고 저소득 가정 대상의 공부방에서 어린이들을 가르치며

노인복지관을 방문하여 배식을 도와주고 묵은 때를 청소하는 등의 객실승무원의 자발적인 봉사활동은 끊임없이 이루어지고 있다. 앞으로도 국내의 많은 항공사가 주변의 불우이웃, 장애인, 독거노인, 차상위 계층을 위해 서로의 힘을 보태고 정을 나누기 위해 지속적으로 많은 봉사활동을 계획하고 있어 보람 있는 활동이 기대된다.

2 객실승무원 직급

객실승무원의 직급은 항공사별로 차이가 있지만 일반적으로 총 7단계로 구성되어 있으며 항공업무의 특징을 감안하여 각 직급의 호칭은 항공사 간 차이가 있을 수 있다. 각 직급 간 승진은 항공사별로 약간 차이가 있으나 주로 영어자격, 방송자격, 3년간 근무평가를 합산하여 차상위 직급으로의 승진을 결정한다.

직급	구분	승급기간
상무대우 수석사무장 VP	상무대우-Vice President purser	NONE
수석사무장 CP	1급 Chief Purser	NONE
선임사무장 SP	2급 Senior Purser	4년
사무장 PS	3급 Purser	4년
부사무장 AP	4급 Assistant Purser	3년
남·여 승무원 SD/SS	5급 STWD/STWS	3년
여승무원 SS	6급 인턴 여승무원	2년

직급	구분	승급기간
캐빈 서비스 담당임원	임원	23년차 이상
수석 매니저	Chief Purser	18년차 이상
선임 매니저	Sr Purser	13~17년차
캐빈 매니저	Purser	8~12년차
부사무장	Assistant Purser	4~7년차
퍼스트 선임여승무원	Fs Sr STWS	6~7년차
비즈니스 선임여승무원	Bs Sr STWS	4~5년차
시니어 여승무원	Sr STWS	2~3년차
주니어 여승무원	Jr STWS	1년차
수습 여승무원	Intern STWS	1년

노선별 객실승무원의 직책 구성

- International Flight : 객실사무장, 부사무장, 일반승무원, 현지여승무원(Regional stws)
- Domestic Flight : 객실사무장, 일반승무원

3 객실승무원 근무배정(月 단위 스케줄)

객실승무원은 월 1회 배포되는 다음 달 스케줄에 대해 많은 관심을 갖고 상당히 민감하지만 익일 비행하게 될 기내 업무배정 또한 많은 관심을 기울이지 않을 수 없다. 그 이유는 같은 비행기에서 동일한 안전·서비스 업무를 하더라도 클래스별 승객의 많고 적음, 함께 기내 업무하는 선·후배 간의 업무협조 방식에 따라 근무여건이 상당히 달라질 수 있으므로 개인적인 친분관계를 떠나 업무배분에 상당한 공정성이 요구되는 부분이라고 생각한다.

따라서 회사의 승무원 스케줄 편조업무가 완료된 후 객실사무장·캐빈매니저는 이번 비행에 배정된 승무원의 근무경력, 업무 숙련도, 개인의 장단점을 고려하여 기내 업무배정을 실시하여야 하며, 편중된 업무배정보다는 승무원 간의 적절한 업무순환이 이루어지도록 해야 한다.

사전에 지정받은 듀티에 따라 객실브리핑 전 사전업무 모습

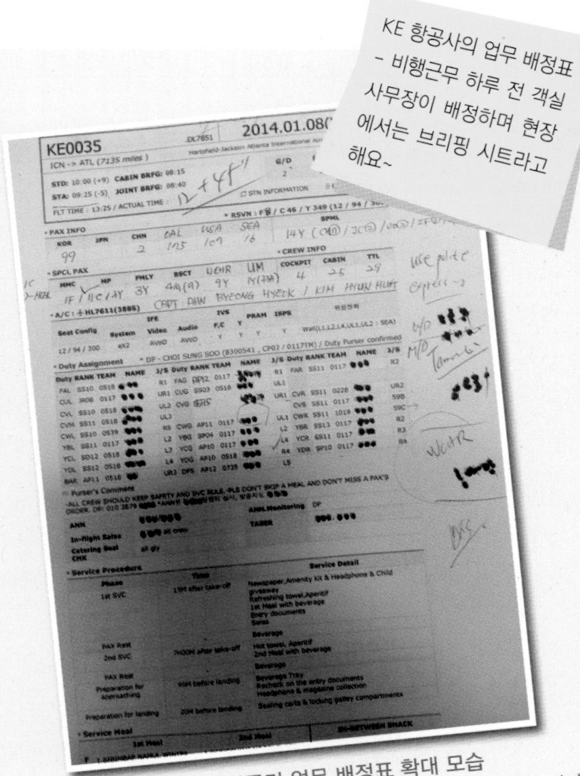

KE0035 DL7851 2014.01.08
ICN -> ATL (7135 miles) Hartsfield-Jackson Atlanta International Airport
STD: 10:00 (+9) CABIN BRFG: 08:15
STA: 09:25 (-5) JOINT BRFG: 08:40
FLT TIME : 13:25 / ACTUAL TIME :
G/D 2
STN INFORMATION
* RSVN : F / C 46 / Y 349 (12 / 94 / ...
* PAX INFO KOR JPN CHN SPML
* CREW INFO COCKPIT CABIN TTL
* SPCL PAX HMC MP FMLY BSCT
* A/C : HL7611(388S) IFE IVS PRAM ISPS
Seat Config System Video Audio F,C Y
12 / 94 / 300 eX2 AVoD AVoD Y Y Y Y Wall(L1,L2,L4,UL1,UL2 : SEA)
* Duty Assignment * DP - CHOI SUNG SOO (8300541 , CP02 / 0117TM) / Duty Purser confirmed

Duty	RANK	TEAM	NAME	J/S	Duty	RANK	TEAM	NAME	J/S	Duty	RANK	TEAM	NAME	J/S
FAL	SS10	0518		R1	FAG	AP12	0117		R1	FAR	SS11	0117		R2
CUL	JR08	0117		UR1	CUG	SS03	0518		UL1					
CVL	SS10	0518		UL2	CVG				UR1	CVR	SS11	0228		UR2
CVM	SS11	0518		UL3						CVS	SS11	0117		59D
CWL	SS10	0539		R3	CWG	AP11	0117		UL1	CWR	SS11	1019		59C
YBL	SS11	0117		L2	YBG	SP04	0117		L2	YBR	SS13	0117		R2
YCL	SD12	0518		L3	YCG	AP10	0117		L4	YCR	SS11	0117		R3
YDL	SS12	0518		L4	YDG	AP10	0518		R4	YDR	SP10	0117		R4
BAR	AP11	0518		UR3	DFS	AP12	0735		L5					

Purser's Comment
-ALL CREW SHOULD KEEP SAFETY AND SVC RULE.-PLS DON'T SKIP A MEAL AND DON'T MISS A PAX'S ORDER.
ANN / ANN Monitoring DP
In-flight Sales all crew / TABER
Catering Seal CHK all gly
* Service Procedure

Phase	Time	Service Detail
1st SVC	1:30H after take-off	Newspaper,Amenity Kit & Headphone & Child giveaway Refreshing towel,Aperitif 1st Meal with beverage Entry documents Sales
PAX Rest		Beverage
2nd SVC	7H00M after take-off	Hot towel, Aperitif 2nd Meal with beverage
PAX Rest		Beverage
Preparation for approaching	40M before landing	Beverage Tray Recheck on the entry documents Headphone & magazine collection
Preparation for landing	20M before landing	Sealing carts & locking galley compartments

* Service Meal 1st Meal 2nd Meal IN-BETWEEN SNACK

KE 항공사 A380 항공기 업무 배정표 확대 모습
개인정보 위해 성명 지움을 양해바람. JR은 말레이시아 현지 승무원. F-일등석, U/C-어퍼덱 2층 비즈니스, Y-일반석, BAR-칵테일 바 담당

매월 일정 날짜에 배포되는 다음 달 객실승무원 비행근무 스케줄이에요~^^

근무할당표

Sunday	Monday	Tuesday	Wendnesday	Thursday	Friday	Saturday
Apr 01 KE 0787 0758 ICN FUK 0913 KE 0788 1035 FUK ICN 1203	Apr 02 KE 0893 0852 ICN PVG 0946 KE 0894 1115 PYG ICN 1404	Apr 03 GRD 0930 GMP GMP 1830	Apr 04 PDO 0000 2359 ICN	Apr 05 KE 0893 0845 ICN PVG 0940 KE 0894 1125 PVG ICN 1420	Apr 06 KE 1105 0820 GMP PUS 0920 KE 0731 1100 PUS KIX 1220 KE 0724 1340 KIX ICN 1530	Apr 07 DO 0000 2359 ICN
Apr 08 KE 0037 1200 ICN ORD 1040 LO 1110 ORD ORD 2359	Apr 09 LO 0000 ORD ORD 2359	Apr 10 LO 0000ORD ORD 1150 KE 0038 1300 ORD ICN 2359	Apr 11 KE 0038 0000 ORD ICN 1640	Apr 12 ATDO 0000 2359 ICN	Apr 13	Apr 14 KE 0950 1300 ICN FRA 1735 LO 1805 FRABFRA 2359
Apr 15 LO 0000 FRA FRA 2359	Apr 16 LO 0000 FRA FRA 1835 KE 0906 1945 FRA ICN 2359	Apr 17 KE 0906 0000 FRA ICN 1300	Apr 18 ATDO 0000 2359 ICN	Apr 19 ATDO 0000 2359 ICN	Apr 20 KE 0613 1535 ICN HKG 1805 KE 0614 1905 HKG ICN 2335	Apr 21 ATDO 0000 2359 ICN
Apr 22 KE 0651 1735 ICN BKK 2115 LO 2145 BKK BKK 2359	Apr 23 LO 0000 BKK BKK 2135 KE 0652 2245 BKK ICN 2359	Apr 24 KE 0652 0000 BKK ICN 0545	Apr 25 ATDO 0000 2359 ICN	Apr 26 KE 0761 1820 ICN OKJ 1950 LO 2020 OKJ OKJ 2359	Apr 27 LO 0000 OKJ OKIJ 0840 KE 0762 0950 OKJ ICN 1125	Apr 28 KE 1483 0840 ICN CJU 1945 KE 1484 1030 CJU ICN 1135
Apr 29 KE 0641 1605 ICN SIN 2115 LO 2145 SIN SIN 2359	Apr 30 LO 0000 SIN SIN 2215 KE 0642 2325 SIN ICN 2359					

스케줄표 약어설명

- ICN : 한국 인천 국제공항
- FUK : 일본 후쿠오카 국제공항
- PVG : 상하이 푸동 국제공항
- KIX : 일본 오사카 간사이 국제공항
- PUS : 김해 국제공항
- ORD : 미국 시카고 오헤어 국제공항
- FRA : 독일 프랑크푸르트 암마인 국제공항
- HKG : 중국 홍콩 국제공항
- BKK : 태국 수안나폼 국제공항
- OKJ : 일본 오카야마 국제공항
- CJU : 한국 제주 국제공항
- SIN : 싱가폴 창이 국제공항

4 객실승무원 직책별 임무

객실승무원 임무는 승객의 안전성 확보 및 쾌적성 유지이고 승객에게 최상의 서비스가 제공될 수 있도록 만전을 기해야 하며 항공기 안전운항을 위해서 운항승무원과 협조하여 비행 중의 승객안전과 비상 시 비상탈출에 관여된 업무를 수행하여야 한다.

(1) 일반 승무원 직책별 업무(인턴~대리급, 현지 여승무원 포함)

일반 승무원은 국내 각 항공사 객실승무원 업무교범 및 서비스교범에 명시된 객실승무원 표준업무 사항을 수행하며 상위클래스 및 일반석 서비스와 안전을 담당한다.

현지 여승무원(Regional stewardess)이란?

국가별 취항지에 거주하는 현지에서 여승무원을 채용하여 비행 전·중·후 객실에서 통역 및 기내서비스를 담당하는 객실승무원을 말하며, 채용은 취항지 지점에서 면접을 통하여 채용한다. 계약기간 동안 비행 근무하며 채용기준은 모기지 여승무원과 동일하고 승급 역시 국내 여승무원과 특별한 차이는 두지 않고 있다. 급여는 현지 물가를 기준으로 하여 제공하며 서울이나 해외에 체류 시 출장비(Perdiem) 역시 모기지 여승무원과 동일하다.

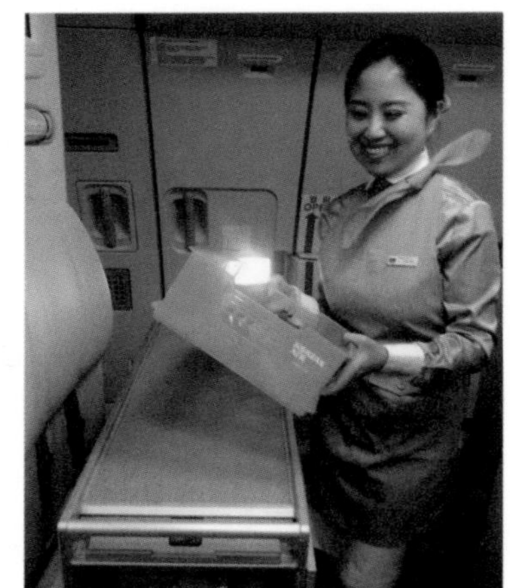

중국 현지 여승무원 모습

대표적인 현지 여승무원 채용국가는 중국, 일본, 태국, 인도네시아, 싱가포르, 러시아에서 채용하여 비행 근무하게 하며 항공사별 전담그룹을 만들어 근무평가 및 승급을 관리하고 있다.

줄임말로 R/S(Regional stewardess)라고 부르기도 한다.

(2) 객실 부사무장 직책별 업무(대리~과장급)

일반 승무원과 거의 비슷한 업무를 수행하나 비행 전·중·후 객실사무장·캐빈매니저를 보좌하고 비행 중 객실사무장·캐빈매니저의 임무 수행이 불가능한 경우에는 업무를 대신할 수 있다. 상위클래스 및 일반석 서비스 업무를 관장한다.

- 객실사무장의 업무를 보좌한다.
- 객실사무장이 업무 수행이 불가능할 경우 업무를 대행한다.
- 객실 브리핑을 준비하고 입·출항 절차를 점검한다.
- 객실승무원의 비행 준비 상태를 확인한다,
- EY/CL(일반석) 서비스를 총괄한다.
- 서비스용품의 탑재 확인 및 보고, 입국 서류 배포 및 작성 지원을 확인한다.
- 도착 전 면세품, 보세품 보관 및 봉인(sealing) 상태 확인 및 보고를 한다.
- 비행 종료 후 기내 유실물, 분실물의 확인 및 보고를 한다.

(3) 객실사무장·캐빈매니저 직책별 업무(차장~상무급)

객실사무장·캐빈매니저란 각 항공사별로 객실승무원의 근무연한과 사무장·캐빈매니저의 훈련을 통해 지정된 인원으로 함께 비행하는 승무원의 업무를 공평하게 배정하고 매 비행 시 객실 브리핑을 주관하며 객실 서비스와 안전을 총괄하는 일정 직급 이상의 객실승무원을 말한다.

비행 전·중·후 항공기 내 기내서비스와 안전을 지휘하고 훈련 및 평가하는 업무를 관장한다.

- 객실사무장·캐빈매니저는 객실 브리핑을 주관한다.
- 해당 편 서비스의 방향 제시 및 필요한 정보를 전달한다.
- 해당 편 객실승무원의 업무(duty)를 배정한다.
- 업무는 객실승무원의 직책, 경력, 자격 등을 고려하여 배정한다.
- 비행중 전반적인 객실서비스의 진행 및 관리 감독을 한다.
- 소속 일반 승무원에 대한 근무평가를 실시한다.

사진으로 이해하는 객실사무장(캐빈매니저)
지상·기내 업무절차

아래의 사진 외 많은 절차가 있으나 주요한 업무만 사진에 담음.

비행 전 출근

객실 브리핑 준비

브리핑 전 구내식당 식사

객실 브리핑

브리핑 후 회사 출발

기내안전 점검

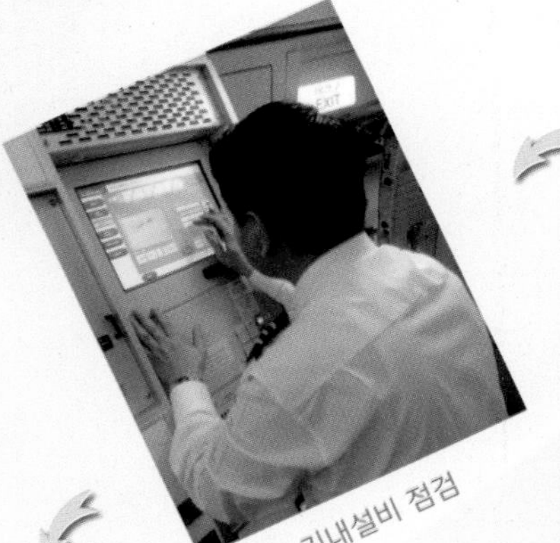
기내설비 점검

기내보안 점검

기내서류 점검

기내탑재 완료서명

기내설비완료 서명

기장보고

이륙 전 점검

이륙 후 점검

서비스 수행

서비스 후 휴식

기내식사

항공기 도착 후 점검

수하물 수취

해외 호텔로 감

사진으로 이해하는 일반 객실승무원의 비행업무 전반

객실승무원은 비행 전·중·후 아래와 같은 비행에 관련된 업무를 수행한다. 비행업무를 하기 위해 한국 내 집이나 해외 체류를 마치고 호텔에서 출발하여 비행을 마칠 때까지의 일반적인 기내업무는 아래와 같다.

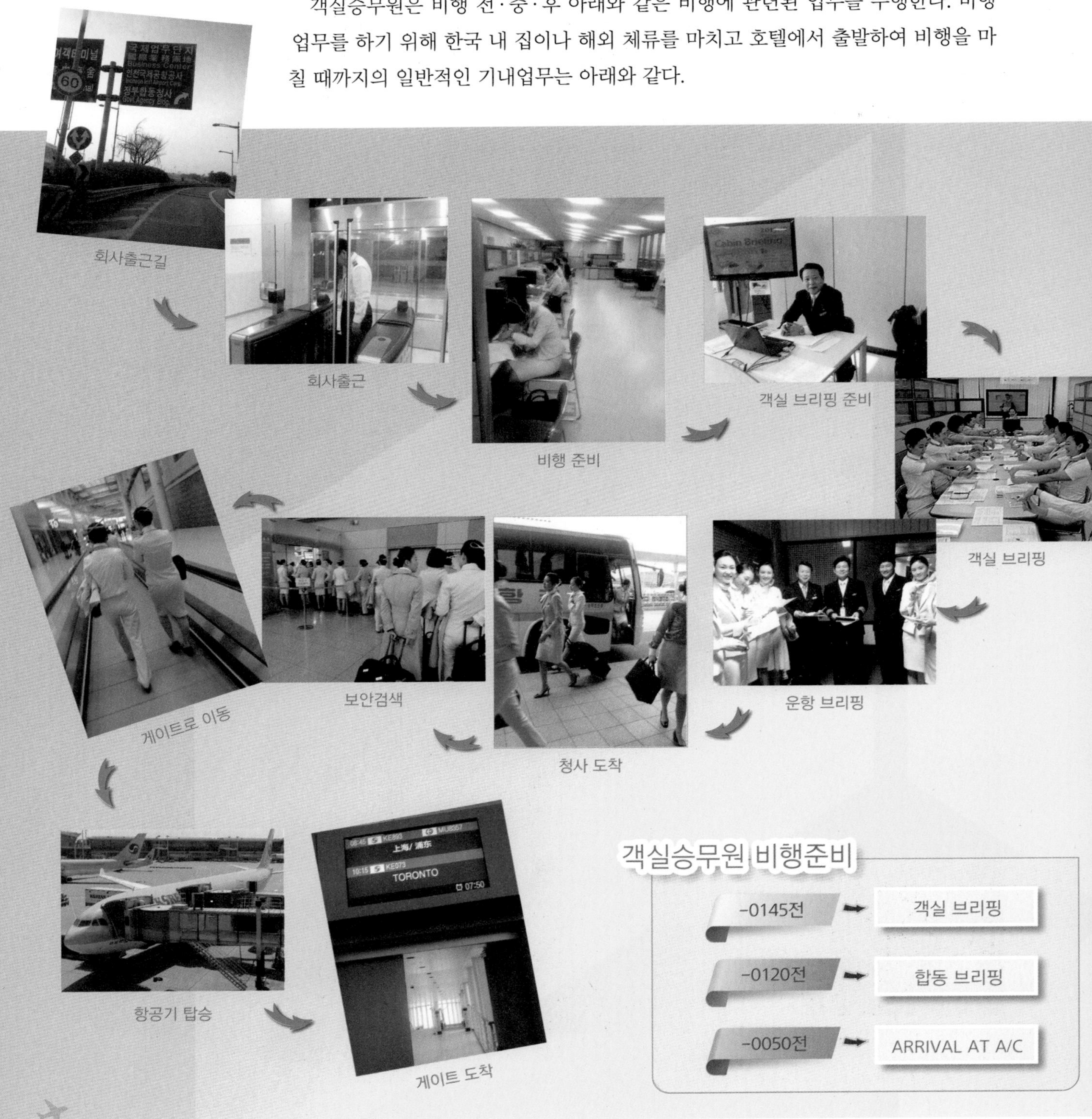

회사출근길

회사출근

비행 준비

객실 브리핑 준비

객실 브리핑

운항 브리핑

청사 도착

보안검색

게이트로 이동

항공기 탑승

게이트 도착

CREW 백 보관

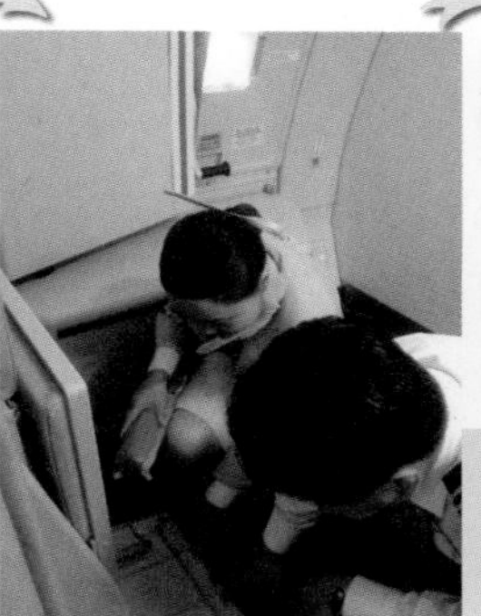
비상보안장비 점검

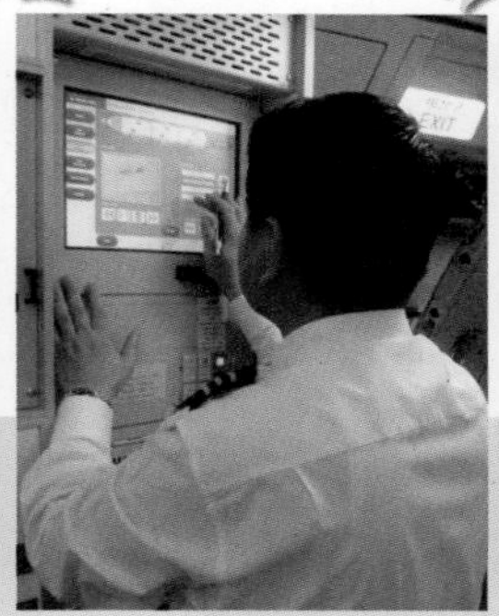
기타 장비시스템 점검

서비스용품 정리

Catering Item 점검

지상서비스 준비· 스페셜밀

신문세팅

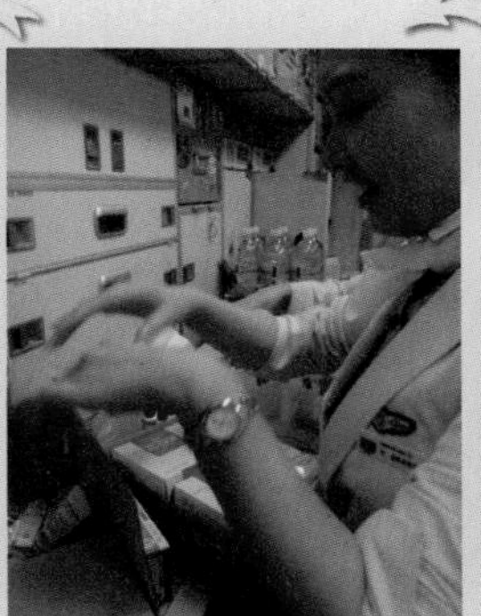
서비스아이템 배분

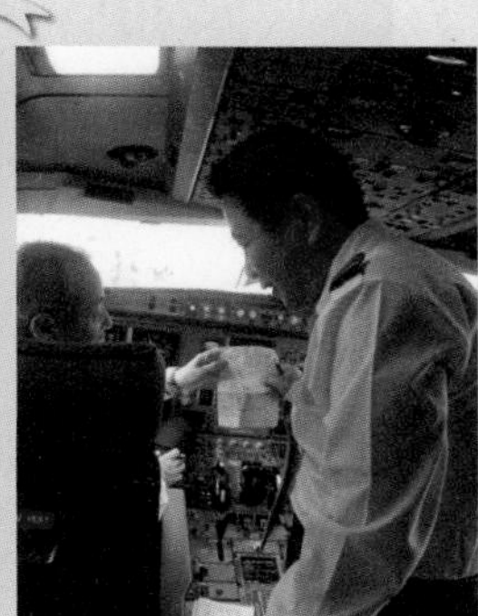
Report to Purser and Captain

객실승무원 지상업무

1 Crew Baggage 보관

2 비상보안장비 점검

3 기타 장비시스템 점검

4 Catering Items 점검

5 Report to Purser/Captin

6 지상서비스 준비

승객 탑승

지상서비스

Door Close

Safety Check:정상-팽창

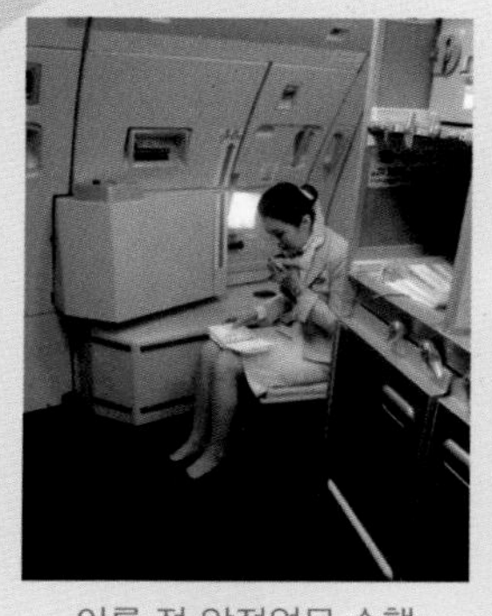
이륙 전 안전업무 수행

Safety Demo

Welcome 방송

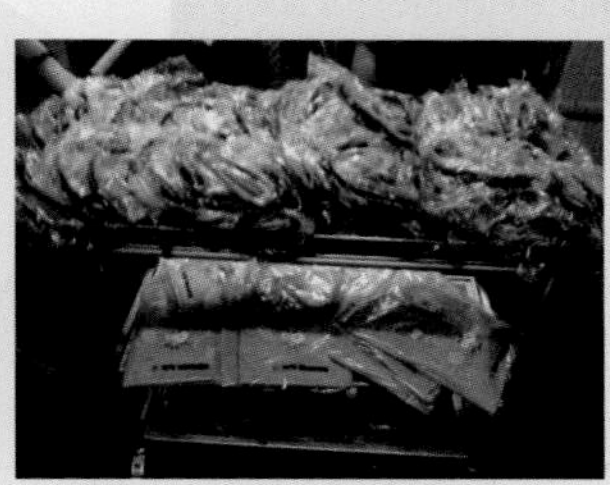

Amenity kit.헤드폰 서비스

Refreshing Towel SVC

Beverage SVC

Meal dinner with wine SVC

Meal Tray Collection

기내판매 SVC

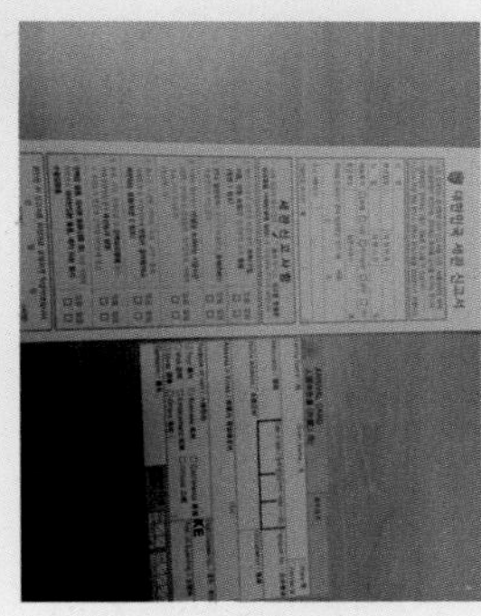

입국서류 배포 SVC

객실승무원 비행 중 업무

- Amenity Kit, Headphone, 신문, Giveaway
- Refreshment Towl
- Beverage
- Meal(dinner) with Wine & Bev.
- Meal Tray Collection
- 기내판매·입국서류 배포 및 작성 협조

Safety Check:팽창-정상

하기인사

유실물 Check

기내판매 인계

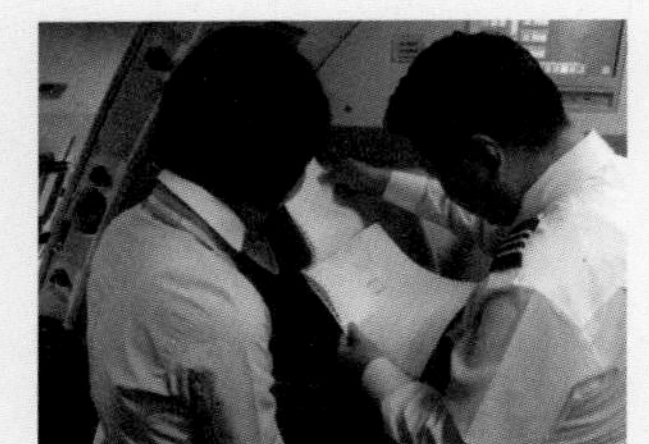

기물 등 인계

승무원 하기

Debriefing

객실승무원 착륙 후 업무

- Safety Check
- 하기인사
- 유실물 Check
- 기내판매 인계
- 기물 등 인계
- 승무원 하기
- Debriefing

수고많으셨습니다.
다음 장은 "CHAPTER 02 비행 전 준비"에 대해 학습하도록 합니다.

수행평가 퀴즈

학생들은 교수님 지시에 따라 각 Chapter 수행평가 퀴즈를 작성한 후, 절취하여 정해진 날짜까지 담당교수님에게 제출 바랍니다.

(답안지 공간 부족 경우 메모란을 활용하셔도 좋습니다.)

01 다음은 객실승무원의 장점이다. 틀린 것을 고르시오.

① 세계 각국의 다양한 문화와 문물을 익힐 수 있다.
② 여성·남성의 사회적 지명도가 높다.
③ 항공사의 좋은 복지를 마음껏 누릴 수 있다.
④ 언어 면에서 일반사람보다 관심 가질 기회와 학습할 수 있는 환경을 쉽게 접할 수 있다.
⑤ 해외쇼핑에 적극 가담할 수 있다.

02 아래의 설명이 의미하는 승무원의 형태를 고르시오.

> 국가별 취항지에 거주하는 현지에서 여승무원을 채용하여 비행전·중·후 객실에서 통역 및 기내서비스를 담당하는 객실승무원을 말하며, 채용은 취항지 지점에서 면접을 통하여 채용한다. 계약기간 동안 비행 근무하며 채용기준은 모기지 여승무원과 동일하고 승급 역시 국내 여승무원과 특별한 차이는 두지 않고 있다. 급여는 현지물가를 기준으로 하여 제공하며 서울이나 해외에 체류 시 출장비(Perdiem) 역시 모기지 여승무원과 동일하다.

① 남승무원
② 객실사무장(캐빈매니저)
③ 항공사 사장
④ 객실부사무장
⑤ 현지 여승무원

03 아래의 설명이 의미하는 객실승무원의 직책을 고르시오.

> 일반 승무원과 거의 비슷한 업무를 수행하나 비행 전·중·후 객실사무장·캐빈매니저를 보좌하고 비행 중 객실사무장·캐빈매니저의 임무 수행이 불가능한 경우에는 업무를 대신할 수 있다. 상위클래스 및 일반석 서비스 업무를 관장한다.

① 일반승무원
② 현지승무원
③ 객실사무장
④ 객실부사무장
⑤ 항공사 회장

04 다음 중 객실승무원의 비행 중 업무에 해당하지 않는 답을 고르시오.

① 기내식 서비스
② 기내판매
③ 입국서류 배포, 작성협조
④ 유실물 점검
⑤ 기내식 회수

05 다음 중 객실승무원의 착륙 후 업무에 해당하지 않는 답을 고르시오.

① 하기인사
② 유실물 체크
③ 기내판매인계
④ 기물 등 인계
⑤ Welcome 방송

06 항공회사에서 공통적으로 추구하는 객실승무원의 인재상에 대해 아는대로 적어 보시오.

memo

비행 전 준비

Chapter 02

비행 전 준비

1 국내 운항하는 항공기 개요

2020년 2월 현재 국내 항공사에서 운항되고 있는 항공기 기종은 16종류이며 예비 항공인은 해당 항공사 입사면접 시 기종에 관한 사항을 반드시 숙지하여야 한다.

- 협동체(Narrow Body) : 기내 복도가 1개인 동체 폭이 좁은 비행기
- 광동체(Wide Body) : 기내 복도가 2개인 동체 폭이 넓은 비행기

항공기별 자세한 객실구조는 저자가 집필한 '항공기 객실구조 및 비행안전' 교재에 충분히 사진과 함께 설명되어 있으니 참고하도록 하자. 기종별 좌석수는 항공사 장착환경에 따라 차이가 있을 수 있다.

1 ERJ-145(코리아 익스프레스에어: 협동체, Narrow Body, 50석)
2 A220(대한항공, 협동체, Narrow body, 127석)
3 B737-700(이스타, 아시아나항공: 협동체, Narrow Body, 149석)

B737-800 4

5 B737-900

A320 6

7 A321

A330-200 8

9 A330-300

10 B777-200

4 B737-800(대한항공, 아시아나항공, 제주항공, 진에어, 이스타항공, 티웨이항공: 협동체, Narrow Body, 168석)
5 B737-900(대한항공,진에어: 협동체, Narrow Body, 186석)
6 A320(아시아나항공, 에어부산: 협동체, Narrow Body, 162석)
7 A321(아시아나항공, 에어부산: 협동체, Narrow Body, 177석)
8 A330-200(대한항공, 아시아나항공: 광동체, Wide Body, 220석)
9 A330-300(대한항공: 광동체, Wide Body, 280석)
10 B777-200(대한항공, 아시아나항공, 진에어: 광동체, Wide Body, 260석)

11 B777-300(대한항공: 광동체, Wide Body, 300석)
12 B747-400(대한항공, 아시아나항공: 광동체, Wide Body, 310석)
13 B747-8i(대한항공: 광동체, Wide Body, 310석)
14 A350(아시아나항공, 광동체, Wide body, 311석)
15 A380(대한항공, 아시아나항공: 광동체, Wide Body, 430석)
16 B787-9 드림라이너(대한항공, 광동체, Wide Body, 269석)

2 비행 전 브리핑(Briefing)의 종류-"ROLE PLAY"

객실사무장(캐빈매니저), 갤리선임승무원 역할

- 학과학생 40명을 10명씩 4개조로 나누어 1조당 기장, 객실사무장(캐빈매니저), 갤리 선임승무원 3인을 각각 지정한다.
- 지정된 기장, 객실사무장(캐빈매니저), 갤리 선임승무원은 운항브리핑·객실브리핑·갤리브리핑·디 브리핑을 주관하기 위해 하단의 내용을 철저히 학습한다.
- 교실 내 일정공간에 4개조가 분산되어 기 선발된 기장, 객실사무장(캐빈매니저), 갤리 선임승무원의 주도하에 약 15분간씩 운항·객실·갤리·디 브리핑 실습에 참여한다.

준비물
학과유니폼 착용, 필기도구, 적극적인 자세, 진지한 태도

(1) 객실브리핑(Cabin briefing)

모든 객실승무원은 담당 객실사무장과 함께 정해진 내용의 객실브리핑을 정해진 시간과 장소에서 시행한다.(대한항공의 경우 비행기 출발 1시간50분전)

객실브리핑의 목적은 객실서비스, 항공기 구조, 비상장비, 승객 또는 승무원 안전에 영향을 줄 수 있는 사항 또는 보안사항 장비 및 시스템 정비에 관한 정보를 확인하며 탑승할 객실승무원 명단을 재확인하여 승객과 승무원의 안전을 도모하는 데 있다. 또한 코로나19를 겪으면서 대한항공의 경우 국내선 및 국제선 객실, 운항 브리핑 장소가 많이 바뀌었다. 2023년 3월 현재 국내선 제주 비행인 경우 김포공항 국내선 청사 3층에 마련된 사무실에서 실시하고(제주 비행편 제외 모든 국내선은 해당 편 GATE에서 인원 체크 및 브리핑 시행), 국제선은 인천국제공항 제2터미널 지하(B1)에 마련된 브리핑실에서 실시하고 있다.

객실브리핑 후 모여서 사진 한 컷

객실브리핑 순서

① 인원점검 : 객실승무원 인원 파악, Greeting
② 비행준비 점검 : Duty 확인, 용모복장, 비행필수 휴대품소지 여부
③ 비행정보 공유 : 해당 편 출·도착시간, 승객예약 상황, 서비스 순서, VIP, 노약자, 임산부, 스페셜밀, 성인 비동반소아 운송절차, 장애인탑승 등
④ 객실안전, 보안정보 : 해당 편 항공기 안전/보안장비 위치 및 점검요령
⑤ 객실서비스 정보 : 해당 편 서비스절차·요령, 특수고객응대
⑥ 비행 관련 질의응답 : 사내 강조사항 및 해당 편 출입국 절차

해외공항에서 운항브리핑 중인 대한항공·아시아나항공 운항·객실승무원 모습. 대한항공은 항공기 외부에서 아시아나항공은 항공기 내부에서 실시하고 있으며 상황에 따라 내외부에서 실시한다.

(2) 운항브리핑(합동브리핑, Joint briefing)

운항브리핑은 객실브리핑 후 당일 함께 비행하게 될 운항승무원과 객실승무원이 함께 모여 비행의 보안사항, 예상되는 Turbulence 고도, 난기류 지속시간, 해상비행 시 필요한 승객 브리핑, 안전고려사항, 비상절차, 객실승무원과 운항승무원의 협조사항 및 조종실 출입절차에 대해 논의하는 절차를 의미한다. 해당 편 기장이 운항브리핑을 주관한다.

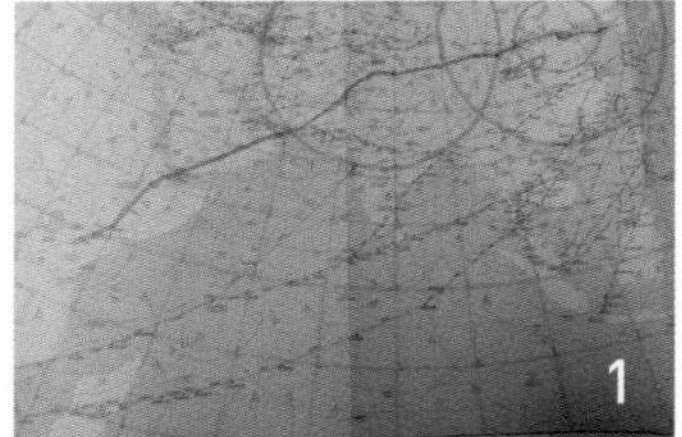

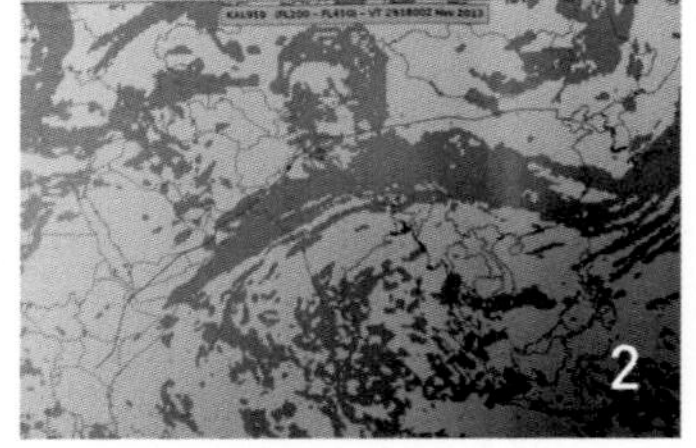

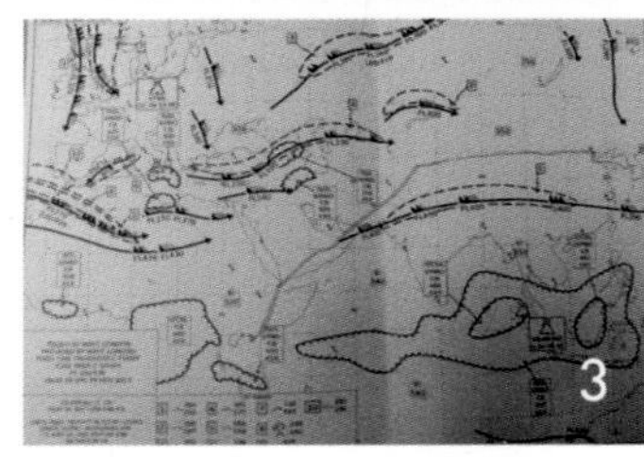

운항브리핑 시 조종사가 사용하는 항로 및 기상관련 차트
1 항로지도
2 항로상 구름분포도
3 제트기류 및 전선지도

브라질 상파울루(SAO) 비행 시 로스앤젤레스(LAX) 공항에서 운항브리핑 후 사진 한 컷

(3) 갤리브리핑(Galley briefing)

갤리브리핑이란, 항공기가 순항고도에 다다르면 기장은 객실 내의 "Fasten seatbelt" 사인을 끄게 된다. 이제부터 바야흐로 항공기 객실 내 서비스가 시작되는 것이다. 따라서 기내서비스 시작 전 각 Zone별 갤리에서 비교적 경험이 풍부한 갤리장을 맡은 선임 승무원이 담당승무원을 모아놓고 해당 존의 승객형태, 서비스 시 유의사항 및 특이사항에 대해 알려주게 되고 각 복도(Aisle)담당 승무원들이 담당을 맡은 구역의 특이사항에 대해 의견을 교환하게 된다. 이러한 절차를 갤리브리핑(Galley briefing)이라 하며 착륙 전 기 수행한 서비스에 대해 피드백 차원에서 한 번 더 실시하게 된다.

갤리브리핑 시 착안사항

① 해당 구역의 승객 특이사항(이륙 후 기내서비스 전)
② 제공할 스페셜밀 종류 및 승객분포(이륙 후 기내서비스 전)
③ 서비스 시 유의사항(이륙 후 기내서비스 전)
④ 서비스 후 유의사항(착륙 전)
⑤ 승객이 맡긴 짐 반환 여부(착륙 전)
⑥ 담당구역 고객불만 · 칭송사항(착륙 전)
⑦ 갤리별 시설물 고장 유무(착륙 전)
⑧ 인계 시 특이사항(착륙 전)

(4) 디 브리핑(DE-BRIEFING)

승객하기 후 객실사무장 · 캐빈매니저 주관하에 객실 전방 또는 비행기 근처(Ship Side)에서 비행 중 발생한 특이사항을 점검하고 비행 후의 업무내용을 확인하는 업무절차이며 절차 및 내용은 아래와 같다.

① 모든 객실승무원은 승객 하기 후 정해진 시점 및 일정한 장소에서 객실사무장 · 캐빈매니저가 주관하는 디 브리핑에 참석한다.

비행 후 디 브리핑하는 저자

목적지 국내 공항에 도착해 디 브리핑하는 모습. 기내업무가 잘되면 좋은 분위기이지만 그렇지 못하면 아주 심각한 분위기로 발전한다.

② 디 브리핑은 원칙적으로 매 비행 종료 시마다 항공기 객실 전방 또는 항공기 근처(Shipside)에서 실시하는 것을 원칙으로 하나, 단 동일날짜에 2개 구간 이상 근무 시 객실사무장·캐빈매니저의 판단에 따라 실시할 수 있고 국내선의 경우 당일 최종근무 비행, 국제선인 경우 In Bound 비행 종료 시 한해 실시할 수 있다.

인천공항 도착 후 디 브리핑 모습

③ 디 브리핑에 참석하는 객실승무원은 비행 중 특이사항 중심으로 객실사무장에게 보고의무가 있으며 특이사항에 대한 처리절차를 지시하는 객실사무장·캐빈매니저의 지시사항을 적극 수용한다.

④ 디 브리핑 실시 결과 특이사항이 발견되어 별도 보고 및 추후 업무개선이 필요하다고 판단되는 사항은 각종 객실보고서 작성 등을 통해 회사에 보고한다.

⑤ 객실사무장·캐빈매니저는 아래의 객실 디 브리핑 가이드라인(Guide line)을 참조하여 비행 중 특이사항을 점검하고 승객 하기 후 업무절차를 확인한다.

디 브리핑 시 보고해야 할 비행 중 특이사항

① 객실설비 고장 및 객실정비기록부(CDLM) 기록 여부
② 기내환자, 부상승객 발생 여부 및 처리내역
③ 기내식, 음료 등을 비롯한 서비스 아이템 관련 특이사항
④ 기내 분실물 발생 여부 및 후속 처리내역
⑤ 불만승객 발생 여부 및 후속 처리내역
⑥ 클리닝쿠폰(Cleaning coupon) 발급 여부 및 후속 처리내역
⑦ 기내 난동승객 발생 및 후속 처리내역
⑧ 승객 좌석배정 관련 특이사항
⑨ VIP/CIP 탑승 여부 및 객실서비스 보고방법
⑩ 기내 접수서류(우편물, 상용고객신청서, 기내면세품 사전주문서)
⑪ 각 클래스별 특이사항 및 기타 보고사항

각종 브리핑(Briefing)에 대하여...

일반적으로 항공기에 탑승 근무하는 대부분의 승무원은 "브리핑(Briefing)"을 선호하지 않는다. 왜냐하면 모든 형태의 브리핑은 기내업무 시 승객안전 및 고객서비스 부분의 잘못된 점을 미연에 방지하고 적절치 못한 승무원 개인의 업무절차에 대해 수정하는 방식을 취하고 있기 때문에 종종 분위기가 거북하고 경직되는 경우가 많기 때문이다.

하지만 브리핑을 통해 비행하게 될 또는 비행 중 그리고 비행 후 기내 업무수행 측면에서 잘된 부분은 격려하고 잘못된 부분은 지적하며 공개함으로써 향후 발생할 수 있는 업무적 실수를 미연에 방지하게 될 수 있다.

따라서 예비승무원 여러분도 현장에 투입되면 비행 전·중·후에 실시되는 각종 브리핑(Briefing)을 두려워 하거나 기피하지 말고 적극적으로 참여해 자신을 한층 더 향상시킬 수 있는 기회로 삼으면 좋을 듯 하다.

3 비행 전 금지행위

객실승무원은 비행 전 아래와 같은 행위는 비행적합성에 영향을 줄 수 있으므로 금지해야 한다. 또한 이런 요인들로 인해 비행근무에 부적합할 경우에는 해당 객실승무원은 회사에 즉각 보고해야 하며 함께 근무하게 되는 동료승무원도 비행근무에 부적합하다고 판단되는 다른 승무원을 목격하게 되면 적극적으로 보고해야 한다. 보고받은 회사는 비행근무에 투입하지 않는 등의 적절한 조치를 취해야 한다.

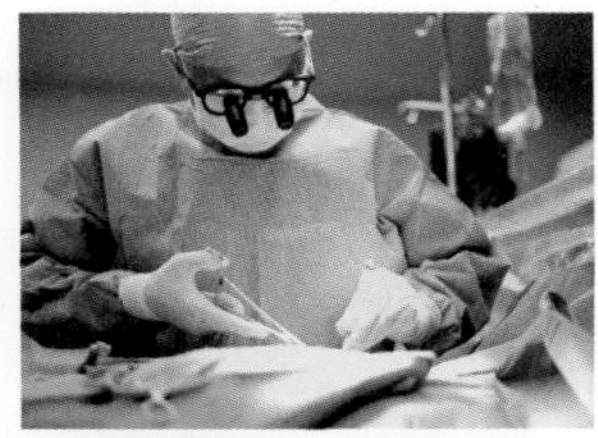

수술

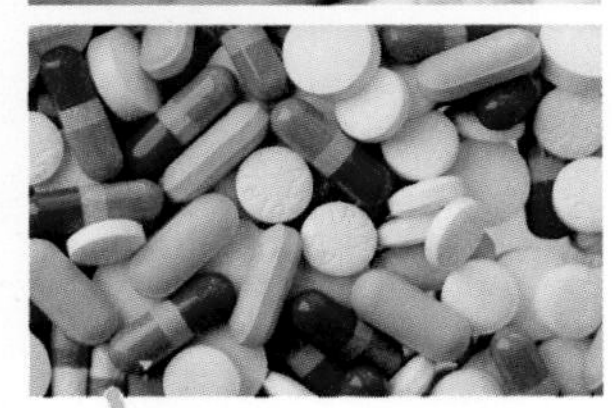
약물복용

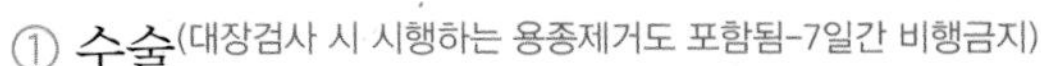

① 수술(대장검사 시 시행하는 용종제거도 포함됨-7일간 비행금지)
② 약물복용(졸음이 오는 감기약도 금지)
③ 과다한 음주(12시간 이내 금지)
④ 헌혈(24시간 이내 금지)
⑤ 스쿠버다이빙(24시간 이내 금지)

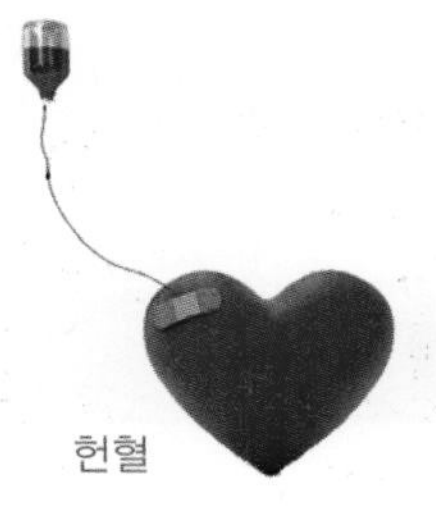
헌혈

스쿠버다이빙

과다음주

4 항공기로의 이동

객실 브리핑, 운항 브리핑이 끝난 후 승무원은 항공기로 이동하게 된다. 대한항공인 경우 2023년 국내선 제주 비행편은 김포공항 청사 내 3층, 사무실에 출근, SHOW-UP SIGN, 인원 점검 및 브리핑 시행 후, 항공기로 이동하게 되고(제주 비행편 제외 모든 국내선은 해당 편 GATE에서 인원 체크 및 브리핑 시행), 국제선 경우 인천국제공항 제2터미널(T2) 지하(B1)에 마련된 사무실에서 브리핑을 시행하고 터미널 3층 출발장으로 이동, 승무원 전용 통로 이용하여 보안 검색과 법무부 출국심사를 완료하고 해당 편 게이트까지 도보로 이동하며 소요 시간은 브리핑실에서 평균 10분~15분 정도이다. 자신들이 탑승하게 될 비행기가 주기 되어있는 게이트(GATE)에 도착한 객실 승무원은 함께 모여 출입문을 개방하고 에스컬레이터를 타고 한층 아래로 내려가 주기한 항공기에 탑승하여 비행 준비를 하게 된다.

현재의 대한항공 브리핑실은 공간이 협소해 불편함이 있으며 시간에 제약을 받게 되어 2024년 새로운 브리핑실을 제2터미널 근처에 건설할 예정이며 신축할 인천 운영센터(IOC)는 제2터미널에서 2.4km 거리에 있어 승무원 셔틀버스로 5분이면 이동 가능해 이동시간이 대폭 단축되고 각종 업무시설을 추가할 예정이어서 불편함 해소와 편의가 증진될 것으로 전망된다.

신축 예정인 대한항공 인천운영센터(승무원 브리핑)

다음 장은 "CHAPTER 03 항공기 탑승 후 이륙 전 준비"에 대해 학습하게 됩니다.

수행평가 퀴즈

학생들은 교수님 지시에 따라 각 Chapter 수행평가 퀴즈를 작성한 후, 절취하여 정해진 날짜까지 담당교수님에게 제출 바랍니다.

(답안지 공간 부족 경우 메모란을 활용하셔도 좋습니다.)

01 광동체(Wide Body)와 협동체(Narrow Body) 항공기에 대해 설명 하시오.

02 다음은 비행 브리핑의 종류이다. 맞지 않는 것을 고르시오.

① 객실브리핑 ② 운항브리핑
③ 갤리브리핑 ④ 디 브리핑
⑤ 사전브리핑

03 다음의 설명이 의미하는 브리핑의 종류에 대해 고르시오.

기내서비스 시작 전 각 Zone별 갤리에서 비교적 경험이 풍부한 갤리장을 맡은 선임승무원이 담당승무원을 모아놓고 해당 존의 승객형태, 서비스 시 유의사항 및 특이사항에 대해 알려주게 되고 각 복도(Aisle) 담당 승무원들이 담당을 맡은 구역의 특이사항에 대해 의견을 교환하게 된다. 또한 착륙 전 기 수행한 서비스에 대해 피드백 차원에서 한 번 더 실시하게 된다.

① 객실브리핑 ② 운항브리핑
③ 갤리브리핑 ④ 디 브리핑
⑤ 사전브리핑

04 다음 설명이 의미하는 브리핑의 종류를 고르시오.

승객하기 후 객실사무장 · 캐빈매니저 주관하에 객실전방 또는 비행기 근처(Ship Side)에서 비행 중 발생한 특이사항을 점검하고 비행 후의 업무내용을 확인하는 업무절차

① 객실브리핑
② 운항브리핑
③ 갤리브리핑
④ 디 브리핑
⑤ 사전브리핑

05 다음 중 비행 전 금지행위에 속하지 않는 것을 고르시오.

① 수술
② 약물과다복용
③ 12시간 이내 음주
④ 헌혈
⑤ 과식

memo

항공기 탑승 후 **이륙 전** 준비

03 Chapter

항공기 탑승 후 이륙 전 준비

1 비행 전 기내 안전장비 종류 및 점검

항공기 이, 착륙 전 모든 객실승무원은 승객의 안전을 위해 필수적인 안전활동을 수행함과 동시에 승객에게 안전정보를 제공하여야 한다.

모든 항공기 탑승 객실승무원은 객실사고 예방과 비상사태 발생 시 신속한 대처를 위해 승객 탑승 전 기내설비, 위험한 물질의 탑재 여부 확인 및 비상시 사용하는 모든 장비를 점검해야 하며 기본목적은 기내 비상장비 및 시스템의 사용법을 숙지하여 비상사태 발생 시 항공기 안전운항을 확보하고 소중한 고객 및 승무원의 생명을 보호할 수 있음에 있으며 객실 내 장착되어 있는 안전장비를 정해진 점검요령에 의해 점검하여 이상이 있는 경우 객실 정비사에 의해 적절한 정비가 이루어질 수 있도록 하는 것이 객실승무원이 비행 전 반드시 수행하는 절차이다. 안전장비란 비행 중 사용할 수 있는 기내에 장착되어 모든 비상시 사용 가능한 장비를 말하며, 지상에서 점검 시 정위치, 수량, 게이지 압력 등을 반드시 점검해야 한다.

(1) 비행 전 기내 안전장비 점검절차

- 승무원 짐 보관정리
  출발 편 항공기에 도착한 객실승무원은 승객이 탑승하기 전 소지한 비행준비물이 들어 있는 캐리어를 수화물선반(Overhead Bin)과 도어가 장착된 코트룸(Enclosed Coat Room), 또는 앞쪽과 통로 3면에 고정장치가 설치되어 있는 좌석 하단에 보관하여야 한다.
- 모든 객실승무원은 항공기 탑승 후 승객 탑승 전까지 객실 담당구역 내 장착된 모든 기내 안전장비를 점검한다.
- 안전 점검절차는 객실브리핑 시 부여받은 담당 ZONE을 위주로 진행되며 점검 시 발견된 이상물질이나 기내 안전장비의 이상은 즉시 보고하여 교체 및 수리가 될 수 있도록 조치한다.
- 객실책임자(객실사무장, 캐빈매니저)는 전 객실승무원의 비행 전 객실점검 이상 여부를 기장에게 보고해야 한다.

(2) 기내 비치된 안전장비의 종류

산소공급장비

항공기가 순항 중 객실에는 여압장치(Aircondition pack)를 이용하여 지상과 거의 같은 상태의 산소공급을 하고 있으며 비상 시(감압·응급환자 발생)에는 항공기 내 대용량 산소탱크 또는 자체로 산소를 만들어 낼 수 있는 장치에 연결된 산소마스크와 객실승무원 휴대용 산소통, 환자용 대용량 의료용 산소통을 사용하여 승객에게 산소공급을 하고 있다.

① 휴대용 산소통(Potable O_2 Bottle)

비상시 산소공급장치로 휴대용 산소통이 객실 내 승객수와 대비하여 비상구 옆이나 객실승무원의 Jump Seat 아래에 설치되어 있고 사진과 같이 산소마스크에 연결되어 탑재되며 산소공급이 필요한 사태가 발생하면 별다른 조치 없

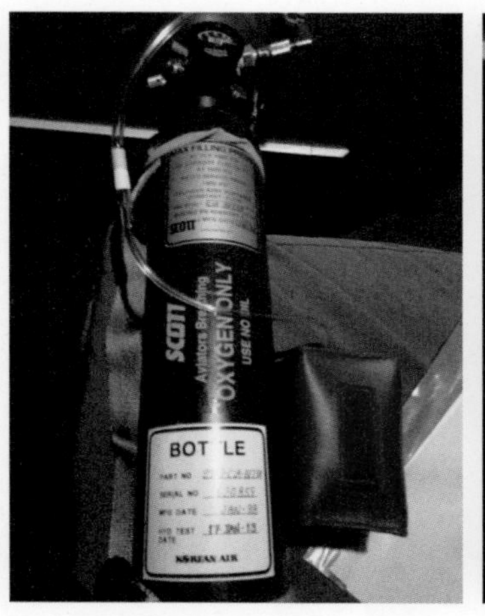

항공기에 세팅된 휴대용 산소통

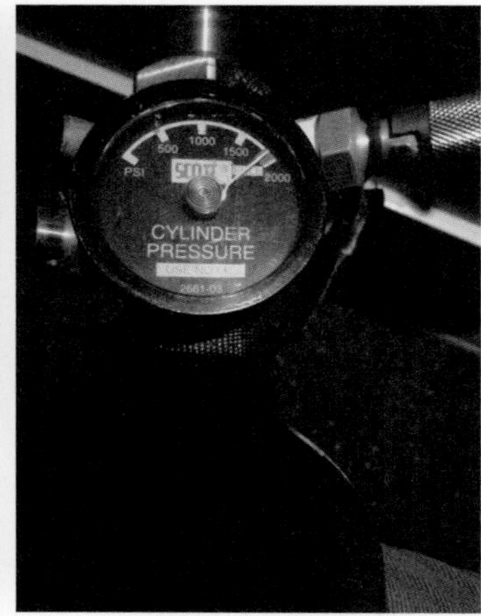

휴대용 산소통 압력게이지

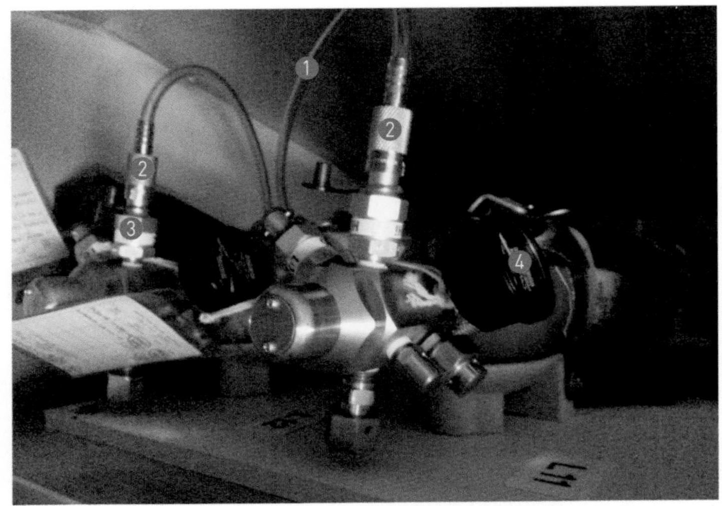
1 마스크까지 이어지는 호스 2 산소통과 산소마스크를 연결해주는 장치
3 산소가 나오는 OUTLET 현재 HI 포지션에 맞추어져 있다.
4 산소 압력게이지

이 바로 사용할 수 있다. 많은 산소를 필요로 하는 환자 수송 시에는 대용량의 산소탱크를 별도로 탑재할 수 있다.

휴대용산소통(Potable oxygen bottle)을 사용하기 위해서는 PO2 Bottle의 레버를 반시계 방향으로 돌리면 산소공급이 시작되며 HI로 공급 시 1분에 4리터의 산소가 최대 77분까지 공급되고, LO로 공급 시 1분에 2리터의 산소가 154분까지 공급될 수 있다. 모든 PO2 Bottle은 내부의 산소가 완전히 소진될 때까지 사용하면 재충전이 어려우므로 500psi 정도가 남으면 공급을 중지해야 한다.

② 비상시(감압) 승객의 머리 위에서 공급되는 산소마스크

비행 중 항공기의 기내압력이 서서히 또는 급격히 낮아져 객실 고도가 약 14,000ft가 되면 승객의 안전에 문제가 발생할 수 도 있으므로 항공기에 준비된 산소를 공급하는 장치이다. 비행 중 머리 위 보관장소에서 산소마스크가 떨어지고 기내방송이 나오면 모든 승객은 즉시 위에서 떨어진 산소마스크를 잡아당겨(승객이 산소마스크를 잡아당겨야 산소공급장치에 연결된 핀-pin이 빠지면서 산소가 공급된다) 코와 입에 대고 비행기가 안전고도에 도달한 후 객실승무원의 지시가 있을 때까지 산소를 공급받아야 한다. 산소 마스크에서는 분당 2.5리터의 산소가 공급되고 일단 산소공급이 시작되면 승객이 멈추게 할 수 없다. 산소공급시간은 기종에 따라 다르지만 A380 15분, B747 15분, B777 22분, A330 22분, B737 12분 정도이다.

모든 항공기에는 화학반응식 개별 산소공급시스템(B777, B737, A330)과 탱크식(A380.B747)의 산소공급시스템이 장착되어 있다.

비상탈출장비(Emergency Evacuation Equipment)

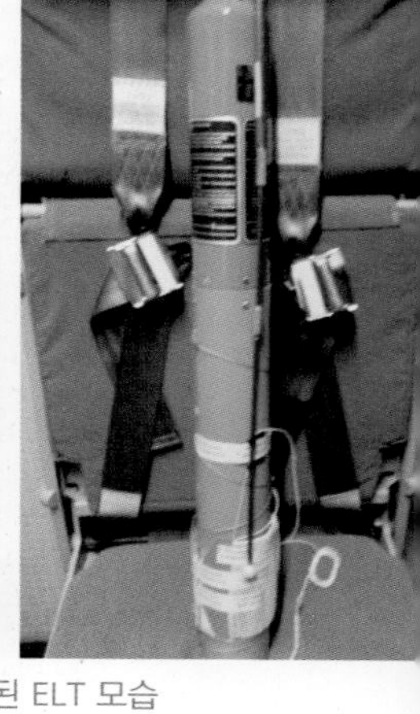

기내에 장착된 ELT 모습

비상탈출장비란 기체이상으로 인한 항공기의 비상착륙 또는 비상착수 상황 발생시 승객과 승무원의 신속한 탈출을 돕고 생존에 필요한 장비이다.

① 조난 시 위치발신 가능한 송신기 ELT(Emergency Locator Transmitter)

항공기가 비상착륙, 착수 시 자동적으로 신호를 발신하여 구조요청을 할 수 있는 장치이며 조난신호를 약 48시간 동안 계속 발신하게 된다. 따라서 항공구조대는 이 장치에서 발신되는 구조신호를 따라 조난된 장소를 발견할 수 있게 된다. ELT는 수분을 넣어야 작동되며 이때의 수분은 어떠한 형태라도 수분만 넣어주면 된다.(B787 기종에는 작은 사이즈의 휴대형 신형 ELT가 탑재된다.)

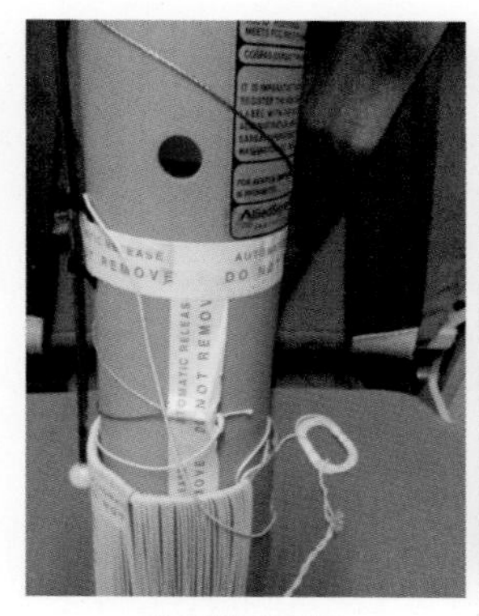

ELT 물 투입구

ELT 상단

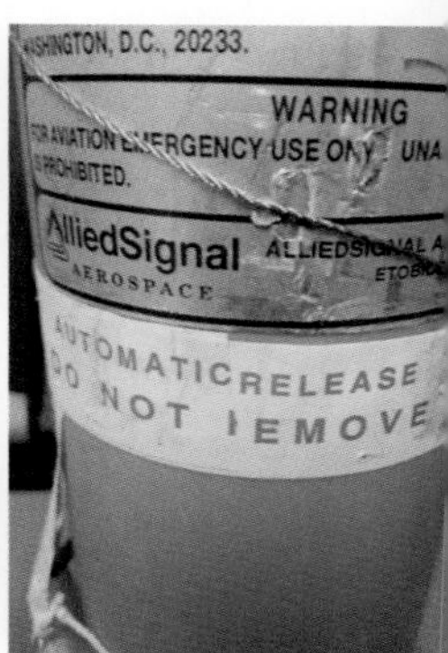

ELT 중단

② ELS(Emergency Light Switch, 비상조명장치)

기내탈출 시 시야를 확보하고 경로를 밝혀주는 불빛을 밝히기 위해 사용하는 스위치이며 기내 전원공급이 안 되더라도 자동으로 비상구까지 안내한다. 비상등에는 내부비상등과 외부비상등이 있다.

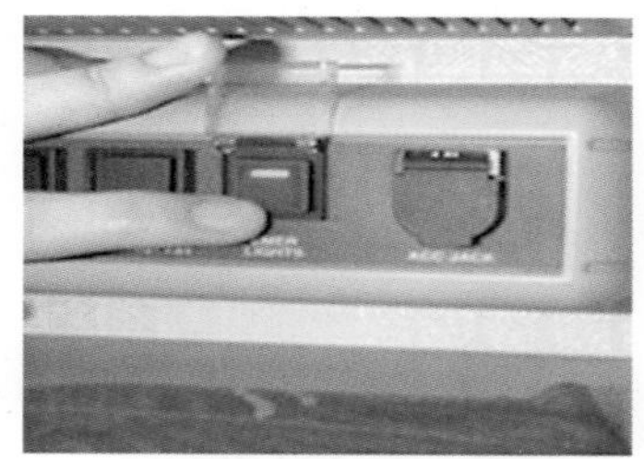

비상조명장치

③ Escape Strap : Overwing Exit에서 탈출 시 승객의 안정적인 탈출을 위해 날개 위에 고정하는 끈을 말한다

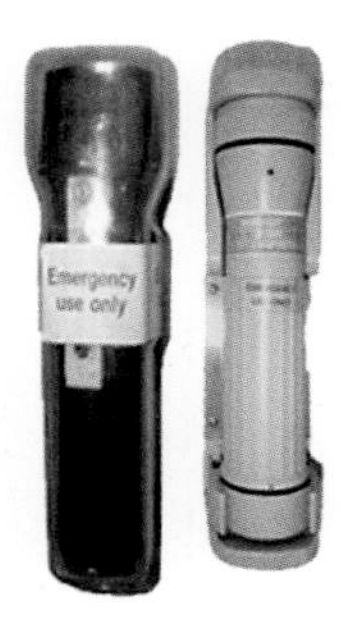

손전등

④ Flash Light(손전등) : 비상탈출 시 승객을 유도하고 시야를 확보하기 위해 사용하며 모든 승무원 좌석에 장착되어 있고 고정된 장치에서 장탈하면 자동적으로 불이 켜지게 되고 모든 손전등은 방수처리가 되어 있다.

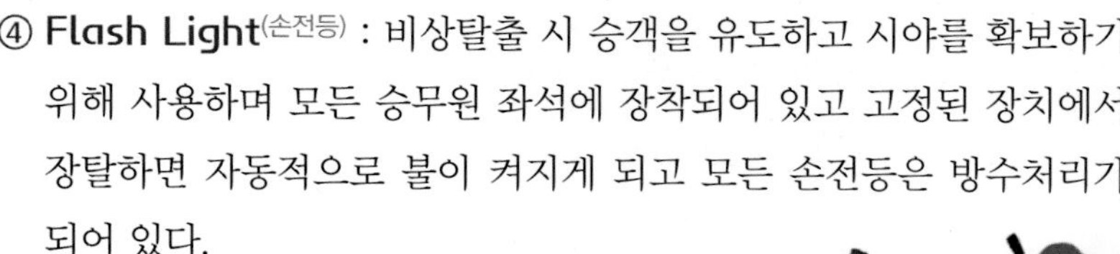

Escape Strap

⑤ Megaphone(메가폰) : 기내의 방송장비를 사용하기 힘든 경우 승객의 탈출지휘를 위해 사용하는 확성기를 말한다.

메가폰

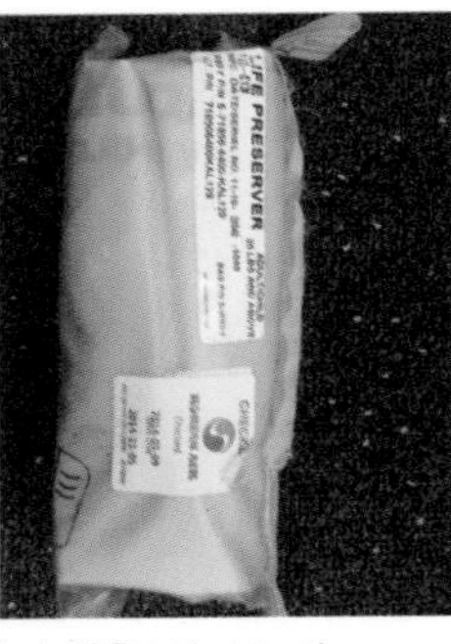

(좌석 하단에 장착된 승객용 Life Vest)

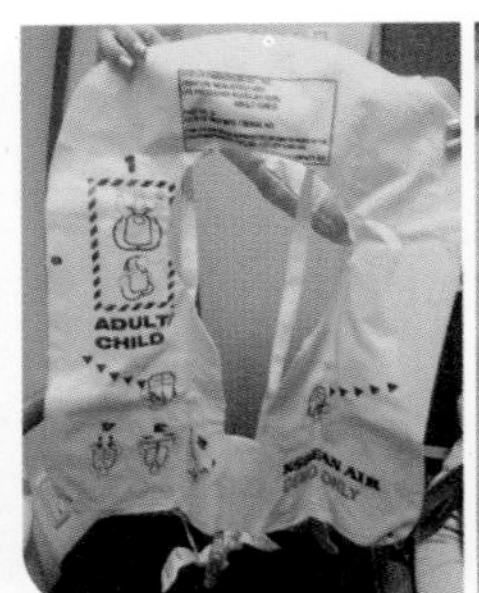

Life Vest 펼친 모습

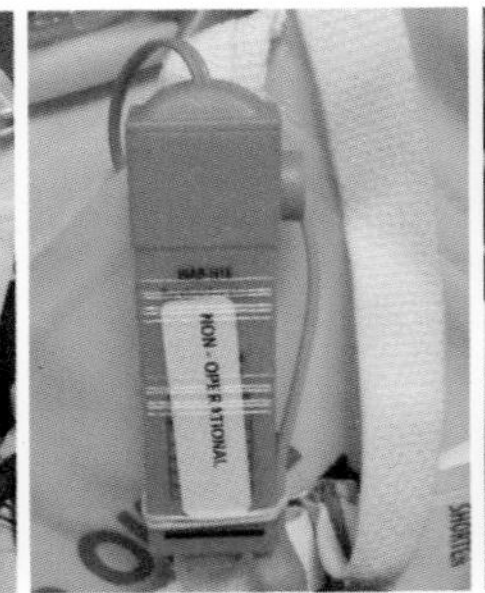

조명 배터리

조명등

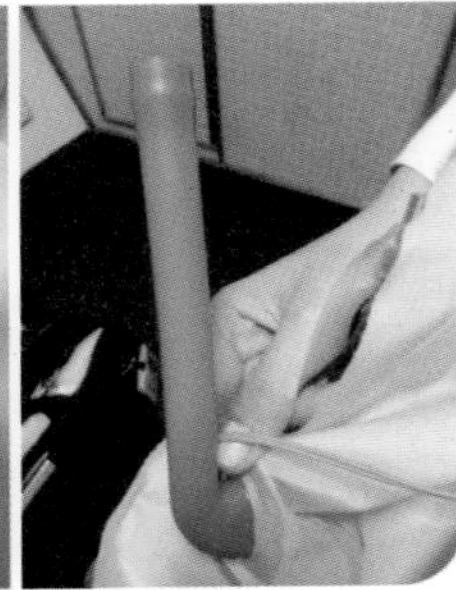

수동팽창용 튜브

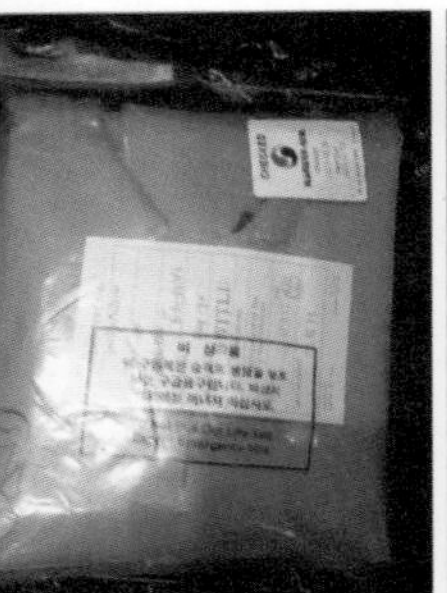
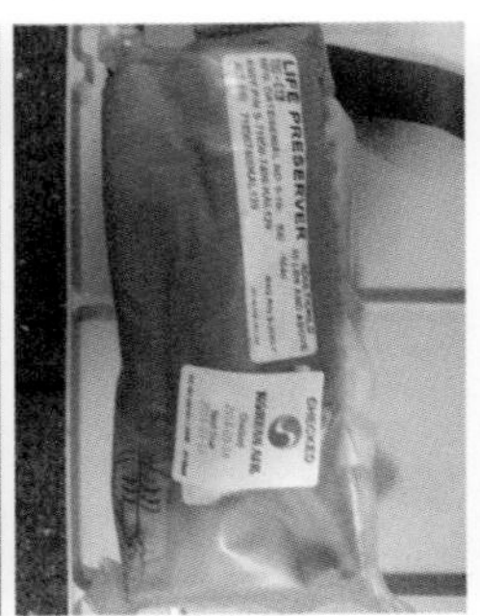

승무원 좌석 하단에 장착된 승무원용 Life vest

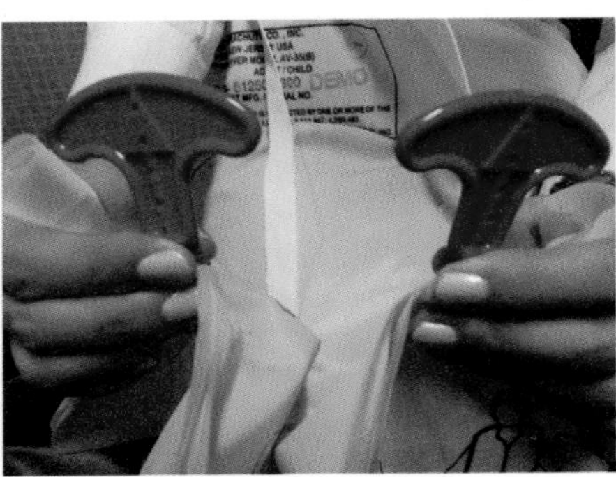

[구형] Life Vest 팽창을 위해 당기는 손잡이-아래로 힘차게 당기면 팽창한다(2개로 되어 있다).

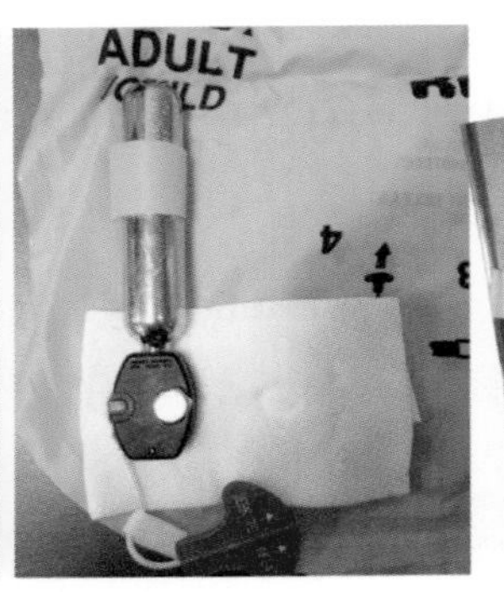

[신형] Life Vest 팽창을 위해 당기는 손잡이가 1개로 되어 있다..

[신형] 유아용 Life Vest

⑥ **Life Vest**(구명조끼) : 비행기가 바다나 호수에 불시착 시 사용하며 승객용은 노란색, 승무원은 적색으로 표시된다. 성인용과 유아용의 구분이 되어 있고 유아용에는 보호자와 연결하는 끈이 장착되어 있다. 구명복은 뒤집어서 사용할 수도 있으며 양쪽 공기주입용 붉은색 고무관의 상단 가운데를 누르면 구명복 내 공기를 제거할 수 있다. 구명복에 붙어있는 조명등은 Battery 구멍에 물이 들어가면 자동으로 켜지고 약 8~10시간 정도 지속된다. 최근 제작된 사양은 팽창손잡이가 한 개로 되어 있는 Single 타입이 많다.

Halon 소화기 type 2

화재진압장비

화재진압장비란 항공기가 고고도에서 순항 중 기내화재가 발생했을 경우 신속히 진압할 수 있고 2차 화재 및 승객과 승무원을 함께 보호할 수 있는 장비를 말한다.

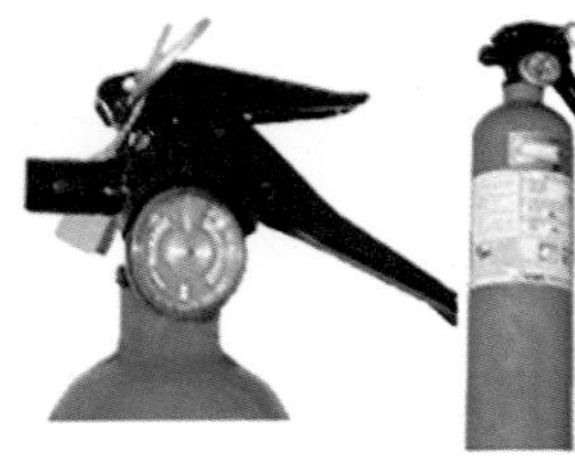

Halon 소화기 type 1

① **Halon 소화기** : 유류, 전기, 의류, 종이, 승객짐 등의 모든 화재에 사용. 본체, 핸들, 레버, 노즐, 게이지로 구성되어 있다. 산소를 차단하여 화재를 진압하는 방식의 소화기이다. 화재로부터 2~3m를 유지하고 수직으로 세워서 분사하며 약 10~20초간 분사된다.

② H_2O 소화기 : 종이, 의류 및 승객짐의 화재에 사용, 유류·전기화재에는 사용금지. 본체, 핸들, 레버, 노즐로 구성되어 있고 할론 소화기로 화재진압 후 재발화 위험을 막기 위해 사용한다. 40초간 분사되며 소화기 내부의 소화액은 부동액 성분이 첨가되어 있어서 마시면 안된다.

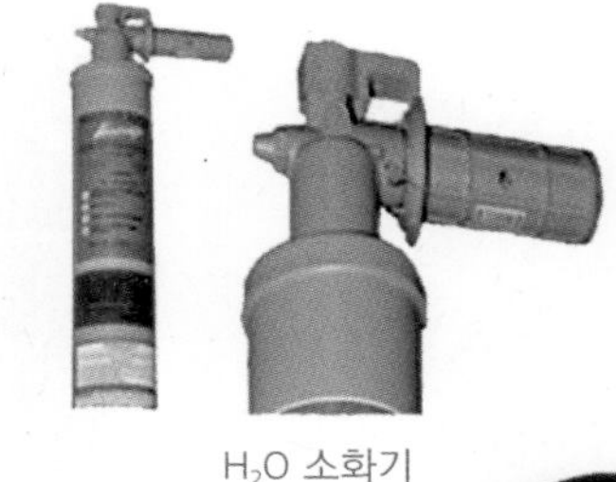

H_2O 소화기

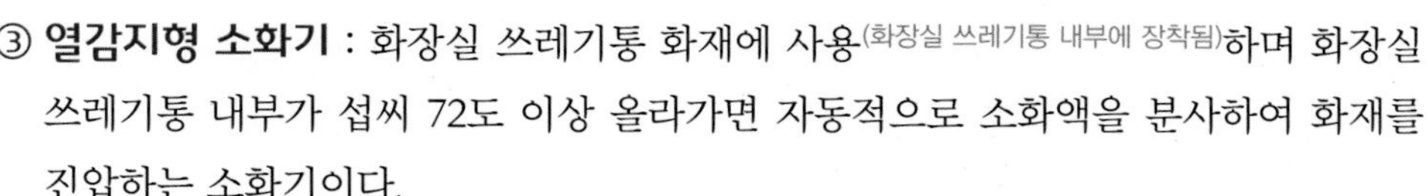

③ **열감지형 소화기** : 화장실 쓰레기통 화재에 사용(화장실 쓰레기통 내부에 장착됨)하며 화장실 쓰레기통 내부가 섭씨 72도 이상 올라가면 자동적으로 소화액을 분사하여 화재를 진압하는 소화기이다.

열감지형 소화기

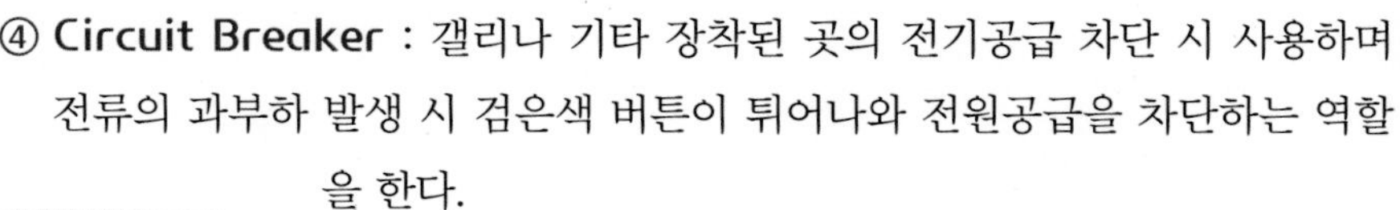

④ **Circuit Breaker** : 갤리나 기타 장착된 곳의 전기공급 차단 시 사용하며 전류의 과부하 발생 시 검은색 버튼이 튀어나와 전원공급을 차단하는 역할을 한다.

Circuit Breaker

Smoke Detector

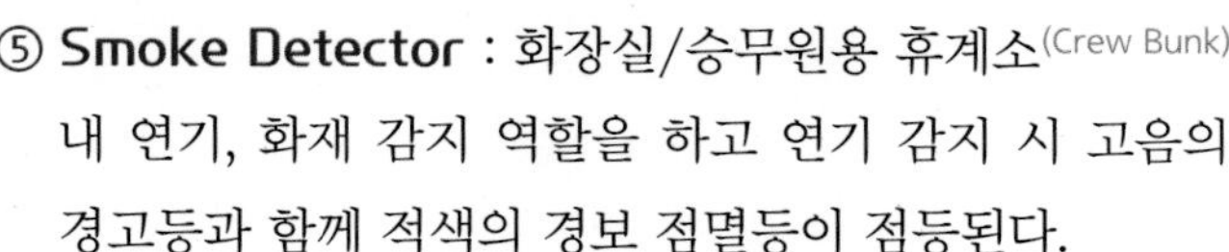

⑤ **Smoke Detector** : 화장실/승무원용 휴게소(Crew Bunk) 내 연기, 화재 감지 역할을 하고 연기 감지 시 고음의 경고등과 함께 적색의 경보 점멸등이 점등된다.

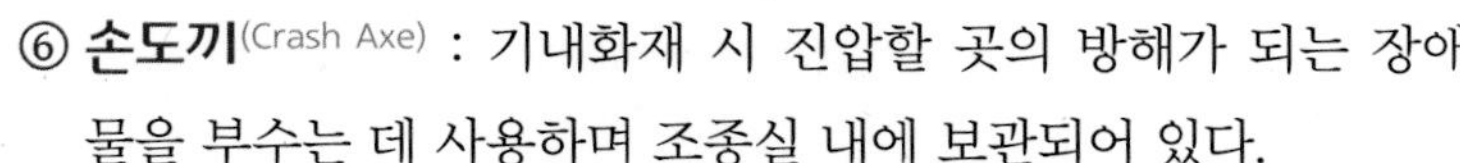

⑥ **손도끼**(Crash Axe) : 기내화재 시 진압할 곳의 방해가 되는 장애물을 부수는 데 사용하며 조종실 내에 보관되어 있다.

손도끼

⑦ **석면장갑**(Asbestos Gloves) : 기내 화재 시 뜨거운 물체를 잡는 데 사용한다. 불연성 재질인 석면을 이용하여 만든 장갑으로 뜨거운 물체나 불이 붙은 물체를 잡아야 할 경우 사용한다.

석면장갑

⑧ **PBE**(Protective Breathing Equipment) : 기내화재 시 화재를 진압하는 객실승무원의 호흡을 원활하게 하기 위해 비치된 소화용구. 안면보호와 호흡보조장구로 15분 정도 사용할 수 있다. 방염소재로 진공포장되어 있으며 승무원은 비행 전 정위치 보관 여부, 진공상태를 확인해야 한다. 작동 시 잠시 동안 귀가 '삥' 하고 울리며 순간적인 두통과 귀 울림이 발생할 수 있다. 사용시간 지나면 PBE 내부의 온도가 상승하기 때문에

Puritian PBE

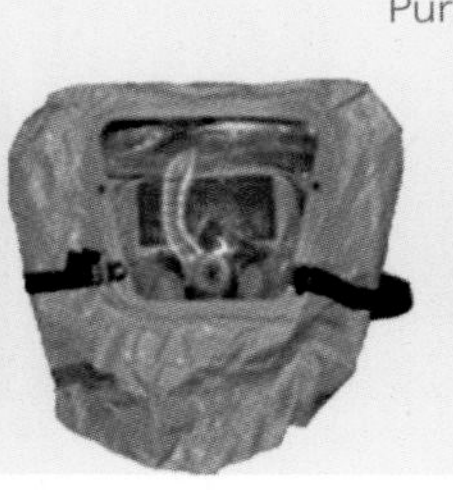

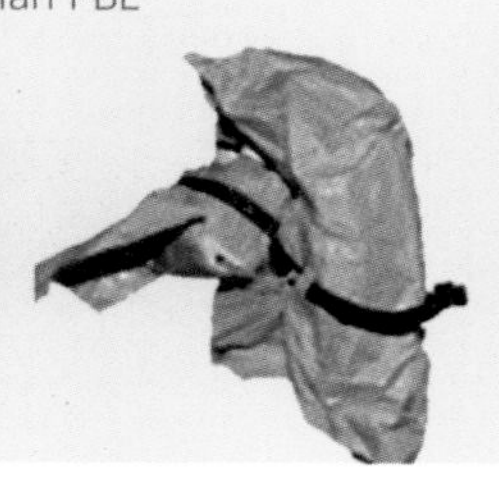

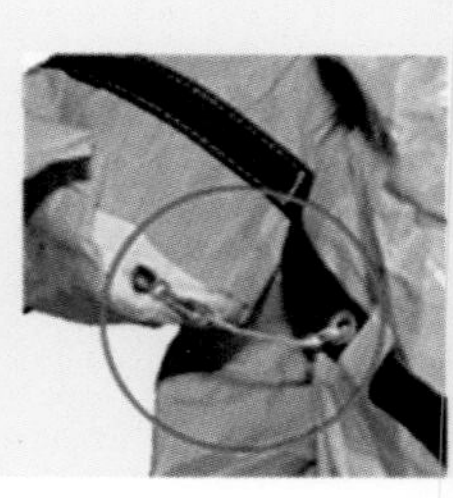

신속히 벗어야 한다.
PBE(Protective Breathing Equipment)는 제조사에 따라 Puritian Type과 Scott Type의 2가지 종류가 사용되고 있다.

PBE(Scott)

PBE(Puritian)

⑨ **Smoke Goggle**(눈 보호기) :
화재를 진압할 때 연기로부터 시야를 확보하거나 눈을 보호하기 위해서 사용하며 유독가스와 연기가 발생한 곳에서 사용한다.

⑩ **Smoke Barrier**(연기차단 패널) : 항공기 중 2층으로 제작되어 있는 기종에 설치되어 있으며 아래층 객실(Main Deck)에서 화재 발생 시 연기가 계단을 통해 이층 객실(Upper Deck)로 올라오는 것을 방지하기 위한 장치이다. B747-400 · B747-8i · A380 항공기 아래층 객실에서 이층 객실로 올라가면 계단 위쪽 끝에 설치되어 있다.

⑪ **Master Power Shut off Switch**(주 전원차단 스위치) : 항공기 갤리 내 화재가 발생한 경우 해당 갤리의 전원을 먼저 차단하는 역할을 한다. B747 · B777 항공기에 설치되어 있다.

B737 갤리-장착되지 않음

B747 갤리-장착된 모습-오른쪽 제일 위쪽 빨간색 스위치

응급의료장비

의료장비는 항공기 순항 중 응급환자와 일반환자 발생 시 신속한 대처를 위해 탑재되며 종류에는 EMK, FAK, MEDICAL BAG, AED, RESUSCITATOR BAG, UPK, STRETCHER, ON BOARD WHEELCHAIR가 있다.

① **EMK**(Emergency Medical Kit) : 응급환자 발생 시 의료진에 의한 전문적이고 기술적인 치료를 위해 탑재되며 의료인만 사용할 수 있다. 기내에서 인정하는 의료인은 의사, 한의사, 치과의사, 간호사, 조산사이다. 일명 반얀킷(Banyan Kit)이라고도 한다. 지상에서 점검 시 EMK의 정위치와 SEAL 상태를 점검한다.
내용물은 설명서, 청진기, 혈압계, 인공기도, 주사기, 정맥주사용 카테터, 항균소독포, 의료장갑, 도뇨관, 수액세트, 지혈대, 거즈, 반창고, 외과용 마스크, 탯줄집게, 비수은 체온계, 인공호흡용 마스크, 펜라이트, 아드레날린, 항히스타민제, 포도당, 니트로글리세린, 진통제, 항경련제, 기관지 확장제, 진토제, 아트로핀 주사액, 이뇨제, 부신피질 스테로이드, 자궁수축제, 생리식염수, 아스피린 등이 들어 있다.

② **FAK**(First Aid Kit) : 일반적인 환자에 사용할 수 있는 구급상자로 좌석수에(50석당 1개) 비례해서 탑재되고 있으며 평상시에는 봉인이 되어 있다. 지상에서 점검 시 정위치와 수량, SEAL 상태를 점검한다.

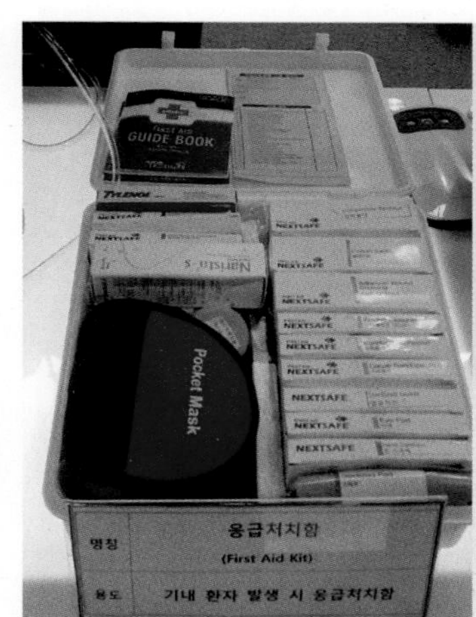

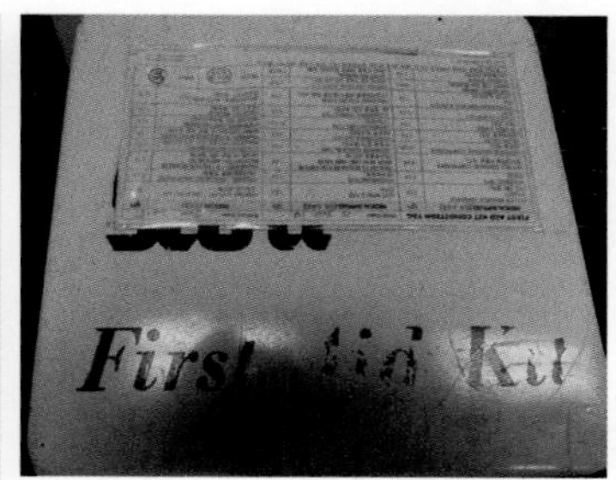

내용물로는 거즈용 붕대, 화상치료거즈, 멸균거즈, 지혈압박용 거즈, 부목, 일회용 밴드, 삼각건 및 안전핀, 멸균면봉, 베타딘 스왑, 반창고, 상처봉합용 테이프, 안대, 체온계, 인공호흡용 마스크, 수술용 접착 테이프, 일회용 의료장갑, 손세정제, 가위, 핀셋, 응급처치요령 설명서, 암모니아 흡입제, 타이레놀, 멀미약, 항진경제, 점비액, 항히스타민제, 제산제, 지사제 등이 들어 있다.

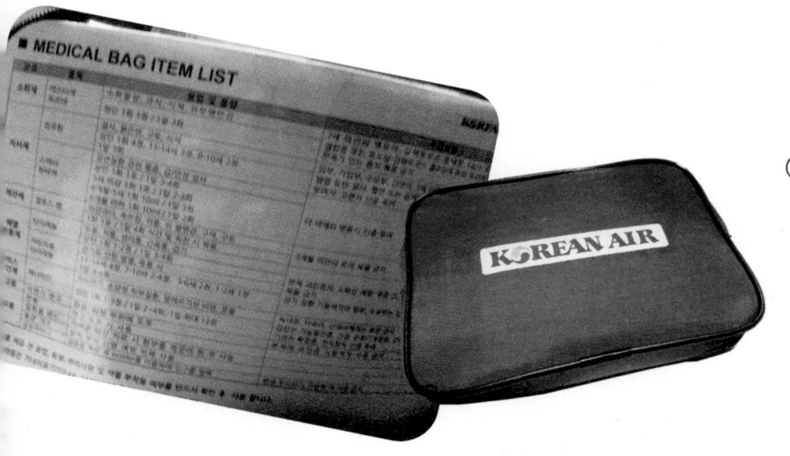

③ MEDICAL BAG : 일정직급 이상의 객실승무원이 소지하고 있는 상비약이다. 내용물로는 소화제, 정로환, 일회용 밴드, 화상처치용 연고, 베타딘 스왑, 안티푸라민, 인공눈물, 타이레놀, 항히스타민제, 얼음주머니, 멀미약, 진통제 등이 들어 있다.

④ AED(Automated External Defibrillator) : 호흡과 맥박이 없는 심장질환 환자에게 전기충격을 주어 심장기능을 회복할 수 있도록 도와주는 의료기구이며 본체와 연결 접착면 그리고 가슴털을 제모할 때 사용하는 면도기로 구성되어 있다.

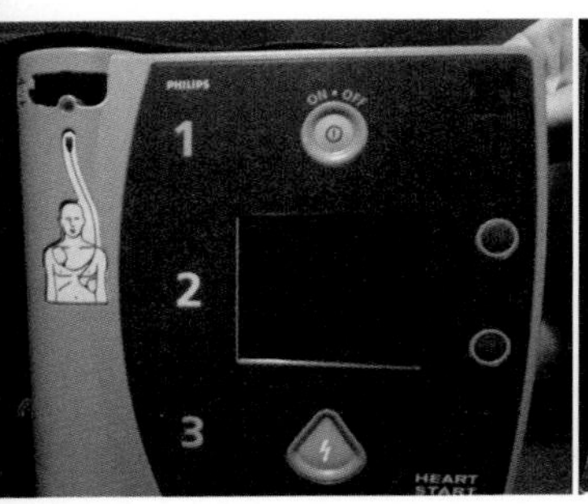

⑤ RESUSCITATOR BAG(리서시테이터 백) : 인공호흡이 어렵거나 힘들 때 사용하는 기구로서 구조 호흡기라고도 한다.

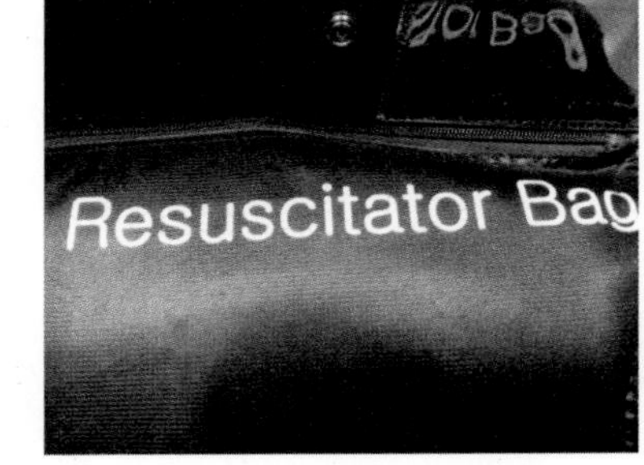

엠부백-AMBU BAG

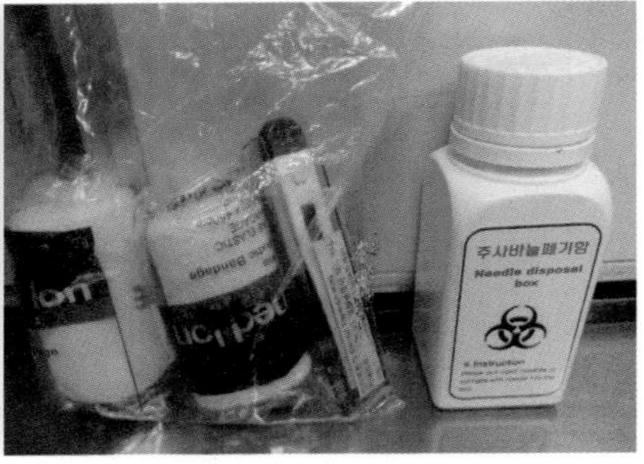

⑥ UPK(Universal Precaution Kit) : 환자의 체액이나 타액으로부터 오염을 방지해 주는 장비이다. 내용물 구성은 마스크, 장갑, 가운, 거즈 등이 포함되어 있다.

⑦ **자동혈압계** : 기내 환자 발생 시 환자의 혈압을 자동으로 측정할 수 있는 장치로 혈당측정기가 내부에 동봉되어 있어 혈압, 당뇨를 측정하는 데 사용한다.

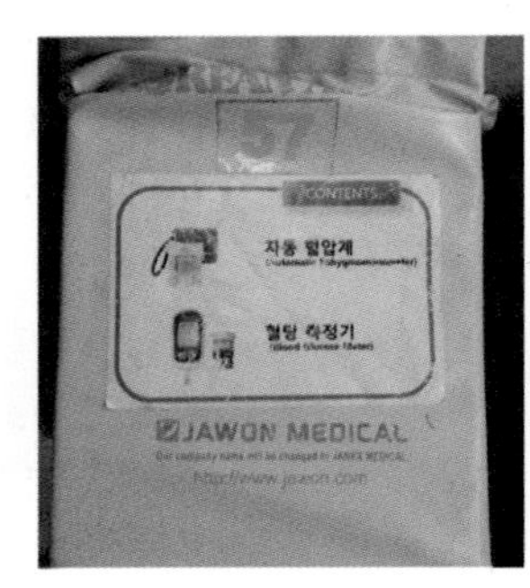

⑧ **STRETCHER** : 움직일 수 없는 환자의 이동에 사용되는 이송용 침대이며 일반석 6석을 이용하여 장착한다.

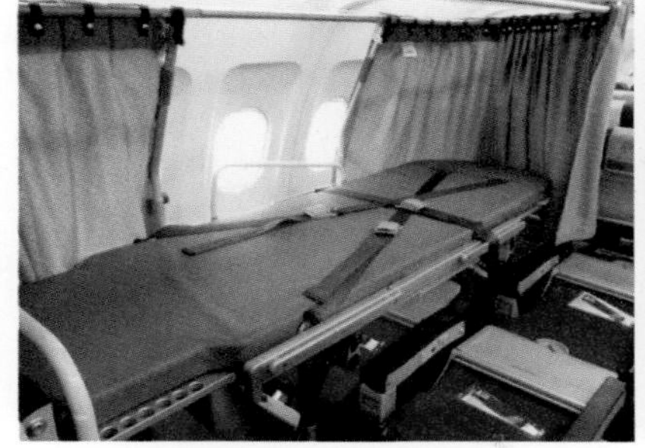
현재 기내장착용 스트레처

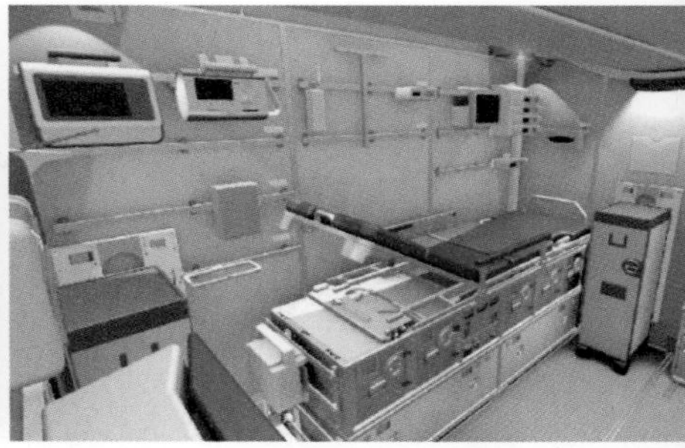
차세대 신형항공기의 스트레처

⑨ **ON BOARD WHEELCHAIR**

: 지상에서 사용하는 휠체어는 기내 복도가 좁아 진입이 불가하여 기내에서 사용할 수 있도록 특수 제작된 조립식 휠체어로서 모든 비행기에 장착되어 있다.

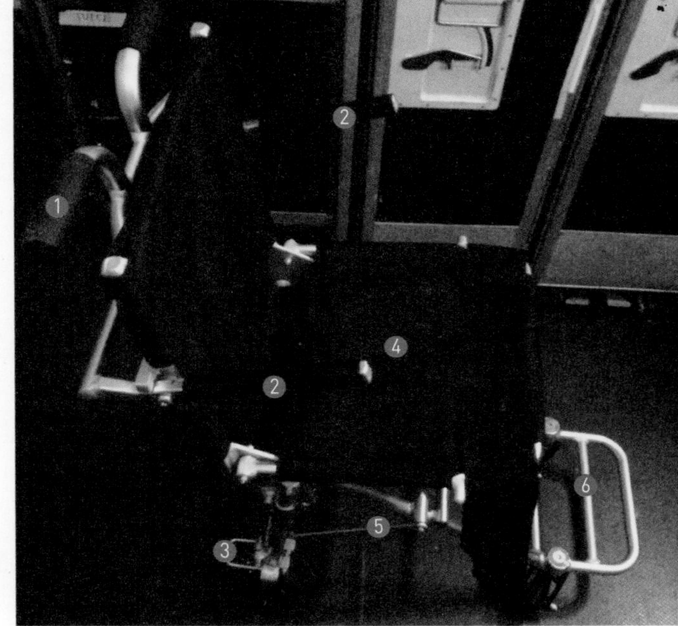

ONBOARD WHEELCHAIR 1 손잡이 2 팔걸이 3 페달 브레이크 4 승객고정용 벨크로 테잎 5 접이용 케이블 6 발판

안전·보호장비

안전·보호장비란 항공기 정상운항, 비정상운항 시 승무원과 승객의 부상방지를 위해 탑재/설치된 모든 장비를 총칭한다.

① POLAR SUIT(북극지방의 추위를 막아주는 방한용품-승무원만 사용)

많은 비행기(항공기)들이 미국이나 캐나다에서 한국으로 비행할 때 연료절감을 위해 매일 북극항로를 이용하고 있는데 별도의 공항시설이나 편의시설이 전혀 없는 극지방에 비행기가 불시착할 경우를 대비해서 운항 및 객실승무원의 체온유지를 도와주고 승객의 구조활동을 용이하게 해주는 의복, 장갑으로 구성되어 있다. 참고로 미국과 캐나다에서 한국으로 비행하는 모든 항공기가 매번

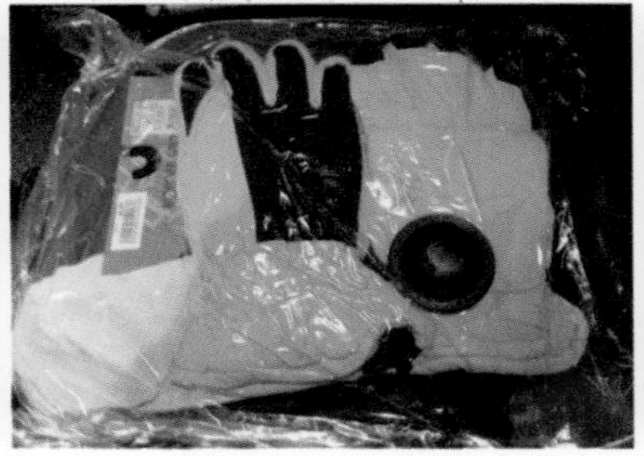

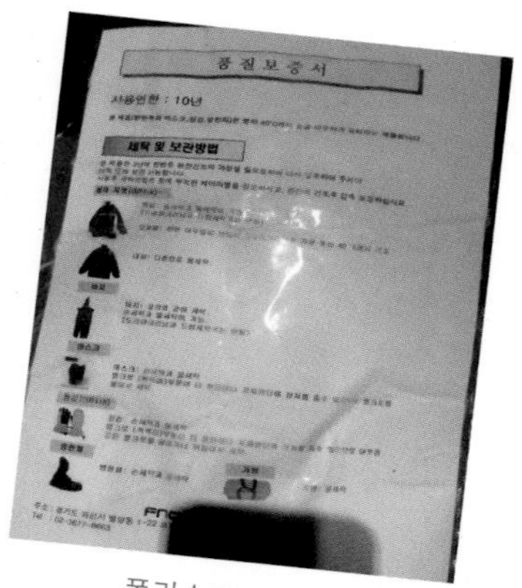

폴라슈트 안내문

비행 시마다 북극항로를 이용하는 것이 아니라 세계 비행안전 점검기관에서 매일 매일 극지방 우주선과 방사선의 총량을 점검하여 허용치 수준에 들어야만 북극항로를 이용할 수 있다.

우리가 아름답고 환상적으로 느끼고 있는 오로라도 일종의 우주선이라고 보면 되고 북극항로를 이용하는 이유는 극지방에는 고고도에서 편서풍, 제트기류 같은 바람이 불지 않아 비행기가 바람의 영향을 덜 받기 때문에 항공기의 연료를 절약할 수 있고 비행시간을 단축시킬 수 있기 때문이다.

② SAFETY BELT

항공기 지상 주기 시 항공기 내부에서 근무하는 객실승무원과 지상조업원이 항공기에서 지상으로 추락하지 않도록 보호해주는 안전벨트를 말하며 착용한 후 Door Assist Handle에 연결하여 사용한다. Safety Belt를 착용하면 객실승무원이나 지상조업원이 항공기 문이 열려 있는 상태에서 실수로 항공기에서 발을 헛디뎌 떨어지더라도 지면에 추락하지 않고 공중에 매달려 있게 된다. Safety Belt는 비행기 내부에서 외부로 낙상한 객실승무원이 발생하여 그 후 항공기에 도입되어 모든 항공기에 탑재되고 있다.

Saftey Belt

내부 구성품 착용한 모습

③ DOOR SAFETY STRAP

Safety Belt와 비슷한 용도로 사용되며 항공기가 계류장 또는 활주로에 주기 시 객실승무원의 낙상으로 인한 상해를 방지하기 위해 항공기 Door 내부에 설치되어 있는 낙

1 사용하지 않을 때는 이곳으로 말려 들어간다.
2 섬유재질의 빨간색 손잡이를 잡아 당기면 오른쪽 사진과 같이 도어스트랩이 나오게 된다.

Door Safety Strap 감긴 모습

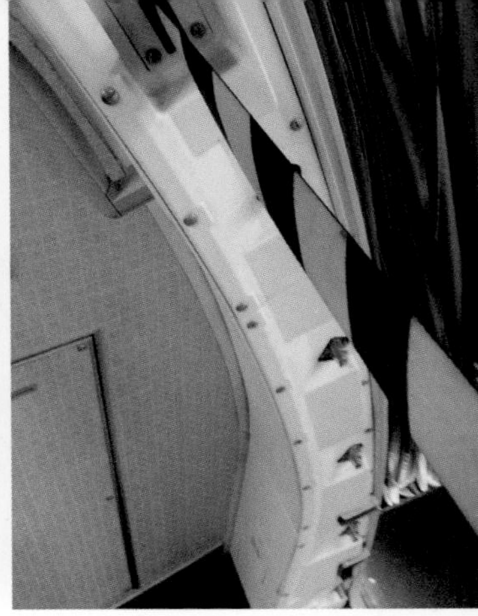
Door Safety Strap 설치된 모습

상방지 경고용 끈을 말한다. 아래 오른쪽 사진의 빨간색 손잡이를 잡아당기면 반대편 Door Frame에 설치할 수 있으며 놓으면 자동적으로 감겨서 내부로 들어가는 자동형 Safety Strap이 있는 반면 항공기 도어 양쪽에 수동으로 설치해야 하는 수동형 Safety Strap이 있다.

④ 객실 승무원 안전 교범(COM:Cabin Operation Manual)

COM은 기내안전에 관한 모든 사항과 항공기 보안, 응급처치에 관한 사항을 수록하고 있다. 대한항공의 경우 예전에는 모든 객실 승무원들이 빨간색 책자로 된 안전 교범을 들고 다녔고 오른쪽 사진처럼 기내에도 3권씩 탑재되어 운영되었으나 2023년부터는 객실 승무원 전원에게 지급된 삼성 갤럭시 태블릿PC에 객실 승무원 안전 교범 내용이 저장되어 비행 중 수시로 볼 수 있게 되어있다.

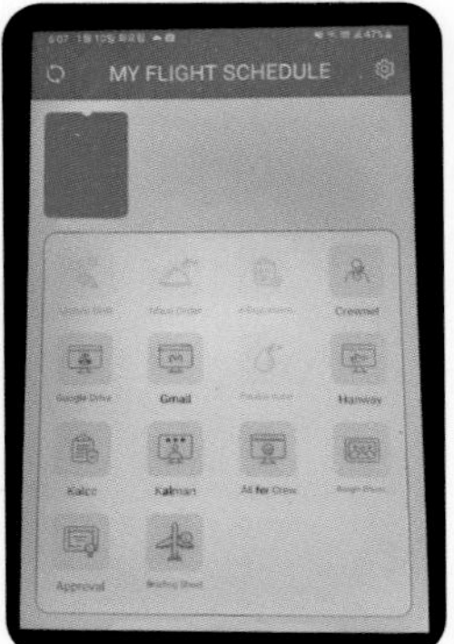

객실승무원 안전 매뉴얼

기내보안장비

항공기 안전운항에 방해되는 기내불법행위 승객, 난동승객, 항공기 공중납치(Hijacking)에 대비하기 위해 항공기 내 탑재되어 운영되고 국내 항공사별로 약간의 차이는 있을 수 있으나 포승줄, 타이랩, 테이저, 방폭담요, 방탄조끼, 비상벨 등의 보안장비가 운영되고 있다. 이러한 장비는 보안을 위해 승객의 눈에 잘 띄지 않는 기내장소에 보관되어 있으며 매 비행 전·후 객실승무원에 의해 점검하게 되어 있고 점검일지도 함께 작성해야 한다.

1 외부감시창 2 개폐키패드

미국 뉴욕과 워싱턴 D·C에서 발생한 9·11 테러사건 이후 조종실의 보안이 강화됨에 따라 현재 모든 여객기에는 상기와 같은 철저한 방탄문이 설치되어 조종실의 보안을 책임지고 있다.

방탄문의 구성요소는 방탄문 자체와 키패드로 되어 있는데 객실승무원이 용무로 들어갈 때 인터폰 및 음어 그리고 정확한 키패드 숫자를 입력해야만 조종실 출입이 가능하다.

또한 조종실에서 객실승무원 및 출입인원 모두를 출입금지할 수 있는 장치가 있다.

각 보안장비에 관한 설명은 아래와 같다.

① **테이저건**(Taser Gun)

본체와 전선으로 연결된 두 개의 전극(탐침)을 발사해 상대를 제압하는 전자무기이다. 테이저건에서 발사된 탐침이 몸에 박히면 순간적으로 전류가 흐르며 근육계가 마비된다. 운동신경의 신호와 비슷한 형태의 전류로 신경계를 일시적으로 교란시키는 것이기 때문에 적은 전류로도 상대를 확실하게 무력화할 수 있다. 테이저건에 맞은 사람은 격렬한 전신 근육 수축과 감각신경 교란으로 심한 고통을 느끼게 된다. 테이저건은 상대방과 직접 접촉해야 하는 전기충격기(스턴 건, Stun Gun)와는 달리 비교적 원거리에서도 사용할 수 있으며 사정거리는 4.5~10.6m로 전극이 들어 있는 카트리지 종류에 따라 다르다.

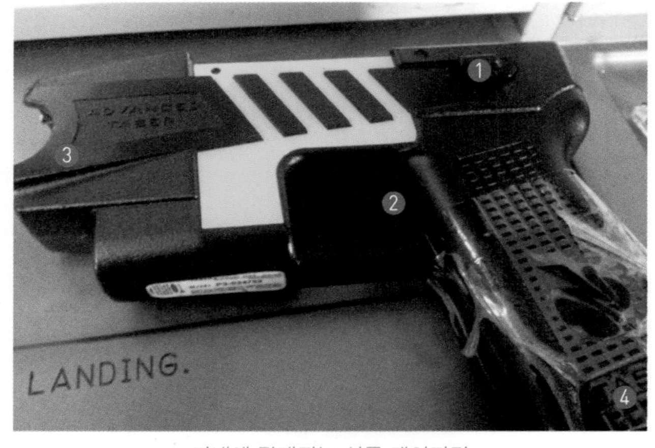

1 안전장치, 장전 시 레이저빔 켜진다.
2 방아쇠
3 카트리지 끼우는 곳
4 예비카트리지 끼우는 곳

기내에 탑재되는 실물 테이저건

카트리지를 장착하지 않았을 때는 전기충격기(Stun Gun)처럼 사용이 가능하고 카트리지를 장착하지 않은 테이저건의 순간 최대 전압은 5만V(볼트)이다. 카트리지를 장착하고 테이저건에서 전극이 발사되어 사람에게 명중했을 때의 전압은 최대 1,200V, 평균 400V(X26 기준)다. 전류는 평균 2~3mA(밀리암페어, milliampere)다. 또한 탐침이 꽂혀 있는 상태에서 계속 방아쇠만 당기면 전기충격을 가할 수 있어 기내난동자 및 하이재킹(Hijaking) 범인의 제압에 효과적이다.

- 테이저 본체 가격 : 약 100만원
- 레이저빔 가격 : 약 40만원
- 카트리지 가격 : 약 1발당 3만원
- Wire 길이 : 약 6.4m

테이저 사용 4대원칙

- 승객과 승무원의 생명위협 상황과 항공기 안전운항 위협상황에서만 사용한다.
- 항공기 기내에서만 사용한다.
- 테이저 교육을 이수한 승무원만 사용한다.
- 2인1조로 운반하고 2인1조로 사용한다.

Air-TASER 사용 규정

최종 경고

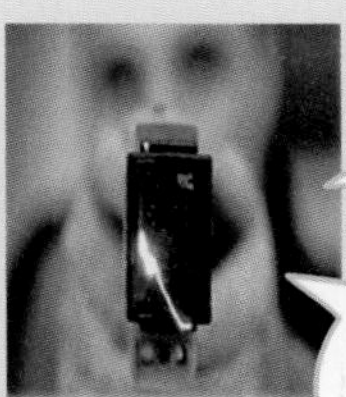

"난동행위를 멈추지 않으면,
전자충격기를 사용하겠습니다.
자리에서 엎드리고 손을
뒤로 하십시오."

"I will shoot you, if you
do not immediately stop
these acts of unlawful interference.
Throw yourself down on your
knees with your hands
behind your back."

2016년 12월 20일 호치민·인천국제공항 비행 중 발생한 국내 모 중소기업 대표 아들 기내난동사건 이후 2017년 1월 대한항공에서는 테이저 사용요건을 아래와 같이 수정하였다.

대한항공 새로 바뀐 테이저건 사용절차

1. 경고(구두경고, 경고장)
   경고장을 제시할 시간이 없을 경우에는 바로 구두경고를 실시하며 구두경고 실시 시 단호한 어조로 실시하고 구두경고를 실시할 시간이 없는 경우 바로 테이저건을 사용하되 다른 승객 보호 위해 스턴건을 위주로 사용하는 것을 권장함.
2. 스턴건 사용
   경고를 무시하고 난동행위 지속할 경우 스턴건을 사용하여 포박 실시
3. 테이저건 사용
   스턴건의 사용이 여의치 않을 경우 즉시 테이저건을 사용하여 포박 실시
   (기내난동자가 경고에 순응할 경우 테이저 조준상태에서 포박하며 상황에 따라 스턴건을 생략하고 바로 테이저건을 사용해도 무방)
4. 증거보존 위해 녹화사실 고지 후 휴대폰으로 녹화 실시

② 스턴건(Stun Gun)

Stun-Gun 사용 방법

- Cartridge가 사용된 것일 경우
- 총구에 Cartridge가 없을 경우

테이저건을 발사한 후 더 이상의 실탄을 장전할 수 없을 때 테이저건을 전기충격기로 사용할 수 있다. 불법난동자의 몸에 총구를 대고 방아쇠만 당기면 총구에서 고압의 전기가 흐르며 전압은 일반적인 것들은 5~50만 볼트이고 전압은 매우 높은 반면, 전류는 수mA로 매우 적기 때문에, 살상 능력은 없다. 고전압 모델(110만 볼트도 있다)과 초소형 저전압 모델이 존재한다. 8만 볼트 이상일 경우, 두꺼운 옷 위에에서도 효과가 있으며, 15만 볼트 이상이면 가죽 잠바와 두터운 모피 코트 위에서도 효과가 있다고 한다.

③ 방폭매트(2015년부터 신형 방폭매트 탑재)

1 방탄조끼 2 방폭담요

TYPE A(기존)

방폭매트는 방탄조끼와 한 조를 이루어 기내에 탑재되며 일정 장소에 보관하여 기내 폭발물 발견 시 사용하게 된다. 폭발물은 원래 이동하지 않는 것이 원칙이나 기장의 지시에 의거 항공기 뒤쪽으로 폭발물을 이동시키고 폭발의 힘을 최소화시키기 위해 덮는 MAT이다. 일반적으로 모든 항공기에는 폭발위험 최소구역(LRBL-Least Risk Bomb Location)이 있으며 이는 항공기 오른쪽 제일 뒤 도어 근처를 의미한다. 방폭매트를 사용하였다 해도 폭발물의 폭발을 억제시키는 것은 아니며 폭발위험을 최소화시키는 보안장비이니 유념하도록 하자.

TYPE B(신형)
(Safety Circle로 폭발물을 둘러싼 후에 방폭 Mat로 덮음

폭발위험 최소구역(LRBL-Least Risk Bomb Location)

순항 중인 항공기 내에서 폭발물이 폭발하면 탑승객이나 기체에 상당한 피해를 줄 수 있다. 따라서 폭발물이 폭발하더라도 탑승객, 기체에 피해를 최소화하기 위해 모든 항공기 내에는 폭발위험 최소구역(LRBL-Least Risk Bomb Location)이 지정되어 있다. 모든 항공기의 LRBL은 항공기 진행방향으로 보았을 때 우측 최후방 도어이다.(폭발위험 최소구역에서 폭발물이 폭발했을 때 전혀 안전한 것은 아니고 기체, 인명피해를 최소화할 수 있다는 의미이다. 오해하지 마시길 바란다.)

기내 폭발물 발견 시 조치사항

- 폭발물이 발견된 장소에서 승객들을 가능한 멀리 대피시킨다.
- 폭발물은 설치된 장소에서 이동하지 않는 것을 원칙으로 하나 지상에서 승객과 승무원의 안전을 위해 옮기라는 연락을 조종실에 할 경우 객실승무원은 폭발물을 이동시켜 폭발위험최소구역(LRBL)으로 옮길 수 있다.
- 폭발물을 이동시킬 승무원은 반드시 방탄조끼를 착용하고 폭발물 하단에 이동방지장치가 없는지 확인한다.
- 폭발위험 최소구역(LRBL)으로 이동 후 승객·승무원의 짐을 깔고 폭발물을 방폭매트 중앙에 놓은 후 방폭매트로 완전히 덮는다.
- 짐을 폭발물 위에 높이 쌓고 단단히 묶은 후 의심물질이 남아 있는지 재검색을 실시한다.

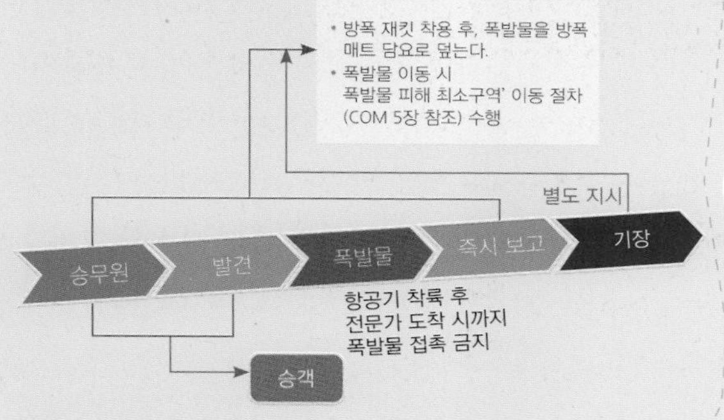

④ 타이랩(Tie Wrap)

타이랩의 용도는 기내난동자나 불법행위자의 손, 발을 묶는 데 사용하며 전, 후가 구별되어 있으니 반드시 확인하고 사용하도록 해야 한다. 일단 정확히 사용하면 절대로 풀리지 않는 것으로 알고 있으나 2016년 최근 유튜브에 타이랩을 순식간에 풀 수 있는 동영상이 소개된 이후 미국 경찰에서는 범인의 신체를 구속할 수 있는 특수테이프(Tape)를 개발하여 사용하고 있으며 2020년 현재 대부분의 국내 항공사에서는 사진과 같이 굵고 강하며 쉽게 풀고 조일 수 있는 제품을 사용하고 있다.

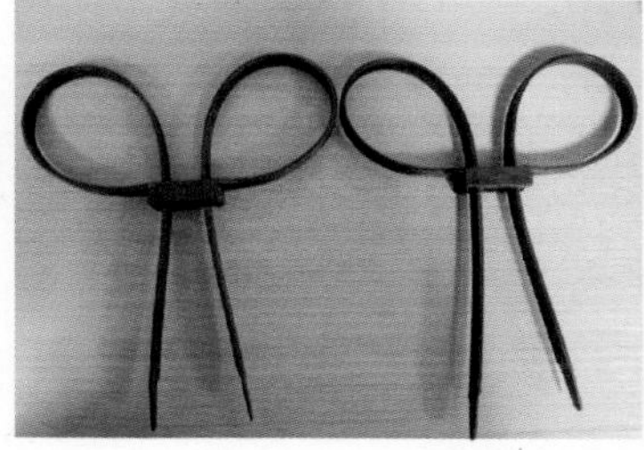

수갑 대신 사용하는 신체 결박용 타이랩

⑤ 포승줄

포승줄이란 기내난동승객이 더 이상 움직이지 못하도록 팔, 다리 및 신체를 묶어놓을

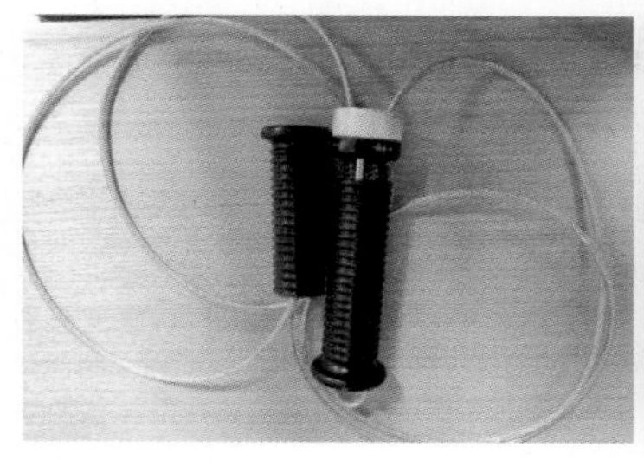

포승줄 : 범인을 움직이지 못하도록 묶을 때 사용한다.

때 사용하는 끈을 말한다. 주로 테이저건이나 스턴건을 사용하여 승객이 무력화된 후 사용한다.

상기 외 포승줄과 방탄조끼도 기내 일정한 곳에 함께 비치되어 있다.

2020년 확대 탑재되는 신형 포승줄

현재까지 기내에는 상기 그림과 같은 면 노끈으로 된 하얀색 포승줄이 탑재되어 움직이며 난동을 부리는 승객을 묶기가 매우 힘들었다. 하지만 2020년부터는 국내 모든 항공사가 아래 사진과 같이한 번 작동으로 승객의 몸을 구속시킬 수 있는 신형 포승줄이 탑재될 예정이다.

신형 포승줄-발 구속장치

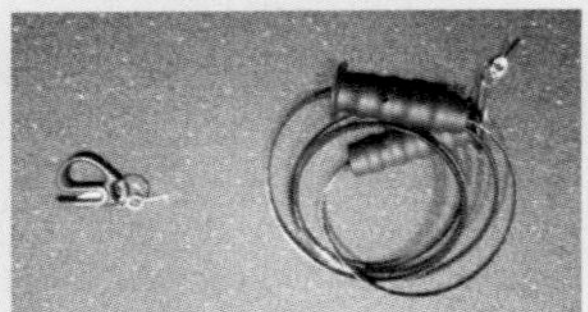

신형 포승줄 접은 모습-왼쪽은 필요 시 포승줄을 자를 수 있는 장치

⑥ 방탄조끼

기내 설치된 폭발물을 이동시킬 때 착용하여야 한다.

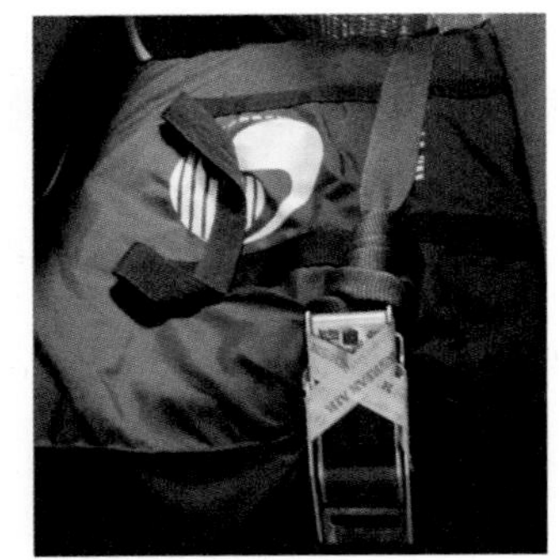

기내에 보관되어 있는 보안장비용품

⑦ **비상벨**(Emergency Bell)

비상벨은 기내 납치나 테러 발생 시 운항 승무원에게 인터폰 사용 없이 객실의 상황을 알릴 수 있는 장치이며 항공기 내 일정장소에 설치되어 있다. 객실승무원이 누르면 조종실에 뚜, 뚜, 뚜 … 하는 벨소리가 울리며 벨소리의 길고 짧음으로 객실 긴급상황을 조종사가 알아들을 수 있도록 되어 있다.

사진의 빨간 버튼이 비상벨(Emergency Bell)이다.

2 객실 서비스용품

기내 서비스용품은 항공기 내에서 서비스에 필요한 기내식 및 음료, 기내 면세품, 출입국 서류, 장거리용 헤드폰과 단거리용 이어폰, 베개, 신문, 잡지, 담요 등의 기내 서비스에 필요한 용품을 총칭한다. 이러한 서비스 용품은 탑재원에 의해 사전 탑재가 되지만 객실승무원에 의해 2차 점검이 꼭 필요한 용품이다.

(1) 객실 서비스용품(Service items) 점검

비행 전·중 탑승객에게 제공하는 기내식을 포함하여 기내 서비스에 필요한 모든 서비스용품은 객실승무원이 기내에 탑승하기 전에 탑재원에 의해 기내 지정된 장소에 탑재되며 객실 서비스용품의 특징은 ① 국가에서 세금을 면제받는 면세품 ② 승객 및 승무원의 안전을 위해 보안절차를 거쳐야 하므로 아래의 순서에 의거해 기내에 탑재하게 된다.

기내 객실 서비스용품 및 기내식을 운반하는 특수차량

기내에 탑재 순서

기내식(기용품, 면세품) 보관창고 ➠ 비행별 필요량 계산 및 검수 ➠ Food Car 탑재 ➠ 보안검사 ➠ 항공기 도착 ➠ 기내탑재 ➠ 승무원 인계 ➠ 비행 중 사용 ➠ 도착 전 봉인 ➠ 기용품 하기 ➠ 탑재원에게 인계하기 ➠ Food Car 탑재 ➠ 보안검사 ➠ 기내식(기용품, 면세품) 보관창고 입고

따라서 객실승무원은 탑재된 서비스용품을 승객 탑승 전 반드시 물품의 수량, 위치, 보안상태, 사용 가능 여부를 확인해야 하며 기내에 탑재되게 되는 서비스용품은 매번 비행 시 기본적으로 탑재되는(스탠다드 로딩, Standard Loading) 서비스 기물과 객실승무원의 요구에 따라 탑재되는 추가용품(Additional Loading)으로 구분되고 당일 비행기 예약 승객수와 비행거리에 따라 기내식 및 음료의 수량과 종류가 구별되어 탑재된다.

따라서 항공기에 사전 탑재되어 있는 서비스용품의 점검절차와 미탑재 시 조치사항은 아래와 같다.

① 캐리어박스 점검(Carrier Box)·카트(Cart) 점검, Compartment

1 보안 위해 봉인되어 있는 모습 2 탑재내역을 공지 3 깨지기 쉬운 물품이라는 뜻 4 카트 내부의 내용물을 알려준다.

Carrier Box와 기내식 및 음료·주류 탑재용 카트는 객실승무원이 되면 제일 많이 접하게 되는 기물이며 가볍고 단단한 알루미늄 재질로 제작되어 있고 깨지거나 파손되기 쉬운 식자재, 기내 서비스용품을 적재하여 기내에 탑재하는 데 쓰인다.

모든 캐리어박스, 탑재용 카트에는 바깥쪽에서 내용물을 쉽게 파악할 수 있도록 외부에 내용물의 종류와 상태를 알려주는 스티커를 외부에 부착하게 되며 객실승무원은 승객 탑승 전 외부에 부착된 스티커나 탑재내용을 알려주는 Tag의 품목 및 수량을 확인 후 Door를 열어 외부에 표시된 수량과 일치하는지 육안으로 관찰한다.

- 점검 시 준비물 : 메모패드, 볼펜, 필요 시 장갑
- 장비 파손품, 미 탑재, 내용물 부족분 발견 시 조치사항
  선임승무원, 객실사무장, 캐빈매니저에게 보고하고 객실책임자가 객실정비사, 기내용품 탑재 매니저에게 연락하여 승객탑승 전 신속한 수리 및 재 탑재가 될 수 있도록 한다.

② 기내식 탑재상태 점검(In Flight Service Meal)

기내식(機內食)은 항공기 내에서 항공회사가 제공하는 맛있는 식사 및 음료를 총칭한다.

운항승무원, 객실승무원 등이 항공기 내에서 취식하는 식사도 승객에게 제공되는 기내식과 똑같다. 하지만 운항의 특수성과 보안을 고려하여 운항승무원에게는 한 단계 진보된 보안방식을 적용하는 것이 다를 뿐이며 기내에서 섭취하는 모든 것을 기내식이라 하지는 않는다. 특히 승객이 가지고 온 도시락이나 김밥, 라면 등 승객이 항공기 안으로 반입한 음식은 기내식이라고 불리지 않는다.

일본 오사카공항 캐이터링 매니저

기내식을 점검하는 담당 승무원은 한식·양식 기내식 한 카트당 탑재되어 있는 기내식 중 몇 개씩 무작위로 빼내어 아래와 같은 구성품(디저트, 샐러드, 와인잔, 포크 및 수저, 나이프)이 제대로 탑재되었는가를 반드시 점검하여야 한다.

아래의 예를 들면 현장에서 종종 발생하는 실수는 한식 비빔밥 Tray 위의 참기름이 빠져 있는 경우, 양식의 경우에는 Tray 위에 버터(Butter)나 샐러드 드레싱(Dressing) 같은 구성품이 빠지는 경우가 가끔 발생하니 구성품의 탑재를 확인하는 승무원의 꼼꼼함이 매우 필요하다.

기내식 점검 시 객실승무원은 기내식 탑재된 카트의 내부를 점검하고 Tray상의 Setting 상태를 보고 탑재된 내용물의 수량과 위생상태, 유효기간을 확인한다.

기내식의 점검은 2nd 기내식까지 함께 실시해야 하므로 탑재수량이 상당히 많아 정확한 수량파악, 신속한 동작과 꼼꼼한 내용물 확인

아시아나 항공기 기내식 탑재

1 한식반찬
2 디저트(후식)
3 포도주 잔
4 생수 및 커피잔
5 된장국(인천공항 출발 시 미역국, 해외공항에서 출발시 된장국들 제공한다.)
6 비빔밥용 나물(계절에 따라 나물내용이 바뀐다.)
7 수저, 젓가락
8 비빔밥용 햇반
9 고추장
10 참기름

* 식사 내용물이 빠진 것이 없나 무작위로 체크한다.

대한항공의 한식 기내식 구성 – 비빔밥

이 요구되며 처음에 실시하는 승무원은 계산기와 메모패드를 가지고 점검하는 것을 권장한다.

- 점검 시 준비물 : 메모패드, 볼펜, 필요 시 계산기
- 미탑재, 부족분 발견 시 조치사항
  선임승무원, 객실사무장, 캐빈매니저에게 보고하여 기내식 탑재 담당자 호출, 미탑재 용품이 신속하게 탑재될 수 있도록 조처한다.

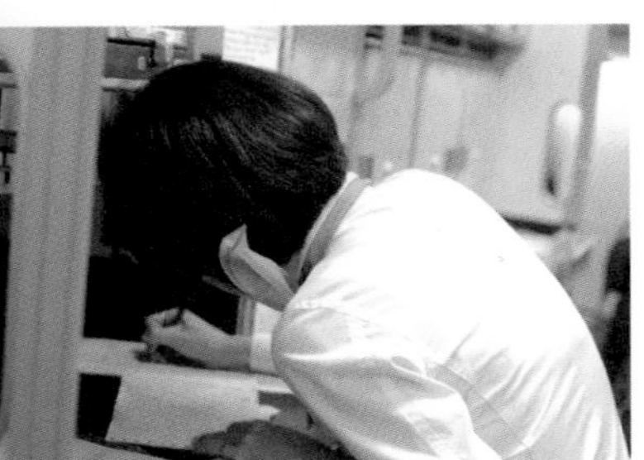

승객 탑승 전 스페셜밀 점검하는 객실승무원

영아, 유아용 스페셜밀

어린이용 스페셜밀

Meal Cart를 열어보고 꼼꼼히 확인해야 한다. 특히 상하기 쉬운 요구르트, 우유는 반드시 상태를 정밀하게 관찰한다.

기내식 점검하는 객실승무원

③ 신문, 잡지(News Paper and Magazine) 탑재상태 점검

KE의 경우 국내선 신문은 조간신문만 제공하며 오전 10시 이후에는 신문서비스를 제공하지 않는다. 매 비행 시 기내탑재요원에 의해 신문과 잡지가 기내에 탑재되게 되는데 이때 신문은 종류별 묶음으로(Bulk) 탑재되며 잡지는 잡지 전용보관 Bag에 담아서 탑재된다. 이때 객실승무원은 객실브리핑 시 객실사무장·캐빈매니저가 제공한 각 클래스의 탑승승객 숫자에 맞추어 탑재수량을 파악하고 부족 시 기내 탑재요원에게 고지하여 추가분을 확보해야 한다. 잡지전용 백은 클래스별로 1Bag씩 봉인(Sealing)하여 탑재되니 시건장치를 풀어 내용물을 확인하고 적절히 배분하여 사용한다.

신문 세팅하는 저자

모든 클래스의 신문세팅 임무는 보통 해당 편 제일 주니어 승무원이 담당하고 잡지는 각 클래스의 잡지담당 승무원이 준비한다.

또한 기내에 탑재되는 신문 묶음줄은 여성 승무원의 맨손으로 풀기에는 적절치 않고 보통 객실정비사에게 부탁하여 정비도구를 이용하여 풀곤 했다. 만일 기내에 객실정비사가 부재 중일 경우 당황하지 말고 약간의 시간이 소요되지만 하단의 방법을 사용하자.

참고로 현장에서는 모든 신문세팅 담당 승무원이 이 방법을 쓰고 있다.

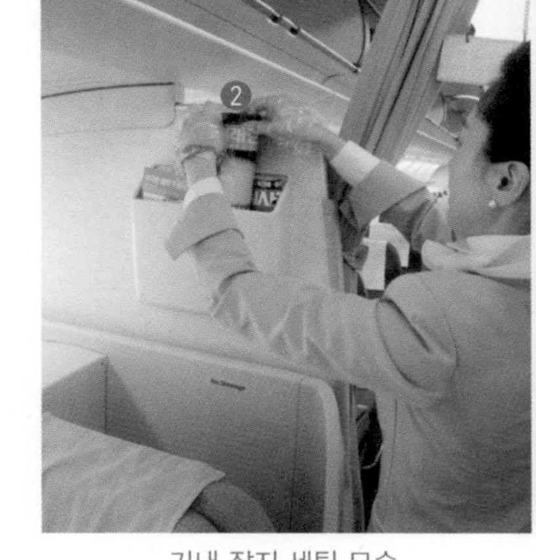

기내 잡지 세팅 모습

국제선 비행기 갤리 내부에 준비된 신문

1, 2 일반적으로 주니어 승무원의 국제/국내선 모든 비행의 시작은 신문세팅에서부터 시작된다. 제호가 잘보이도록 세팅하며 영자 신문은 카트 중단에 세팅한다.

3 국제선 갤리에 신문을 세팅하는 경우는 승객 탑승이 2군데로 시행할 경우 갤리에 세팅하며 객실승무원은 승객이 신문을 집어갈 수 있도록 탑승 시 적극적으로 안내해야 한다.

1 신문묶음 연결된 부분을 뒤집으면 조금 긴 부분이 있다.

2 이곳을 당기면 벌어지기 시작하는데.

3 한올 한올 잡아당기면 쉽게 풀어 사용할 수 있다(약 5초 소요).

대한항공 기내 Seatpocket 잡지

아시아나항공 기내 Seatpocket 잡지

또한 기내 Seat pocket에 정리되어 있는 기내 잡지의 종류를 점검하고 미흡 시 지상기내미화원에게 연락하여 순서대로 정리하도록 하고 부족한 종류는 채워 넣도록 한다. 여러 종류의 잡지가 Seat pocket에 세팅되나 안전을 설명하는 Safety Card 팸플릿이 제일 앞으로 나와야 하며 이것은 국토교통부에서 주관하는 항공안전점검에 자주 지적되는 사항이니 철저한 점검이 필요하다.

- 점검 시 준비물 : 메모패드, 볼펜, 필요 시 장갑
- 미탑재, 부족분 발견 시 조치사항
  선임승무원, 객실사무장, 캐빈매니저에게 보고하여 신문탑재 담당자, 지상조업 객실미화원 호출하여 신속히 조치 및 탑재될 수 있도록 한다.

④ 베개, 담요(Pillow and Blanket) 탑재상태 점검

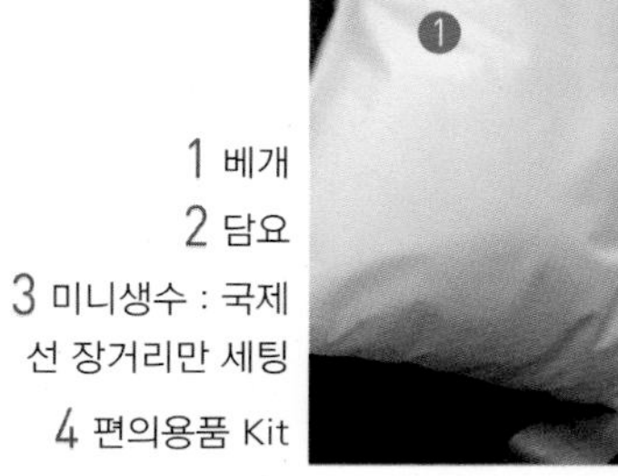
1 베개
2 담요
3 미니생수 : 국제선 장거리만 세팅
4 편의용품 Kit

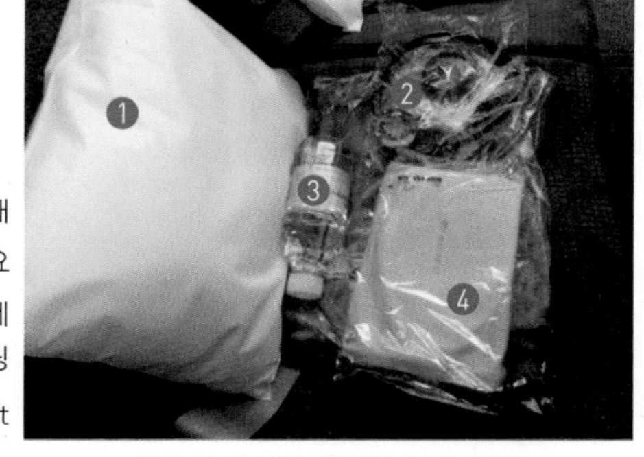

일반석 좌석에 세팅된 베개, 담요

승객 탑승 전 객실승무원은 객실브리핑 시 부여된 담당구역별로 좌석 위에 놓여있는 담요와 베개의 숫자가 일치하는지, 추가 담요와 베개는 확보되어 있으며 어느 위치에 탑재되는지 담당구역의 탑재량과 현황을 파악한 후, 여유분의 베개, 담요는 오버헤드빈이나 코트룸(Coat room)을 이용하여 보관하고 보관위치를 모든 승무원이 알 수 있도록 정보를 공유해야 한다. 만일 부족 시 기내 탑재요원에게 즉시 고지하여 추가 탑재될 수 있도록 한다.

기내 현장에서는 여유분의 담요와 베개는 일반적으로 오버헤드빈(Overhead bin) 내에 보관하며 함께 근무하는 객실승무원에게 정보를 공유하지 않을 시 다른 승무원은 담당구역 전체 오버헤드빈을 전부 열어 보아야 하는 불편과 여는 과정에서 수하물 낙하의 위험성이 있기 때문에 여유분 담요, 베개의 보관위치에 관한 정보공유는 반드시 필요하다.

- 점검 시 준비물 : 메모패드, 볼펜, 여유분 보관위치 알릴 수 있는 스티커
- 미탑재, 부족분 발견 시 조치사항

  선임승무원, 객실사무장, 캐빈매니저에게 보고하여 객실정비사, 기내용품 및 청소담당자(기내 청소반장) 호출, 신속히 조치 및 탑재될 수 있도록 한다.

⑤ 이어폰·헤드폰(Ear Phone/Head Phone) 탑재상태 점검

국제선 비행에서 중국, 일본 왕복 노선 같은 단거리 비행은 이어폰(Earphone)을 서비스하고 미주, 구주, 대양주 등의 장거리 비행은 헤드폰(Headphone)을 제공한다. 따라서 승객 탑승 전 각 비행노선에 맞는 이어폰과 헤드폰의 탑재수량, 위치를 점검하여야 하며 단거리 비행인 경우 왕복분이 인천공항에서 탑재되고 장거리 비행인 경우 목적지에 도착하면 해당 공항에서 탑재되므로 승객숫자를 염두에 두고 충분한 수량을 먼저 확보해야 한다.

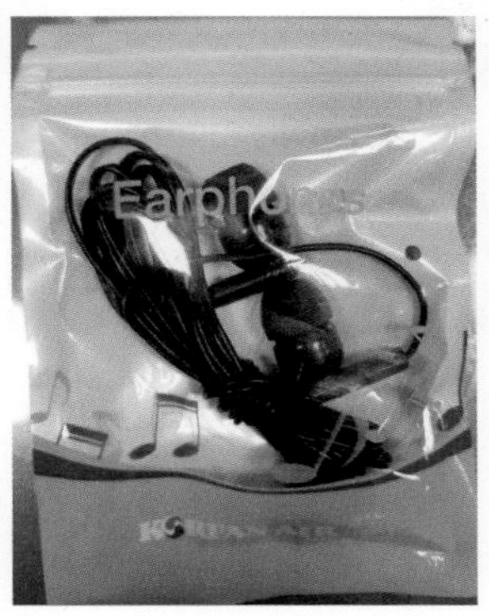

신형 단거리용 이어폰

일반적으로 이어폰은 묶음(Bulk)으로 헤드폰은 가방(Bag) 형태로 항공기에 탑재되게 된다. 이어폰과 헤드폰은 현장에서 점검하는 객실승무원이 점검하기 제일 까다로운 품목으로 알려져 있으며 종종 미탑재 경우도 발생하여 큰 소동이 발생하곤 하니 정확하고 꼼꼼한 점검이 필요하다. 대한항공에서는 2015년 5월부터 단거리용 이어폰 포장 사양을 변경하였다.(내용물 동일)

장거리용 헤드폰

- 점검 시 준비물 : 메모패드, 볼펜
- 미탑재, 부족분 발견 시 조치사항

  기내용품 탑재 담당자 호출, 신속히 조치 및 탑재될 수 있도록 한다. 헤드폰(Head phone)이 부족한 경우 기내식 사업소에서 직접 수령하여 기내에 탑재되기 때문에 항공기가 정시 출발을 하지 못하는 경우가 발생하곤 한다.

  따라서 기내에 탑승하게 되면 제일 먼저 점검하는 습관을 길러야 한다.

⑥ 면세품(Duty Free Item) 탑재 여부 점검

항공기 승객 탑승 전 면세품 담당 승무원은 면세품 탑재요원과 함께 기내에 탑재된 면세품의 인수인계를 담당하게 된다. 면세품은 대부분 고가이고 항공기 탑재에 최적화될

승객 탑승 전 꼼꼼하게 면세품 탑재내역을 점검하는 객실승무원

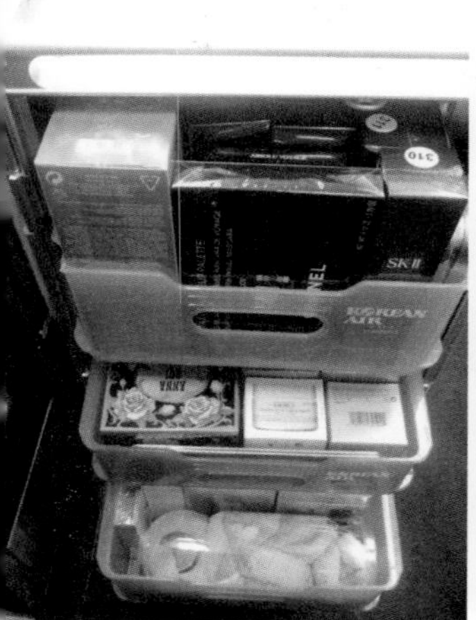
면세품 카트 내부

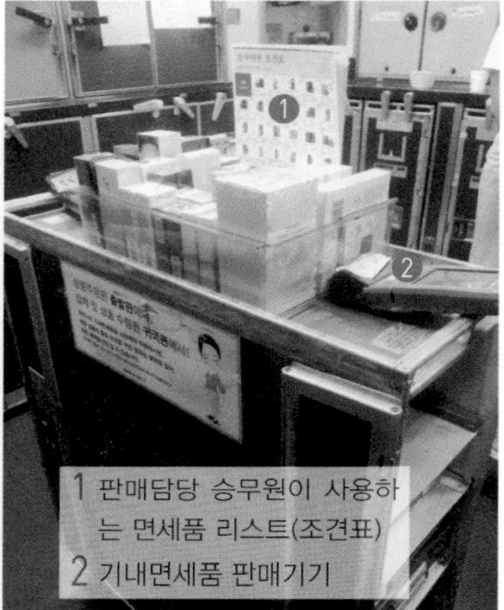

면세품 카트 세팅된 모습

수 있는 부피가 적은 물품이므로 탑재요원이 제시한 탑재목록을 사용하여 빠트리지 않도록 신중하고 꼼꼼하게 점검해야 한다.

면세품 점검요령은 탑재요원이 물품을 보여주며 탑재된 숫자를 이야기 하면 원장(판매일보/정확한 명칭은 면세품 탑재목록이나 보통 현장 승무원 사이에서는 원장이라 부른다)에 체크를 하며 물품의 숫자와 파손상태를 같이 확인하면 되고 아울러 면세품 구입 승객에게 물품을 담아 제공하는 Shopping Bag, 단말기, 단말기 작동용 배터리, 추가인쇄용지 등 기내판매 보조용품의 탑재도 확인해야 한다. 또한 고가의 기내면세품 판매품목을 제외한 일부 품목은 Seal to Seal 방식으로 캐리어박스채로 인수인계할 경우도 있으니 이러한 경우에는 캐리어박스를 봉인한 Seal Number가 인계하는 조업원이 불러주는 대로 번호가 정확히 맞는지, 봉인장치가 훼손되어 있지 않은지를 꼼꼼하게 점검해야 한다.

- 추가 점검사항
  ① 당월 기내판매 환율 점검(매월 변동이 있음)
  ② 기내판매 시 사용한 잔돈수령 점검

기판용백

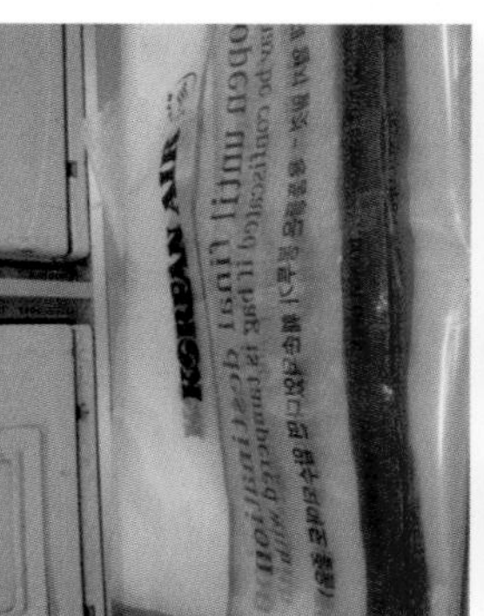

환승승객용 백

계산기

기판책자

잔돈

③ 당월 특별 프로모션 또는 지정 면세품 특별할인에 대해 숙지
④ 면세품 판매 시 사용할 쇼핑백 위치 및 수량 점검
⑤ 기내면세품 판매기기(칼포스) 정상작동 및 보조 밧데리 점검
⑥ 판매담당 승무원이 사용하는 면세품 리스트(조견표)탑재
⑦ 야간 비행 시 사용하는 기내판매용 손전등(Flash light)

기내면세품 중 품목이 미탑재 물품이 발생한 경우 추가 탑재할 시간이 없을 때는 담당자의 서명을 받고 출발할 수 있다. 또한 기적대장상 없는 물품이 탑재되었을 경우에는 항공기 지연사유가 발생할 수 있기 때문에 일단 비행 후 인천공항 도착 시 담당자에게 인계해야 한다.

- 점검 시 준비물 : 메모패드, 볼펜, 면세품 탑재목록(원장)
- 미탑재, 부족분 발견 시 조치사항
  선임승무원, 객실사무장, 캐빈매니저에게 보고하여 기내면세용품 탑재 담당자 호출, 신속히 조치 및 추가 탑재될 수 있도록 한다.

(2) 객실 서비스기물(Service Tools) 점검

① 객실 서비스기물의 이해

객실 서비스기물이란 비행 중 기내서비스 시 객실승무원이 승객에게 식음료 서비스를 제공할 때 사용하는 도구이다. 서비스기물은 객실브리핑 시 객실사무장/캐빈매니저에 의해 사전 부여된 임무 중 갤리 듀티(Galley Duty) 승무원이 담당하여 점검하게 되고 점검해야 될 기물은 주로 다음과 같다.

와인오프너

빵바스켓

타올바스켓

아이스 스쿱

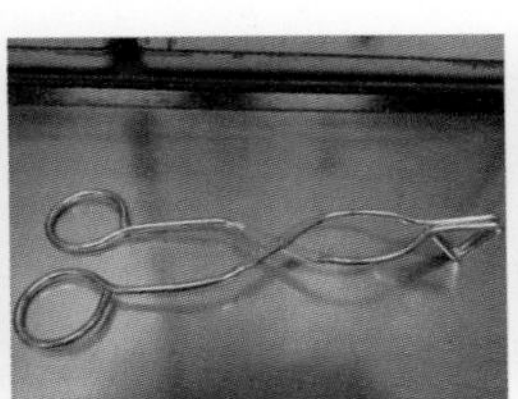
타올집게 Tong

커피 포트

와인서버

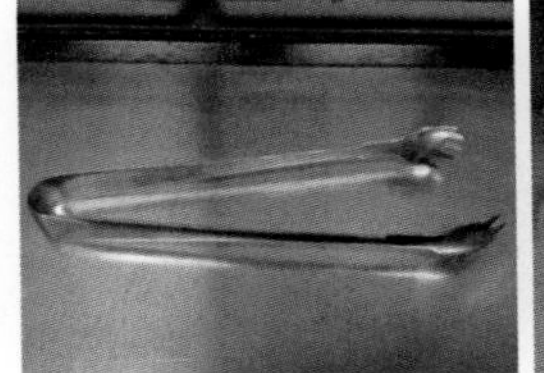
얼음집게

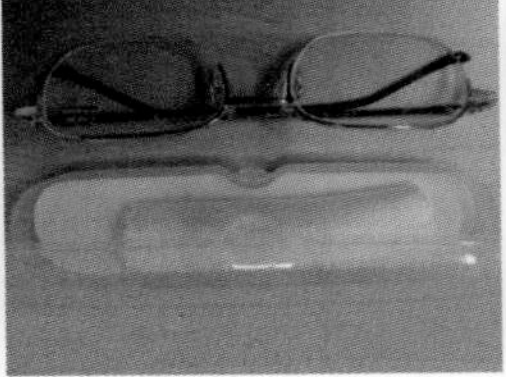
돋보기

서빙 트레이

머들러 박스

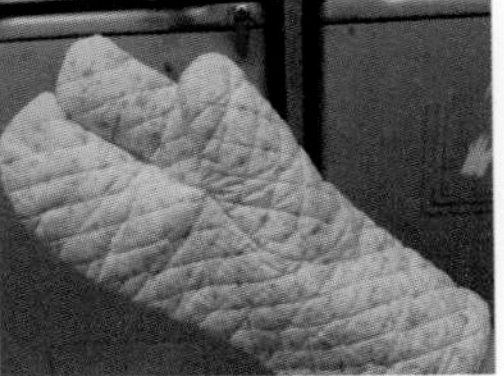
장갑

Pot, 아이스박스, 각종 텅(Tong), 와인오프너, 장갑, Drawer, 서비스용 Tray, 머들러세트(Muddler Set), 각종 바스켓(Baskets), 소모품 캐리어박스 내 서류, 화장실용품 등이며 담당 승무원이 점검 후 부족한 기물이 발견되면 객실사무장·캐빈매니저에게 보고하고 적정량을 탑재요원에게 요청하여 추가 탑재하도록 하면 된다.

사실 수많은 기물 중 하나쯤 없어도 된다는 생각을 가질 수 있게 되기 쉽지만 막상 기내 서비스할 때 서비스기물 중 단 한 개라도 부족하면 엄청난 불편을 겪고 승객 불만까지 야기시킬 수 있는 용품이니 빠짐없이 점검하도록 해야 한다.

② 화장실 미용용품 점검

화장실 미용용품은 지상에서 일괄적으로 세팅되는 크리넥스, 롤페이퍼, 핸드페이퍼 타올과 달리 로션, 면도기, 면도용품, 방향제, 가글 등 갤리(Galley) 내 객실소모품 박스에 탑재되어 운영되는 용품으로 승객 탑승 전 객실승무원에 의해 반드시 점검되어야 할 품목이다.

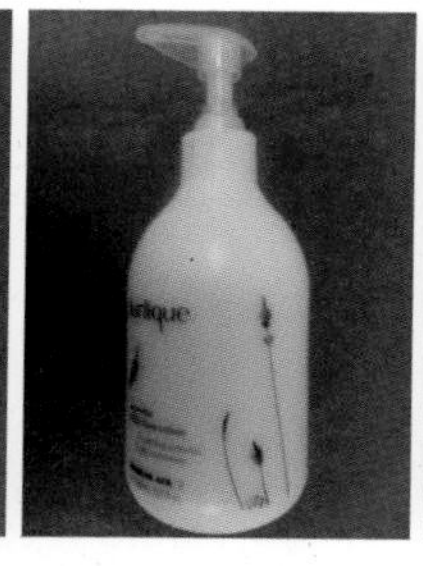

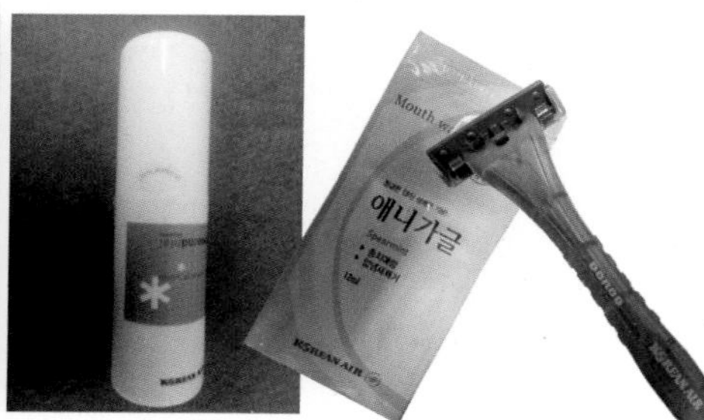

- 점검 시 준비물 : 메모패드, 볼펜
- 미탑재, 부족분 발견 시 조치사항
  선임승무원, 객실사무장, 캐빈매니저에게 보고하여 기내용품 탑재 담당자 호출, 신속히 조치 및 탑재될 수 있도록 한다.

3 갤리설비 이상 여부(Galley Facilities) 점검

객실승무원의 비행업무에 있어서 갤리(Galley)는 상당히 중요한 부분을 차지한다고 할 수 있다. 비행업무의 95% 이상이 갤리에서 이루어지며 비행의 마무리 역시 갤리에서 끝난다고 생각해도 과언이 아닌 만큼 갤리의 중요성과 비중이 크다.

따라서 승객 탑승 전 갤리를 구성하고 있는 갤리설비(Galley Facilities)의 점검은 필수항목이라고 생각하며 비행 중 갤리설비가 작동을 멈추면 상당한 불편을 감수해야 한다.

아래의 갤리 구성품을 위주로 점검하고 구성품의 점검요령을 숙지하여 꼼꼼하게 점검하도록 해야 한다.

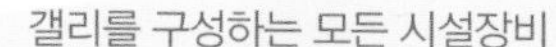

갤리를 구성하는 모든 시설장비

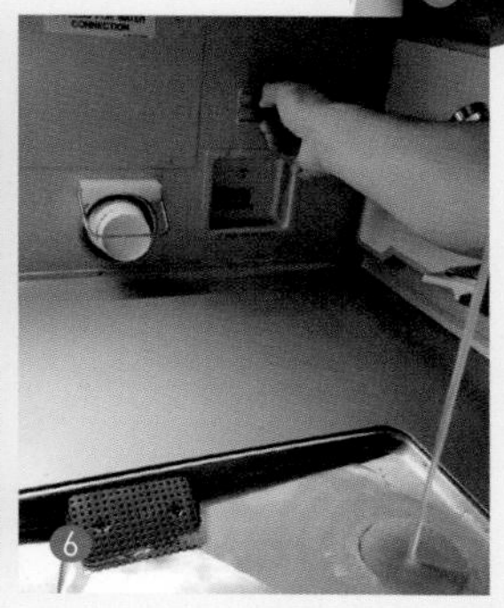

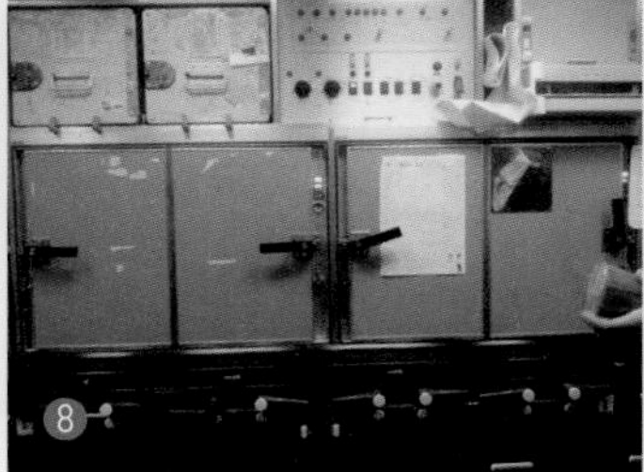

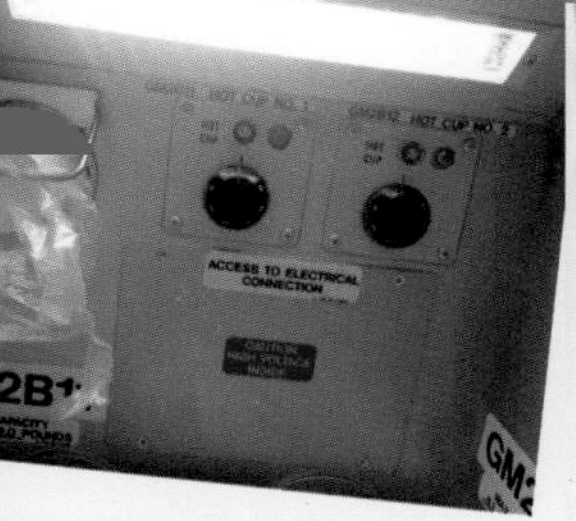

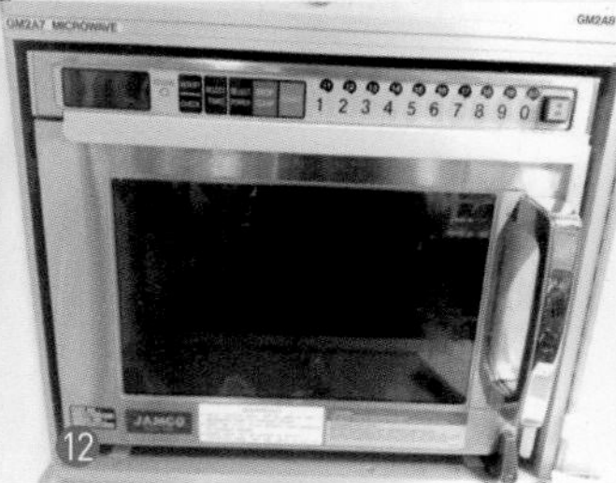

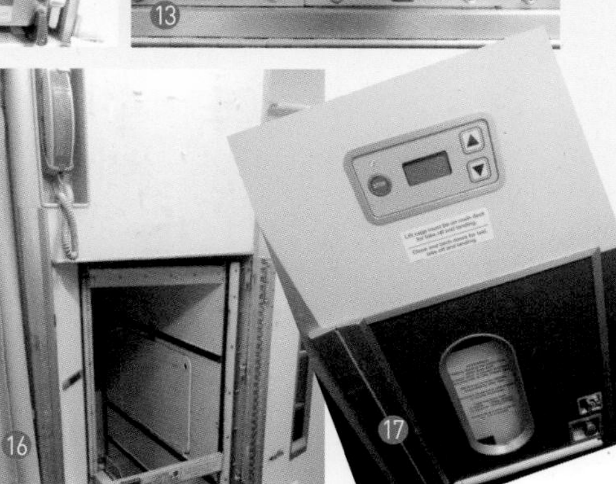

1 B747 항공기 2층 엘리베이터 2 커피메이커, 워터보일러 3 오븐 4 압축쓰레기통 5 갤리 내 서빙카트 보관장소 6 음용수 공급장치 7 서킷브레이커 8 항공기에 설치되어 있는 냉장고 9 기내식 보관 컴파트먼트 10 Water Shut off Valve 11 물을 데우는 장치 12 마이크로웨이브 오븐 13 오븐 작동장치 14 카푸치노 제조기 15 물, 라면 끓이는 장치 16 B747 항공기 1층 엘리베이터 17 A380 항공기 엘리베이터

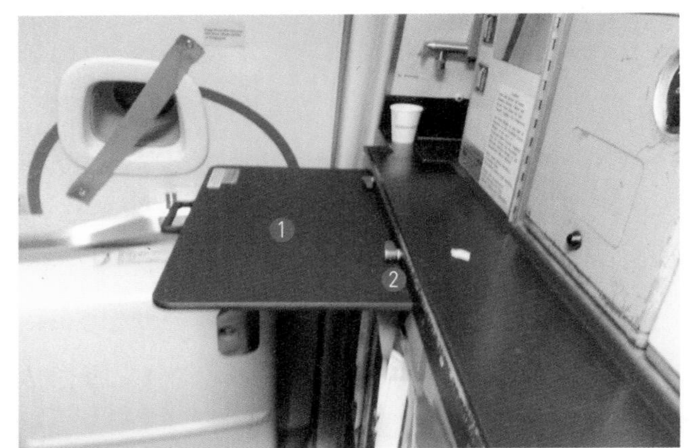
1 접이용 선반이 펼쳐진 모습
2 접이용 선반 고정걸쇠

갤리에 설치되어 있는 Extension shelf – 모든 기종에 설치되어 있다.

Meal cart 점검

Meal cart는 브레이크 페달이 정상적으로 작동하는지에 대한 여부를 매 비행마다 점검하여야 한다. 브레이크 페달이 작동하지 않을 시 카트를 복도에 방치하거나 갤리 카트보관소 시건장치를 안해 놓았을 때 저절로 움직여 승객, 승무원 및 갤리 시설에 큰 피해를 줄 수 있다. 따라서 페달을 한 번씩 밟아보아 제대로 작동하는지 반드시 점검해야 한다.(항공기는 수평하게 비행하는게 아니라 항상 기수 앞부분이 2~3도 정도 들려서 운항하고 있다. 따라서 브레이크 기능이 망실된 카트를 복도에 세워놓고 자리를 이탈하면 저절로 항공기 뒤편으로 움직이게 되어 승객의 무릎이나 팔에 큰 상처를 가할 수 있고 그러한 실제 사례가 적지 않게 발생되고 있다.)

Meal cart 브레이크 페달 작동한 모습

실제 밀 카트, 음료 카트 하단 브레이크 릴리스 장치

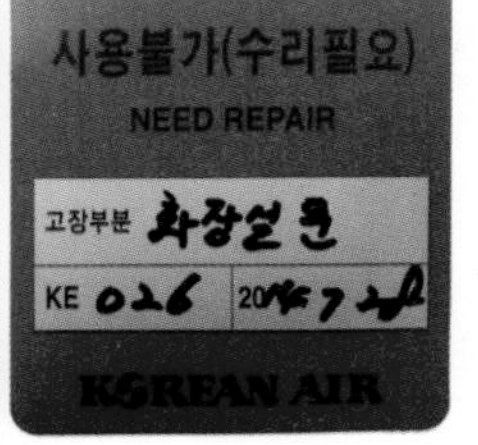

갤리설비 고장 시 위의 표식을 해당 설비에 붙여 정비사가 쉽게 알 수 있도록 해야 한다.

갤리설비(Galley facilities) 항목별 점검품목

특히 커피메이커와 워터보일러는 지상에서 점검 시 반드시 Air Bleeding을 실시하여 비행 중 원활한 커피, 뜨거운 물의 공급이 이루어지도록 한다.

만일 상기 시설 중 지상점검 시 작동이 안 되는 설비를 발견하면 객실정비사에게 고지하여 수리 후 출발하도록 해야 한다.

갤리시설 점검품목	점검항목
커피메이커(Coffee maker)	버튼 작동 여부(Coffee Maker), 청결상태
워터보일러(Water boiler)	버튼 작동 여부(Water Boiler), 청결상태
오븐(Oven)	작동 여부(Oven), 오븐랙 숫자파악, 청결상태
마이크로웨이브 오븐(Microwave oven)	전원 작동상태, 청결상태
음용수 공급장치(Water faucet)	작동상태, 물 공급상태
연장되는 선반(Extension shelf)	작동 및 고정상태
갤리조명(Galley lighting system)	켜짐상태 및 조절상태
전기회로차단기(Circuit breaker)	정상 작동상태(Circuit Breaker), 위치
냉장고(Refrigerator)	전원 작동상태, 작동 여부
밀 카트 보관 장소	냉장상태(Compartment), 청결 여부
압축 쓰레기통(Trash Compactor)	정상작동 여부, 여유분 쓰레기박스
일반 쓰레기통(Waste container)	쓰레기 비움상태, 장착상태
물 차단장치(Water Shut off Valve)	정상 작동상태, 설치위치
갤리 커튼(Galley curtain)	고정상태
엘리베이터(Elevator)	작동 여부, 내부 정돈상태

- 점검 시 준비물 : 메모패드, 볼펜, 필요한 경우 장갑
- 갤리설비 이상 시 조치사항
  선임승무원, 객실사무장, 캐빈매니저에게 보고하여 객실 정비 담당자 호출, 승객 탑승 전 신속히 조치 및 수리될 수 있도록 한다.

4 승객좌석(Passenger Seat) 점검

승객좌석은 항공사마다 약간의 차이는 있으나 등급별로 형태가 다르며 좌석 간의 간격도 차이가 있다. 승객좌석에는 발 받침대(Leg rest), 좌석벨트(Seat belt), 식사테이블(Tary table), 구명조끼(Life vest)가 장착되어 있고 좌석설비로는 독서등(Reading light), 승무원호출버

머리위 PSU

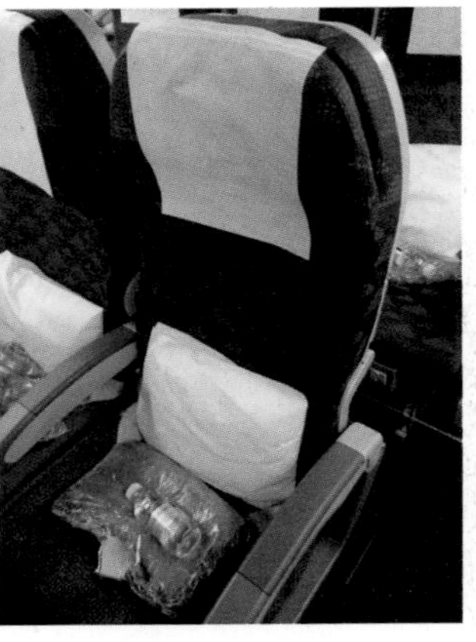

항공기 표준좌석

튼(Passenger call button), 환기장치의 PSU(Passenger service unit)가 있다. 따라서 승객 탑승 전 점검 시 담당구역의 승객좌석을 무작위(Random)로 선발하여 좌석 정비상태, 작동상태 및 청결상태 및 PSU를 철저히 점검하여야 한다.

저자가 비행 근무 시 만석상태에서 한 좌석의 독서등이 안들어와 14시간 동안 승객의 좌석교환 및 상위클래스로 업그레이드(Up-grade) 해달라는 요구에 상당히 시달린 경험이 있다. 이러한 경우를 방지하기 위해서라도 지상에서의 꼼꼼한 점검이 매우 필요하다. 최신 항공기의 경우 독서등은 객실사무장·캐빈매니저 스테이션 근처에서 전체 객실을 한 번에 점검할 수 있는 장치가 있으니 이 장치를 이용하면 편리하다.

영화 화면상태 점검

리모컨 점검

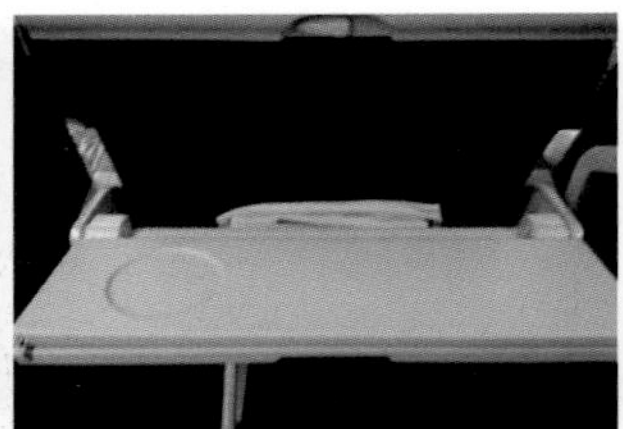

식사 테이블 점검

고정상태 점검

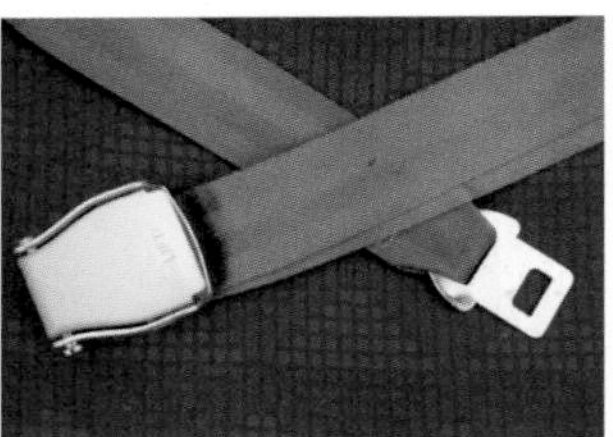

좌석벨트 점검

- 점검 시 준비물 : 꼼꼼한 자세와 설비 이상 좌석기록용 메모패드(Memo pad)
- 좌석 설비 이상 시 조치사항
  객실사무장, 캐빈매니저에 보고하고 객실정비사에게 승객 탑승 전까지 수리의뢰하며 반드시 담당구역 객실승무원에 의해 재점검을 실시한다.

5 승무원 좌석(Jump Seat) 점검

객실승무원 좌석(Jump seat)은 보통 1~2명이 앉을 수 있도록 되어 있으며 비상시를 대비해 각 비상구 옆에 장착되어 있다. 승무원 좌석의 점검 시 좌석벨트와 어깨를 감싸는 하네스(Harness) 그리고 일어났을 때 자동적으로 접힘상태를 점검해야 하며 객실승무원 좌석은 한국 및 미국에서 비행안전 점검관의 필수 점검 품목이니 승객 탑승 전 작동 여부를 반드시 점검해야 한다.

일반적으로 객실승무원 좌석은 사용 후 모든 승무원용 좌석벨트가 의자 내부로 들어가 있어야 하며 바깥으로 나와 탈출에 지장을 주어서는 안 된다.

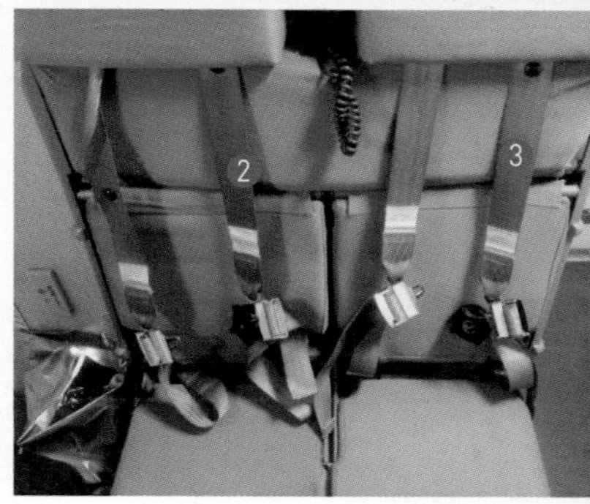

1, 2, 3이 하네스(Harness)이다.

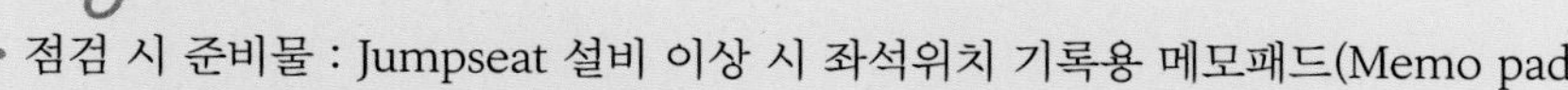
- 점검 시 준비물 : Jumpseat 설비 이상 시 좌석위치 기록용 메모패드(Memo pad)

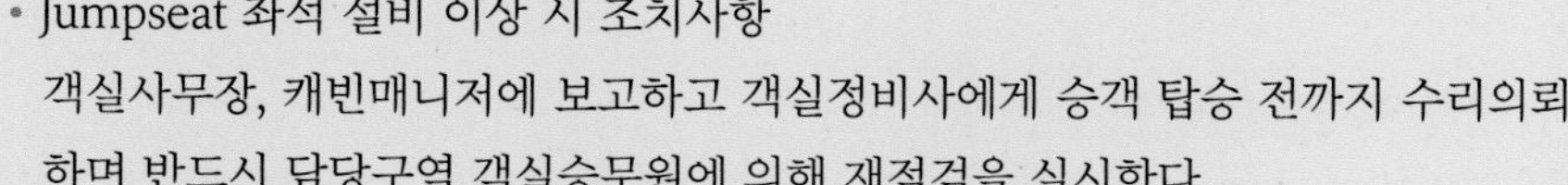
- Jumpseat 좌석 설비 이상 시 조치사항
  객실사무장, 캐빈매니저에 보고하고 객실정비사에게 승객 탑승 전까지 수리의뢰하며 반드시 담당구역 객실승무원에 의해 재점검을 실시한다.

6 코트룸(Coat Room) 점검

코트룸(Coat room)은 승객 및 승무원의 의복을 보관하기 위하여 항공기 전방, 후방을 이용하여 칸막이식으로 막혀 있는 형태로 되어 있다.

점검 시 내부의 이상 물질 파악과 외부 도어의 정상작동 여부를 파악한다.

현장에서 코트룸에는 지정된 물건의 보관 이외의 목적으로 사용하지 못하게 규정되어 있는데 서비스용품 보관장소 부족을 이유로 여러 가지 서비스용품이 탑재되거나 기물로 가득 차 있을 수 있다.

정리된 코트룸 모습

정리 안 된 코트룸 모습

- 점검 시 준비물 : 코트룸 설비 이상 시 위치기록용 메모패드(Memo pad)
- 코트룸 설비 이상 시 조치사항
객실사무장, 캐빈매니저에 보고하고 객실정비사에게 승객 탑승 전까지 수리의뢰하며 반드시 담당구역 객실승무원에 의해 재점검을 실시한다.

이러한 경우는 원래 코트룸 사용목적에 어긋나는 것이기 때문에 정비사나 기내식 탑재 담당자를 호출하여 안의 내용물을 다른 곳에 보관해 달라고 요청할 수 있다.

7 수하물 선반(Overhead Bin) 점검

수하물 선반(Overhead bin)이란 승객의 머리 위쪽에 승객의 짐이나 여러 가지 물품을 보관할 수 있게끔 제작된 선반을 말한다.

승객의 유실물이 제일 많이 발견되고 또한 무거운 물체가 떨어져 승객에게 상해를 입힐 수 있는 공간이므로 객실승무원은 승객 탑승 전 수하물 선반의 닫힘상태를 일일이 점검하여야 하며 또한 승객 탑승 시 일등석을 제외한 모든 클래스의 수하물 선반은 열어 놓도록 항공사 규정을 참조하여 열어진 상태와 닫힘상태의 면밀한 점검이 필요하다.

- 점검 시 준비물 : 수하물 선반 설비 이상 시 위치기록용 메모패드(Memo pad)와 꼼꼼한 자세
- 수하물 선반 이상 시 조치사항 : 수하물 선반 중 제일 많은 점검을 요하는 사항은 닫힘 불량 사안이다. 이러한 수하물 선반을 발견 시 객실사무장, 캐빈매니저에 보고하고 객실정비사에게 승객 탑승 전까지 수리 의뢰하며 반드시 담당구역 객실승무원에 의해 재점검을 실시한다.

8 기내 통로(Aisle) 점검

항공기 객실 앞쪽과 뒤편을 연결하며 승무원이 승객에게 서비스를 제공하고 탑승한 승객들이 움직일 수 있는 복도를 말한다. 통로는 기종에 따라 동체가 큰 와이드보디(Widebody)는 2개, 동체가 작은 내로우보디(Narrowbody)는 1개가 장착되어 있고 제일 위쪽 사진은 협동체인 B737 기종의 통로이고 아래쪽 사진은 광동체인 A330-200 기종의 통로이다.

- 점검 시 준비물 : 정확한 자세
- 통로 점검 이상 시 조치사항 : 통로 점검 시 발견되는 이상은 주로 통로위에 깔린 카펫의 카펫이 들뜨는 현상과 오물흔적이다. 모든 항공기 통로에 깔려 있으며 오래된 항공기일수록 통로 위에 깔린 카펫 구성물인 섬유올이 빠져나와 시각적으로 좋지 않은 느낌을 주게 된다. 또한 이전 비행에서 승객이 통로에 구토나 음식, 주스류의 흘림에 의해 오물흔적이 남아 있을 수 있으므로 정확한 점검이 필요하다. 통로의 카펫 부문과 오물흔적은 청소담당 직원뿐만 아니라 객실정비사의 주요 점검 항목이기도 하다. 따라서 객실사무장, 캐빈매니저에게 보고 후 객실정비사로 하여금 정리하도록 한다. 작업 완료 후 담당구역 승무원의 재점검이 필요하다.

9 화장실 설비(Lavataory Facilities) 점검

비행 중 승객이 사용하는 모든 화장실은 객실브리핑 시 지정한 담당승무원에게 청결 및 관리임무가 부여되어 있다. 항공기 출발 전 화장실은 지상 미화요원에 의해 청소되고 화장실 비품이 채워져 있는 바 담당 승무원은 항공기 탑승 후 화장실 내 롤페이퍼(Roll Paper), 크리넥스(Kleenex), 종이타올(Paper Towel), 거울상태, 액체비누(Liquid Soap) 공급상태, 화장

1 여분의 롤페이퍼
2 화장실 내 물잠금장치
3 화장실 거울 김서림방지장치
4 여분의 크리넥스
5 여분의 핸드페이퍼 타올
6 여분의 크리넥스
7 핸드페이퍼 타올 : 밑에서 순서대로 빼서 쓰게끔 되어 있다.
8 화장실 내 유리 뒷면

기내화장실 거울 뒤편 적재함 모습

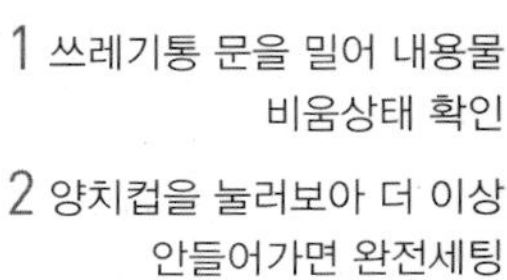
1, 2 펼친 상태 확인

화장실 아기 기저기 교환대 상태 점검

1 물공급상태 확인
2 액체비누상태 확인

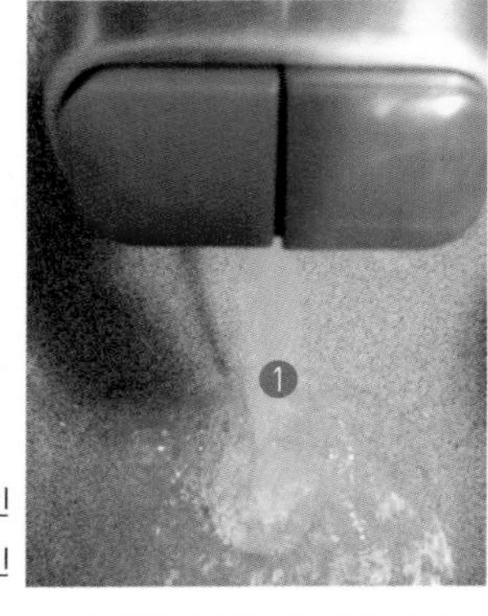
화장실 내 물공급상태 점검

화장실 내 액체비누상태 점검

1 쓰레기통 문을 밀어 내용물 비움상태 확인
2 양치컵을 눌러보아 더 이상 안들어가면 완전세팅

화장실 내 쓰레기통 비움상태

양치컵 세팅상태 점검

실 내 물잠금장치(Water Shut off Valve), 청소상태, Flushing 작동버튼 상태, 쓰레기통 비움상태, 아기 기저기 교환대 상태, 칫솔, 구강청정제, 로션 및 장거리 운항에 대비 소모품의 충분한 여유분을 확보해야 한다. 특히 화장실의 불쾌한 냄새 발생 여부에 세심한 신경을 써야 한다.

상위클래스 화장실 용품의 배열상태

- 점검 시 준비물 : 비닐장갑, 작동이상 화장실 위치 기록용 메모패드
- 화장실 설비 이상 시, 불쾌한 냄새 발생 시 조치사항

  선임 승무원, 객실사무장, 캐빈매니저에게 보고하여 기내청소 담당자·객실정비 담당자 호출, 승객 탑승 전 신속히 조치 및 수리 될 수 있도록 한다. 화장실 사항은 고객불만이 제일 많이 접수되는 사항이므로 설비이상이나 냄새가 발생되어서는 안된다.

10 입국서류(Entry Card) 탑재상태 점검

국제선을 운항하는 모든 항공기는 해당 목적지 국가에 입항하기 전 기내에서 입국서류를 나누어 주게 된다. 객실승무원은 비행 전 객실브리핑 시 해당 목적지 국가의 입국서류 작성요령을 확인하므로 비행기에 탑승한 승객숫자에 적합한 목적지 국가의 입국서류를 지상직원으로부터 수령하여 기내 일정장소에 보관하고 항공기 도착 전 제공해야 한다.

입국서류는 일반적으로 100매가 한 묶음으로 되어 있으며 수령 시 매수 및 승객국적별 언어(한국어, 영어, 중국어, 일본어)를 반드시 확인한다. 보통 입국서류는 객실사무장·캐빈매니

1 출입국카드는 한 묶음이 100매

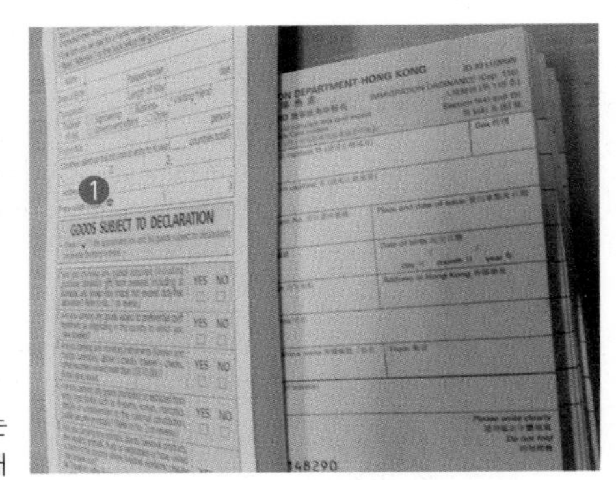

묶음으로 탑재되는 입국서류-100매 단위

저 또는 부팀장이 수령하게 된다. 입국서류의 점검 방법은 아래와 같다.

① 목적지 국가별로 필요한 입국서류의 종류를 점검
② 입국서류의 상태, 즉 훼손되었거나 인쇄 불량상태 점검
③ 목적지 국가별 서류 기입요령 재확인
④ 입국서류의 매수와 승객 수가 일치하는지 재확인
⑤ 여유분 확인

해외공항 출발 전 한국 입국서류 점검 후

- 점검 시 준비물 : 정확한 수량, SSR/SHR 상의 승객탑승 예상정보, 입국서류 보관백
- 미탑재 시 조치사항
  선임승무원, 객실사무장, 캐빈매니저에게 보고하여 입국서류 담당 지상직원 호출, 신속히 조치 및 추가 탑재될 수 있도록 한다.

비행기에 탑재되어야 할 기내용품과 서비스용품은 사실상 1,000~1,800가지가 될 정도로 방대하며 이 중 몇 가지라도 탑재가 안 된다면 기내 서비스에 심각한 영향을 끼치게 된다. 물론 기내식 사업소에서 부문별 세팅하고 재점검 절차를 거치지만 사람이 하는 일이기 때문에 누락이나 파손된 물품이 생길 수 있다. 따라서 객실승무원이 승객 탑승 전 신속하고 꼼꼼하며 정확한 자세로 점검하여 비행 중 승객이 불편을 겪지 않도록 해야 할 것이다.

"비록 승객 탑승 전까지 15분 정도의 짧은 시간을 활용하여 99% 철저한 승객 탑승 전 점검을 완벽히 시행하고 있는 모든 국내항공사의 현장 객실승무원에게 찬사를 보내고 싶다."

11 기내 서비스 기물 운반 및 배치기술

(Distribution of Service Item and Tools)

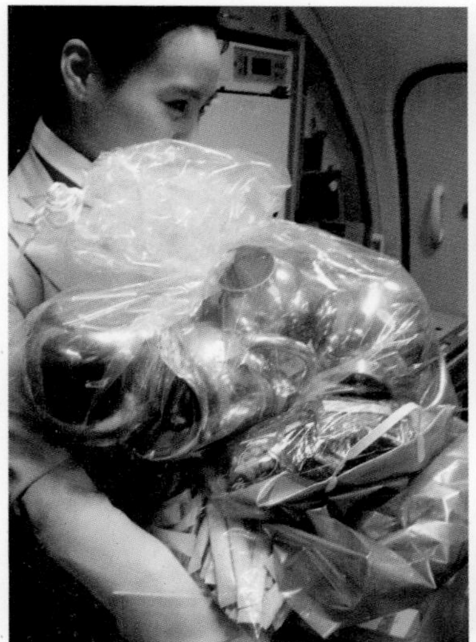

비행 전 서비스 기물을 운반, 배치하는 승무원, 무척 바쁜 시간이기 때문에 사진과 같이 한꺼번에 운반하는 경우도 있다.

출발을 앞둔 항공기 내에 탑재된 모든 서비스 기물/기용품은 승무원이 사용하기 쉽도록 해당 클래스에 탑재되는 것이 원칙이다. 하지만 가용공간이 많지 않은 항공기의 특성상 정해진 위치에 탑재되지 않고 일부 여유 있는 클래스나 공간에 탑재되어 운용되는 것도 피할 수 없는 사실이라 할 것이다. 따라서 객실승무원은 사용하는 장소가 아닌 다른 장소에 탑재된 기물과 기용품을 사용하기 쉬운 적재적소의 장소로 운반하는 기술이 매우 필요하다.

지상에서 비교적 시간이 있는 경우 탑재원에게 필요한 용품을 운반·배치해 달라고 요청할 수 있고 그러한 요청이 있는 경우 탑재담당 요원이 재배치를 해주는 경우가 많은데 객실승무원이 비행기에 탑승했을 시간에는 이미 모든 서비스용품의 탑재가 끝나 담당 탑재원이 부재인 경우가 많다.

일반적으로 사용 가능한 공간이 많은 대형기에서는 비교적 적절한 장소에 탑재되며 사용 가능 공간이 매우 부족한 협동체(Narrow Body) 항공기 B737/A320/321 같은 경우 지상에서 객실승무원이 탑재된 기물·기용품을 운반하고 재배치하는 것으로 되어 있다.

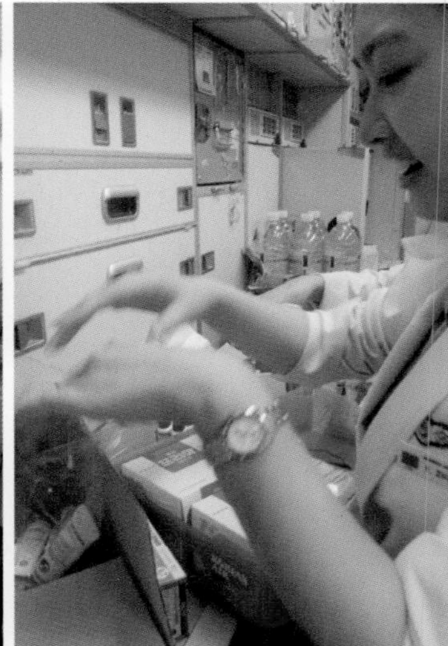

비행 전 서비스용품을 정리하는 객실승무원

2층에 있는 일반석 식사를 1층으로 옮기는데 사용하는 엘리베이터

- 점검 시 준비물 : 메모패드, 볼펜, 필요한 경우 장갑
- 미탑재, 객실승무원에 의한 추가 배치 요청 시 조치사항
  선임승무원, 객실사무장, 캐빈매니저에게 보고하여 기내용품 탑재 담당자 호출, 탑재용품의 신속한 재배치 및 미탑재 용품이 출발전 신속하게 탑재될 수 있도록 한다.

다음 장은 "CHAPTER 04 기내 특별 서비스용품"에 대해 학습하도록 합니다.

수행평가 퀴즈

학생들은 교수님 지시에 따라 각 Chapter 수행평가 퀴즈를 작성한 후, 절취하여 정해진 날짜까지 담당교수님에게 제출 바랍니다.

(답안지 공간 부족 경우 메모란을 활용하셔도 좋습니다.)

01 다음은 휴대용 산소통(Potable oxygen bottle)을 사용하는 절차이다. 틀린 것을 고르시오.

① 휴대용산소통(Potable oxygen bottle)을 사용하기 위해서는 PO2 Bottle의 레버를 반시계 방향으로 돌려야 한다.

② 산소공급이 시작되면 HI로 공급 시 1분에 4리터의 산소가 최대 77분까지 공급된다.

③ LO로 공급 시 1 분에 2 리터의 산소가 154분까지 공급될 수 있다.

④ 모든 PO2 Bottle은 내부의 산소가 완전히 소진될 때까지 사용하면 재충전이 어려우므로 500psi 정도가 남으면 공급을 중지해야 한다.

⑤ 휴대용 산소통은 안전보안 장비이므로 기내난동 승객을 제압할 때 사용할 수 있다.

02 다음은 항공기 객실 내 산소공급장치에 대한 설명이다 틀린 것을 고르시오.

① 객실고도가 14,000피트가 되면 산소마스크가 머리위에서 떨어진다.

② 산소마스크에서는 분당 2.5리터의 산소가 공급되고 일단 산소공급이 시작되면 승객이 멈추게 할 수 없다.

③ A380 15분, B747 15분, B777 22분, A330 22분, B737 12분 정도이다.

④ 모든 항공기에는 화학반응식 개별 산소공급시스템(B777, B737, A330)과 탱크식 산소공급시스템(A380.B747)의 산소공급시스템이 장착되어 있다.

⑤ 머리위에서 내려온 산소마스크는 자동으로 산소가 공급되므로 가만히 있으면 된다.

03 다음의 설명이 의미하는 비상탈출 장비를 고르시오.

> 항공기가 비상착륙, 착수 시 자동적으로 신호를 발신하여 구조요청을 할 수 있는 장치이며 조난신호를 약 48시간 동안 계속 발신하게 된다. 따라서 항공구조대는 이 장치에서 발신되는 구조신호를 따라 조난된 장소를 발견할 수 있게 된다.

① 산소마스크 ② ELT ③ 소화기

④ 화재감지기 ⑤ Safety belt

04 다음의 설명이 의미하는 소화기 종류를 고르시오.

유류, 전기, 의류, 종이, 승객짐 등의 모든 화재에 사용. 본체, 핸들, 레버, 노즐, 게이지로 구성되어 있다. 산소를 차단하여 화재를 진압하는 방식의 소화기이다. 화재로부터 2~3m를 유지하고 수직으로 세워서 분사하며 약10초~20초간 분사된다.

① Halon 소화기 ② H_20 소화기 ③ 열감지형 소화기
④ Circuit Breaker ⑤ Smoke Detector

05 다음의 설명이 의미하는 기내장비를 쓰시오. ( )

지상에서 사용하는 휠체어는 기내 복도가 좁아 진입이 불가하여 기내에서 사용할 수 있도록 특수 제작된 조립식 휠체어로서 모든 비행기에 장착되어 있다.

06 다음의 설명이 의미하는 기내장비를 적으시오. ( )

별도의 공항시설이나 편의시설이 전혀 없는 극지방에 비행기가 불시착할 경우를 대비해서 운항 및 객실승무원의 체온유지를 도와주고 승객의 구조활동을 용이하게 해주는 의복, 장갑으로 구성되어 있다.

07 아래는 기내보안장비의 종류이다. 각 항목에 적절한 설명을 적으시오.

① 테이저건 ② 스턴건 ③ 방폭매트
④ 방탄자켓 ⑤ 타이랩 ⑥ 포승줄
⑦ 비상벨

08 "폭발위험최소구역"에 대해 아는대로 기술해 보시오.

09 다음은 입국서류 탑재상태 점검에 관한 사항이다. <u>틀린</u> 것을 고르시오.

① 목적지 국가별로 필요한 입국서류의 종류를 점검
② 입국서류의 상태, 즉 훼손되었거나 인쇄 불량상태 점검
③ 입국서류의 매수와 승객 수가 일치하는지 재확인
④ 여유분 확인
⑤ 약간 모자라도 도착지 공항에서 준비해 주니 걱정할 필요없다.

10 비행 전 점검해야 될 항목을 5가지 이상 적어 보시오.

memo

Chapter 04

기내 특별 서비스용품

04 Chapter

기내 특별 서비스용품

1 특별식(스페셜밀, Special Meal)

Special Meal이란 건강과 종교상의 이유나 기념일 축하를 위해 항공 예약 시 특별히 주문하여 객실에 탑재, 서비스되는 식사로서 SHR(Special Handling Request, 기내 특별한 주문 및 승객사항을 기록하여 객실승무원이 참고로 하는 문서로서 비행이 종료되면 개인정보 보호 위해 파기함. SSR: Special service of requirement라고도 한다.)에 약어로 등재된다.

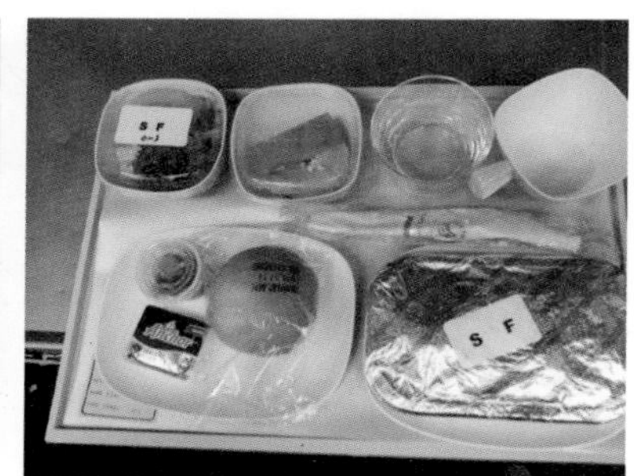

객실승무원은 담당구역의 스페셜 밀 주문승객에 대해 정확히 알고 있어야 하며 탑재 및 기내 서비스에 문제가 발생하면 객실사무장·캐빈 매니저에게 즉시 보고하여야 한다.

(1) 영·유아식 및 아동을 위한 식사(Infant Meal, Baby Meal, Child Meal)

① Infant Meal(IFML)

태어난 후 12개월까지의 영아를 위한 식사로서 아기용 액상분유와 주스를 말한다. IFML의 구성은 액상분유 1병과 아기용 주스 1병이다.

② Baby Meal(BBML)

태어난 후 12~24개월까지의 유아를 위한 식사로서 아기용 주스와 소화되기 쉬운 음식을 삶아서 갈아놓은 형태를 말하며 기제조된(Ready Made) 이유식을 말한다. BBML의 구성은 이유식 2병과 아기용 주스 1병이다.

③ Infant/Child Meal(ICML)

태어난 후 24개월 미만의 유아를 위한 식사를 말하며, 신체의 발육이 빨라서 어린이용 식사를 취식할 수 있는 경우에 제공한다.

식사의 내용은 CHML과 동일하다.

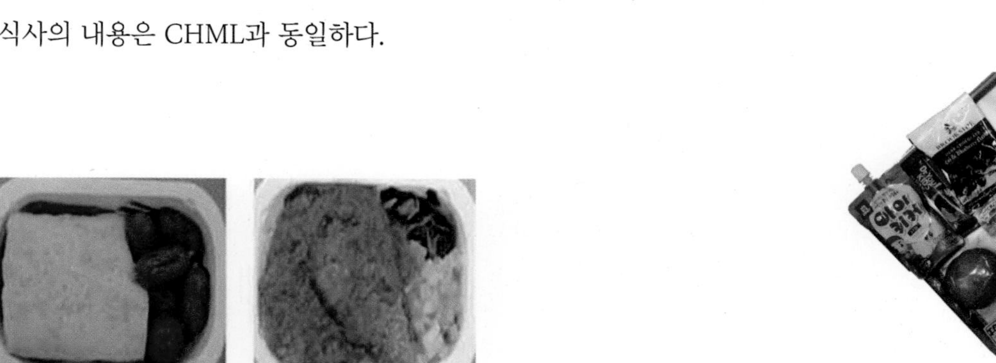

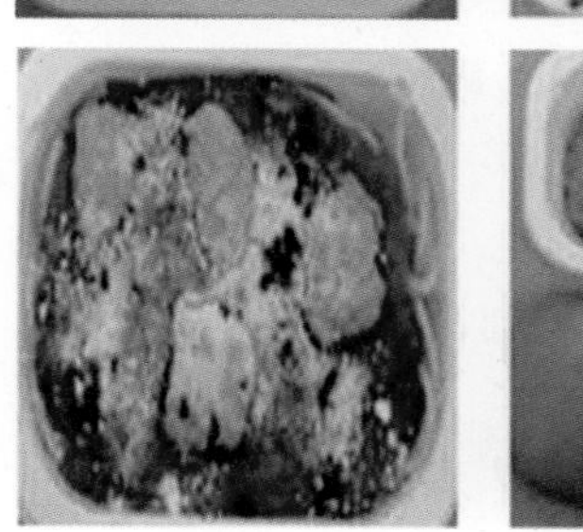

> **유아에게 소아식 제공**
>
> - Meal SVC 내용은 CHML과 동일
> - 24개월 이하의 영유아에 해당하나 신체발육이 빨라 CHML 취식이 가능한 경우, 해당 소아식 제공

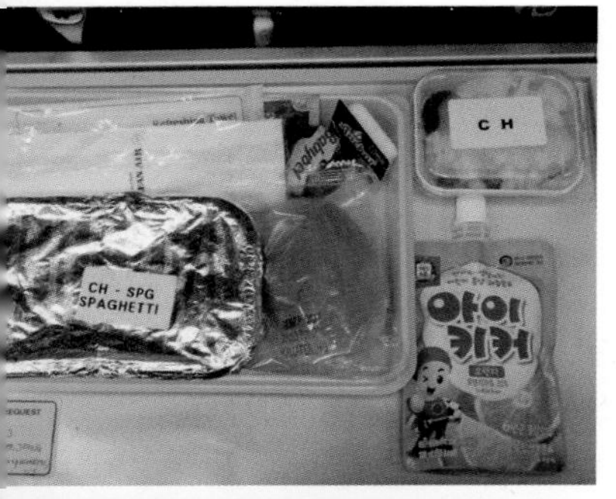

④ Child Meal(CHML)

만 2세 이상에서 만 12세 미만의 소아, 어린이를 위한 식사를 말한다.

한국 출발편에서는 햄버거, 스파게티, 오므라이스, 돈가스, 샌드위치, 김밥이 탑재되고 외국공항 출발편에서는 햄버거, 스파게티, 핫도그, 피자, 샌드위치가 탑재된다.

- 정의 : 만 2세 이상 12세 미만의 어린이 고객에게 제공하는 어린이 메뉴
- 메뉴 종류

  가. 한국 출판편 : Cycle 구분 없이 연간 Hot Meal 4종 / Cold Meal 2종 운영

  나. 해외 출발편(Meal Cycle 구별 없음)

  - ICN 왕복 탑재 : 햄버거, 스파게티, 오므라이스, 돈가스
  - 현지 탑재 : 햄버거, 핫도그, 스파게티, 피자

(2) 종교식

종교식이란 특정한 종교를 믿는 승객을 위해 사전 예약 주문대로 제조하여 기내에 탑재된 기내식을 말한다.

① Hindu Meal(HNML)

비채식 인도인을 위한 식사로 소고기나 송아지 고기를 사용하지 않고 양고기, 가금류, 해산물과 생선을 사용하여 제조된 기내식을 말한다. 소고기, 송아지고기, 돼지고기, 날생선 및 훈제생선을 사용하지 않으나 양고기, 닭고기, 익힌 생선, 해산물, 우유제품은 사용한다.

② Moslem Meal(MOML)

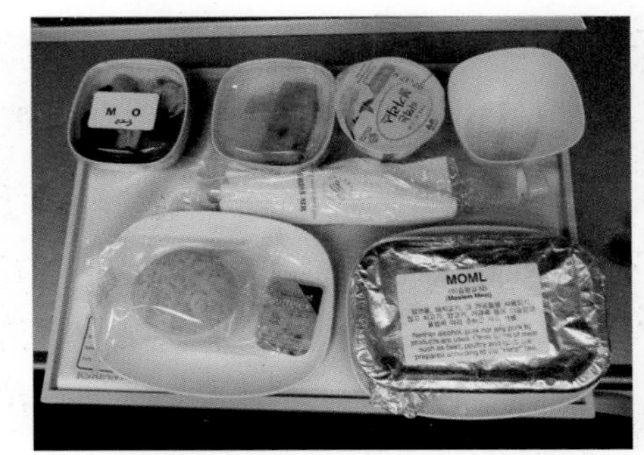

이슬람의 회교율법에 따라 알코올, 돼지고기나 돼지의 부산물을 일체 사용하지 않고 제조된 기내식을 말한다. 무슬림의 할랄(HALAL) 방식으로 만들어지며 알코올, 돼지고기, 햄, 베이컨, 젤라틴이나 돼지의 부산물을 일체 사용하지 않고 쇠고기나 양고기, 닭고기를 할랄 방식에 따라 준비하여 사용한다.

③ Kosher Meal(KSML)

주로 이스라엘 국적의 승객이 취식하며 유대교 율법에 따라 조리하고 기도를 올린 것으로 돼지고기를 사용하지 않고 소고기, 양고기를 사용하여 제조한다. 식기는 재사용하는 것을 금지하고 있어 1회용 기물로 사용하고 Sealing이 되어 있다. 유대정교의 신앙을 가진 승객을 위한 식사이며 유대교 고유의 전통의 식을 치른 후 조리된 음식이고 어느 항공사든지 완제품을 구매하여 밀봉상태로 탑재하며 객실승무원이 승객의 허락을 득하고 개봉하여 제공한다.

(3) 야채식

특정한 종교나 지역의 승객들이 주로 이용하는 기내식으로 일반인이 보기에 상당히 제조 과정이 어렵게 되어 있고 내용물 및 이름도 특이하니 잘 파악해 두는 것이 필요하다.

① Vegetarian Vegan Meal(VGML)

육류, 어류, 동물성지방, 젤라틴, 계란, 유제품, 꿀을 사용하지 않는 엄격한 서양식 채식이며 일체의 생선, 육류, 육가공품, 동물성지방, 젤라틴을 사용하지 않고 주로 곡류, 과일, 야채와 식물성기름을 이용하여 제조하는 기내식을 말한다.

② Vegetarian Lacto-Ovo Meal(VLML)

모든 육류, 생선류, 가금류, 동물성지방, 젤라틴을 사용하지 않으나 계란, 유제품은 포함된 서양식 채식을 말한다.

③ Vegetarian Hindu Meal(AVML)

생선, 가금류를 포함한 모든 육류와 계란을 사용하지 않으나 유제품은 사용하여 제조된 기내식을 말한다. 따라서 모든 종류의 생선, 육류, 육가공품, 동물성지방, 계란은 사용되지 않는다.

④ Vegetarian Jain Meal(VJML)

모든 육류, 생선, 가금류, 유제품, 동물성지방, 계란 및 양파, 마늘, 생강 등의 뿌리식품을 사용하지 않고 제조된 기내식을 말한다. 야채, 신선한 과일, 곡류, 콩류, 향신료, 시리얼, 두부는 사용 가능하다.

⑤ Vegetarian Oriental Meal(VOML)

생선류, 가금류를 포함한 모든 육류와 계란, 유제품을 포함하는 모든 동물성식품은 사용하지 않으나 야채, 신선한 과일을 사용하고 양파, 마늘, 생강 등의 뿌리식품은 사용 가능한 중국식으로 제조한 동양식 채식이다.

⑥ Raw Vegetarian Meal(RVML)

카페인, 방부제, 중독성 가공식품을 사용하지 않고 생과일, 생야채를 사용하여 제조한 기내식을 말하며, 생야채 채식주의자에게 제공하고 유제품과 빵류는 취식 가능한 채식을 말한다.

(4) 건강 조절식

① Low Fat Meal(LFML)

콜레스테롤이 높은 고지방육류, 계란, 농축된 육수, 갑각류 등을 사용하지 않고 저지방육류, 생선 등을 사용하여 조리한 기내식을 말하며 조리시 기름에 튀기거나 볶는 대신 찜이나 굽는 방법을 사용한다. 관상심장질환, 고지혈증, 동맥경화증 환자를 위한 식사이며 지방섭취량을 100g, 당3g, 포화지방섭취량 100g으로 제한한다. 고섬유질빵과 시리얼, 과일, 채소는 함께 제공 가능하다.

② Diabetic Meal(DBML)

열량, 단백질, 지방 섭취량을 조절하고 식사시간에 따른 식사량을 배분해 주며 포화지방산의 섭취를 제한한 식사로 주로 당뇨병 있는 승객이 취식한다. 저지방유제품, 정제되지 않은 곡류가 함유된 빵, 밥 및 시리얼 제품으로 구성되어 있고 껍질을 제거한 가금류, 육류살코기, 고섬유질 음식은 취식 가능하다.

③ Low Calorie Meal(LCML)

칼로리 제한 식사를 원하는 비만환자나 체중조절을 목적으로 열량을 제한한 기내식을 말하며 한 끼당 400칼로리 미만의 저지방, 고섬유식 음식을 의미한다. 지방함량이 적은 육류, 저지방유제품, 과일, 채소류를 제공하며 튀기는 조리법을 사용하지 않고 고지방의 디저트나 소스류를 제한하는 기내식을 말한다.

④ Bland Meal(BLML)

유동식을 말하며 소화기능이 저하된 승객과 위장장애, 수술한 환자승객에게 소화되기 쉽도록 만들어진 기내식을 말한다. 튀긴 음식, 강한 향신료, 가스를 유발할 수 있는 야채 및 기름기 많은

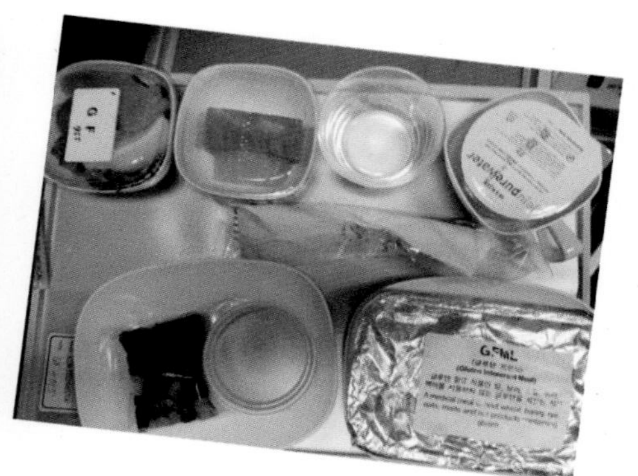

음식을 제한하나 껍질을 제거한 가금류, 육류살코기, 고섬유질 음식은 섭취 가능하다. 일반적으로 항공사에서는 죽을 제공하고 있다.

⑤ Gluten Intolerant Meal(GFML: Gluten Free Meal)

식재료 내의 글루텐 함량을 엄격히 제한한 글루텐 민감성 환자를 위한 식사를 말하며 글루텐 함량이 많은 밀, 보리, 호밀, 귀리, 맥아를 사용하지 않고 쌀, 감자, 고구마, 옥수수, 콩을 사용하여 제조한 기내식을 말한다. 두유, 유제품, 과일, 채소, 육류, 생선, 닭고기는 제공 가능하다.

⑥ Low Salt Meal(LSML)

간질환, 심장병, 신장병, 심혈관질환자 및 염분이 제한된 식사를 원하는 승객에게 제공하고 하루 염분섭취를 100g당 120mg 이내로 제한한 식사를 말하며 훈제, 염장제품을 사용하지 않고 모든 소스도 염분량을 고려하여 제조된 기내식을 말한다. 토마토케첩이나 머스타드 같은 제품도 아울러 제한하나 재료 내 염분량을 고려하여 허용범위내에서 사용 가능하다.

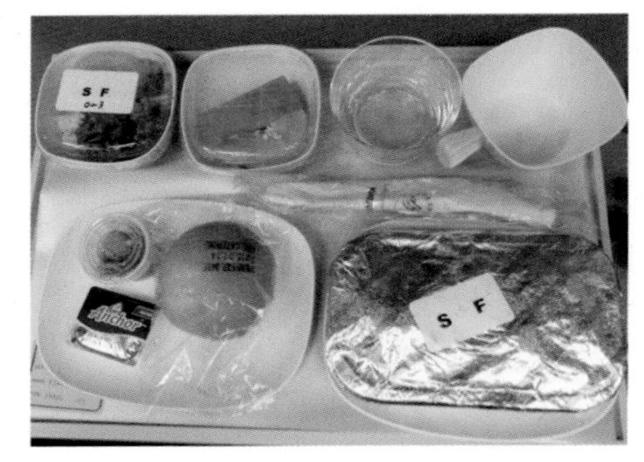

⑦ Seafood Meal(SFML)

생선과 해산물을 재료로 하여 곡류, 야채, 과일이 함께 제공되는 기내식을 말한다. 주로 동남아, 홍콩 승객들이 많이 선호한다.

⑧ Fruit Platter Meal(FPML)

신선한 과일로만 제조된 기내식을 말한다.

허니문 케이크

Birthday Cake

기내에 탑재된 SPMA-박스를 벗기면 아래의 작은 케이크가 들어있음.

⑨ Anniversary Cake(SPMA,SPMH)

지름 11cm의 기념케이크로 탑재되며 생일, 허니문 등과 같이 특별한 날을 기념하고 축하하기 위한 케이크를 말한다.

SPMA:"A"는 Anniversary 의미, SPMH: "H"는 Honey Moon을 말한다.

2 SHR-Special Handling Request, SSR-Special SVC of Requirement의 이해

SHR/SSR이란 지상직원으로부터 객실사무장/캐빈매니저에게 전달되는 특별보조승객관련 정보가 수록된 운송문서로서 VIP, CIP, UM, 환자, 단체, TWOV, 스페셜밀 주문승객, 승객의 특이사항, 요청기록사항, 상위클래스 명단, 임신부, 어린이동반승객 , 환승승객, 혼자 여행하는 승객, 장애인 및 마일리지 상태가 기록된다. 따라서 객실승무원은 SHR에 적혀 있는 승객정보를 파악하여 서비스의 기초자료로 적극 활용하게 된다. SSR(Special Service of Requirement)은 SHR과 동일한 자료로서 항공사별로 약간씩 어휘가 다르다고 보면 되며 승객의 프라이버시와 개인정보 보호를 위해 객실승무원은 SHR/SSR 상에 기재되어 있는 어떠한 개인정보라도 외부에 공개되어서는 안 되며 2022년부터 대한항공의 경우 SHR은 현재 와 동일 양식으로 종이 대신 모든 승무원에게 이미 지급된 삼성 갤럭시 탭 태블릿PC에 비행 2시간 전 업로드되며 부여된 듀티(DUTY: 임무)에 따라 개인별 태블릿PC(가로 12cm, 세로 21cm)를 보고 모바일 SHR 아이콘을 클릭하면 당일 기내의 모든 승객에 대한 SHR 정보를 읽을 수 있게 된다.

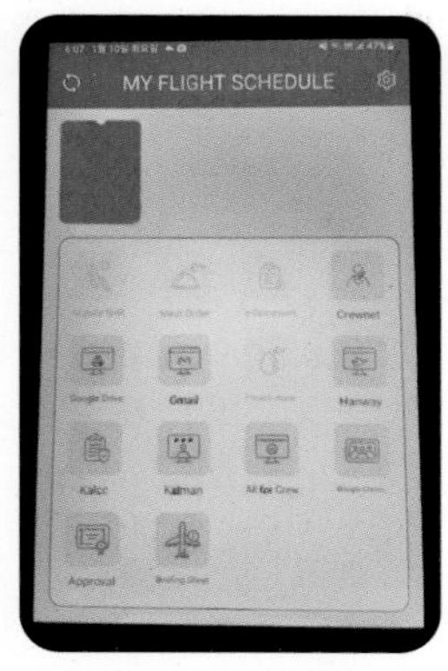

대한항공 모든 승무원에게 지급된 삼성 갤럭시 태블릿PC, 현재는 비활성화되어있는 왼쪽 상단의 "MOBILE SHR" 아이콘은 비행 2시간 전에 활성화되며 클릭하면 SHR 내용을 볼 수 있음

실제 기내 탑재되는 S.H.R / S.S.R 이해하기

* 개인정보 보호 위해 확대하지 않음

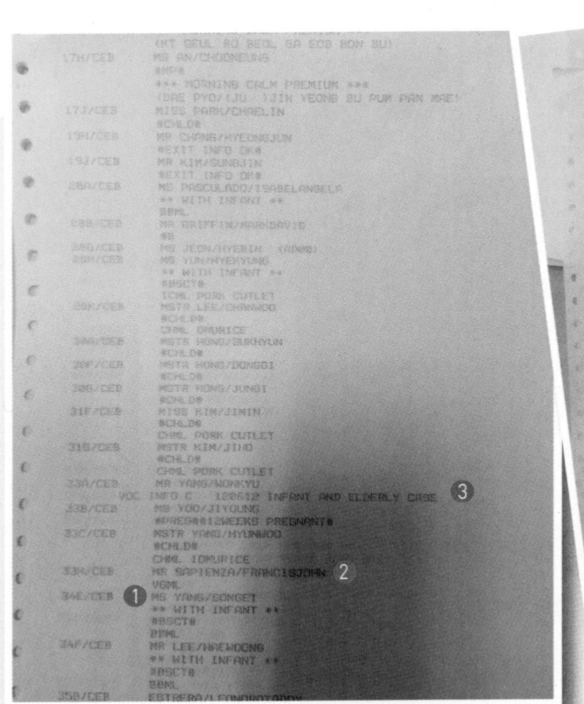

(KT SEUL RO SEOL GA SEO BON SU)
17H/CEB MR AN/CHOONEUNG
#MP#
*** MORNING CALM PREMIUM ***
(DAE PYO/(JU (JIN YEONG BU PUM PAN MAE!
17J/CEB MISS PARK/CHAELIN
#CHLD#
19H/CEB MR CHANG/HYEONGJUN
#EXIT INFO OK#
19J/CEB MR KIM/SUNGJIN
#EXIT INFO OK#
28A/CEB MS PASCULADO/ISABELANGELA
** WITH INFANT **
BBML
28B/CEB MR GRIFFIN/MARKDAVID
#B
28G/CEB MS JEON/HYEBIN (ADMB)
29H/CEB MS YUN/HYEKYUNG
** WITH INFANT **
#BSCT#
ICHL PORK CUTLET
29K/CEB MSTR LEE/CHANWOO
#CHLD#
CHML OMURICE
30A/CEB MSTR HONG/SUKHYUN
#CHLD#
30F/CEB MSTR HONG/DONGGI
#CHLD#
30G/CEB MSTR HONG/JUNGI
#CHLD#
31F/CEB MISS KIM/JIMIN
#CHLD#
CHML PORK CUTLET
31G/CEB MSTR KIM/JIHO
#CHLD#
CHML PORK CUTLET
33A/CEB MR YANG/WONKYU
VOC INFO C 120512 INFANT AND ELDERLY CASE 3
33B/CEB MS YOO/JIYOUNG
#PREG##12WEEKS PREGNANT#
33C/CEB MSTR YANG/HYUNWOO
#CHLD#
CHML IOMURICE
33H/CEB MR SAPIENZA/FRANCISJOHN 2
VGML
34E/CEB 1 MS YANG/SONGET
** WITH INFANT **
#BSCT#
BBML
34F/CEB MR LEE/HAEWOONG
** WITH INFANT **
#BSCT#
BBML
35B/CEB ESTRERA/LEONARDTABOY

1 좌석번호/목적지

2 성별/이름

3 스페셜 요구사항 및 Comments

SHR / SSR READING - 이해해 보기

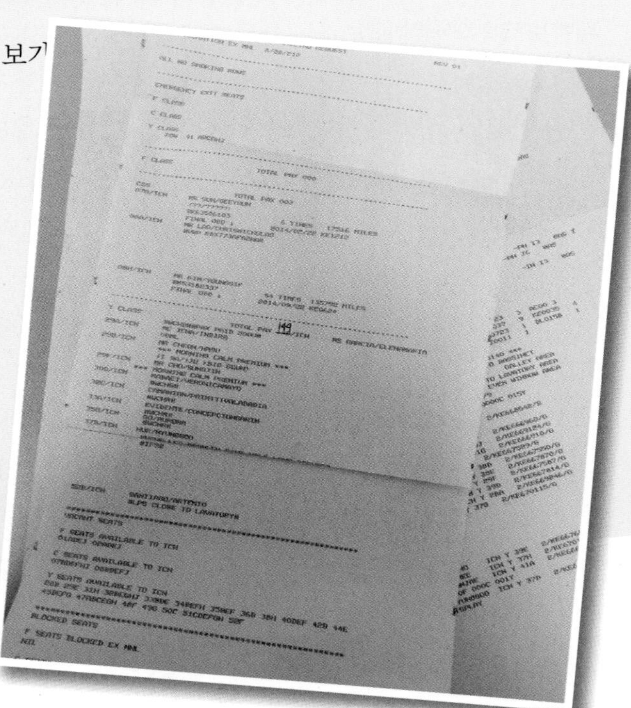

SSR / SHR
이렇게 길게 연결 되어져 있으며 일등석/비즈니스/일반석/스페셜 승객모음/혼자 여행하는 승객/환승 승객/ 페이지로 구성되어 있다.

```
          VGML
29D/ICN   MR [redacted]
          *** MORNING CALM PREMIUM ***
          MR SA/(JU )BIG SEUN)
29F/ICN   MR [redacted]
      *** MORNING CALM PREMIUM ***
30D/ICN   MABAET/VERONICAMAYO
          #WCHS#
32C/ICN   CAMANIAN/PRIMITIVALABADIA
          #WCHR#
33A/ICN   EVIDENTE/CONCEPCIONGARIN
          #WCHR#
35G/ICN   GO/AURORA
          #WCHR#
37D/ICN   [redacted]
          #WCHS LEG PROBLEM CANT WALK LONG DSTNCE#
38J/ICN   MR SEO/HYONGKYO (IDZED - KE)
          #STFS#
39A/ICN   MR DELOSREYES/JAIME
          #WCHS ELDERLY CANT WALK LONG DSTNCE#
          DBML
39B/ICN   MRS DELOSREYES/ALEJA
          #WCHS ELDERLY CANT WALK LONG DSTNCE#
39J/ICN   [redacted] MR(IDZED - KE)
41B/ICN   MRS PORTILLO/BELINAVERGELDEDIOS
          #EXIT#
41C/ICN   MR PORTILLO/JOSEMARIA
          #EXIT LPS CLOSE TO GALLEY#
42C/ICN   [redacted]
          #IFS#
42D/ICN   MRS BERNALES/ANNEMARIEGONZALES
          ** WITH INFANT **
          #NO NEED BSCT#
          IFML
42E/ICN   BERNALES/JORGEPIOPANUNCIO
          #LPS NXT TO BSCT INFO OK#
43A/ICN   MR [redacted]
          #IFS#
44F/ICN   MR [redacted](IDZED - KE)
          #STFS#
45H/ICN   MS [redacted]
          #IFS#
46H/ICN   MISS FANDINO/ANGELICAJANE
          #TCP2 46HJ#
46J/ICN   PERFECTO/JULIEANN
          #TCP2 46HJ#/ICN     TABILAS/JUAN
          #WCHR#
```

1 채식 VG 스페셜밀 주문승객
2 항공사 이용 우수승객
3 휠체어 주문승객
4 당뇨병을 위한 특별식을 신청했다.
5 비상구 좌석에 앉아 있다.
6 LPS(LEAST PREFERABLE SEAT) 불편한 좌석에 앉아 있다.
7 기내면세품 사전주문승객
8 유아동반승객이며 아기요람, 유아식을 신청했다.
9 항공사 직원
10 이 승객은 일행이 세 명이고 46HJK에 착석해 있다.

```
   #WCHS# DUE SPRAIN/CNT WALK LONG
 7.GO/AURORA        ICN YQ **
   #WCHR# TCP2 WZ 1625084          35G
 8.HUR/NYUNGSOO   ICN YT ** 37D M 2
   #WCHS LEG PROBLEM CANT WALK LON
 9.LANDINGIN/PE# ICN YQ
   #WCHR#                          090
10.LANDINGIN/RO# ICN YQ
   #WCHR#                          091
11.MABAET/VERON# ICN YQ     30D F 2
   #WCHS# ELDELRY CANT WALK LONG D
12.TABILAS/JUAN   ICN YQ *         48C
   #WCHR# PAX 81YRS OLD RQST WCHR
STCR-000F 000C 000Y
BLND-000F 000C 000Y
DEAF-000F 000C 000NAD-000F 000C 000Y
DEPO-000F 000C 000Y
PETC-000F 000C 000Y
AVIH-000F 000C 000Y
CBBG-000F 000C 000Y
SVAN-000F 000C 000Y
ESAN-000F 000C 000Y
PRIS-000F 000C 000Y
SPML-000F 000C 003Y
 1.BERNALES/ANN# ICN YQ *          42D
.DELOSREYES/J# ICN YQ **          39A F
```

TCP2: The Complete Party의 약어(동반여행자)

1 휠체어 주문승객
2 스트레처 주문승객(중환자용침대)
3 시각장애인승객
4 청각장애인승객
5 추방자
6 애완동물소지승객(개, 고양이, 새)
7 애완동물을 화물로 부친 승객
8 좌석예약휴대수화물 소지승객(예 : 첼로 등)
9 시각장애인인도견 소지승객
10 감성동물 소지승객(개, 고양이 등)
11 죄수승객
12 스페셜밀

LIST OF ALL PAX TRAVELING ALONE ❶
C CLASS
07A/ICN [illegible] 08A/ICN *LAO/C
08H/ICN [illegible]MR

Y CLASS 28G/ICN
28D/ICN GARCIA/ELENAMARIA 30A/ICN *
29A/ICN *JENA/INDIRAMS 30D/ICN *M
30C/ICN [illegible]XMR 31G/ICN
31C/ICN [illegible]MR 32C/ICN C
32A/ICN *WILSON/WILLIAMMR 32F/ICN
32D/ICN *GONZALEZ/MARIACELIA

33A/ICN *EVIDENTE/CONCEPCIONG 33C/ICN FR
33F/ICN WARA/TADAOMR 33G/ICN
33H/ICN GARCIA/RACHELANNMIRA 33J/ICN MC
34A/ICN *GARIBAY/MARICELMS 34C/ICN VE
34D/ICN [illegible]MR 34G/ICN *CO
34J/ICN BUGTONG/ARLENEMS 3CN STEPHE
35C/ICN BASMAYOR/PASCUALJR 35D/ICN
35G/ICN *GO/AURORA 35H/ICN *GO
35J/ICN MAGBANUA/JEZREELMR 36A/ICN
36F/ICN [illegible]MR 36J/ICN CH
37C/ICN OBRERO/PRISCILLARUIZ 37F/ICN SA
37J/ICN SORIA/MARIALUCIAMS 38F/ICN JI
38G/ICN *SALCEDO/BENJAMINJ 38J/ICN
39H/ICN [illegible]MR 39J/ICN
42A/ICN RYUOMR 42D/ICN *BERNAL
42E/ICN *BERNALES/JORGEPIOPAN 42J/ICN
43F/ICN *BRIGOLA/MARILOURINED

1 TRAVELING ALONE 승객이란 일행 없이 혼자 여행하는 승객을 말하며 기내에서 어쩔 수 없이 자리를 떨어져 앉게 된 신혼부부, 가족이 자리를 함께 앉을 수 있도록 승무원에게 요청할 때 혼자 여행하는 승객에게 제일 먼저 의뢰할 수 있도록 SSR/SHR에 등재한다.

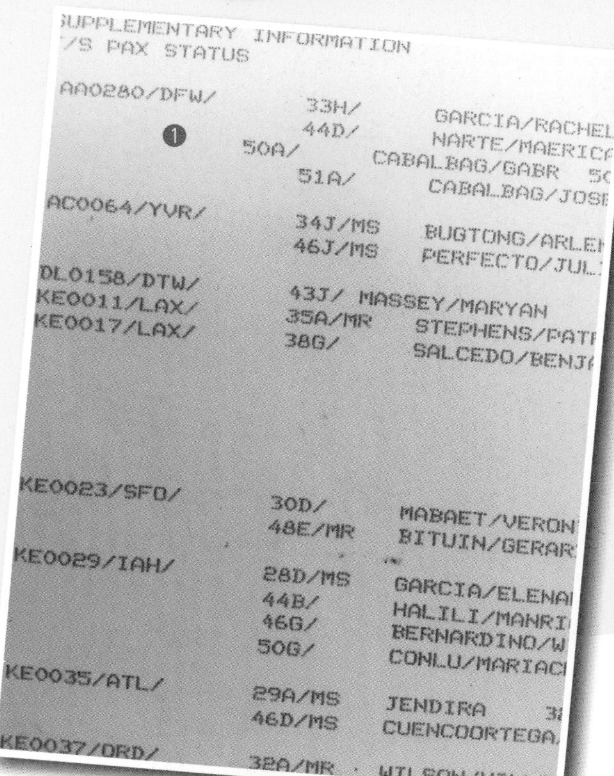

SUPPLEMENTARY INFORMATION
T/S PAX STATUS

AA0280/DFW/ 33H/ GARCIA/RACHEL
❶ 44D/ NARTE/MAERICA
50A/ CABALBAG/GABR
51A/ CABALBAG/JOSE
AC0064/YVR/ 34J/MS BUGTONG/ARLEN
46J/MS PERFECTO/JUL
DL0158/DTW/
KE0011/LAX/ 43J/ MASSEY/MARYAN
KE0017/LAX/ 35A/MR STEPHENS/PAT
38G/ SALCEDO/BENJA

KE0023/SFO/ 30D/ MABAET/VERON
48E/MR BITUIN/GERAR
KE0029/IAH/ 28D/MS GARCIA/ELENA
44B/ HALILI/MANRI
46G/ BERNARDINO/W
50G/ CONLU/MARIAC
KE0035/ATL/ 29A/MS JENDIRA
46D/MS CUENCOORTEGA
KE0037/ORD/ 32A/MR WILSON/WILLI

1 환승승객 정보
이 비행기 목적지인 인천국제공항에 도착한 후 AA(아메리칸에어라인)280편을 이용하여 달라스까지 가는 승객은 33H/44D/50A/51A승객이다.

SHR/SSR 승객 및 운송 특별코드

Special Handling Request(SHR)

구분	의미
AVIH	Animal In Hold / 화물칸(Cargo)에 반입된 애완동물
BLND	시각장애승객
BRDC	객실에 반입된 새
BSCT	유아용 침대
CBBG	Cabin Reserved Seat Baggage / 좌석예약 휴대수하물
CATC	객실에 반입된 고양이
CHD	Child / 소아승객
CMPLT PAX	Complaint / 제기 승객
DEAF	청각장애승객
DEPO	Deportee / 추방자
DOGC	객실에 반입된 개
DEPA	Deportee Accompanied By An Escort / 동반 추방자
DEPU	Deportee Unaccompanied / 비동반 추방자
EXST	EXTRA SEAT, Large Pax 추가 좌석 구매하는 경우 등
FMLY	family Care Service
GTR	Government Travel Request
IVR	Incentive Volume Rate / 대기업 계열사 출장 수요 우대
INAD	Inadmissible Passenger / 입국 또는 통과상륙이 거절된 승객
INF	Infant / 좌석을 점유하지 않는 유아승객
I/U	Involuntary Up Grade
L/O	Lay Over
M/A, MAAS	Meet and Assist
MAINT	Maintenance
MCT	Minimum Connecting Time
M/D	Main Deck

구분	의미
MEDA	Medical Auth
MSG	Message
NOSH	No Show
NOSUB	Not Subject To Load
NRC	No Record
OBD	On Board
OXYG	Stretcher 승객용 산소장비
PAX	Passenger
PET(C)	객실에 반입된 애완동물
PRC	People's Republic of China
P/P	Passport
PTA	Pre-paid Ticket Advice
PTN	Portion
QLTY	Quality
QNTY	Quantity
R/C	Ramp Controller
RPA	Restricted Passenger Advice
RCFM	Reconfirm
RSVN	Reservation
RTN	Return
SED	Seeing Eye Dog
SOP	Standard Operating Procedure
SPON	Special Passenger of Name
STA	Scheduled Time of Arrival
STCR	Stretcher Passenger
STD	Scheduled Time of Departure
STF	Staff

구분	의미
STN	Station
SUBLO	Subject To Load
S/U	Show Up
SVC	Service
TKT	Ticket
T/S	Transit
TWOV	Transit Without VISA
UM(NR)	Unaccompanied Miner
WCOB	Wheelchair for Onboard
WCHC	Wheelchair for Cabin
WCHR	Wheelchair for Ramp
WCHS	Wheelchair for Steps

//NON ADD DATA// : Data 수집 대상 Skypass 회원

3 아기용 요람(Bassinet-BSCT)

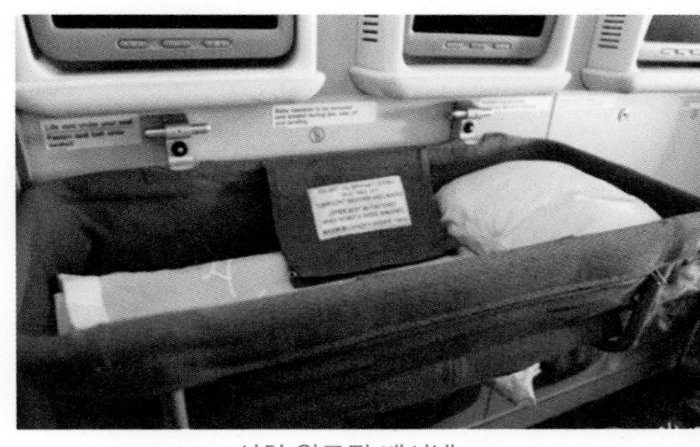

설치 완료된 베시넷

아기용 요람이란 비행 중 아기를 바구니에 넣어 재울 수 있는 장치를 말한다.

출발편을 포함한 모든 국제선 운항편에 제공되며 항공기 출발 48시간 전 까지 사전 예약한 유아승객에게 제공된다.

아기요람은 아기의 몸무게가 11kg 미만이고 키는 75cm 미만인 아기에게, 즉 평균 6개월 미만의 유아에게 사용되며 신체 사이즈가 Load Limits를 초과하는 경우 고정핀의 이탈로 떨어질 수 있는바, 정확한 규정을 준수해야 한다.

아기용 요람은 객실 내 일정 장소(BULK SEAT)에만 장착 가능하고 개수가 제한되어 있으니 SSR/SHR 이용하여 사전에 개수, 장소를 파악하여야 한다.

DO NOT USE BASSINET DURING
TAXI, TAKE OFF,
TURBULENT WEATHER AND LANDING
ZIPPER MUST BE FASTENED
WHEN INFANT IS INSIDE BASSINET
MAXIMUM CAPACITY WEIGHT - 14KG

베시넷 사용 시 주의사항

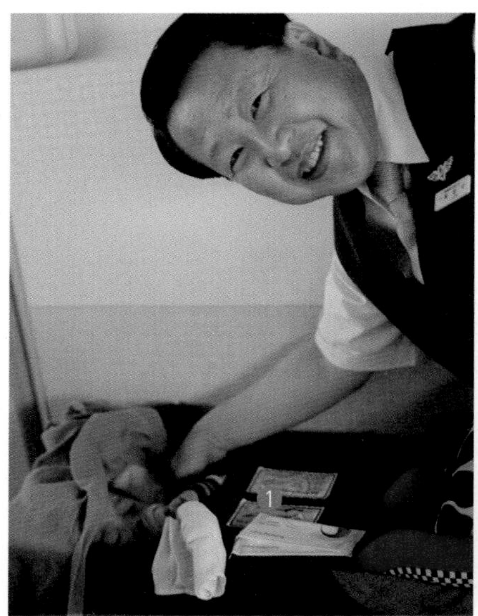

1 벨크로 타입의 덮개를 덮은 모습
2 아기요람을 항공기 벽면에 고정시키는 장치이며 요람에 붙어 있다.
3 난기류 시 아기의 요동을 막아주는 벨크로 타입의 덮개

4 장애인 편의장비-휠체어(Wheel Chair)

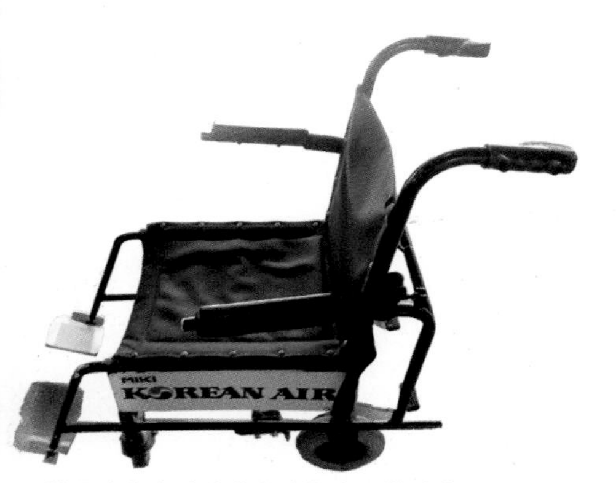

항공사에서 지상에서 사용하는 휠체어

거동이 불편한 승객을 기내에 탑승시키거나 하기할 때 사용하는 기구로서 승객이 앉으면 뒤편의 안내인이 밀고 원하는 목적지로 이동하는 장비을 말하며 국내항공사는 무료이나 서방의 항공사는 유료인 항공사도 있다.

- WCOB(Wheel Chair for Onboard) : 객실 탑승 시 휠체어가 필요한 승객
- WCHC(Wheel Chair for Cabin) : 객실에서 이동할 때 휠체어가 필요한 승객
- WCHR(Wheel Chair for Ramp) : 램프에서 이동할 때 휠체어가 필요한 승객
- WCHS(Wheel Chair for Step) : 계단에서 이동할 때 휠체어가 필요한 승객

기내에 비치되어 있는 온보드 휠체어

ON Board Wheel Chair란?
(기내에 탑재되어 있는 조립식 온보드 휠체어)

기내에 탑재되어 있는 휴대용 조립식 휠체어를 말하며 미주행 항공기편에는 항상 탑재한다. 일반적으로 지상에서 사용하는 휠체어는 특수하게 제작된 경우를 제외하고 기내 복도와 사이즈가 달라 기내 복도를 이동하지 못한다. 따라서 기내 복도를 자유스럽게 이동할 수 있도록 제작되어 기내에 탑재되며 승객 필요 시 항시 제공할 수 있는 휠체어를 On Board Wheelchair 라고 한다.

5 의료용 들것(Stretcher-STCR)

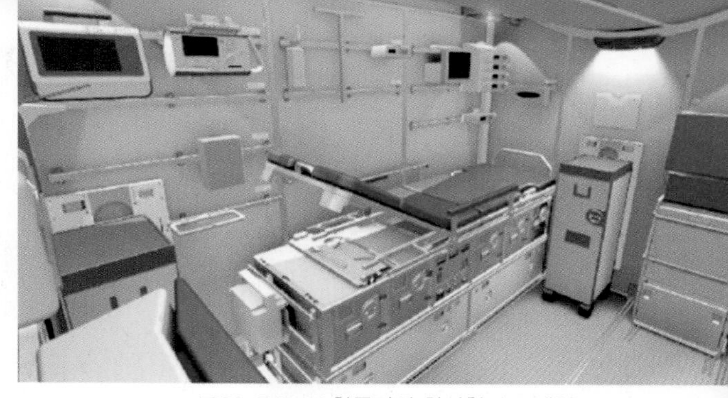
A380, 747-8i 항공기의 최신형 스트레처

걸을 수 없고 기내 좌석에 착석하기 불가능할 정도로 상태가 위중한 승객이 항공기에 탑승할 때 사용하는 일종의 침대시설로서 의료인이나 가족이 동반하며 일반적으로 일반석 6개의 좌석을 점유하여 사용한다. 환자의 개인사생활 보호를 목적으로 비행 중 커튼을 사용하며 의료용 들것은 현지에서 승객 탑승 전 준비하는 것이 원칙이나 좌석이 여유 있고 현지 공항시설이 열악한 경우 인천공항 출발 시 준비하는 경우도 있다. Stretcher 환자가 탑승 시 머리는 항공기 진행방향으로 하고 4점식 벨트로 이·착륙 전 환자를 단단히 고정하게 된다.

1 수액을 걸 수 있는 고정장치 2 환자의 프라이버시를 위한 커튼 3 환자용 침대. 환자의 머리가 항공기 앞쪽으로 향하게 눕힌다. 4 환자용 4점식 벨트 5 스트레처는 일반석 의자 6개를 접어서 설치한다.

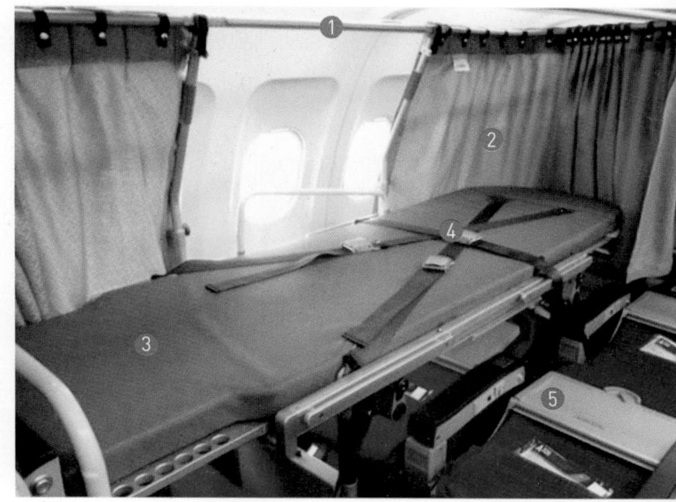

기존 항공사에서 사용하고 있는 스트렛레처

6 의료용 산소통(Medical Oxygen Units)

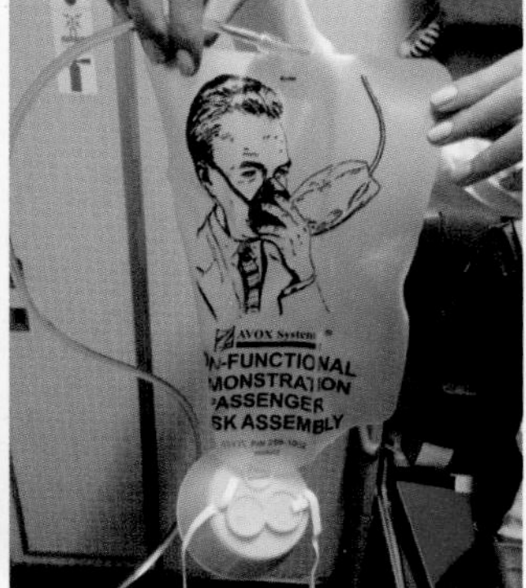
대형 의료용 산소통

의료기관이나 항공사 의료센터에서 의학적 사전 승인을 받은 승객에 한해 산소통, 마스크 및 산소관련 장비 일체를 승객에게 제공하는 것을 말한다.

의료용 산소통은 분당 2리터에서 8리터까지 산소공급이 가능하며 객실승무원은 승객이 탑승하기 전 탑재된 의료용 산소장비와 마스크를 연결하고 탑재된 의료용 산소통의 전반적인 상태(충전상태 포함)를 확인해야 한다. 의료용 산소통을 사용하는 환자는 '비상구 및 Bulkhead 좌석', '다른 승객이 비상구 및 통로를 지나가는 데 방해가 되는 좌석'에는 착석할 수 없다.

7 고도비만 승객용 Extension Belt

항공기에 탑승하는 고도비만 승객은 기설치된 안전벨트로는 허리를 묶을 수 없다. 따라서 추가로 안전벨트를 연장하는 도구가 필요하며 모든 항공기 내 앞쪽 일정장소에 안전벨트를 연장하는 Extension belt가 탑재되어있다. 객실사무장·캐빈매니저에게 상황을 보고하고 사용하며 승객이 목적지에 하기 후에는 원래 위치에 보관한다.

(KE 항공사에서 제공하는 임산부용 KIT

8 임산부용 Special KIT

탑승일자 기준으로 32주 미만 임산부는 일반인과 동일하게 간주되고 출산이 임박했거나 임신합병증이 예상되는 경우에는 의사의 소견서가 필요하다.

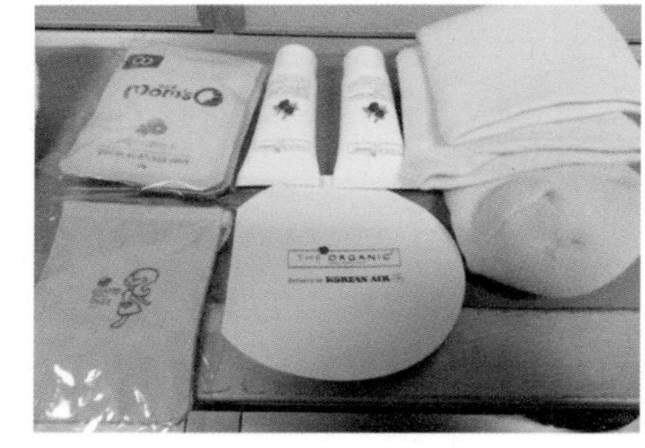

임산부용 KIT 내용물

대한항공에서는 임산부의 기내 여행을 돕기 위해 한국 출발 국제선을 이용하는 임산부에게 유기농 수면양말, 스킨케어 제품, 임신부용 차(Tea) 등이 포함된 별도의 임산부용 기내편의용품을 제공하고 있다. 출발 24시간 전 예약해야 기내에 탑재되며 객실승무원이 주문한 승객의 좌석번호 및 신상을 알 수 있도록 SHR(Special handling request)/SSR(Special service of requirement)에 자동 기록된다.

9 아기전용 Seat(CRS : Child Restraint System)

KE 항공사에서는 아기전용 항공기용 Seat를 제공하고 있다. 항공기 출발 48시간 전까지 예약해야 하며 한국 출발 시 기내에 탑재되며, 외국공항 출발 시 한국에서 기내에

실제 유아에게 제공되는 Seat

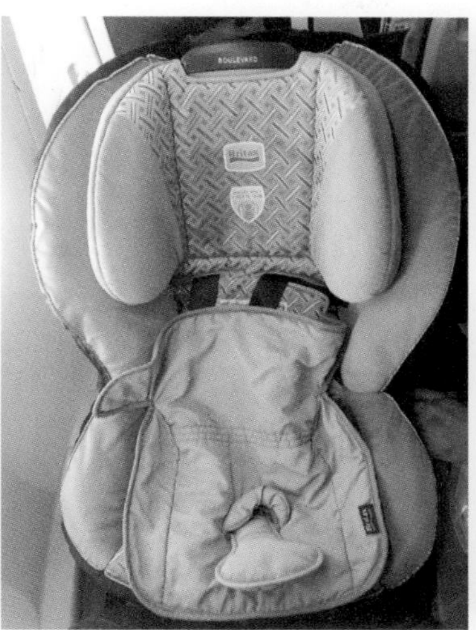

정면 모습

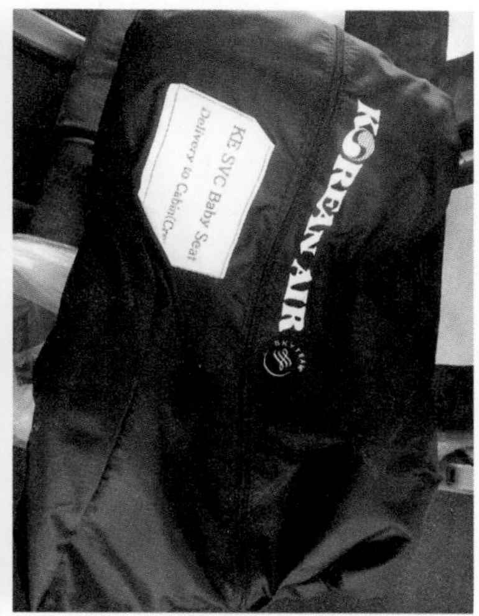

아기전용 Seat 보관케이스

탑재하여 운송되어 제공하게 된다. SHR/SSR상에 표기되어 있으며 창측 좌석, 연결되어 있는 좌석 열의 중앙좌석, 다른 승객이 통로로 나가는 데 지장 없는 좌석에 장착할 수 있고 통로 측, 비상구 좌석은 장착 불가하다. 사용 후 탑재되어 온 정위치에 보관한다.

10 어린이용 선물(Child giveaway)

항공사에서는 탑승한 어린이에게 탑승기념으로 선물을 나누어 주고 있다. 어린이용 선물은 단거리, 중거리, 장거리로 나누어서 구분되고 한국 출발편 해외 출발편에서 각각 다른 종류의 기념품이 제공되고 있다.

11 유아용품(Baby items)

유아용 젖병

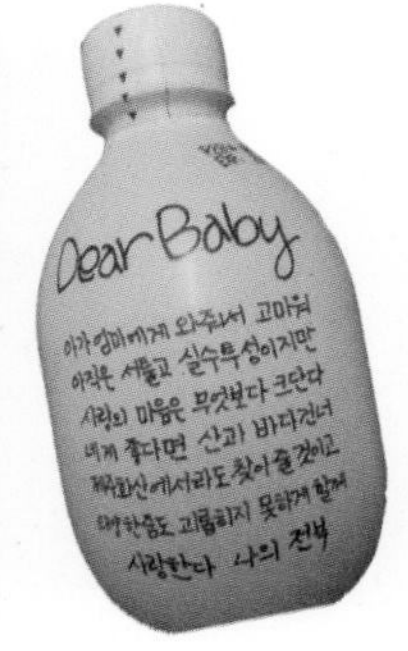

유아용 생수

비행 중 아기용 젖병을 가져오지 않은 승객을 위해 항공기 내 유아용 젖병을 서비스하고 있다. 무료로 증정하니 비용 걱정 없이 이용할 수 있다. 또한 대한항공에서는 제주 생수를 자체 생산하고 있어 유아전용 생수를 제공하고 있다.

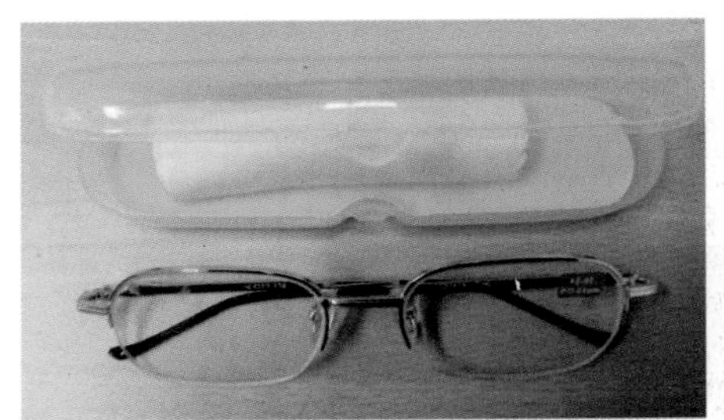

12 노약자용 편의용품-돋보기

항공기를 이용하시는 연로하신 승객의 시각편의를 위해 항공사에서는 돋보기를 제공하고 있다. 돋보기는 도수에 따라 2종류의 돋보기가 탑재되며 해외탑재는 되지 않는다. 기내에서 제공되는 편의용품 중 제일 고가이므로 서비스 후 반드시 회수하여 다음 편에 제공하거나 인천국제공항 도착 후 하기할 수 있도록 해야 한다.

13 여성용품

비행 중 갑작스런 신체변화가 일어나 원하시는 여성승객에게 일회용 여성용품을 제공하고 있다. 일회용이며 필요한 모든 여성승객에게 제공하게 된다.

14 축하용품

항공기 비행 중 생일을 맞거나 승진 등 축하할 일이 발생하기 마련이다. 이러한 경우를 대비해서 기내에서는 축하카드를 증정하고 있다. 상당히 예쁜 카드이고 예비항공인 여러분도 사용 가능하니 많이 이용하도록 하자.

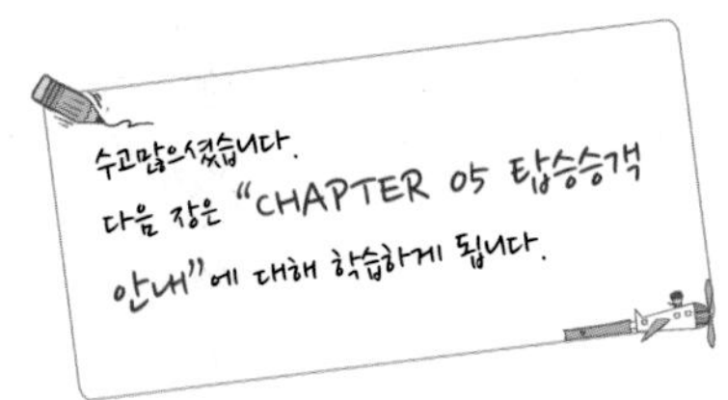

수행평가 퀴즈

학생들은 교수님 지시에 따라 각 Chapter 수행평가 퀴즈를 작성한 후, 절취하여 정해진 날짜까지 담당교수님에게 제출 바랍니다.

(답안지 공간 부족 경우 메모란을 활용하셔도 좋습니다.)

01 특별식(Special meal)의 정의에 대해 적어 보시오.

02 영·유아식 및 아동을 위한 특별식 식사 4종류를 적어 보시오.

03 종교식의 3가지 종류를 적어 보시오.

04 야채식 종류를 아는대로 적어보고 특징을 기술 하시오.

05 건강조절식 종류를 아는대로 적어보고 특징을 기술 하시오.

06 SHR, SSR에 대해 설명 하시오.

memo

탑승 승객 안내 "ROLE PLAY"

05 Chapter 탑승승객 안내 "ROLE PLAY"

1 탑승 대기자세 취하기-"ROLE PLAY"

승객 탑승 전 대기하고 있는 저자

탑승 게이트의 일반석 탑승시작 안내표지

객실승무원은 승객이 항공기 내에 탑승 전 탑승 환영인사 및 기내대기 위치에 준비하기 위해 탑승하게 될 항공기 객실구조에 대한 이해가 선행되어야 한다. 일반적으로 기내를 객실(客室) 또는 캐빈(Cabin)이라고 하며 항공기 객실은 기종에 따라 몇 개의 구역(Zone)으로 나뉘어진다. 객실 내 구역은 한글로 가, 나, 다, 라 이런 방식이 아닌 모든 국가에서 사용하고 이해하기 쉽도록 영어의 알파벳을 이용하여 A, B, C, D, 즉 A ZONE, B ZONE, C ZONE, UPPER DECK과 같은 영어 알파벳을 사용하여 표현하며 객실승무원 담당구역이라는 것은 비상시 사용하는 비상구(Emergency Exit)와 비상구 사이를 두고 구분하는 것이 통상적이고 객실승무원의 근무지역을 구분하는 기준이 된다.

(인용출처 : NCS 항공객실서비스)

- 승무원 역할
  - 한 반 40명 학생을 2인씩 1조로 20개 조로 만든다.
  - WIDE BODY 모형객실(Mock up)에서 항공기 양쪽 복도 앞쪽에 1조씩 차례로 아래의 자세를 숙지하고 공수자세를 취하며 대기한다.
- 승객역할 : 모든 학생은 좌석에 착석해 있는 상태에서 탑승대기 자세를 취하고 있는 승무원역할의 모습을 보며 마음속으로 탑승자세를 평가해 본다.
- 준비물 : 모든 학생이 학과 유니폼을 착용한 상태로 진행, 진지한 자세, 정확한 동작

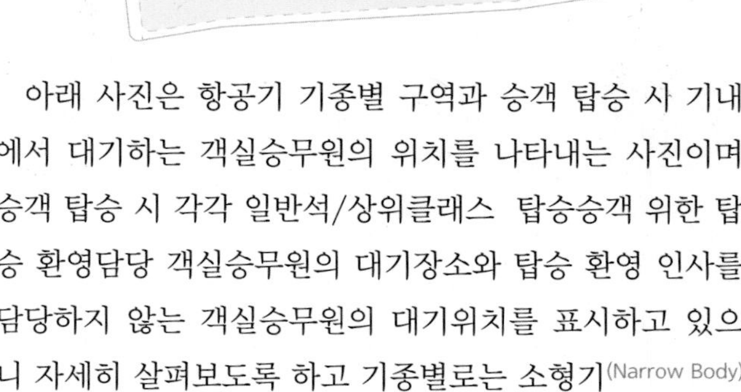
롤플레이 대기 시 취해야 하는 동작

- 시선은 정면을 향하고
- 턱은 당기고
- 등과 가슴은 곧게 편다.
- 손은 자연스럽게 내려 놓는다.
- 무릎과 발 뒤꿈치를 붙이고
- 각도는 30도로 벌린다.

OZ 아시아나항공 탑승 전 대기 모습

아래 사진은 항공기 기종별 구역과 승객 탑승 시 기내에서 대기하는 객실승무원의 위치를 나타내는 사진이며 승객 탑승 시 각각 일반석/상위클래스 탑승승객 위한 탑승 환영담당 객실승무원의 대기장소와 탑승 환영 인사를 담당하지 않는 객실승무원의 대기위치를 표시하고 있으니 자세히 살펴보도록 하고 기종별로는 소형기(Narrow Body)에서 대형기(Wide Body) 순으로 설명하였다.

승객이 탑승하는 탑승교

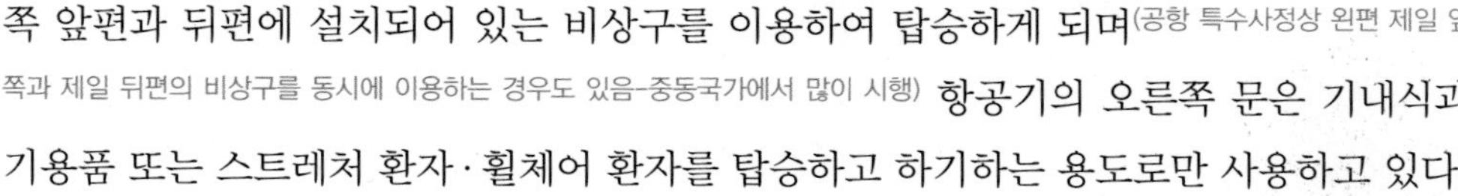
참고로 전 세계 모든 항공기의 승객 탑승은 항공기 왼쪽 앞편과 뒤편에 설치되어 있는 비상구를 이용하여 탑승하게 되며(공항 특수사정상 왼편 제일 앞쪽과 제일 뒤편의 비상구를 동시에 이용하는 경우도 있음–중동국가에서 많이 시행) 항공기의 오른쪽 문은 기내식과 기용품 또는 스트레처 환자·휠체어 환자를 탑승하고 하기하는 용도로만 사용하고 있다.

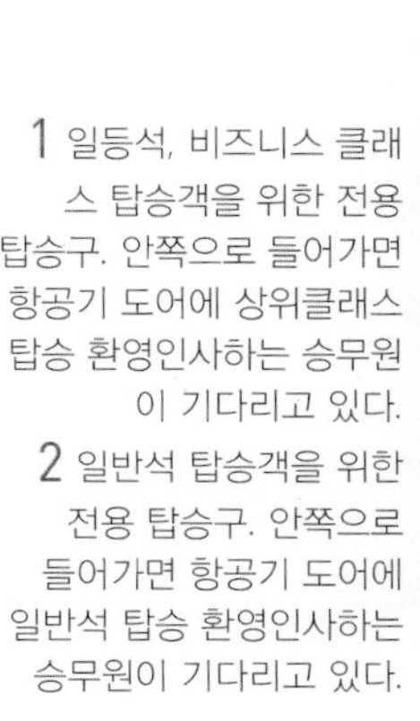
1 일등석, 비즈니스 클래스 탑승객을 위한 전용 탑승구. 안쪽으로 들어가면 항공기 도어에 상위클래스 탑승 환영인사하는 승무원이 기다리고 있다.
2 일반석 탑승객을 위한 전용 탑승구. 안쪽으로 들어가면 항공기 도어에 일반석 탑승 환영인사하는 승무원이 기다리고 있다.

탑승교 안쪽 모습

탑승교를 이용하지 않을때는 램프버스-Ramp bus를 이용한다.

램프버스를 이용하여 비행기 앞에서 스텝카를 이용하여 비행기로 탑승 하는 모습

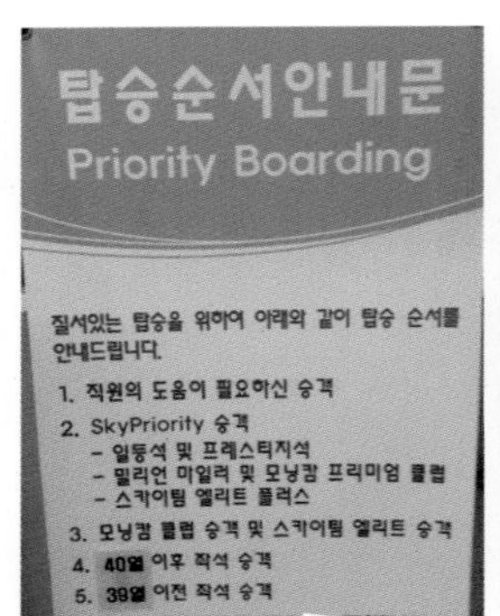

인천국제공항에서 출발하는 국내의 모든 국제선 항공기의 탑승시점은 일반적으로 출발 30분 전에 실시함을 원칙으로 하고 있다. 승객 탑승 시 객실승무원은 객실브리핑 시 지정된 담당구역에서 탑승하는 승객에게 일일이 탑승 환영인사 및 탑승권 재확인을 실시하며 좌석을 안내하고 승객의 수화물의 보관 및 정리에 협조한다. 당일 출발편 좌석 여유가 많은 경우 대부분의 승객이 지정된 자리보다 좀 더 넓고 편한 곳으로 옮기려 하는데 이때 객실승무원은 승객이 소지한 탑승권에 명시된 지정된 좌석에 앉도록 안내하여야 한다.

➡ 좌석 안내 시 객실사무장·캐빈매니저에게 보고해야 될 승객 유형

① 탑승권의 날짜, 편명이 틀린 승객
② 만취한 상태 또는 약물에 중독된 것으로 보이는 승객
③ 전염병을 앓고 있는 승객
④ 정신적으로 불안하여 다른 승객을 위험에 빠뜨릴 수 있는 승객
⑤ 타인에게 심한 불쾌감을 줄 수 있는 승객
⑥ 수화물 운송 규정에 어긋난 지나치게 크거나 무거운 물품을 휴대한 승객
⑦ 제한품목 또는 운송금지품목을 소지한 승객

2 승객 탑승 시 객실승무원 담당구역별 대기위치

사진을 이해하기 위해 필요한 용어

- L : Left 항공기 왼편을 의미한다.
- R : Right 항공기 오른편을 의미한다.
- F : First class 일등석을 의미한다.
- C : 비즈니스 클래스를 의미한다.
- Y : 이코노미 클래스, 즉 일반석을 의미한다.
- 1, 2, 3 : 항공기 앞쪽에서부터 설치된 도어순서를 의미한다.
  ex) L1-항공기 왼편 제일 앞쪽 도어, R1-항공기 오른쪽 제일 앞쪽 도어
  R3-항공기 오른편 앞에서 3번째 도어
- **왼편**(L) **/오른편**(R)**의 구분** : 항공기 내에서 앞쪽(조종실쪽)을 바라보고 서있을 때 기준으로 왼편과 오른편을 구분한다.
- Pitch : 앞좌석과 뒷좌석 간의 거리를 의미하며 숫자가 클수록 좌석 간의 거리가 멀어 쾌적한 좌석이다.
- G : Galley, 기내서비스를 준비하는 장소를 말한다.
- A : Attendant, 승무원 좌석을 말한다.

(1) 소형기(협동체 : Narrow Body)

소형기는 기내에 복도가 한 개만 설치되어 있는 B737/A320/321/CRJ200 항공기에 해당되며 객실 내 장착된 비상구가 날개 위 작은 비상구(Overwing Exit) 포함하여 총 2~8개 정도로 구비되어 있고 구역(ZONE)개념이기보다는 앞쪽(FWD), 뒷쪽(AFT)으로 설정하여 객실승무원의 근무구역을 할당한다. 승무원의 탑승객 환영인사 및 좌석안내 대기위치는 항공기 제일 앞쪽 왼편 도어와 비상구 주변으로 분포되어져 있다.

1 CRJ-200 항공기는 제일 앞쪽 도어로만 탑승한다. 일반석 탑승 환영인사 준비 중인 승무원 모습

➡ 소형기 : AIRBUS 320/321

1 A320/321 기종도 소형기이므로 상위클래스, 일반석 승객 탑승은 한 개의 탑승구만 이용한다.

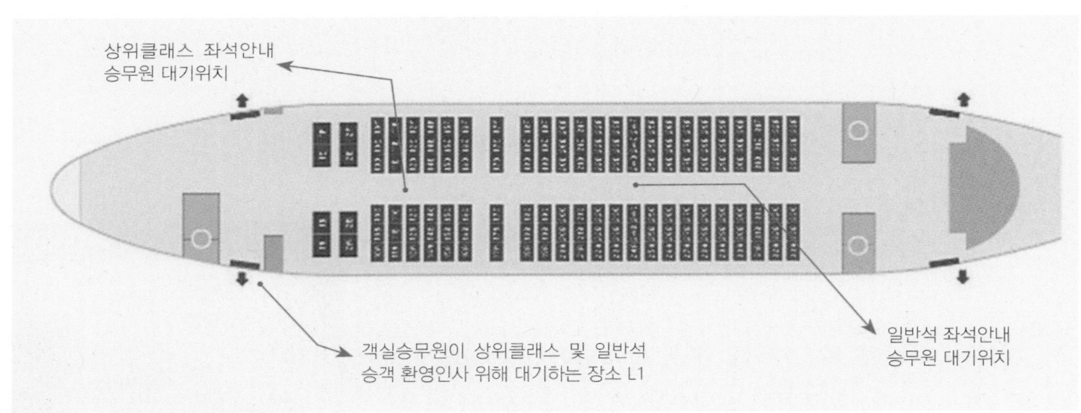

AIRBUS 320/321 평면도

➡ 소형기 : B737-700/800/900

1 B737 소형기는 탑승구를 한 개만 이용하여 탑승한다. 상위클래스/일반석 탑승환영 인사는 항공기 전방 열려있는 도어에서 실시한다.

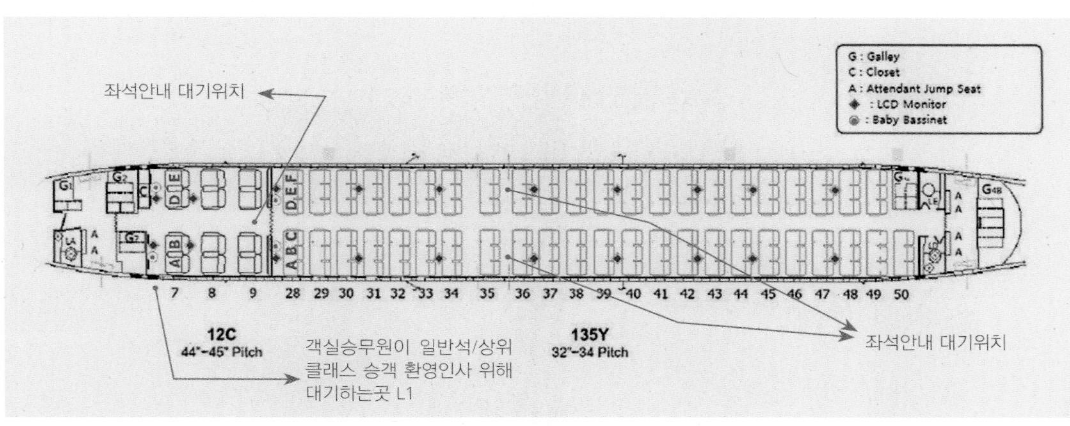

B737-800 평면도

(2) 중형기(광동체 : Wide Body)

중형기는 KE/OZ 항공사의 A330/B777/B767 등의 항공기를 지칭하며 기내에 복도가 2개 설치되어 있다. 또한 승객의 비상 탈출구가 항공기 양쪽에 각각 3~4개씩 설치되어 있고 중형기의 근무구역 설정은 항공기 앞쪽부터 A, B, C, D 순서로 되어 있으며 승무원의 탑승객 환영인사 및 좌석안내 대기위치는 비상구 주변으로 되어 있다. 승객의 탑승도 중형기부터는 탑승객이 많은 관계로 제일 왼편 앞쪽 비상구 2곳을 이용하는 경우가 많다.

1 B767 항공기도 광동체(WIDE BODY)이지만 탑승구를 한 개만 접안하는 경우가 많다. 따라서 이곳에서 승무원이 상위클래스와 일반석 승객 탑승 환영인사를 실시한다.

➠ 중형기 : B767

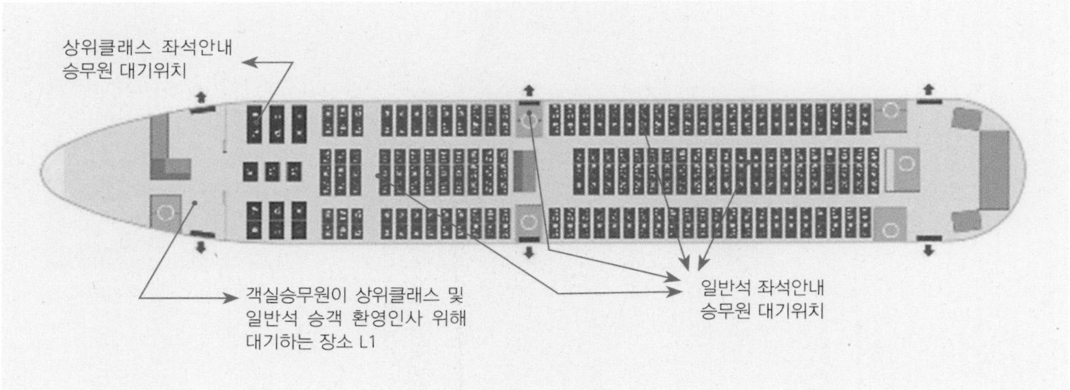

B767 평면도

➠ 중형기 : A330-200/300

1 객실승무원이 상위클래스 승객 탑승환영인사 위해 대기하는 장소 L1
2 객실승무원이 일반석 승객 탑승 환영인사 위해 대기하는 장소 L2

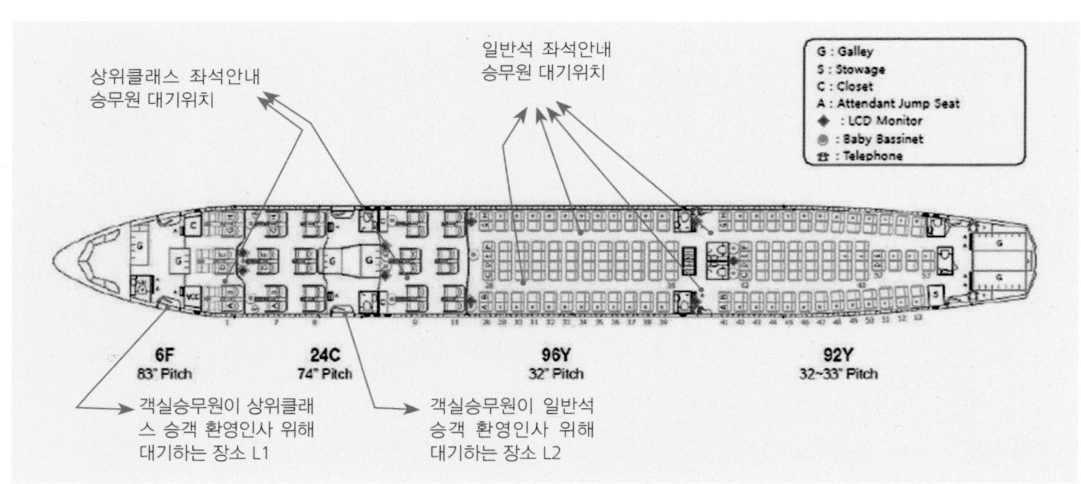

A330-200 평면도

➡ 중형기 : B777-200

1 객실승무원이 상위클래스 승객 탑승환영인사 위해 대기하는 장소 L1
2 객실승무원이 일반석 승객 탑승 환영인사 위해 대기하는 장소 L2

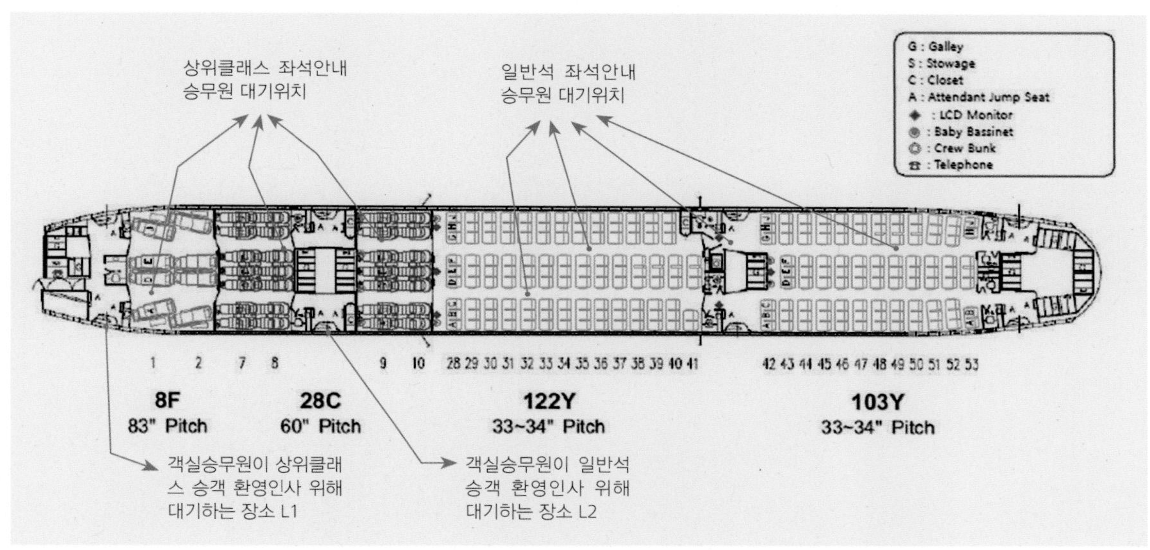

B777-200 평면도

(3) 대형기(광동체 : Wide Body)

대형기는 A380/B747/B777-300 등의 대형 항공기를 지칭하며 기종에 따라 항공기 양쪽에 각각 5개 정도 설치되어 있다. 객실승무원의 근무지역도 타 기종에 비해 상당히 광범위하여 앞쪽부터 A, B, C, D, E 구역 및 UPPER DECK으로 구성되어 있다. 특히 A380 기종인 경우 2층이 94석으로 이루어져 있어서 승객 탑승 시 탑승구를 3개 이용하여 승객을 탑승시킨다. 승무원의 탑승 환영인사 위치는 A380-L1, L2, UL1이고 B747/B777-300 항공기는 L1, L2 도어이며 좌석안내 승무원 대기위치는 비상구 근처 및 담당 구역의 중간 열 복도이다.

➡ 대형기 : B777-300

1 객실승무원이 상위클래스 승객 환영 인사 위해 대기하는 장소 L1
2 객실승무원이 일반석 승객 환영인사 위해 대기하는 장소 L2

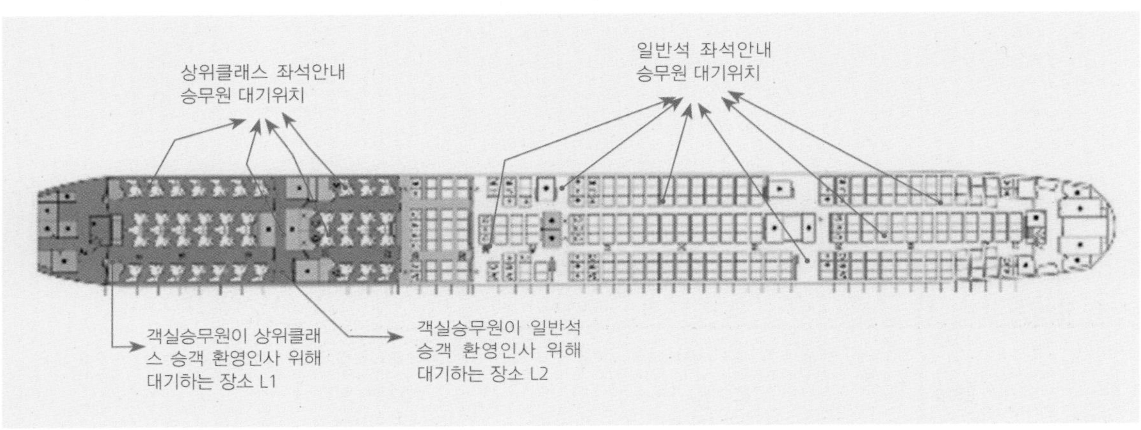

B777-300 평면도

➡ 대형기 : B747-400

1 객실승무원이 상위클래스 승객 환영 인사 위해 대기하는 장소 L1
2 객실승무원이 일반석 승객 환영인사 위해 대기하는 장소 L2

➡ 대형기 : A380

1 A380 일등석/비즈니스 클래스 탑승구
2 A380 1층 일반석 탑승구
3 A380 이층 전용 탑승구

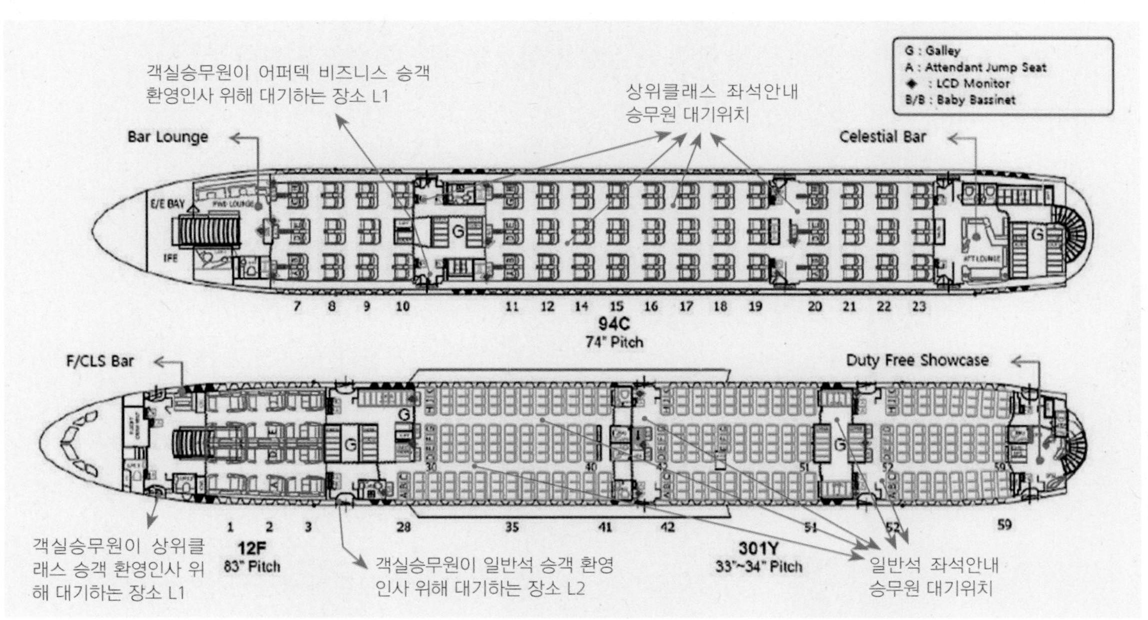

A380-800 평면도

3 승객 탑승 직전 담당구역 승무원의 자세 및 탑승순서·탑승거절승객

객실사무장·캐빈매니저는 기장 및 지상직원과 협의하여 승객 탑승 직전에 기내 방송을 통해 객실승무원에게 승객의 정확한 탑승시간을 알려야 한다.

일반적으로 국내 모든 항공사는 승객 탑승을 항공기 출발 30/45분 전(소형기/대형기, 국내선은 15/20분 전 소형기/대형기)에 실시하고 있다.

승객탑승 시작 전 모든 승무원은

① 유니폼 착용상태
② MAKE-UP 상태
③ HAIR DO 상태를 재점검하고 탑승환영음악(Boarding Music)을 잔잔하게 틀어놓은 후 담당구역에 2~4분 전 미리 대기하며 필요한 경우 기내 공기청정제인 스프레이(Spray)를 뿌려 승객 탑승 시 상큼한 향기를 맡을 수 있도록 한다.

승객 탑승 시 승무원의 기본자세는

① 밝은 표정
② 편안함을 느끼게 하는 시선처리
③ 도움을 줄 수 있는 적극적인 자세
④ 따뜻한 응대를 위한 마음가짐이 필요하다.

또한 승객 탑승 응대 시 주의해야 할 행동은

① 탑승승객의 요구, 문의에 적극적·능동적으로 응대해야 하고
② 시종일관 미소 띤 모습과 태도로 응대하며
③ 승객을 오래 기다리게 하지 않아야 하고
④ 승객과 소모적이고 불필요한 논쟁을 하지 않아야 한다.

일반석의 경우 오버헤드빈(Overhead Bin)은 열어두어 승객 탑승 시 사용 가능한 오버헤드빈을 쉽게 찾을 수 있도록 해야 하며(단, 일등석은 닫아 놓은 상태로 탑승 시작한다) 노약자, 임산부 등 승무원의 도움을 필요로 하는 승객에게는 적극적으로 도움을 줄 수 있어야 한다.

국내 대형항공사인 대한항공의 탑승순서는 왼쪽 사진과 같다.

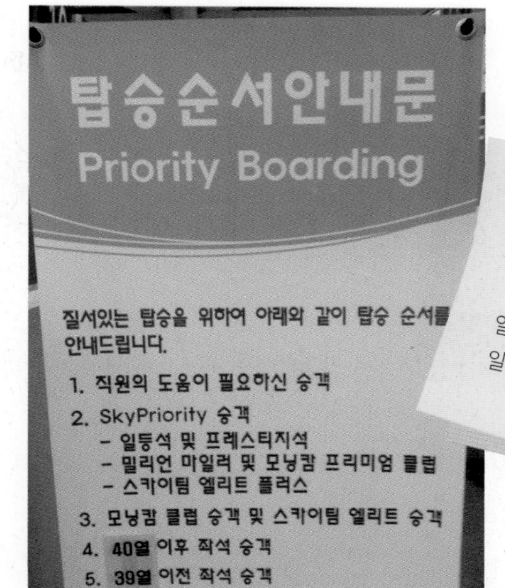

스트레처 승객
성인 비동반 소아(UM)
노약자, 유아동반승객
VIP, CIP
일등석승객, 비즈니스석 승객,
일반석 후방 승객, 일반석 중간
승객, 일반석 전방 승객

(1) 탑승거절승객

승객 탑승 중 아래에 해당하는 승객 발견 시 객실사무장·캐빈매니저는 기장에게 통보하여야 하며 기장은 운송책임자 또는 객실사무장과 협의하여 해당 승객의 탑승여부를 결정하여야 한다.

① 승객의 안전 및 항공기 보안을 위하여 필요한 정부기관 및 항공회사의 조치를 거부하는 승객
② 관련 국가의 적용법률, 규정 또는 명령의 준수를 위하여 탑승거절이 필요한 승객
③ 항공기의 안전이나 운항을 저해하는 행위를 금지하는 기장 등의 정당한 직무상 지시 또는 승무원의 통제에 따르지 않는 승객
④ 전염병을 앓고 있는 승객
⑤ 만취한 승객
⑥ 마약 등 향정신성 약물에 취한 승객
⑦ 정신적으로 불안정하여 타 승객에게 위해를 줄 수 있는 승객
⑧ 타인에게 불쾌감을 주는 기괴한 행동을 보이거나 심한 악취를 풍기는 상태에 있는 승객
⑨ '병약승객 항공운송신청서'에 의거하여 비행이 가능하다고 판단되지 않았거나 진단서나 의사소견서를 가지고 있지 않은 중한 질병상태의 승객
⑩ 보안검색 또는 신분확인을 거부하는 승객
⑪ 승객 또는 재물에 손상을 주는 행위에 관련된 승객
⑫ 기타 탑승 거절 행위가 안전운항에 필요하다고 판단되는 승객

4 탑승인사하기-"ROLE PLAY"

- 승무원 역할
  - 모형객실(Mock up)에서 항공기 앞쪽 도어에 2인이 대기한다.
  - 승객 역할 학생이 모형객실에 입장할 때마다 정성스럽게 인사한다.
    (다음 페이지 "탑승인사하는 방법" 참조)
- 승객 역할 : 모든 학생이 모형객실 외부에 대기하고 있다가 차례로 모형객실에 입장하며 승무원 역할을 하는 학생이 정확히 탑승인사를 하는지 살펴본다.
- 준비물 : 모형탑승권, 승무원 역할 학과 유니폼, 진지한 자세, 정확한 동작

탑승인사는 매우 밝고 활기찬 모습으로 인사 하여야 하고 노약자, 유소아 동반 승객 위주로 적극적인 도움을 제공하며 과대·과다 수화물 반입 시 적극적으로 규제한다.

또한 주 탑승구 탑승안내 담당 승무원은 승객의 탑승권 날짜 및 편명을 확인한 후 해당 좌석방향을 정중하게 안내해야 하며 기타 객실 내 승무원은 담당구역 비상구 주변에 머물며 승객이 도움을 필요로 할 때 즉시 이동할 수 있도록 준비해야 하고 앞뒤로 이동하면서 승객을 안내한다.

리모트 주기장에서 스텝카를 이용하여 탑승하는 모습

객실사무장·캐빈매니저는 승객 탑승 시 주 탑승구에 위치하며 모든 승객 탑승을 지휘하고 객실승무원을 적절히 배치하여야 하며 나머지 승무원은 단정한 복장을 갖추고 담당 Door 근처, Aisle에 대기하며 밝고 상냥한 표정으로 승객에게 환영인사를 실시한다.

인사를 보면 서비스가 보입니다.

- 인사는 서비스의 첫 동작이며 마지막 행동이다.
- 인사는 상대의 인격을 존중하며 정성의 마음으로 하는 친절과 협조의 표시이다.

A330-200 탑승 인사하는 모습

A380 항공기 탑승 시작하는 모습

5 눈높이 자세(Kneel Down Posture) 취하기

객실승무원이 성인승객 또는 어린이승객 전면이나 팔걸이(Arm rest) 측방에서 자세를 낮추어 승객과 눈높이를 맞추고 응대하는 자세를 말하며 동양권 항공사에서 상위클래스 및 일반석 승객에게 정중히 대하는 모습으로 승객의 권위를 한껏 높여주는 자세이다.

탑승인사하는 방법

고객을 향해 바른 자세로 서서 밝은 표정으로 Eye-Contact

- 고객과 첫 대면의 순간으로 얼굴 표정은 밝게 하고 몸가짐은 단정히 합니다.

상체를 정중히 굽히고 0.5~1초 잠시 멈추며 시선은 발끝 1~2m 앞에 두고 상체를 올립니다.

- 정중하고 자연스럽게 인사합니다.

인사말을 먼저 합니다. "안녕하십니까?"

- 밝은 목소리로 환영의 마음을 담아 즐거운 마음으로 인사합니다.

눈높이 자세를 취해야 하는 시점은 아래와 같다.

① 승객과 장시간 대화를 하는 경우
② 승객에게 응대를 위해 먼저 다가가 대화하는 경우
③ 승객에게 사과하는 경우로 나눠볼 수 있다.

- 승무원 역할 : 모형객실(Mock up)에서 항공기 양쪽 복도 앞쪽에 2인이 대기한다.
- 승객 역할 : 모든 학생이 좌석에 착석해 있는 상태에서 지정된 학생이 손을 들거나 콜버튼을 눌러 승무원을 부른다.
- 승무원 역할 : 앞쪽 대기 중인 승무원 역할 학생은 도움을 요청하는 승객에게 다가가 하단에 설명되어 있는 눈높이 자세를 취하고 승객의 요청을 숙지한다.
- 모든 학생이 돌아가며 나와서 눈높이 자세를 취해본다.
- 준비물 : 메모패드, 필기도구, 정확한 눈높이 자세, 진지한 태도

눈높이 자세 후 승객과의 대화 시 기본방법은 아래와 같다.

① 자신이 말을 하는 것보다 승객의 말을 잘 경청하는 자세를 유지하여야 한다.
② 밝고 맑은 목소리와 적절한 끊어 말하기, 친근감 주는 부드러운 목소리를 유지한다.
③ 승객을 당황하게 만드는 불필요한 외국어나 약어, 항공전문용어의 사용을 금한다.

눈높이 자세를 취하고 장시간 승객과 대화를 하면 다리가 상당히 아프고 다른 기내업무를 실시하지 못하게 되며 기내의 많은 승객 중 한 분의 승객에게 지나친 관심을 쏟는 것도 다른 승객의 입장에서 유쾌하지 못하게 되는 상황이 될 수 있다. 따라서 적정시간이 지나면 같이 근무하는 다른 승무원이 살짝 다가가 "기장의 호출", "추가 업무진행"에 대해 귀띔해주는 모습을 보여 적절한 시점에 승객과의 대화를 끝낼 수 있는 방법을 현장에서는 많이 사용하고 있다.

④ 듣기에 무리 없는 부드러운 언어, 즉 쿠션(Cushion)용어를 사용한다.

⑤ 승객의 말을 경청하고 성의 있게 대화한다.

고객응대

- 고객의 1열 앞이나 Arm-rest 옆쪽
- 앉은 자세로 등을 바로 세움
- 고객을 응대하는 방향의 무릎을 바닥에 닿도록 함
- 고객과 Eye Contact을 하며 응대함

유의사항

- 자세를 안정되게 무릎을 바닥에 닿게 한다.
- 상체가 흔들리지 않도록 허리를 곧게 편다.
- 뒤꿈치가 보이지 않도록 유의한다.

6 탑승권 재확인하기-"ROLE PLAY"

- 승무원 역할
  - 학과 40명 학생을 10명씩 4개 조로 나눈다.
  - 한 조에 승무원 역할 2인 승객 역할 8인으로 구성된다.
  - 승무원 역할하는 학생은 학과 유니폼 착용한 상태에서 모형객실(Mock up) 항공기 앞쪽문에 2인이 대기한다.
  - 아래의 탑승권을 사전에 복사하여 모형을 만들고 모형탑승권을 들고오는 승객에게 승무원 역할하는 학생이 좌석번호를 불러주고 좌석위치를 정중히 안내한다.
- 승객 역할
  - 수행하는 학생 8명이 차례로 객실로 들어온다.
  - 승객 역할하는 학생은 탑승권에 표시된 좌석번호를 물어보고 자신의 클래스, 누적 마일리지, 탑승횟수, 마일리지 적립절차에 대해 승무원에게 집중질문 한다.
- 준비물 : 모형탑승권, 승무원 역할 학생-학과 유니폼 착용, 정확한 답변과 동작

(1) 항공기 탑승권(Boarding Pass) 이해하기

객실승무원은 승객 탑승 시 비상구에서 바른 자세와 밝은 표정으로 승객을 맞이하여야 한다. 또한 승객이 잘못 탑승하는 것을 사전에 방지하기 위해 승객이 소지하고 있는 탑승권의 날짜와 편명을 정확하게 확인해야 한다.

1, 2 승객탑승권 확인시 날짜와 편명을 확인한다.
3 편명

대한항공 비즈니스 클래스 탑승권

승객의 탑승권(Boarding Pass)은 일종의 승객 자신의 안전을 보장하는 인증서가 될 수 있고 배나 비행기 또는 차를 탈 수 있음을 인정하는 표식을 의미한다. 객실승무원에 의한 탑승권 재확인 절차는 승객과 승무원 및 비행 안전을 위해 비인가자의 항공기 탑승을 미연에 방지하는 차원에서 탑승 중 객실승무원에 의해 항공기 입구에서 반드시 실시하여야 한다.

현재 국내 일부 항공사에서는 탑승권 점검뿐만 아니라 항공기 안전보안을 위해 승객 탑승 후 Head Count 또는 Kal Boarding 시스템을 실시하여 다시 한 번 정확한 탑승이 이루어 졌는지 재확인하는 절차를 시행하고 있다.

탑승권에는 총 13가지의 승객정보, 즉 항공사 이름, 탑승자 이름, 출발공항, 도착공항, 편명, 출발일자, 출발시간, 좌석번호, 항공사 회원카드번호, 해당 항공사 탑승횟수, 누적된 항공마일리지가 입력되어 있으며 탑승권을 읽는 방법은 오른편과 같다.

1 이름
2 출발지/출발공항
3 목적지
4 탑승날짜
5 탑승 클래스
6 좌석번호
7 탑승항공기 편명
8 통로측/창측표시
9 해당 항공사 탑승 횟수
10 항공권번호
11 체크인 순번
12 총마일리지 및 사용후 잔여 마일지리
13 스카이패스 번호

승객 탑승권 읽는 방법

(2) 항공기 내 객실등급

① 일등석(First Class)

전 세계 모든 항공사에서 최고의 인적·물적 서비스를 제공하며 세련되고 숙련된 객실승무원과 최상의 기내식과 함께 집과 같이 포근하며 안락한 좌석을 공급하는 클래스이다.

최고급 기내식과 와인을 제공하며 객실 내의 일등석 위치는 일반적으로 항공기 소음이 덜한 앞쪽이나 이층을 이용하여 지정한다. 다른 클래스의 좌석에 비해 좌석 간의 사이가 매우 넓고 상당히 독립적인 분위기를 제공하며 특히 항공사별로 대형항공기인 A380 비행기를 도입하면서 개인의 사생활을 보장해줄 수 있는 슬라이딩 도어(Sliding Door)와 기내에서 간단한 샤워를 즐길 수 있는 장치까지 구비되어 있다.

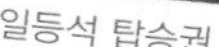
일등석 탑승권

국내 KE/OZ항공사의 일등석 전경

② 비즈니스석(Business Class)

모든 항공사의 포괄적인 기내서비스를 누릴 수 있는 클래스이며 일등석과 좌석, 기내식, 기내 편의용품에서 차별된다. 일반적으로 비즈니스 클래스는 일등석의 뒤쪽에 위치하며 모든 항공사들의 항공 마케팅이 집중되는 클래스이므로 각 항공사마다 특징 있는 독특한 서비스를 제공하는 뜻에서 명칭을 달리 붙이고 있다. 항공사마다 경쟁적으로 신형항공기를 도입하면서 비즈니스 좌석에도 일등석과 마찬가지로 180도 젖혀지는 FULL-FLATING의 최신형 좌석이 설치되는 방향으로 나아가고 있으며 2016년 현재 모든 항공사의 비즈니스 클래스는 일등석 못지않는 훌륭한 좌석을 갖추고 있다.

따라서 비즈니스 클래스일지라도 이제는 일등석과 견줄 수 있는 안락함과 쾌적한 휴식 공간을 승객들이 누릴 수 있다.

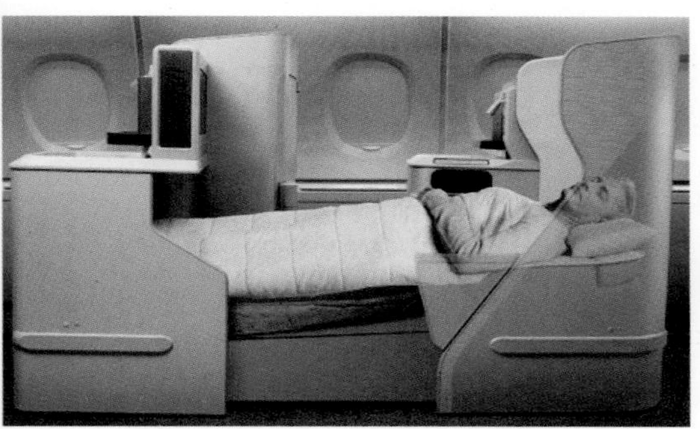

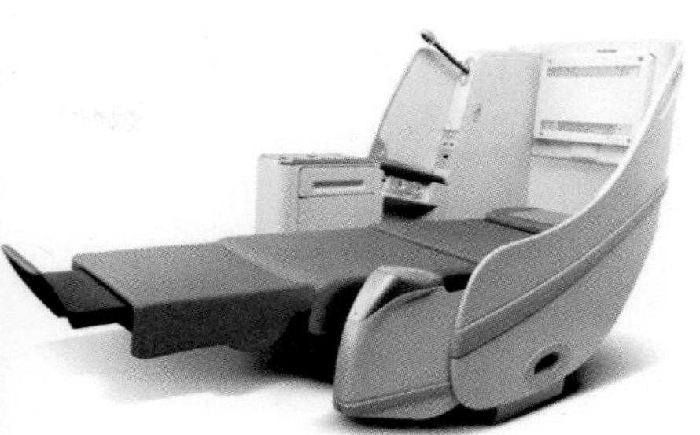

국내 OZ/KE 항공사의 비즈니스 클래스 전경

비즈니스 클래스 탑승권

③ 일반석(Economy Class)

일등석, 비즈니스를 제외하고 가격면에서 일등석, 비즈니스 클래스에 비해 비교적 저렴하게 이용할 수 있는 클래스이다. 일반석에는 기종별로 약간의 차이는 있으나 최대 300~500명까지 탑승할 수 있는 대중적인 일반좌석을 갖추고 있으며 비즈니스 클래스와 마찬가지로 전 세계의 항공사가 일반석 승객의 편안함과 쾌적함에 모든 신경을 곤두세우고 있다. 최근 항공사별로 신형 기종에는 기존 일반석 좌석과 차별화된 등받이(Seat Back) 각도와 좌석 간의 간격 그리고 AVOD(Audio video on demand) 시스템, 좌석 하단에 발 받침대(Foot rest), 휴대폰, 노트북 및 휴대용 전자기기를 급속 충전할 수 있는 ISPS(Inseat power system)를 설치하여 운영하는 등 일반석을 둘러싼 경쟁이 치열해지고 있다.

일반석 탑승권

국내 KE/OZ 항공사의 일반석 클래스 전경

(3) 현재 사용하고 있는 탑승권의 종류

➡ 종이 탑승권

➡ 국내선 키오스크 탑승권

➡ 온라인 체크인 시 이메일 보딩패스

➡ 모바일 탑승권

➡ 이티켓(e-ticket)

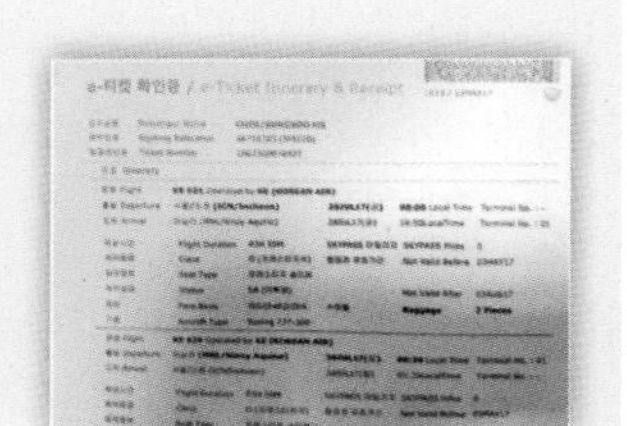

(4) 승객의 탑승권 점검 시 주의사항

① 승객 탑승 전 객실사무장·캐빈매니저의 역할

- 객실브리핑 시 탑승구별 환영인사 및 탑승권 확인담당 승무원을 지정한다.
- 탑승구별 담당승무원의 정위치 및 객실 내 승무원의 분산배치 상태 확인한다.
- 특히 A380 항공기에서는 승객 탑승 전 U/D 탑승구 방문 후 지정 승무원 정위치 여부를 확인한다.

② 승객 탑승 중 객실사무장·캐빈매니저의 역할

- 특정 탑승구에 고정 위치하지 말고 승무원의 탑승권 확인, 좌석안내 업무를 관리감독한다.
- 승객 탑승관련 비정상 상황이 발생한 경우 객실사무장·캐빈매니저 책임하에 신속히 후속조치를 실시한다.

(5) 탑승권 점검 중 상황별 대처요령 –"Role Play"

탑승권 점검의 목적은 "승객과 승무원의 비행안전과 항공기 보안"을 지키려는 데 있다. 따라서 국토교통부 소속 항공안전감독관이 항공기 점검을 나오면 항상 빠지지 않고 실시하는 것이 탑승권 점검의 이상 유무이다. 객실승무원이 승객의 탑승권 점검 중 마주칠 수 있는 상황은 아래의 7가지 상황이 대부분이며 롤플레이 시 정확한 행동과 진지한 자세로 역할연기를 하면서 자연스럽게 상황별 대처요령을 자신의 것으로 습득하는 것이 매우 필요하다. 실제 비행현장에서 적절하지 못한 행동으로 승객의 탑승권을 파악하지 못했을 경우 받게 되는 처벌은 개인이 상상한 것보다 상당히 크다는 것을 명심해야 한다.

- 승무원·승객 역할
  - 한 반 40명의 학생을 20명씩 2개 조로 나눈다.
  - 1조는 승무원 역할, 2조는 승객 역할을 수행한다.
  - 각 조별로 1인씩 객실사무장(캐빈매니저)역할을 지정한다.
  - 각 조별로 역할이 끝나면 각각 다른 조의 역할을 수행한다.
  - 1조 승무원 역할 : 모형객실(Mock up)에서 항공기 앞쪽 문에 2인이 대기한다.
  - 2조 승객 역할 : 모형객실 외부에서 대기하고 있다가 차례로 들어오며 아래 상황 7가지를 연출한다.
- 준비물 : 모형탑승권, 가방, 캐리어, 휠체어, 정확한 행동, 진지한 자세

상황 1 탑승권을 가방에서 꺼내기 힘든 이유 등으로 탑승권 제시를 거부하는 승객

대처방법 항공 보안상 탑승권 제시 후 탑승 가능하다고 안내하며 탑승권 확인 전까지 탑승을 제지한다.

상황 2 승객이 탑승권 제시를 지속적으로 거부할 경우

대처방법 해당 승객의 기내 진입을 제지하고, 지상 운송직원을 호출한다.

상황 3 승객이 탑승권을 명확히 제시하지 않고 기내로 무단 진입을 시도하는 승객

대처방법 승무원이 승객의 기내 진입을 제지하고 승객의 탑승권을 확인한다. 만일 탑승권의 편명 또는 날짜가 다른 경우 즉시 객실사무장/캐빈매니저에 보고하고 지상 운송직원에게 인계한다.

상황 4 휠체어 승객의 보호자로 탑승할 경우

대처방법 휠체어 승객 및 보호자의 탑승권을 각각 확인한다.

상황 5 앞에 탑승한 일행이 탑승권을 갖고 있다고 말하는 경우

대처방법 해당 승객의 일행을 항공기 입구로 오게 하여 탑승권을 확인한다.

상황 6 여러 명으로 구성된 일행이 탑승 시 그 중 한 승객이 탑승권을 전부 제시할 경우

대처방법 개별적으로 탑승권의 숫자와 날짜, 편명 확인 후 승객을 탑승시킨다.

상황 7 탑승승객의 좌석이 중복된 경우

대처방법 즉시 객실사무장 및 지상 운송직원에게 연락한다.

(6) 의심스러운 승객(Suspicious Passenger) 발견 시 보고

객실승무원은 좌석안내 시 또는 승객이 항공기 탑승 중·후 의심스러운 행위를 발견하면 지체 없이 객실사무장·캐빈매니저에게 보고하여 기장과 협의 후 공항관계기관·공항경찰대에 신고하는 등의 적절한 안전·보안조치를 취할 수 있어야 한다.

의심스러운 승객이란 아래와 같다.

- 좌석에 착석하지 않고 주변을 계속 돌아다니는 승객
- 객실승무원의 동태를 계속 관찰하고 불안해하며 식은 땀을 흘리는 승객
- 양손을 사용하여 액체, 고체, 전자용품 등의 물건을 계속 취급하고 있는 승객
- 액체나 고체성 물질을 아주 조심스럽게 운반하는 승객
- 탑승 직후, 출발 전 화장실을 들락거리며 불안한 표정을 짓는 승객
- 항공기 탑승 후, 출발 전·후 지상에서 갑자기 적절하지 못한 이유를 대며 하기하겠다고 요청하는 승객

(7) 탑승권 확인 후 추가 점검사항

국내 프리미엄 항공사인 대한항공에서는 좀 더 완벽한 승객 숫자를 파악하기 위해 모든 승객 탑승 후 객실승무원이 승객의 숫자를 다시 점검하는 절차를 갖추고 있다. 상기의 표는 승객 Head Count 후 회사에 제출하는 근거서

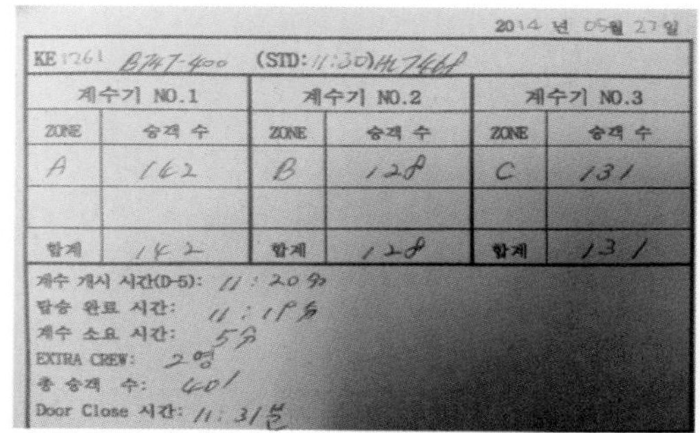

2014 년 05월 27일

KE 1261 B747-400 (STD: 11:30) HL7461

계수기 NO.1		계수기 NO.2		계수기 NO.3	
ZONE	승객 수	ZONE	승객 수	ZONE	승객 수
A	162	B	128	C	131
합계	162	합계	128	합계	131

계수 개시 시간(D-5): 11 : 20분
탑승 완료 시간: 11 : 15분
계수 소요 시간: 5분
EXTRA CREW: 2명
총 승객 수: 601
Door Close 시간: 11 : 31분

Head Count 집계표

류이며 항공기 종류, 편명, 출발시간, 각 클래스별 승객 숫자, 계수 개시시간, 탑승완료시간, 총 승객 수 및 도어 닫은 시간까지 기록하게 되어 있다.

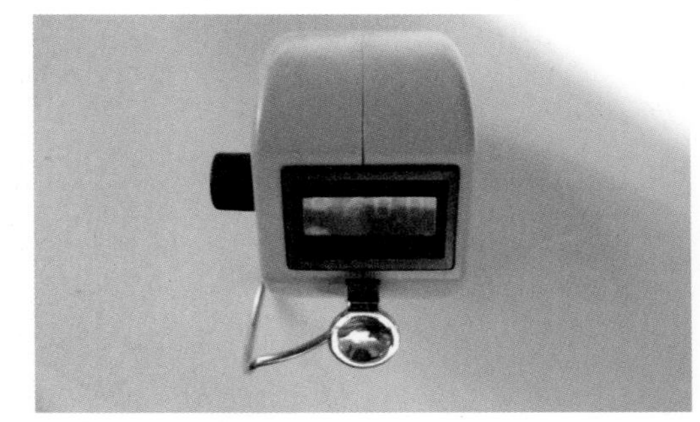

탑승객 숫자를 파악할 때 사용하는 헤드카운터 (Head counter)

만일 지상직원에 의해 작성된 승객명단과 Head Count 숫자가 상이할 경우 항공기는 출발하지 않으며 객실승무원에 의해 재카운트를 실시하여 확인된 후 출발한다.

또한 탑승을 거절할 수 있는 요건에 해당하는 승객을 보고하여 운항승무원, 지상직원과 함께 절차에 의거 탑승거절 조치해야 한다.

대한항공에서 운영하는 자동 판독 및 합계 시스템(KAL BOARDING)

대한항공에서는 아래 사진과 같은 자동판독 및 합계 시스템(KAL BOARDING)을 객실승무원이 사용하고 있다. 승객 탑승 시 탑승구에 대기하고 있던 승무원이 기계를 사용하여 승객의 탑승권 큐알코드(QR Code)를 스캔하면 각 도어별 자동합산 되어 간편하게 탑승한 승객 수를 파악할 수 있는 시스템으로 탑승이 종료되고 비행 중에는 기내판매용 포스기계로 사용할 수 있다. 방아쇠를 당기면 빔(Beam)이 방출되어 승객 탑승권을 읽고 합산할 수 있다.

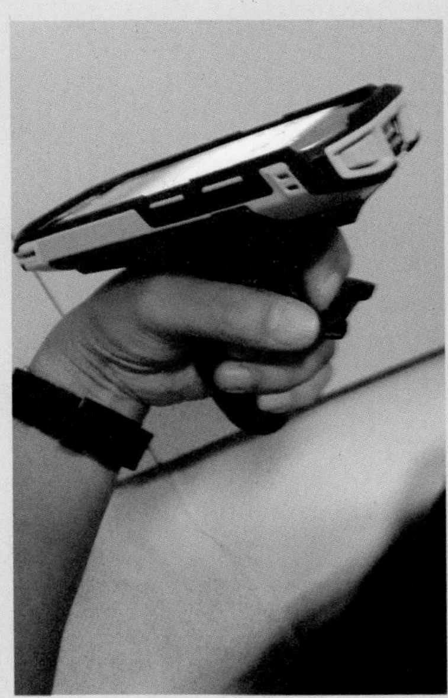

7 승객좌석 안내하기-"ROLE PLAY"

- 승무원 · 승객 역할
  - 한반 40명의 학생을 20명씩 2개 조로 나눈다.
  - 1조는 승무원 역할, 2조는 승객 역할을 수행한다.
  - 각 조별로 역할이 끝나면 각각 다른 조의 역할을 수행한다.
  - 1조 승무원 역할 : 모형객실(Mock up)에서 항공기 앞쪽 문에 2인이 대기한다.
  - 2조 승객 역할 : 모형객실 외부에서 대기하고 있다가 차례로 들어오며 승객의 탑승권을 보고 좌석안내 및 8가지 기본대화문을 정확히 표현한다.
- 승객 역할 : 승객 역할을 담당하는 학생들은 하단의 내용을 잘 읽고 승무원 역할을 하는 학생이 당황할 정도로 많은 질문을 해야 한다.
- 준비물 : 모형탑승권, 가방, 캐리어, 휠체어, 정확한 행동, 진지한 자세

A380 2층 비즈니스 클래스

A380 일반석 모습

(1) 좌석 안내하는 방법

객실승무원은 담당구역의 승객이 탑승하면서 승무원의 도움을 필요로 할 때 신속히 응대할 수 있도록 앞, 뒤로 이동하면서 승객의 좌석을 안내하고 소지한 휴대수화물을 적합한 장소에 승객이 보관할 수 있도록 안내한다.

노약자, 환자, 어린이, 유아동반승객은 승무원의 도움을 많이 필요로 하므로 SSR(SHR)

을 참고하여 적극적으로 안내해야 한다.

저자의 경험에 비추어 보면 승객은 탑승 시 승무원과 첫 조우 때 제일 많은 느낌을 받으며 비록 객실승무원이 해당 승객 자신을 도와주지 않아도 주위의 도움을 필요로 하는 다른 승객에게 적절한 시점에 도와줄 때 도움을 받는 승객뿐만 아니라 주위의 승객도 승무원에게 매우 긍정적인 감정을 가지게 된다.

탑승권 확인을 안내하고 허리를 약간 숙입니다.

- 고객의 탑승권을 받아 보기 위해 허리를 숙이며, 탑승환영인사나 Eey Contact을 놓치지 않도록 주의합니다.

오른쪽 방향은 오른손으로 왼쪽은 왼손으로 안내하며, 먼 곳은 손을 뻗으며, 가까운 곳은 조금만 내밀어 안내

- 해당 기종의 좌석번화와 Aisle 위치를 숙지하여 좌석 방향을 안내합니다.

SSR-Special service of requirement과 SHR-Special handling request

용어는 다르지만 같은 의미이고 승객 탑승 전 객실승무원에게 해당 편 비행기에 탑승할 예정인 객실승무원의 도움을 필요로 하는 승객, 즉 노약자, 비동반소아, 유아동반승객, 스페셜밀, VIP, CIP 등 …… 승객의 정보가 담겨 있는 문서로 항공사별로 명칭을 다르게 쓴다. 해당 문서는 개인정보가 담겨 있으므로 취급 시 유의한다.

(2) 좌석 안내 시 대화문 01

① 안녕하십니까? 반갑습니다.
② 탑승권을 보여 주시겠습니까?
③ 좌석 안내해 드리겠습니다.
④ 손님 좌석은 안쪽입니다. 안으로 들어가십시오.
⑤ 손님 좌석은 창측입니다. 이쪽으로 들어 가십시오.

객실승무원은 승객의 탑승권을 주고받을 때 반드시 양손을 모아 공손하게 받아야 하고 탑승권 확인 후 되돌려 드릴 때는 역시 공손한 자세로 돌려주어야 하며 친절한 미소와 친근한 언어를 사용하여 예의 바르게 행동하여야 한다.

담당구역을 중심으로 통로에서 대기하고 있던 승무원은 탑승하고 있는 승객에게 적극적으로 좌석안내를 하며, 이때 승객좌석에 기대어 서있거나 좌석 등받이에 손을 얹는 등의 행동을 하지 말아야 한다.

탑승한 승객을 좌석까지 안내하면서 승객에게 응대하는 대화문과 설명해야 할 일반석 좌석의 형태와 안내목록, 승무원 좌석(jump seat)에 대한 설명은 다음과 같다.

(3) 좌석 안내 시 대화문 02

① 안녕하십니까? 어서 오십시오.

② 반갑습니다. 어서 오십시오.

③ 안녕하십니까? 좌석을 안내해 드리겠습니다.

④ 좌석번호가 어떻게 되십니까? 즉시 안내해 드리겠습니다.

⑤ 잠시만 기다려주십시오. 바로 확인해 드리겠습니다.

⑥ 손님 좌석은 안쪽입니다. 안으로 좀 더 들어가시기 바랍니다.

⑦ 손님 좌석은 중앙입니다. 조금만 더 들어가시기 바랍니다.

⑧ 손님 좌석은 창측입니다. 제일 안쪽 창가로 들어가시기 바랍니다.

(4) 일반석 좌석의 이해

1 머리 받침대(Head rest) 신체에 맞게 약간 들어 올릴 수 있다.
2 헤드레스트 커버(Head rest Cover)
3 승객베개, 담요, 미니생수
4 팔걸이(armrest)
5 좌석쿠션-비상착수 시 분리하여 부양물로 사용할 수 있다.
6 좌석벨트
7 좌석 등받이 젖힘 버튼 (Recline button)
8 장애인용 팔걸이 젖힘 버튼 (팔걸이 아래쪽에 붙어 있다.)
9 좌석하단 안전장치(Restrain Bar)
10 휴대폰, 노트북 전원공급장치 (In seat Power System)
11 좌석 등받이

A330-200/300 항공기 일반석 좌석 도해도

(5) 일반석 좌석 하단의 이해

일반석 좌석 하단은 승객의 구명복과 하단에 보관 되어 있는 승객의 휴대수하물이 움직이지 않도록 고정하는 Restraint Bar와 승객의 영화 시청과 음악청취를 가능하게 하는 기계장치로 구성되어 있다.

1 승객용 AVOD, PSU 조절장치 2 승객용 구명복 보관장소
3 Restraint Bar 승객의 짐이 앞으로 밀리지 않도록 하는 장치

(6) 승무원용 좌석-Jump seat 이해

기내에서 객실승무원이 비행기 이동 중, 이륙·착륙 전, 착륙 후 이동할 때 착석할 수 있는 좌석을 승무원용 좌석(Jump seat)이라고 한다. 승무원용 모든 좌석에는 핸드 세트와 조명장치, 좌석하단에 승무원용 구명복, 플래시 라이트, 연장벨트(Extension belt)가 장착되어 있고 이·착륙 시 승무원 신체를 고정해 줄 수 있는 좌석벨트로 구성되어 있으며 승무원용 좌석벨트는 4점식 벨트를 사용한다. 착석해 있던 승무원이 일어나면 자동적으로 접히게 되어 있다.

1 헤드레스트 쿠션
2 방송/연락용 인터폰
3 4점식 좌석벨트
4 접이식 폴더-승무원용 좌석은 일어서면 자동적으로 접히게 되어 있다.
5 좌석쿠션-승무원용 좌석은 일반 좌석보다 쿠션감이 덜하다.
6 좌석벨트 고정장치 - 이것을 고정장치 본체에 끼우면 고정된다.
7 좌석벨트 고정장치 본체

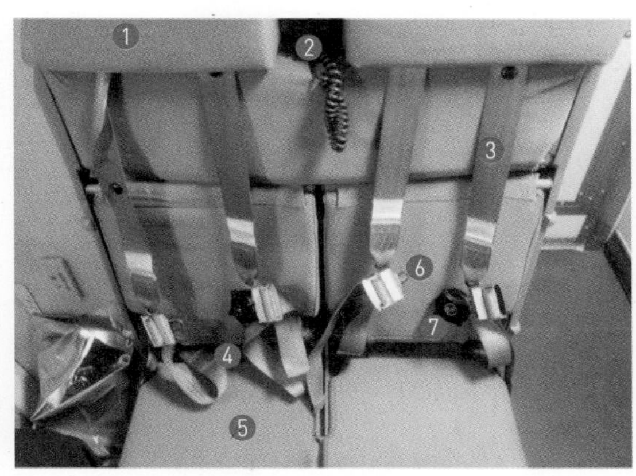

A330-200/300 항공기 승무원용 좌석 Jump Seat 도해도

1 비만승객 좌석연장벨트(Extention)
2 좌석연장벨트 보관함
3 비상용 플래시(Flash Light)
4 좌석하단 덮개
5 승무원용 구명조끼

A330-200/300 항공기 승무원용 좌석하단 모습

1 좌석등받이를 젖힐 수 있는 리클라인 버튼. 누르면서 뒤로 밀면 젖혀진다.

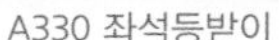

A330 좌석등받이

A320 좌석등받이 제낌-Recline 버튼

좌석 리클라인 버튼

> 기내 현장에서는 좌석등받이를 뒤로 젖힐 수 있는 버튼을 리클라인 버튼(Recline button)이라고 부른다.

(7) 좌석등받이 사용법(Seatback)

등받이를 뒤로 젖힐 수 있는 버튼 위치를 설명하고 눌러서 시연해 보이도록 한다. 승무원 호출버튼에 대한 설명은 좌석 옆에 설치된 호출버튼 위치를 알려주고 눌러서 점등된 상태를 보여주며 승무원 호출이 끝났을 경우에 호출버튼을 끄는 방법까지 설명한다.

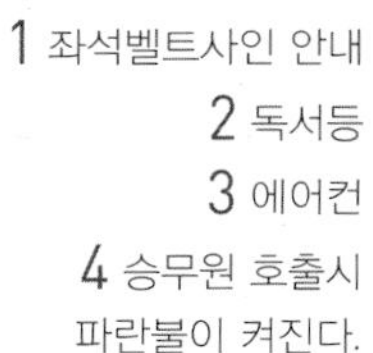

1 좌석벨트사인 안내
2 독서등
3 에어컨
4 승무원 호출시 파란불이 켜진다.

A320 머리 위 독서등, Reading Light
B737 머리 위 독서등, 콜버튼, 스피커

(8) 독서등(Reading Light) 안내방법

독서등은 비행 중 승객이 책이나 서류 작업을 할때 머리 위에서 비춰주는 개인용 조명등이며 승객에게 독서등의 위치와 끄고 켤 수 있는 스위치의 위치를 안내해야 한다. 일반적으로 독서등을 끄고 켤 수 있는 개인 스위치는 광동체(Wide body)항공기인 경우 좌석 옆, 협동체(Narrow body)항공기인 경우 머리 위에 독서등 ON/OFF 스위치가 설치되어 있다.

(9) 발 받침대(Foot Rest) 안내하기

승무원의 안내를 받는 승객에게 발 받침대의 사용법과 이착륙 시 접어야 하는 이유를 설명한다.

1 일반석의 발 받침대 (Foot rest) 2 상위 클래스의 발 받침대

발 받침대는 상위클래스인 경우 전기식 버튼으로 작동시키고 일반석인 경우 발이나 손을 사용하여 꺼내서 고정시킨다.

발 받침대는 이착륙 시와 비상탈출 시행 시 승객의 발이 걸림으로 인해 상당한 위험을 초래할 수 있어 이착륙 시 반드시 원위치로 해야 한다는 안전브리핑도 동시에 실시한다.

(10) Meal Tray Table 사용법 안내하기

승객 정면에 설치되어 있는 Tray를 펼쳐 시연하고 접는 방법에 대해 설명한다. Meal Tray Table은 오른쪽 그림 상단에 있는 걸쇠를 풀고 앞으로 당기면 좌측사진과 같이 펼쳐진다. 접을 때는 역순으로 접으며 Meal tray table 위에 컵을 놓는 곳 과 이착륙 시 승객의 안전을 위해 반드시 원위치로 접어야 함을 안내한다.

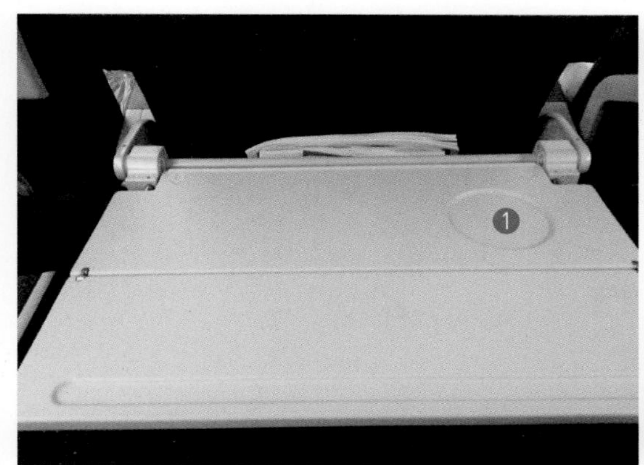

A330 Meal Tray Table 펼친 모습

A330 Meal Tray Table 접은 모습

1 식사 테이블과 음료수 놓는 곳. 식사 테이블은 2단으로 접힌다. 2 식사 테이블 고정시키는 걸쇠 3 식사 테이블 접었을 때 음료수를 놓을 수 있게 한 장치

(11) 영화시청 및 음악 청취방법 안내하기

비행 중 승객이 가장 많이 이용하는 서비스라고 할 수 있으며 기내에서 시청·청취 가능한 영화와 음악을 고지하고 AVOD 사용법과 헤드폰 꽂는 위치를 설명한다.

B777 헤드폰 꽂는 곳

B777 AVOD 시스템

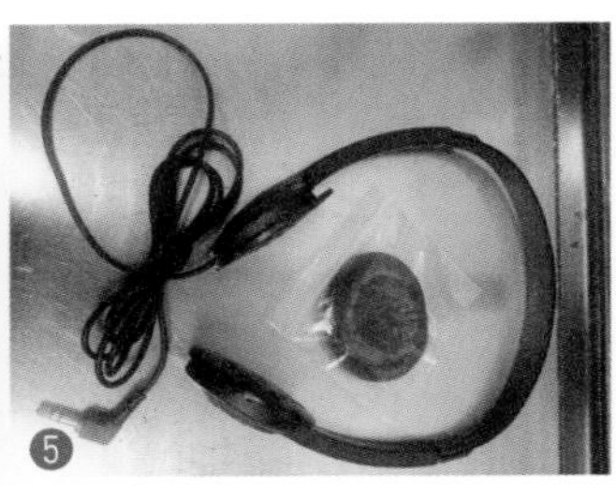
1 이곳에 이어폰이나 헤드폰을 꽂으면 된다. 2 언어선택 3 화면밝기조정 4 모든 조작을 할 수 있는 리모컨 5 헤드폰잭(Headphone jack)

헤드폰 잭(Headphone jack) 삽입하는 곳(Hole) 위치는 항공기 기종별로 다르나 일반적으로 좌석 팔걸이 옆이나 앞, 옆에 부착되어 있고 기내 이어폰 서비스 후 승객이 가장 많이 물어보는 항목 중 하나이기 때문에 승객 문의 시 즉시 응답할 수 있도록 기내에 탑승하면 기내 점검과 동시에 해당 클래스 헤드폰 Hole의 위치를 반드시 파악하도록 해야 한다.

(12) ISPS 안내하기(기내충전설비, In Seat Power System)

ISPS란 휴대용 전화기, 노트북 등의 충전을 위한 기내 설치물로 전원 공급 콘센트 위치를 알려주고 충전방법을 설명한다. 좌석 앞 등받이에도 USB 충전을 위한 장치가 설치되어 있지만 충전속도가 좌석하단의 ISPS에 비해 상당히 느리다. 좌석 밑에 설치된 ISPS를 이용하면 일반 가정집에서 사용하는 것처럼 신속한 충전효과를 느낄 수 있으며 일등석, 비즈니스 클래스는 개인당 한 개, 일반석은 좌석 한열 당 한 개 또는 두 개씩 장착되어 있고 ISPS를 사용하여 충전할 경우 해당 좌석 옆 복도 측에 파란색 불이 들어와 담당 승무원은 승객이 좌석에서 ISPS를 이용하여 충전 중·전자기기 사용 중임을 알 수 있다.

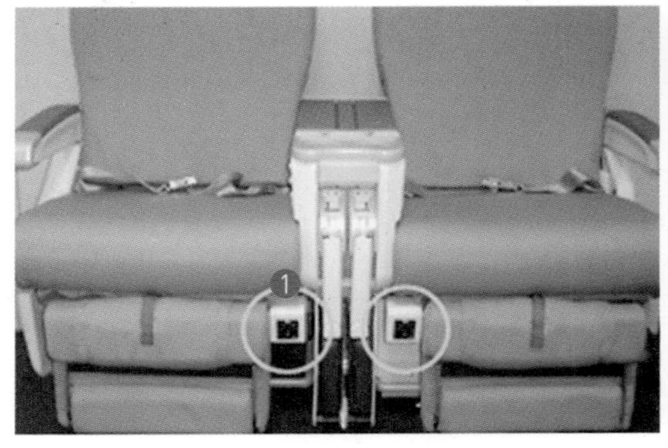

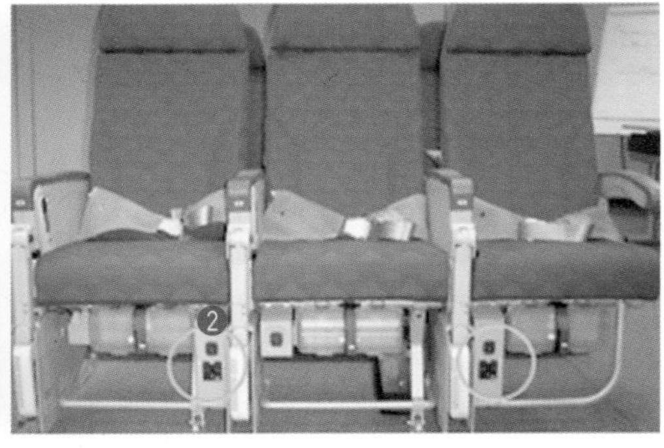

1, 2 전기공급장치

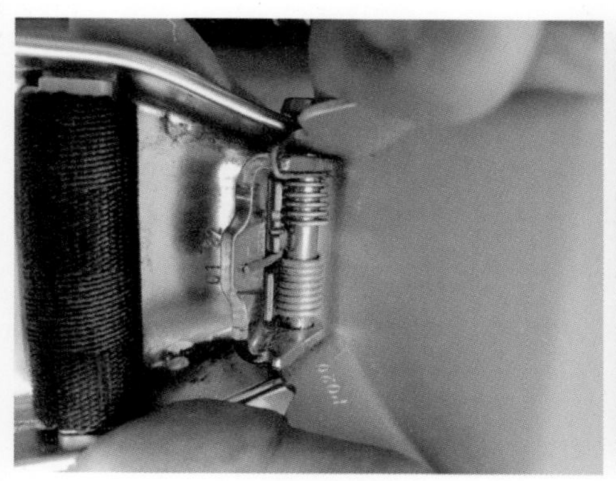
좌석벨트 내부모습

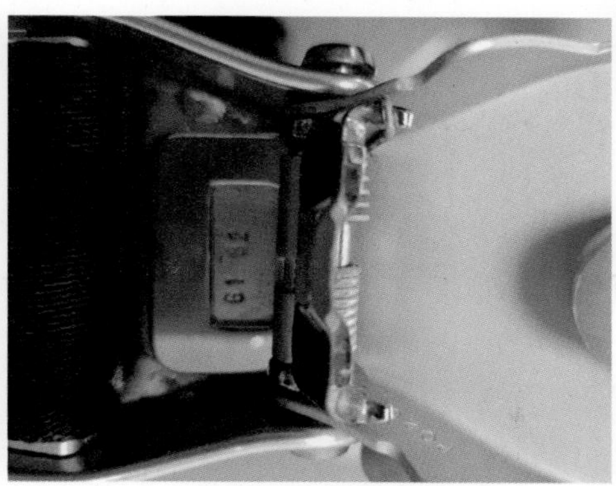
좌석벨트 끼운 내부모습

B777 항공기 좌석벨트

A320 항공기 좌석벨트

1 풀 때는 윗덮개를 들어 올리면 자동적으로 풀어진다.
2, 3 이 고리를 큰 몸체에 밀어 넣으면 잠긴다.

(13) 좌석벨트 사용법 안내하기

벨트 묶는 법, 푸는 법과 시점에 대해 설명하고 비행 중 항상 착용할 것을 안내한다. 좌석벨트는 신체 중 가장 단단한 골격인 골반 근처에 묶어야 하며 승객이 가장 많이 물어보는 사항 중 한 가지가 '좌석벨트를 제대로 묶었는데 자꾸 느슨해진다'라고 문의를 자주 하곤 한다.

그 이유는 자동차 운전석·조수석 안전벨트와 같은 원리이다. 자동차 운전석 안전벨트를 착용한 후 살며시 당겨보면 안전벨트가 느슨해진다. 하지만 충격을 받으면 순간적으로 강하게 고정되어 빠지지 않게 되는 원리이며 자동차 운전석·조수석 안전벨트는 항공기 좌석벨트에서 구조를 전수받아 제작된 것이다. 이와 같이 항공기 좌석벨트도 착용 후 배를 앞쪽으로 살살 밀면 풀리는 것처럼 느끼게 되는데 항공기 급정거·기체요동·이착륙 사고로 신체가 충격을 받을 경우 아주 강하게 고정되어 승객을 충격으로부터 안전하게 보호할 수 있는 것이다.

보통 항공기 좌석에 설치되어 있는 좌석벨트는 10~14G까지 견디도록 되어 있다.

(14) 좌석분리(Seperated Seat, Seat Together) 승객의 응대

신혼부부, 단체승객, 가족승객 등 함께 착석하여 비행을 즐기려는 승객이 어쩔 수 없이 분리된 좌석을 배정받게 되어 기내에서 승무원에게 요청하는 경우 아래와 같이 응대한다.

- 지상직원에게 해당 승객의 성명, 좌석번호, 사유를 통보받은 후 정중히 사과하고 다른 승객의 양해를 얻어 좌석 재배정을 재시도할 예정임을 안내한다.

- 적절한 좌석을 탐색 후 승객의 양해를 구하고 협조의사를 확인 후 재배치하며 좌석 교환을 허락한 승객에게 감사의 말씀과 함께 기내식, 간식, 음료서비스 시 먼저 선택할 수 있도록 조치하며 좌석 재배치 요구를 한 승객에게 기다려 주셔서 감사하다는 감사의 뜻을 표한다.
- 좌석교환이 이루어지지 않았을 경우에 객실승무원의 적극적인 좌석 재배정 노력에도 불구하고 조치 불가한 상황임을 고지하고 기내불만으로 이어지지 않도록 적극적인 관심을 표시한다.
- 착륙 전 흔쾌히 좌석교환을 해준 승객에게 감사의 말을 전하여야 하며 좌석 재배치 요구를 했으나 기내 특성상 재배치가 안 되었을 경우 해당 승객의 인적사항을 지상직원에게 통보하여 입국절차 및 수화물 수취에 도움을 줄 수 있도록 한다.

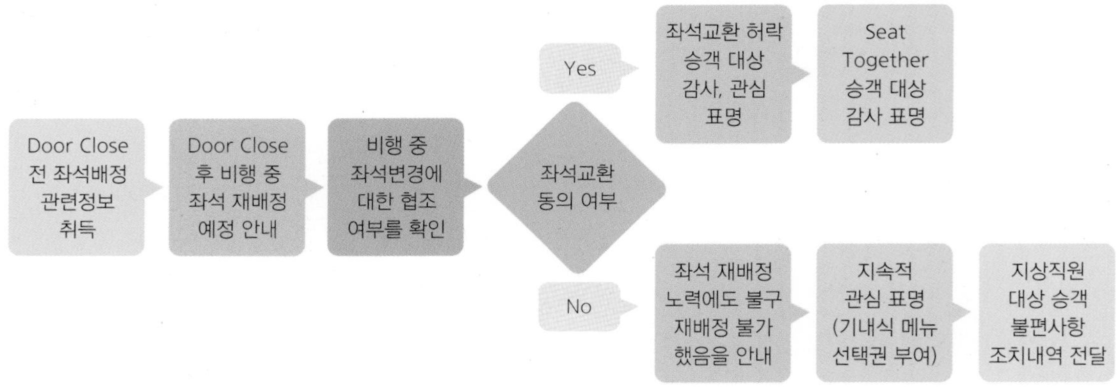

좌석분리승객 응대절차

(15) 좌석 중복배정(Seat Duplicated Seat) 승객의 응대

- 승객의 탑승권에 적힌 날짜, 편명, 이름, 좌석번호를 확인하고 좌석 중복배정으로 확인되면 먼저 정중히 사과한다.
- 먼저 좌석을 점유한 승객은 착석을 권유하고 나중에 탑승한 승객은 Door Side나 승무원 좌석(Jump Seat)을 이용하여 대기하도록 하고 지상직원에게 좌석의 재배정을 요청한다.
- 당시 기내에 좌석의 여유가 있는 경우에는 중복배정된 승객 중 나중 탑승한 승객에게 원하는 좌석을 물어본 후 적절한 좌석을 안내한다.

좌석 중복 배정 상황 발생 → 탑승권 확인 (날짜/편명/이름/좌석 번호) → 중복배정 사실 확인 즉시 사과 표명 → 나중 탑승승객은 Galley/Jumpseat 주변에 대기조치 → 좌석 재배정 요청 → 재배정 좌석으로 승객을 안내

좌석 재배정 요청 ↓ 객실사무장이 지상직원에게 요청

좌석 중복배정 승객 응대절차

(16) 무단좌석점유 승객의 응대(Unruly Passenger)

좌석의 무단점유는 일반적으로 일반석에 배정되어 있는 승객이 상위클래스 좌석에 착석하는 경우가 대부분이며 무단으로 좌석을 점유한 것으로 판단되면 해당 승객의 탑승권과 SSR(SHR)을 재확인하여 무단좌석점유를 확인한다.

국내항공사의 일등석 좌석

기내 업무방해 행위 시 승객에게 제시하는 경고장

- 해당 승객을 정중히 원래의 좌석으로 돌아갈 것을 안내한다.
- 해당 승객이 원래의 좌석으로 복귀를 거부할 경우 무단좌석점유 사실을 다시 한 번 고지하고 몇 차례 더 원래 좌석으로 돌아갈 것을 권유한다.
- 해당 승객이 계속 거부 시 기내 업무방해 규정을 적용하여 지상직원에게 통보, 운송규정에 맞는 적절한 조치를 한다.
- 목적지에 도착 후 지상직원에게 해당 사실을 통보하고 추가조치를 취한다.

외국항공사의 비즈니스 클래스

(17) 좌석 클래스 변경요청(Up Grade) 승객의 응대

- 항공기 출발 전이고 상위클래스에 좌석여유가 있을 경우 지상직원에게 고지하여 차액징수를 안내하도록 하며 항공기 출발 후에는 어떠한 상황이라도 기내에서 좌석 클래스 변경요청이 불가하다는 것을 정중히 안내한다.
- 대부분의 승객이 예전의 사례를 들며(1980~1990년에는 일시적으로 기내에서 차액을 징수하고 상위클래스로 변경 해주었음) 비행 중 요금차액을 지불하겠다고 하며 Up Grade를 요청하나 국내항공사의 정책은 항공기 출발 후, 비행 중에는 기 배정된 좌석 클래스 변경이 불가하다.

(18) 기내 위성전화 사용방법 안내하기

기내 위성전화는 항공기가 비행 중 통신위성 및 항공 기지국을 이용하여 항공기와 지상 간 음성을 송수신하는 시스템이다. 항공기 위성전화는 광동체 항공기(Wide body)의 중·장거리 노선 항공기에 장착되어 있고 이, 착륙을 제외한 시간 동안 승객이 상시 이용할 수 있도록 제공하는 편리한 최첨단 서비스이나 전화연결 시 일반 휴대전화에 비해 시간이 다소 많이 걸리고(약 50초) 음성지연 및 울림 현상이 발생하기도 한다.

특히 동시에 다수의 승객이 한꺼번에 사용할 경우 전화가 지연될 수 있는데 이는 항공기에 설치된 위성전화 회선수가 3~6개 정도이기 때문이다.

일반적으로 기내에서는 2~5명 정도의 승객이 동시에 사용할 수 있다.

① 기내 설치된 위성전화 특징

- 항공기 보안 및 승객 불편 등의 문제로 지상에서 항공기로의 발신은 엄격히 금지 되어 있다.
- 기내 위성전화는 이륙/착륙 시에는 사용이 제한된다.
- 항공기가 북극, 남극 등 극지방을 비행할 경우 일시적으로 통화가 제한되는 경우도 있다.

② 기내 설치된 위성전화 사용법

- 리모컨 뒷면의 녹색버튼을 눌러 전원을 켠다.
- 화면에 메뉴가 뜨면 'OK'버튼을 누른다.
- 화면에 'SLIDE CARD'화면이 뜨면 신용카드를 오른쪽 홀에 통과시킨다.
- 잠시 후 'DIAL THE NUMBER' 문구가 나타나면 0+국가번호+지역번호(0 생략 지역번호가 02로 시작할땐 2만 누르면 된다)
- 화면에 'WAIT FOR SATCOM'이라는 표시가 나타나면 정상적으로 연결 중이고 전화가 연결되면 'LINE CONNECTED'라고 표시된다.
- 통화 후 전화기를 종료시킬 때는 붉은색 전화기 모양의 버튼을 누른다.

③ 위성전화 요금 정산방식

➡ 통화 요금

- 통화 시작~1분까지 → $8.98 일괄 부과됨
- 1분 이후 통화요금 → 6초당 $0.65 추가됨 예 1분 6초 통화시: $9.63 부과됨

  ☞ 통화 연결까지 30~60초까지 소요되며 통화 전에는 요금 미부과됨

➡ 사용 가능 신용카드

- VISA, MASTER, AMERICAN EXPRESS, DINERS, JCB 신용카드 - 사용가능
- 모든 DEBIT CARD - 사용불가

➡ 사용 시 주의사항

- "ON" 버튼을 누른 후 화면에 메뉴가 표시될 때까지 천천히 기다린다.
- 화면 지시에 따라 버튼을 천천히 작동한다.
- 사용 가능한 신용카드인지 확인 후 오른쪽 홀에 넣고 천천히 통과시킨다.
- 화면에 "Wait on Satcom"이 표시되면 정상적으로 연결 중이다.
- 전화가 정상적으로 걸리면 LINE CONNECTED라고 나타난다.
- 위성의 위치 또는 기상에 따라 연결이 안 될 수도 있으나 시간을 두고 재시도한다.

④ 항공기에 설치되는 위성전화 종류

좌석용 전화기(핸드셋 겸용)

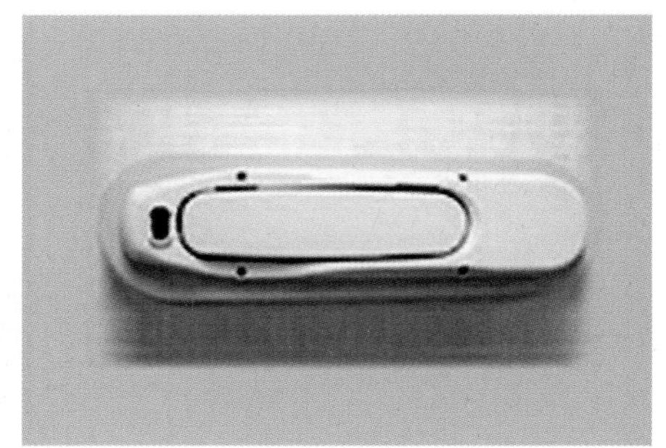
벽걸이용 전화기

⑤ 항공기에 사용되는 각종 위성전화기 모습

AT&T사 Panasonic사 Sodielec사

대한항공 항공기에서는 위성전화로 AT&T, Panasonic, Sodielec사의 제품을 사용한다.

8 승객수하물 정리 지원하기

특히 장거리 비행 시 승객에게 도움을 주고자 선의를 베풀었음에도 불구하고 착륙전 돌려주어야 한다는 규정을 지키지 않아 오히려 승객으로 하여금 고객불만을 받는 경우가 적지 않다. 예비 승무원분들도 항공사에 입사하여 탑승근무하게 되면 반드시 지켜야 할 사항이다.

항공사 규정에 승객이 휴대한 수하물은 승객 자신이 정리하고 보관하며 분실 시 항공사에서 책임지지 않는다. 하지만 부피가 크거나 노약자, 임산부, 어린이, UM, 장애인 승객의 경우 기내 대기하고 있는 승무원이 승객의 편리를 도모하기 위해 해당 승객의 수하물을 정리해 주기도 한다. 승무원에 의해서 보관된 승객수하물은 승객에게 보관위치를 고지하여야 하며 착륙 전 반드시 돌려주어야 한다. 승객이 기내에 반입한 휴대수하물은 승객이 직접 운반 및 보관, 관리하는 것을 원칙으로 하며 객실승무원은 승객이 휴대수하물을 적절히 운반, 보관, 관리할 수 있도록 안내해 주어야 한다.

대한항공에서는 수년째 일반석에서 승객의 짐뿐만 아니라 의복도 승무원이 정리하지 않고 장소만 안내하는 제도를 시행하고 있는바, 처음에는 승객과 승무원 간 약간의 마찰과 혼란도 있었지만 정착되고 나니 승객의 수하물 보관 및 정리에 상당히 긍정적인 효과가 있다고 생각한다.

승객 탑승 시 노약자, 외국승객의 수화물을 정리해 주는 저자

- 기내 휴대수화물은 문이 닫힐 수 있는 코트룸(Coat room)이나 오버헤드빈(Overhead bin), 그리고 좌석하단(Under the seat)에 보관하도록 안내한다.
- 승객이 개인의 휴대수화물을 복도나 비상구 근처에 보관한 것을 발견한 경우 적절한 장소를 안내하여 보관하도록 한다.
- 비행 중 승객의 휴대수화물을 다시 찾거나 보관하는 경우 승객 스스로 처리할 수 있도록 안내하나 장애인, 임신부, UM, 노약자, 유소아동반승객이 요청할 경우 객실승무원은 적절한 도움을 제공해 줄 수 있다.

(1) 승객수하물 운송규정

- 승객의 수하물은 세관, 보안 검사 후 기내 휴대가능품목(Carry on Baggage), 기내 휴대제한품목(Restricted Item)으로 분류된다.
- 기내 휴대 수하물은 원칙적으로 기내에서 승객이 직접 관리하도록 해야 하며 부득이 비행 중 객실승무원에게 보관을 위탁한 물품은 도착 전 승객에게 반환한다.
- 기내 휴대제한품목은 지상직원에 의해 분류되어 항공기 화물칸(Cargo Compartment)에 탑재되어 최종 목적지의 수하

공항 카운터에서 짐을 부친 후 받는 짐표-Baggage Claim Tag: 수하물이 분실되었을 때 증표로 제시하며 이름과 수하물 번호, 항공기 편명, 바코드가 기재되어 있다.

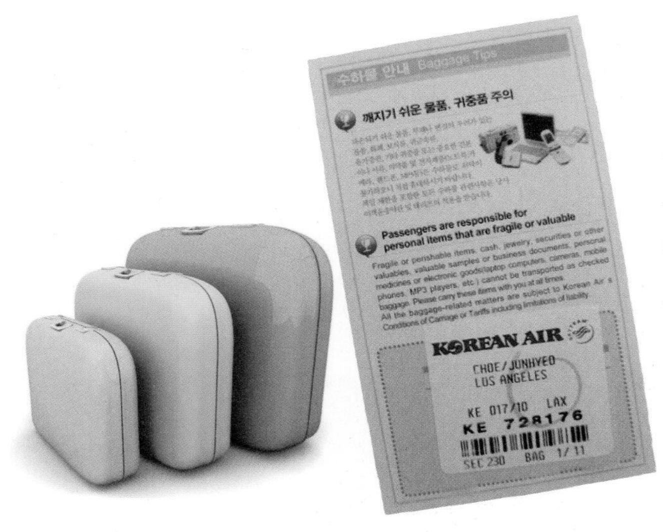

물 찾는 곳(Baggage Claim Area)에서 찾을 수 있다. 만일 승객이 탑승하지 않는 상태에서 위탁수하물(Checked Baggage)이 화물칸에 탑재되었다면 당연히 하기하는 것이 원칙이다.

- 승객이 기내 탑승 시 부피가 크거나 무거운 초과 휴대 수하물(Oversize Baggage)이 발견될 경우 출발담당 지상직원에게 고지하여 화물칸에 탑재될 수 있도록 조치한다.

(2) 승객수하물의 종류와 제한품목

무료 휴대수하물(Carry on baggage)

승객이 자신의 책임하에 기내까지 직접 휴대하는 수하물을 말하며 Carry on baggage라고 한다. 무료 휴대수하물은 승객의 좌석 밑이나 기내 선반에 올려놓을 수 있는 물품이어야 하며 비행 중 승객이 직접 보관, 관리하고 보관 중 파손이나 분실되었을 때 항공사의 책임은 없다.

> Enclosed Coat Room-닫을 수 있는 장치가 설치된 코트룸을 말한다.

무료 휴대수하물의 허용량은 항공사, 클래스별로 약간의 차이가 있을 수 있고 일반석 기준으로 볼 때 승객의 좌석여유를 고려하여 기내 휴대 가능한 크기인 3면의 합이 115센티 이내인 수하물로 제한되어 있다.

B737 코트룸

A330 앞쪽 코트룸

A330 일반석 코트룸

승객이 기내에서 휴대수하물을 보관할 수 있는 장소는 선반(Overhead bin), 좌석하단(Under the Seat), Enclosed Coat Room(사방이 막힌 물품 보관 코트룸)에만 보관이 가능하다.

승객 탑승 중 객실승무원에 의해 발견된 부피가 크거나 무거운 초과 휴대수화물에 대한 조치는 위와 같다.

(3) 기내휴대 초과 수하물 처리

주로 한일, 한중 노선을 이용하는 BDR(보따리무역상) 승객들이 항공기 출발 직전 반입하여 지상 직원 및 승무원을 혼란스럽게 만드는 경우가 많다.

기내휴대 초과 수하물이란 상기에 설명된 휴대수하물 규정 대비 부피가 매우 큰 수하물을 말한다. 일반적으로 탑승게이트, 탑승구에서 발견되어 화물칸으로 이동된다.

- 탑승 중 초과 수하물을 소지한 승객을 발견 시 지상직원에게 고지하여 화물칸으로 이동될 수 있도록 하며 현금, 유가증권, 서류 등 중요한 물건은 본인이 직접 소지할 수 있도록 안내한다.
- 유리, 컴퓨터, 액자 등 깨지기 쉬운 물건은 승객에게 직접 서명을 받아 'Fragile Tag(깨지기 쉬운 물품)'를 붙여 운송하도록 하여야 한다.
- 초과 수하물 처리 시 반드시 해당 승객의 서명을 받아야 하며, 서명된 서류는 지상직원과 해당 승객이 각각 1부씩 보관한다.
- 초과 휴대수하물은 항공기 지연의 원인이 되기도 한다. 따라서 승객 탑승 전 지상직원과 원활한 의사소통을 하여 사전에 발견하여 조치될 수 있도록 해야 한다.

초과 휴대수하물 처리절차

초과 휴대 수하물 기내 반입 → 기내 반입 제지 → 위탁수하물로 탁송 예정임을 안내 → 현금 또는 유가증권은 별도 휴대하도록 안내 → 운송직원에게 위탁수하물 인계

깨지기 쉬운 물건은 승객서명을 받은 후 Fragile Tag 부착

기내 반입 가능 휴대수하물 크기와 무게

클래스	개수	무게	규격
일등석 프레스티지석	1개	18kg	개당 55×40×20(cm) 또는 세변의 합이 115cm 이하
일반석	1개 + 추가 허용품목 1개	대한항공 12kg, 그 외 항공사 10kg	

- 일반석 추가허용 품목: 노트북 컴퓨터, 서류가방, 핸드백 등 중 1개
- 미국 출발편/국내선 연결편은 전 클래스 수하물 1개 및 추가 허용품목 1개로 제한
- 인도 출발편은 탑승 클래스와 관계없이 1개의 휴대수하물과 노트북 컴퓨터만 가능

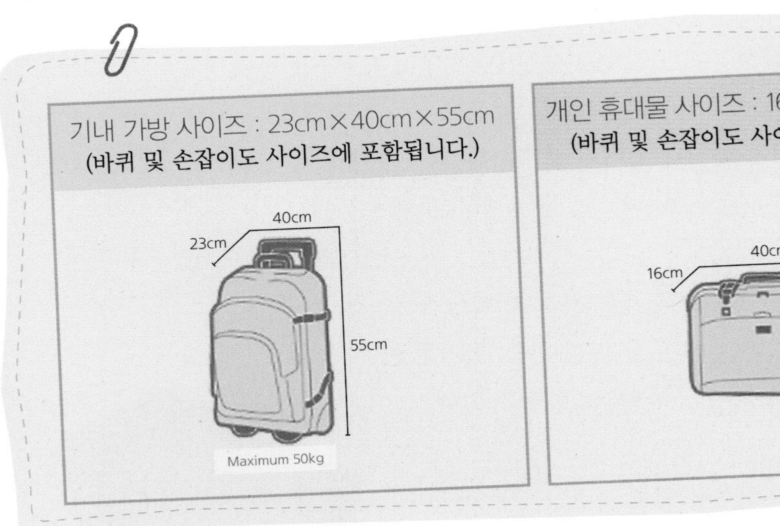

(4) 기내 반입 가능 품목

무료 휴대수하물 이외에 기내 반입이 가능한 품목은 동절기 코트, 지팡이, 소형악기, 카메라, 서류가방이며 적은 양의 화장품, 향수, 헤어스프레이, 의약품, 휴대용 노트북, 리튬배터리(리튬 저 함량), 보조배터리, 전자담배(기내흡연은 불가능), 라이터(1개) 등은 반입이 허용된다.

➡ 기내 반입 가능 품목

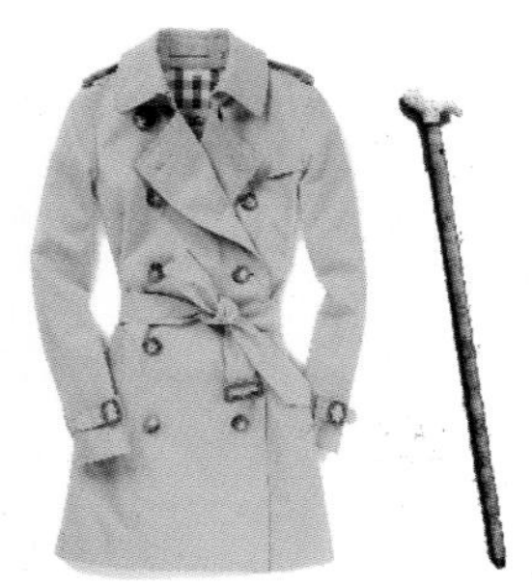
코트 지팡이

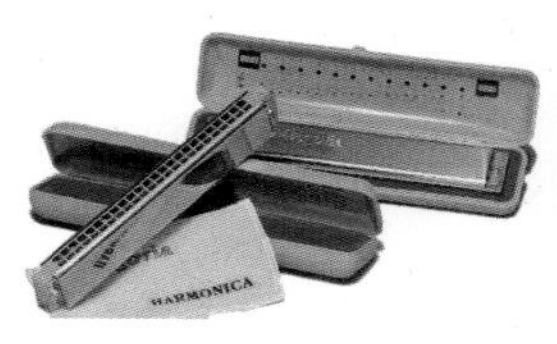
소형악기

카메라

소형가방

향수

작은 스프레이

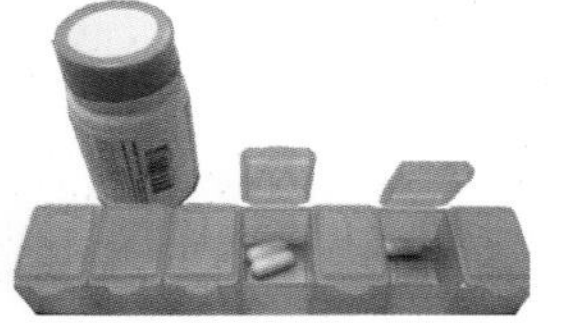
소형의약품

약간의 화장품

노트북

리튬배터리

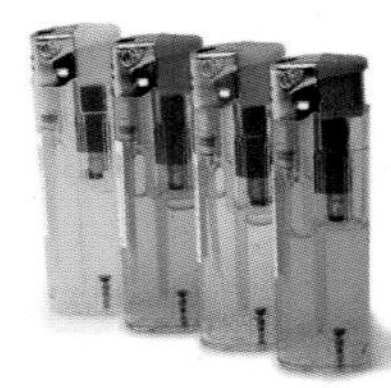
라이터

(5) 위탁수하물 탁송제한품목

화물칸에 실리면 안 되는 물건으로 승객 개인이 직접 휴대해야 하는 물품을 말한다. 이러한 물품은 운송 도중 파손, 분실, 지연에 대해 항공사의 책임은 없다. 위탁수하물 탁송제한품목으로는 귀금속, 돈, 보석, 고가품, 도자기, 유리병, 리튬배터리 등 파손 중 깨질 수 있거나 스스로 발화할 수 있는 물질, 부패성 물품 등이 해당된다.

귀금속

화폐

고가품

도자기

보석

BMS(Battery Management System)
일체 내장형 고급 리튬 배터리

유리병

(6) 위탁수하물로만 부칠 수 있는 품목(제한품목 : SRI(Security Removed Item))

승객이 항공기에 탑승하기 위해 보안검색을 실시하는데 이 검색 중에 승객이 소지한 총, 칼, 가위, 톱, 골프채, 건전지 등 다른 승객에게 해를 끼칠 수 있고 항공기 안전, 보안에 위험을 줄 수 있는 물품으로 이러한 물품은 기내 반입이 금지되고 화물칸, 즉 위탁수하물로 처리해야 한다. 승객 보안검색 시 발견되는 이러한 제한품목은 보안검색 직원에 의해 수거되고 화물칸으로 옮겨져서 탁송되며 최종 목적지 수하물 찾는 곳(Baggage Claim Area)에서 찾을 수 있다.

(7) 항공기 운송금지품목(화물칸·기내 모두 반입금지품목)

승객과 항공기의 안전을 위해 다음과 같은 물품은 항공기로 운송 및 기내 반입이 절대 금지되어 있다.

방사선 물질

부식성 물질

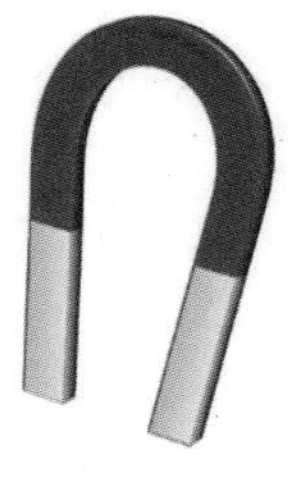
자기성 물질

독극물

휘발유등 인화성물질

산소통

페인트

무기류

탄약

- 페인트, 시너, 라이터용 휘발유 같은 발화성, 인화성이 높은 물질
- 산소통, 부탄가스통
- 화약, 최루가스 분사기, 탄약, 총기 등의 무기 및 폭발물류
- 독극물, 부식성 물질, 방사선 물질, 자기성 물질
- 그 외 탑승객 및 항공기에 위해를 줄 수 있는 물질

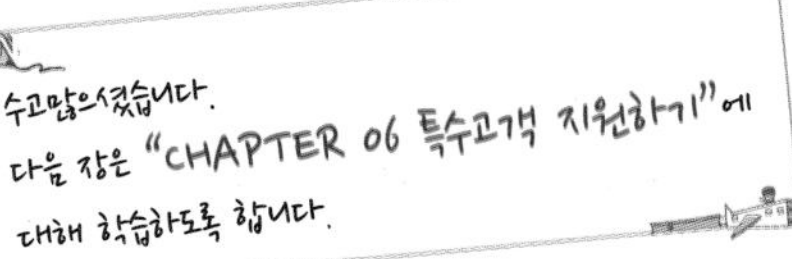

수행평가 퀴즈

학생들은 교수님 지시에 따라 각 Chapter 수행평가 퀴즈를 작성한 후, 절취하여 정해진 날짜까지 담당교수님에게 제출 바랍니다.

(답안지 공간 부족 경우 메모란을 활용하셔도 좋습니다.)

01 다음 중 승객탑승 대기 시 취해야 하는 동작이 아닌 것을 고르시오.

① 시선은 정면을 향하고
② 턱은 당기고
③ 등과 가슴은 곧게 편다.
④ 손은 자연스럽게 내려 놓는다.
⑤ 각도는 180도로 벌린다.

02 좌석 안내 시 객실사무장, 캐빈매니저에게 보고해야 될 승객 유형 7가지 중 5가지 이상을 적어 보시오.

03 승객 탑승 시 객실승무원 담당구역별 대기위치에 관한 설명 중 아래 영어의 의미를 설명해 보시오.

L-

R-

F-

C-

Y-

G-

A-

04 승객 탑승 시 승무원의 기본자세에 대한 설명이다. 틀린 것을 고르시오.
밝은 표정

① 편안함을 느끼게 하는 시선처리
② 도움을 줄 수 있는 적극적인 자세
③ 따뜻한 응대를 위한 마음가짐
④ 승객 탑승 전 승무원의 식사상태

05 항공기 탑승 시 항공사에서 탑승거절할 수 있는 승객을 아는대로 나열해 보시오.

06 다음은 눈높이 자세 후 승객과의 대화요령이다. 틀린 것을 고르시오.

① 자신이 말을 하는 것보다 승객의 말을 잘 경청하는 자세를 유지하여야 한다.
② 밝고 맑은 목소리와 적절한 끊어 말하기, 친근감 주는 부드러운 목소리를 유지한다.
③ 승객을 당황하게 만드는 불필요한 외국어나 약어, 항공전문용어의 사용을 금한다.
④ 듣기에 무리 없는 부드러운 언어, 즉 쿠션(Cushion)용어를 사용한다.
⑤ 승객의 입장에서 하지 말고 승객의 잘잘못을 정확히 따지듯이 물어본다.

07 다음은 탑승권 점검 중 상황별 대처요령이다. 배운대로 적어 보시오.

> 탑승권을 가방에서 꺼내기 힘든 이유 등으로 탑승권 제시를 거부하는 승객

08 ISPS 장치에 대해 설명해 보시오.

09 무단 좌석점유 승객의 응대 절차에 대해 설명하시오.

10 위탁 수하물로만 부칠 수 있는 품목에 대해 설명하시오.

memo

특수고객 지원하기

06 Chapter 특수고객 지원하기

특수고객에는 운송제한승객(RPA-Restricted passenger advice), 비동반소아(UM-Unaccompanied minor), 보행장애승객(Wheelchair passenger), 시각장애인(Blind passenger), 청각장애인(Deaf), 무비자 통과승객(TWOV-Transit without visa), VIP, 스트레처 승객(STCR-Stretcher passenger), 유아동반승객(BSCT-Bassinet seat passenger), GTR(공무로 여행하는 공무원, Government Transportation Request) 승객, 환자승객(Patient passenger) 등이 포함되며 탑승 시, 비행 중, 착륙 후 객실승무원의 세심한 도움과 협조를 필요로 하는 승객을 말한다.

1 특수고객의 종류

(1) 성인비동반 소아승객 : 유엠(Unaccompained Minor, UM)승객

성인 동반 없이 여행하는 비동반소아를 의미하며 국내선은 만 5세~만 13세 미만, 국제

항공기 탑재되는 UM 안내책자 표지

항공기 탑재되는 UM 안내책자 내용

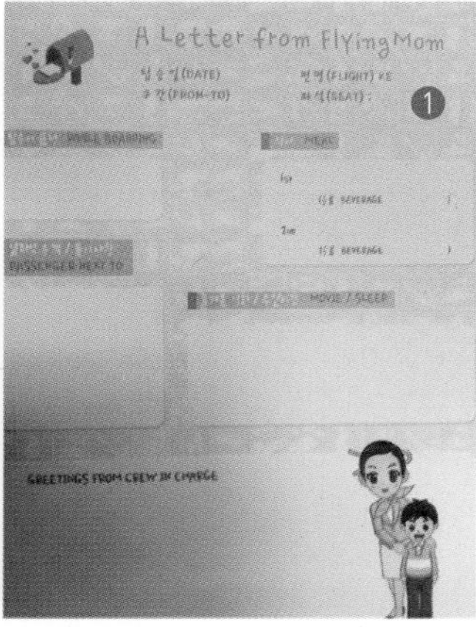

UM 보호자에게 제공되는 편지

1 보호자에게 편지를 작성할 때는 성의를 가지고 써야 한다.

선은 만 5세~만 12세 미만의 승객을 말하며 혼자 여행하는 데 대한 불안한 마음을 가지고 있으므로 비행 중 담당승무원의 따뜻한 배려가 필요하다. UM 탑승 시 객실사무장·캐빈매니저는 담당승무원을 사전지정해야 하고 담당승무원은 비동반소아에게 환영인사 및 개별적으로 기내시설 및 안전 브리핑을 해야 한다.

또한 담당 객실승무원은 좌석까지 안내, 화장실 사용법, AVOD 작동법, 좌석벨트 착용법, 비행 중 제공될 기내식에 대한 안내와 더불어 어린이 선

승객 탑승 시

- 담당승무원 자기 소개 및 가까운 화장실 위치 사용법 안내
- 좌석 Recline 방법, Arm Rest 사용법, Call Button 위치·사용법 안내
- 좌석벨트 사용법 안내, 이착륙 시 착용상태 확인

비행 중

- 적절한 호칭 사용(반말 사용 지양)
- 수시 불편 확인
- 내리기 전 도움 제공에 대한 안내 실시

하기 시

- EY/CL 승객보다 먼저 하기 안내
- 소지품 확인 도움 필요 시, 짐 Handling 도움
- 지상직원 인계

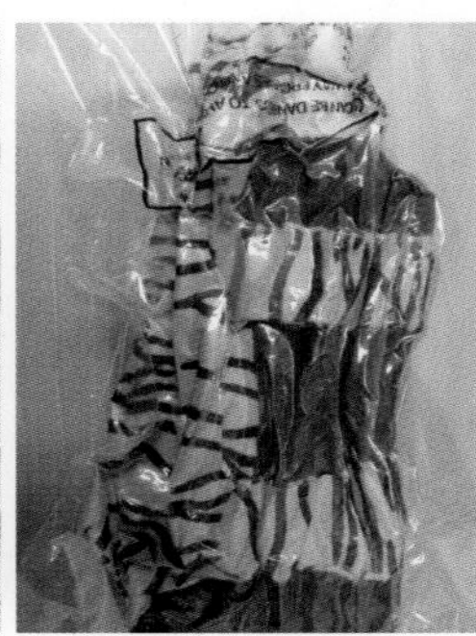

UM에게 제공되는 대한항공 기내 증정용품 소개)

물을 제공해야 하며 휴대수화물 운반 및 보관, 입국서류작성, 하기 시 도움을 제공해야 하고 도착 후 지상직원에게 인계하여야 한다. 하기 시 비즈니스 클래스 승객 다음으로 일반석 승객에 우선하여 하기한다.

(2) 유아동반 및 임산부(Pregnant Passenger) 승객

비행 준비 시

- 탑승객 명단 확인 후 가급적 육아 경험 있는 승무원 배정

승객 탑승 시

- 환영인사와 함께 수하물 보관 적극 협조
- 필요한 물품 문의 및 좌석 Recline 방법, Arm rest 사용법, Call Button 위치·사용법, 기저귀 교환장소 안내

비행 중

- 필요 아이템 서비스, 수시 불편 확인 서비스
- 주변 승객 불편 수시 확인, 필요 시 EarPlug 제공

하기 시

- 비행 중 불편사항 확인, 소지품 및 짐 Handling 도움 제공
- 주변 승객 감사 말씀 전함

대한항공에서 제공되는 임산부 KIT 내용물

임산부용 KIT 파우치

탑승일자를 기준으로 하여 32주 미만 임산부는 일반 승객과 동일하게 간주되나 32주 이상되는 임산부는 건강진단서 및 서약서를 작성·제출하여야 한다.항공사별로 차이가 있으나 임산부에게 필요한 용품을 제공하는 항공사가 많아지는 추세이며 사진은 국내 대형항공사에서 임신부 승객에게 제공하는 임신부용 Kit이다. 항공사에서 유아

는 국제선인 경우 생후 14일부터 2살 미만, 국내선인 경우 생우 7일부터 2살 미만이다. 이러한 유아동반승객에게는 비행 중 불편한 점이 없는지 수시로 관심을 가져야 하며 수유나 유아식 제공시 협조해야 하고 입국서류 작성 및 수화물 정리를 도와야 한다.

(3) 노약자(Old and Weak Passenger) 승객

노약자 승객이 탑승 시 좌석을 안내하고 도움이 필요한 경우 짐을 들어주며 기내 비디오 사용법, 좌석벨트 착용방법, 근접한 화장실 위치 및 사용방법, 좌석 Recline 하는 방법, 승무원 호출버튼 사용방법 등 승객이 필요한 기내 시설의 사용법을 설명하며 비행 중에는 수시로 불편한 점이 없는지 확인해야 한다. 도착 전 입국서류를 작성해 주고 하기 시 도움이 필요한 경우 짐을 들어준다. 대한항공 에서는 패밀리 케어(Family Care) 서비스를 실시하며 해당되는 승객은 아래와 같다.

1 노약자인 경우 일반승객 대비 먼저 탑승하며 적극적으로 도와드려야 한다. 2 노약자 및 도움을 필요로 하는 승객이 착용하는 목걸이

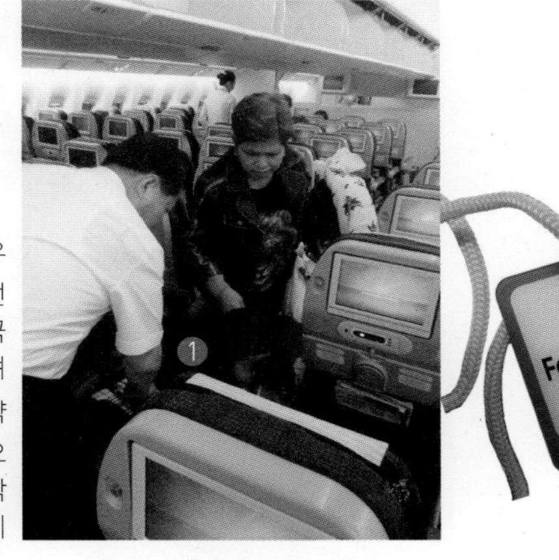

베트남·인천구간 비행 노약자 안내하는 저자

노약자를 표시해 주는 목걸이

- 보호자 없이 여행하는 만 70세 이상 승객
- 7세 미만 유, 소아 2명 이상을 동반한 승객
- 다른 항공사로 환승하는 승객 중 언어소통에 어려움이 있는 승객

승객 탑승 시

- 좌석 안내, 필요 시 짐 Handling 도움 제공
- 담당승무원 소개, 가까운 화장실 위치와 사용법 안내
- 좌석벨트 사용법 안내, 이착륙 시 착용상태 확인
- Special Request 확인/좌석 Recline 방법/Arm rest 사용법, Call Button 위치/사용법, 기타 승객 필요장비 사용법 안내

비행 중

- 수시 불편 확인
- 착륙 전, Family Care SVC 인식표 패용 여부 확인
- 하기 시, 탑승구 대기 지상직원 인솔하에 이동 안내

하기 시

- 도움 필요 시, 짐 Handling 도움 제공
- 지상직원 인계(객실사무장)

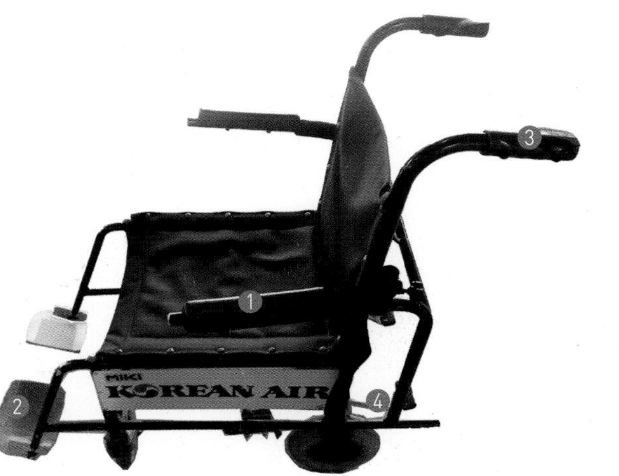

장애인용 지상 휠체어-탑승 및 하기 시 사용한다.

기내 비치되어 있는 휠체어

(4) 장애인 승객(Disabled Passenger)

장애인이란 거동이 불편하거나 시각 및 청각 그리고 기타 장애인으로 구분할 수 있다. 장애인 승객을 응대할 때는 일반승객과 동일한 편의 및 비행정보를 제공하면 되며 다른 승객이 인지할 정도의 지나친 배려는 삼가야 한다. 장애인 승객에게 개별 브리핑을 실시할 경우 승객의 불편사항을 감안하여 배려 깊게 실시해야 하며 실시한 후 재확인 위해 되묻지 않도록 한다.

특히 시각장애인에게 '안보이나요?'라고 짜증스럽고·의아하게 묻는 행위와 청각장애인에게 '귀에 대고 속삭이는 듯한' 행위, 보행이 불편한 승객을 '들쳐 엎거나 앞에서 끄는 행위' 등은 장애인의 인간적 권리와 존엄을 훼손하는 행위이므로 절대 하지 않아야 한다.

승객 탑승 시

- 좌석 안내 및 필요 시 짐 Handling 도움
- 승객이 원하는 부축 방법을 여쭙고 보행 시 도움 제공
- 담당승무원 소개, 필요 시 의복 착의/탈의 도움 제공
- 좌석벨트 사용법 안내, 이착륙 시 착용상태 확인

비행 중

- 수시 불편 확인
- 화장실 이동 시, on board wheelchair 사용 도움 제공
- 착륙 후, 승무원 안내가 있을 때까지 자리 대기 안내

하기 시

- 도움 필요 여부를 wheelchair 승객에게 문의, wheelchair 밀어줌
- 도움 필요 시, 짐 Handling 도움 제공

미국행 비행기 장애인 차별금지 조항

탑승 전
- 안전운항에 직접적인 위협을 주지 않는 한 승객 탑승을 거절할 수 없다.
- 안전한 여행이 의심스러운 경우 기장이나 운송직원과 협의한다.
- 장애인 승객 탑승 시 운송직원으로부터 승객 정보를 최대한 확보한다.

탑승 시
- 가급적 승객 본인에게 말을 건네며 어떤 도움이 필요한지를 파악한다.
- 승객이 요청하지 않는 사항을 자의적으로 판단하여 제공하지 않는다.
- 좌석 안내 등 도움을 제공하지만 업거나 들어 옮기지 않는다.

이륙 전
- 전달받을 수 없는 안전관련 사항에 대해 개별 Briefing을 실시한다.
- 개별 Briefing 시 주위 시선을 끌지 않도록 하며 이해 여부 묻지 않는다.
- 가까운 비상구 및 탈출을 시작하는 시점에 대한 안내를 실시한다.

하기 시
- 장애인 승객이 차별관련 불만을 제기할 경우 공항에 배치되어 있는 운송직원에게 인계한다.

청각장애 승객(Deaf Passenger)

탑승 시 좌석을 안내하고 도움이 필요한 경우 짐을 들어주며 대화 시 목소리를 너무 크게 하지 않고 입모양을 정확히 하여 시각적으로 인식할 수 있게 도와준다. 승객과 얼굴을 너무 가까이 하지 않으며 기내 방송은 글을 쓰거나 수화를 하여 알게 한다. 또한 기내 비디오 사용법, 좌석벨트 착용방법, 가까운 화장실 위치 및 사용방법, 좌석 Recline 하는 방법, 승무원 호출버튼 사용방법 등 승객이 필요한 기내시설의 사용법을 그림이나 화면, 수화 또는 입모양으로 설명하며 비행 중에는 수시로 불편한 점이 없는지 확인해야 한다.

시각장애 승객(Blind Passenger)

탑승 시 좌석을 안내하고 도움이 필요한 경우 짐을 들어주며 안내할 경우 승무원의 팔을 시각장애 승객이 잡도록 하고 승무원의 뒤편에서 승객이 걷도록 해야 한다. 신체를

접촉할 경우 승객의 머리를 절대 만지지 않아야 하며 승객의 휴대수화물을 보관한 경우 승무원의 이름을 알려 주어 재확인하도록 하여야 한다. 좌석벨트 착용방법, 가까운 화장실 위치 및 사용방법, 좌석 Recline 하는 방법, 승무원 호출버튼 사용방법 등 승객이 필요한 기내시설의 사용법을 대화로 설명하며 비행 중에는 수시로 불편한 점이 없는지 확인해야 한다. 목적지 도착 후 하기 시 비동반 시각장애인은 지상직원에게 인계하여야 한다.

(5) 환자(Patient) 승객

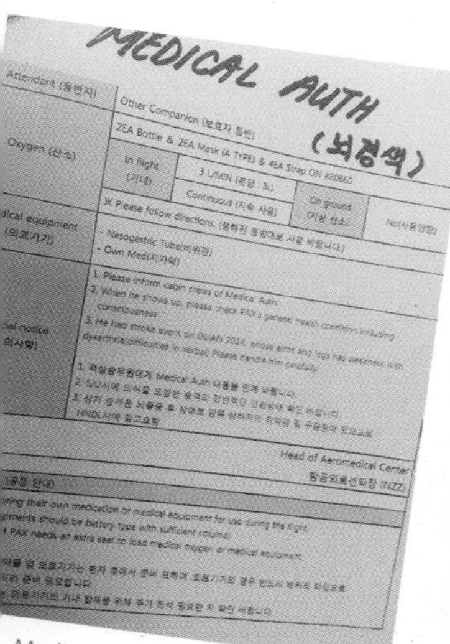

MEDICAL AUTH (뇌경색)

Attendant (동반자) | Other Companion (보호자 동반)

Oxygen (산소) | 2EA Bottle & 2EA Mask (A TYPE) & 4EA Strap ON KE0860
In flight (기내) | 3 L/MIN (용량 : 3L) | Continuous (지속 사용) | On ground (지상 산소) | No(사용안함)
※ Please follow directions. (정확한 용량대로 사용 바랍니다)

Medical equipment (의료기기) | - Nasogastric Tube(비위관) - Own Med(자가약)

Special notice (주의사항)
1. Please inform cabin crews of Medical Auth.
2. When he shows up, please check PAX's general health condition including consciousness
3. He had stroke event on 06JAN 2014, whose arms and legs has weakness with dysarthria(difficulties in verbal) Please handle him carefully.
1. 객실승무원에게 Medical Auth 내용을 인계 바랍니다.
2. S/U시에 의식을 포함한 승객의 전반적인 건강상태 확인 바랍니다.
HNDL시에 참고요망.

Head of Aeromedical Center
항공의료센터장 (NZZ)

(공항 안내)
bring their own medication or medical equipment for use during the flight.
equipments should be battery type with sufficient volume)
If PAX needs an extra seat to load medical oxygen or medical equipment.

Medical Information Form

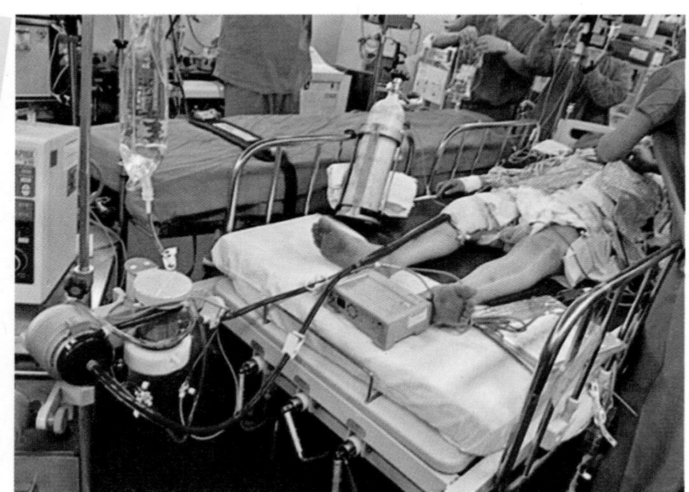

탑승 시 우선 탑승할 수 있도록 하며 항공기 탑승에서 비행, 하기 시 까지 담당 승무원의 세심한 관심과 관찰이 필요하다. 항공사가 판단하여 건강상 신체적 상태가 항공여행에 적합하지 않고 감염성 징후가 있거나 기내에서 환자의 상태가 악화될 수 있다고 판단되면 의사가 서명한 '병약승객 항공운송신청서'(Medical Information Form)나 서약서 작성을 요청할 수 있다.

특히 응급을 요하는 환자는 하기 시 제일 먼저 하기할 수 있으며 휠체어, 의료지원 및 입국 가능 여부를 사전확인하여야 한다. 일반적으로 기내에는 일반승객의 약품을 보관해 주지 않는 규정이 있으나 당뇨병 환자를 위해 특별히 제작된 펜 타입(Pen Type) 인슐린은 객실승무원에게 의뢰하여 기내 냉장고에 보관 가능하다.

(6) TWOV(무비자 통과승객) 승객

-Transit Without Visa

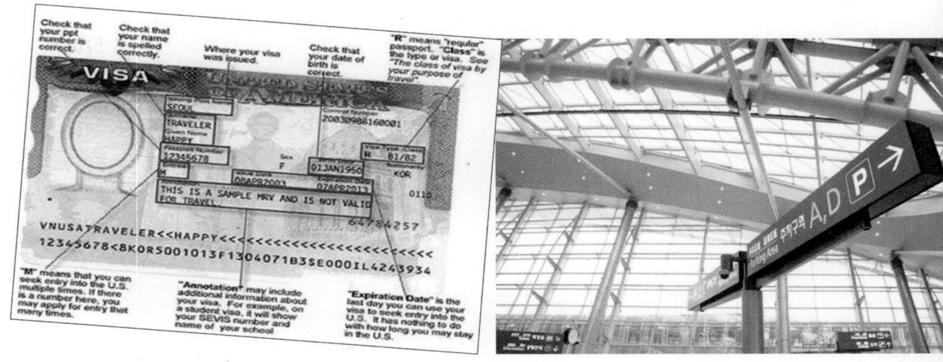

중간 기착지 국가의 입국 비자가 없는 통과승객을 말하며 TWOV 승객의 운송을 허용한 항공사는 제3국으로 출발 시까지 해당 승객에 대한 책임을 진다. TWOV 승객의 입국에 필요한 여권과 서류는 해당 편 객실사무장, 캐빈 매니저가 소지하고 있다가 목적지에 도착하면 지상직원에게 인계한다.

비행 중 많이 발생하는 사례인데 TWOV 승객이 중간 기착지 입국서류를 작성하기 위해 승무원에게 객실사무장·캐빈매니저가 보관 중인 여권 및 여행서류를 요청하는 경우에도 승무원이 보관 중인 여행서류를 참고해 대신 작성해 주고 여권과 여행서류 일체를 승객에게 되돌려 주지 않아야 한다.

종종 TWOV 승객이 승무원이 입국신고서를 작성하라고 선의로 건네준 자신의 여권을 화장실에서 찢어 변기에 버린 경우가 있었다.

(7) VIP·CIP(Very Important Person/Commercially Important Person) 승객

모든 승무원은 객실브리핑 시 객실사무장·캐빈매니저가 제공한 담당구역의 VIP, CIP의 정보를 확인하여야 하며 직급에 맞는 정확한 호칭을 사용하여야 하고 다른 승객이 소외감을 느끼거나 거부감을 표시할 정도로 눈에 띄는 서비스를 제공하지 않도록 유의해야 한다. 비행 중 관심을 표시하며 하기 시 일반 승객 보다 먼저 하기하도록 한다.

① 항공사에서 사용하는 VIP, CIP 직급

구분	의미
A3	• 전/현직 3부 요인 • 주요 매체 회장, 사장단(조선, 동아, 한국, 매경, 연합뉴스, KBS, MBC, SBS, YTN) • 강제 5 단제장(전경련, 대한상의, 무역협회, 중소기업중앙회, 경총)
A2	• 국회의원 및 장·차관급 이상(전직 장관은 퇴임 후 1년까지 A2 서비스 제공) • 재계 30대 그룹 등 비오너 그룹, 당사 유관 공사, 30대 기업사장 • 시중은행장 • 조선, 중앙, KBS, MBC, SBS, 편집국장 및 보도국장 • 기타 언론 매체 사장단 • 전경련 이사진 • 한진 계열 사외 이사 • 항공교통심의위원 • 주요 국립, 사립 대학교 총장 • 당사 및 SkyTeam 회원사 탑승실적의 200만 마일 이상의 우수회원
A1	• 주요 정부부처 팀장급 이상 및 전교부 주요 실무자 • 주요 매체(조선, 동아, 연합뉴스) 사회/경제/산업 부장 및 기타 일간지 편집국장 • 100대 기업 사장 • 종교계 인사 • A3, A2 인사 배우자 • 지방 유력인사

② 일반적인 승객 하기 순서는 다음과 같다.

① 응급환자

② VIP, CIP

③ 일등석 승객

④ 비즈니스 클래스 승객

⑤ UM, FAMILY CARE(노약자, 아이동반승객)

⑥ 일반석 승객

⑦ 제한승객(휠체어 등)

⑧ 스트레처(Stretcher) 환자승객

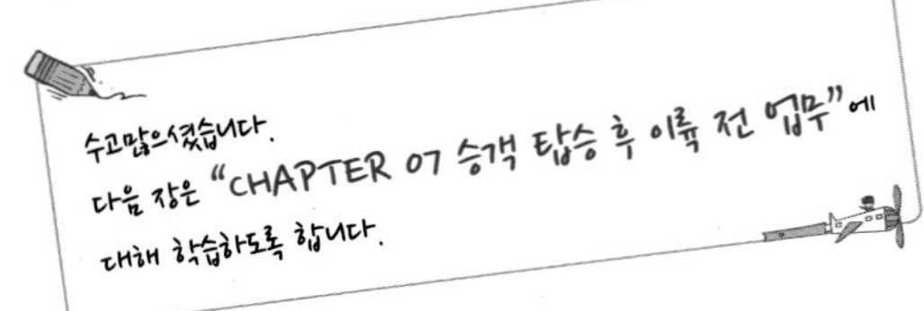

수행평가 퀴즈

학생들은 교수님 지시에 따라 각 Chapter 수행평가 퀴즈를 작성한 후, 절취하여 정해진 날짜까지 담당교수님에게 제출 바랍니다.

(답안지 공간 부족 경우 메모란을 활용하셔도 좋습니다.)

01 특수고객의 종류에 대해 설명하시오.

02 UM 승객의 승객 탑승 시, 비행 중, 하기 시 안내절차에 대해 설명하시오.

03 장애인 승객의 승객 탑승 시, 비행 중, 하기 시 안내절차에 대해 설명하시오.

04 일반적인 승객 하기 순서에 대해 설명하시오.

memo

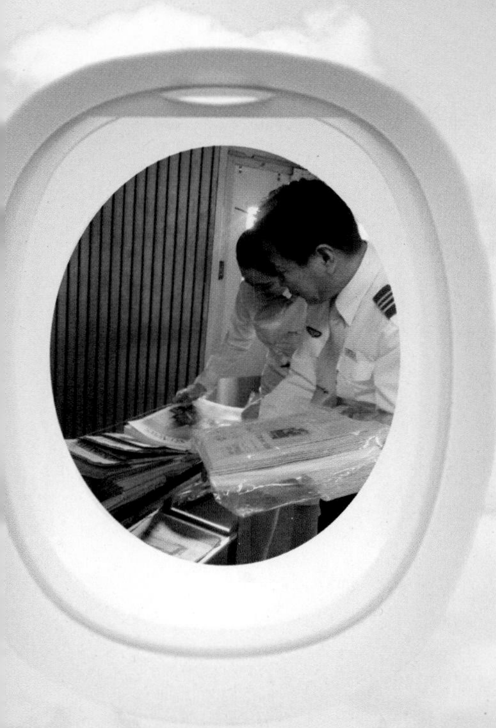

Chapter 07

승객 탑승 후 이륙전 업무

"ROLE PLAY"

07 Chapter 승객 탑승 후 **이륙 전** 업무-"ROLE PLAY"

- 승무원 역할 : 학과의 모든 학생을 1조에 4명씩 10조로 나누어 아래의 항목을 순서대로 수행하게 한다.
  항공기 도어 닫기, 오버헤드빈 오픈 시 표준 3동작 실시하기, 푸시백 전, 후 하기승객 대 처하기, 모형객실(Mock up) 뒷편 기내식 카트 시건하고 브레이크 밟아보기, 이륙 시 카트 밀려나오는 상황 대처하기, 4명씩 Safety demo 실시하기
- 승객 역할 : 승객 역할을 맡거나 승무원 역할이 끝난 조는 모형객실 좌석에 착석하여 해 당 승무원 역할하는 학생이 정확히 업무를 수행하는지 주시한다. 특히 항공기 도어를 닫 는 절차를 눈여겨 보고 "승객 탑승 후 푸시백 전 하기승객 역할을 하는 학생은 해당 사항 을 숙지 후 실감나게 연기하여 승무원의 주목을 끌고 조치사항을 파악하여야 한다.
  오버헤드빈 여는 동작을 실시할 때는 물체(가방, 캐리어, 술병)가 떨어진 것으로 가정하고 컴플 레인을 심하게 해보는 것이 좋다.
  또한 Safety demo를 실시할 경우 잘못된 동작을 발견하면 이름과 동작을 메모지에 써서 개인별로 알려준다.
- 준비물 : 모형객실, 승객 좌석벨트, 오버헤드빈, 카트, 화장실 모형, 도어, 술병, 정확한 자세, 진지한 마음

1 항공기 DOOR CLOSING-"Role play"

항공기 객실사무장·캐빈매니저는 지상직원으로부터 탑승완료 통보를 받은 후 기장에게 승객의 숫자 및 특이사항을 연락하여 출발에 필요한 조치를 실시한다. 이때 지상직원으로부터 받는 서류를 Ship Pouch라고 하며 Ship Pouch의 내용물은 승객과 화물운송관련 서류 및 입국서류가 포함된다. 이러한 절차를 마친 후 객실사무장(캐빈매니저)은 기

장에게 "객실준비완료" 되었음을 보고하고 항공기 주 출입구를 닫게 된다. 이것을 Door Closing이라 한다. 일단 항공기 주 출입구를 닫게 되면 조종실에서 기내에 여압장치를 가동하므로 기내 문제가 생겨 다시 주 출입구를 개방할 경우 반드시 조종사에게 알린 후 개방해야 하며 항공기 지상이동 시 안전업무를 수행하는 객실승무원외 모든 객실승무원은 항상 점프시트에 착석상태를 유지하여야 한다.

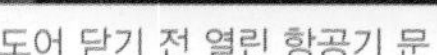
도어 닫기 전 열린 항공기 문

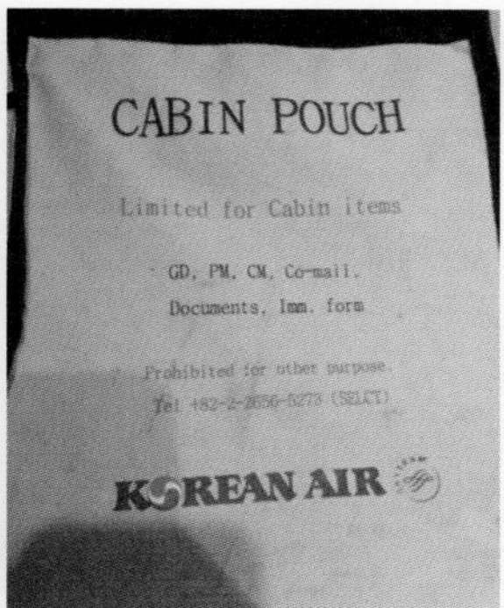

Ship Pouch

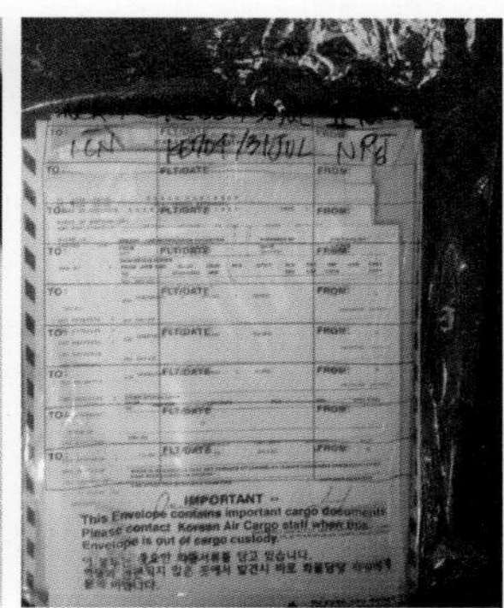

객실에 탑재되는 화물선적서류

항공기 Door Close 전 확인해야 할 사항

① 승무원 및 승객 숫자
② 운송관련 서류
③ 추가 서비스품목을 탑재
④ 지상직원 잔류 여부
⑤ 객실준비완료 확인

객실준비완료란?

승객 탑승완료 후 아래의 상황을 점검하여 이상이 없을 때 지상직원에게 통보하는 '구두용어'로 객실사무장/캐빈매니저가 지상직원과 승객 탑승완료 점검을 마친 후 기장에게 통보하여 항공기 Door를 닫는 절차를 말한다.

- 전 승객 탑승완료
- 수화물 선반(Overhead Bin) 닫힘상태 확인
- 휴대수화물 점검 및 보관상태 확인

항공기 도어 CLOSE 전 지상직원과 객실준비완료를 하는 저자

2 푸시백(Push Back)전 객실 준비사항

게이트에 접안되어 있던 항공기에 모든 승객이 탑승을 완료하고 객실준비가 완료 되었을 때 기장에게 연락하면 기장은 지상의 정비사에게 연락하여 항공기를 뒤로 밀어낼 준비를 한다. 따라서 거대한 특수차량(Towing Car)을 이용하여 항공기를 뒤로 밀어내는 행위를 푸시백(Push Back)이라 한다. 일단 항공기가 푸시백하면 다시 원위치로 돌아오기에는 공항 관제탑과 교신하여 허락을 득하는 등의 많은 절차를 필요로 하기 때문에 아래 사항을 철저히 확인한 후 기장에게 객실의 푸시백 준비완료(Ready to Push Back)를 알려야 한다.

① 모든 승객 착석 및 좌석벨트 착용상태 확인
② 좌석 등받이, 개인용 모니터, 식사 테이블, 발 받침대, 창문 덮개 원위치 상태 확인
③ 승객의 개인 휴대수화물 정위치 보관 및 수화물 선반 닫힘상태 확인
④ 갤리(Galley) 내 모든 이동물질 잠김상태 확인
⑤ 비상구 좌석의 착석상태 확인
⑥ 객실 내 모든 도어의 잠김상태 및 슬라이드 모드(Slide Mode) 변경상태 확인

푸시백하고 있는 이스타항공 비행기

푸시백하는 대한항공 A380 비행기

1, 2 항공기 Push Back을 담당하는 토잉카(Towing Car)
3 항공기를 뒤로 밀어내는 토잉카(Towing Car) 약 12억원 정도 함
4 항공기와 토잉카를 연결하는 데 사용하는 토우바(Tow Bar)
5 요즘 사용하는 토잉카는 토우바 없이 항공기 바퀴를 토잉 카 위로 들어 올려 끌고 가거나 밀어낸다. 장점 : 속도가 매우 빨라 이동시간이 단축된다. 일명 Towbarless Car라 한다.

(1) 승객 좌석벨트 착용상태 점검(Seatbelt Check)

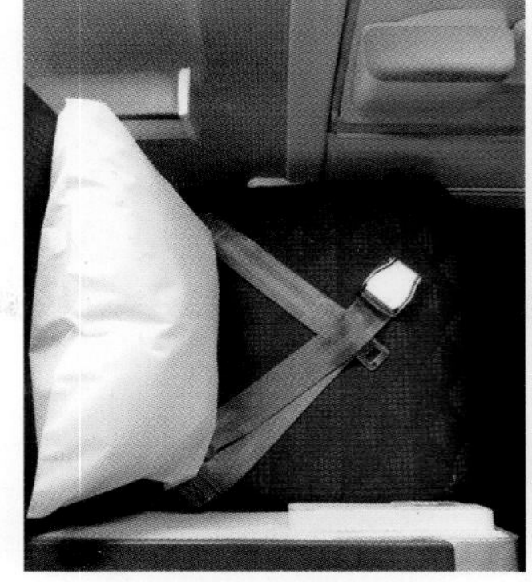
B737-800 좌석과 좌석벨트

A320 항공기 좌석벨트

객실승무원의 안내에 따라 승객이 항공기에 탑승하게 되면 Fasten Seat Belt(안전벨트 착용)라는 신호가 켜져 있으며 모든 승객이 탑승을 완료하게 되면 출발에 앞서 객실승무원들이 일일이 좌석벨트 착용 여부를 꼼꼼히 점검하고 있는데 이 절차는 객실승무원의 업무교범(COM-Cabin crew Operation Manual)에 나와 있는 중요한 사항이며 승객이 좌석벨트 착용 시 아래의 착용규정을 벗어나지 않아야 한다.

① 비행 중 좌석벨트 사인을 반드시 준수해야 한다.
② 좌석벨트를 착용할 때는 똑바로 앉아야 한다.
③ 휴식이나 누워 있을 경우 착석을 유도한다.
④ 이착륙 시 좌석벨트 1개를 2인이 사용해서는 안 된다.
⑤ 만 2세 미만 아이는 이착륙, 기체요동 시 가능한 한 성인이 안도록 한다.
⑥ 비행기가 흔들리지 않아도 좌석벨트 상시착용 방송을 실시한다.

(2) 미착석 승객(Standing Passengers) 착석유도

항공기 출발·도착 전 모든 승객은 지정된 좌석에 착석하여 좌석벨트를 매고 있어야 한다. 따라서 미착석 승객에게는 객실승무원이 요청하거나 기내방송을 통하여 반드시 착석하고 출·도착할 수 있도록 사전점검이 철저히 이루어져야 한다. 저자의 경험상 미착석 승객의 대부분은 단체승객 중 동료와 좌석이동을 하거나 단체의 가이드가 안내를 하는 과정에서 발생한다.

출발 시 승객 착석유도 방송문

안내 말씀 드리겠습니다.
출발 전 점검 절차로 손님들께서 좌석에 앉으셨는지 확인하고 있습니다. 신속한 출발을 위해 자리에 앉아 주시기 바랍니다.

Ladies and gentlemen.
All passengers are requested to take their seats for prompt departure of the aircraft. We thank you for your cooperation.

따라서 단체승객인 경우 좀 더 철저한 안내 및 권유가 필요하다.

(3) 오버헤드빈(Overhead Bin) 점검-"Role play"

A320 오버헤드빈 열린 상태

A320 오버헤드빈 닫힌 상태

Overhead Bin은 승객의 머리 위에 설치되어 있는 승객의 휴대수화물 보관장소를 의미하며, 다음과 같이 확인하는 절차를 이·착륙 전 시행되어야 한다.

참고로 승객의 모든 휴대수화물은 좌석 아래나 Overhead Bin 또는 Enclosed 코트룸에 보관할 수 있으며 각각의 보관장소가 원하는 사이즈와 무게가 적정해야 하며 객실승무원은 이착륙 전 담당구역의 Overhead Bin 닫힘상태를 규정에 맞게 확인해야 한다.

① Overhead Bin 보관 가능 휴대수화물

- Overhead Bin의 적정 사이즈를 초과하지 않는 휴대 수화물
- Overhead Bin의 적정 무게를 초과하지 않는 휴대 수화물

② Overhead Bin 보관 불가능 휴대수화물

- 술병, 카트(트롤리), 새어나올 수 있는 액체
- 미끄러지거나, 악취, 화재를 유발할 수 있는 물품
- Overhead Bin 적정 무게를 초과하는 휴대수화물
- Overhead Bin 적정 사이즈를 초과하는 휴대수화물

③ Overhead Bin 여는 절차

- 먼저 한 손을 열려는 Overhead Bin 하단에 갖다 대어 혹시 모를 휴대수화물 낙하사고를 예방한다.
- Overhead Bin을 열 때에는 한 번에 열지 말고 먼저 손잡이를 잡고 천천히 열도록 한다.

④ Overhead Bin 닫는 절차

- 적정 휴대수화물이 적재되면 객실승무원은 Overhead Bin의 덮개를 위에서 아래도 천천히 이동시키며 완전한 잠김상태가 될 때까지 누른다.
- 닫힌 후 Overhead Bin의 덮개를 다시 한 번 눌러 봐서 완전한 닫힌 상태가 되었는지 재확인한다.
- Overhead Bin이 제대로 닫히지 않은 상태에서는 덮개가 열리거나 하단의 빨간색 표시가 나타난다. 이런 상태로 이착륙을 하게 되면 충격에 의해 Over-head Bin의 덮개가 열리면서 승객의 휴대수화물이 낙하하게 되며 하단 승객의 머리나 어깨에 심각한 부상을 초래할 수 있다.(Overhead Bin은 항공기 기종 또는 제작사에 따라 적정 무게가 달라질 수 있으며 적정 무게는 제작사나 항공사별로 달라질 수 있다)

⑤ Overhead Bin 열 때 표준동작 3단계

- 제1단계 : 오버헤드빈 밑 승객에게 사전안내를 실시한다.
- 제2단계 : Overhead Bin 하단을 손으로 막고 좌, 우 확인한다.
- 제3단계 : 천천히 Open한다.(국내항공사에서 상기의 절차를 지키지 않아 승객의 머리에 피해를 입혀 USD 30, 000-약 3천만원을 보상해준 사례가 있었다)

(4) 각종 컴파트먼트 고정(카트 및 물품 보관소, Compartment Locking)

비행기의 모든 Compartment(기용품 보관장소)는 이·착륙 전 컴파트먼트의 상단에 설치되어 있는 시건 및 봉인장치를 이용하여 철저히 잠가 놓아야 하며 객실 시니어 승무원·객실사무장에 의해 재점검이 이루어져야 한다.

시건장치를 이용하여 Locking하지 않았을 경우 이륙할 때 떨어지거나 착륙할 때 밀려나와 승무원 및 승객의 안전에 심각한 위해를 줄 수 있다.

기내 각종 카트 보관소

B777-200 뒤 갤리 컴파트먼트

1, 2 고정용 걸쇠
Locking 장치

B777 항공기 이륙 전 완벽하게 고정되어 있는 기내 캐리어박스 모습

대한항공이 2019년 11월4일 SM엔터테인먼트 프로젝트그룹 '슈퍼엠'(SuperM)'이 출연하는 안전데모 영상을 공개했다. 여자가수 보아가 설명하고, 슈퍼엠 등이 출연하는 안전 데모 영상은 국내 FSC 항공사 중 가히 파격적이다.

(5) 비상시 관련정보 제공(Safety Demonstration)

이·착륙 전 객실승무원은 비상구 좌석에 착석해 있는 승객에게 비상구 사용법, 비상시 탈출절차, 협조의 의무를 고지해야 하며 승무원에 의한 시연과 기내 비디오 시스템을 통해 비상시 탈출절차에 대해 공지한다. 만일 기내 비디오 시스템이 설치되어 있지 않은 기종은 기내방송 사전녹음장치(Pre Announce Recording)를 사용하거나 육성방송을 통해 좌석벨트, 비상구, 구명복, 산소마스크, Safety Information Card의 내용, 금연 규정을 모두 포함한 Safety Demo를 객실승무원이 실연한다.

또한 성인비동반소아, 장애인, 노인승객, Safety Demo를 볼 수 없는 좌석에 앉은 승객에게는 개별적으로 브리핑 하여야 한다. 승객 좌석 앞 Seat Pocket에 비치되어 있는 비상탈출안내 소책자(Safety Card)를 승객이 한 번씩 볼 수 있도록 적극 권유하도록 한다. 비상탈출안내 소책자는 모든 책자에 대해 제일 앞장에 세팅될 수 있도록 해야 하는 것이 안전 규정이다.

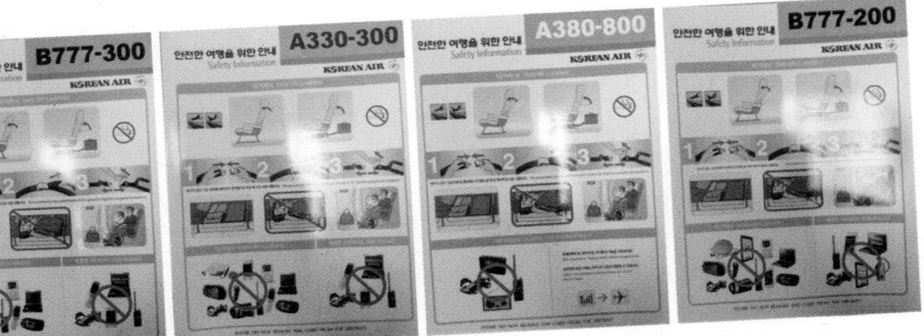

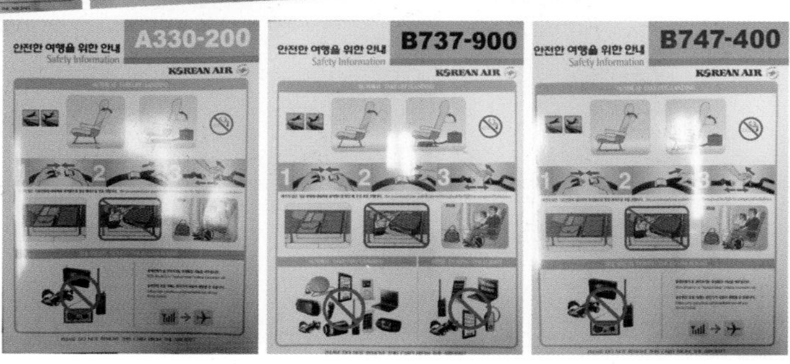

승객 Seat Pocket에 비치되어 있는 비상탈출안내 기종별 소책자

(6) 비상구(Emengency Exit) 착석승객 재확인

① 비상구열 착석 규정

비상구열 좌석에 착석하는 승객은 항공기 비상시 객실승무원을 도울 수 있는 승객으로 제한하여 배정한다. 따라서 객실승무원은 승객의 탑승시작부터 항공기 이동 전까지 비상구열 좌석에 착석한 승객의 합당성을 파악하여야 한다.

현재 일반석을 이용하는 많은 승객들이 공간확보를 위해 비상구열을 요구하는 경우가 많다. 비상구열은 예약할 수 없고 공항에 나와서 담당직원이 승객의 상태를 보고 지정해준다.

② 비상구열의 정의 및 미배정승객

비상구로 직접 접근할 수 있는 좌석으로 승객이 비상구로 접근하기 위해 통과하여야 할 비상구 창측 좌석에서부터 통로까지의 좌석을 말하며 탑승수속하는 수속 담당 직원은 승객에게 비상구열 좌석을 제공할 경우 배정사유와 규정을 설명하여야 한다.

아래와 같은 조건에 해당하는 승객은 비상구열 배정이 제한된다.

➡ 양팔, 손, 다리의 민첩성이 다음의 동작을 수행하기 어려운 승객

① 비상구나 슬라이드 조작장치에 대한 접근
② 조작장치를 밀거나 당기고 돌리는 동작
③ 비상구 여는 동작
④ 신속한 비상구로의 접근
⑤ 장애물 제거할 때 균형 유지
⑥ 빠른 탈출
⑦ 탈출한 승객이 미끄럼틀로부터 벗어날 수 있도록 하는 행위

③ 그 외 비상구열 좌석배정 불가 승객

① 15세 미만 승객
② 비상탈출 지시를 이해하지 못하는 승객
③ 다른 시력보조장비 없이는 위의 기능을 하나 이상 수행할 수 없는 승객
④ 승무원의 탈출지시 청취 불가 승객
⑤ 비상구 좌석 착석규정 준수의사가 없는 승객

1 좌석 등받이

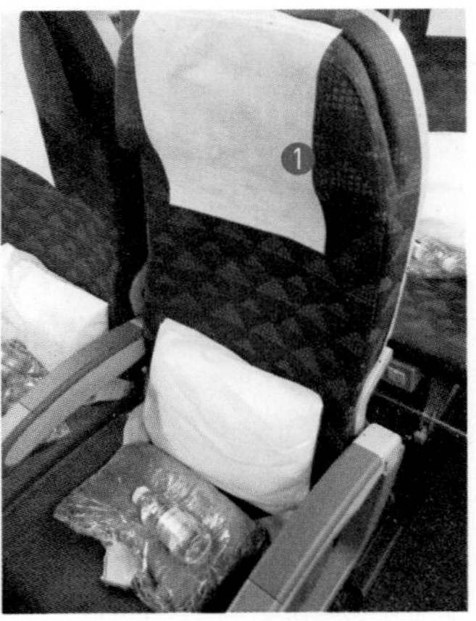

A330 항공기 좌석 등받이 앞면

A320 좌석 등받이 뒷면

(7) 좌석 등받이(Seatback) 원위치

항공기 푸시백 전 좌석 등받이는 반드시 원위치해야 한다. 그 이유는 뒤로 젖혀진 좌석 등받이는 뒤편 승객이 통로로 신속히 탈출하는 데 방해가 되기 때문이다.

① 좌석 등받이의 구성은 등받이, 모니터(일부 기종), Tray Table, 옷걸이(일부 기종), 음료수 홀더가 장착되어 있다.
② 좌석 등받이는 항공기 Push Back, 이착륙 전 주변 승객의 원활한 항공기 탈출을 위한 통로 확보 차원에서 반드시 원위치하여야 한다.
③ 좌석 등받이를 최대로 젖힐 수 있는 각도는 클래스별 상이하나 KE 경우 일등석과 비즈니스 클래스는 180도, 일반석 각도는 115도이다.
④ 좌석 등받이는 뒤로 기울어지도록 설계되어 있으나 B737 기종 날개 위 비상구(Overwing Exit)에 설치된 비상구열 좌석은 다른 승객의 원활한 탈출을 위해 고정되어 있어 탑승 후 객실승무원에 의해 그리고 탑승수속 시 지상직원에 의한 사전 안내가 필요하다.
⑤ 항공기 승객 탑승 전 안전, 보안 점검 시 좌석 등받이가 원위치로 되지 않거나 뒤로 기울어지지 않는 경우 객실승무원은 즉시 정비사에게 고지하여 수리될 수 있도록 조치하여야 한다.

(8) 좌석 앞 선반(Tray Table) 원위치

좌석 앞 선반이란 좌석 등받이에 설치되어 승객의 기내식 취식, 음료, 개인 작업을 할 수 있도록 만들어 놓은 네모난 플라스틱 시설물을 의미하며, 구성품은 Tray Table, 컵홀더로 되어 있다. 푸시백 전 좌석 앞 선반을 열어 놓을 경우 해당 승객이 탈출하는데 매우 큰 지장을 줄 수 있다. 따라서 모든 Tray table은 원위치로 하고 고정장치를 이용하여 시건해야 한다.

① 좌석 앞 선반은 항공기 출발 전, 이·착륙 시 다른 승객의 원활한 탈출을 돕도록 반드

1, 2 Tary Table
3 테이블 고정장치
4 음료수 거는 곳

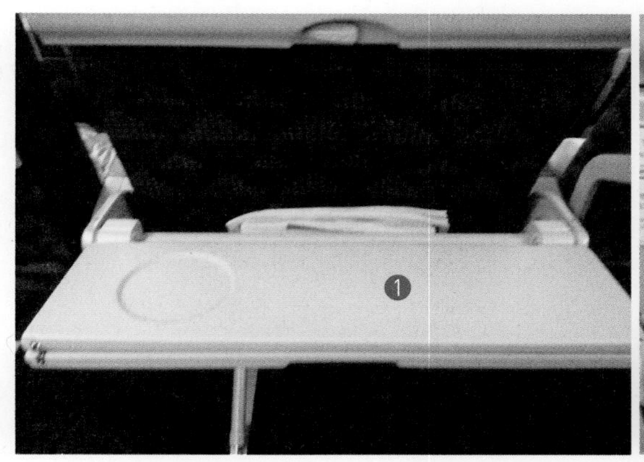

B777 항공기 Tray Table 열린 모습

B777 항공기 Tray Table 원위치된 모습

시 원위치로 하고 걸쇠를 이용하여 고정해야 한다.(비상구열 좌석은 좌석 앞 선반이 Armrest(팔걸이)

② 좌석 앞 선반을 고정시키는 고정핀이 고장나 Tray Table이 고정되지 않을 경우, Table의 경사가 심할 경우 객실승무원은 즉시 정비사에게 고지하여 수리 후 출발하도록 해야 한다.

(9) 휴대전화기를 포함한 전자기기 사용

2015년 3월 1일부터 비행 중 휴대용 전자기기 사용이 확대 시행되고 있다. 객실승무원은 항공법과 항공보안법에 따라 항공기의 전자파 간섭을 방지하기 위하여 탑승객의 휴대용 전자기기 사용을 제한할 수 있다.

기내에서 사용금지 및 제한된 전자기기의 사용은 항공기 무선통신에 간섭을 유발시킬 수 있기 때문이며 객실승무원은 승객이 '전자기기 사용금지 및 제한규정'을 준수할 수 있도록 해야 한다. 승객이 휴대한 전자기기 사용중지를 기장이 요청할 경우 객실승무원은 승객 전체의 전자기기 사용을 중지시켜야 한다. 전자기기 사용을 중지하지 않은 승객이 있을 경우 객실승무원은 이러한 행위가 위법이라는 사실을 안내하고 계속해서 사용규정을 지키지 않거나 업무수행을 방해한다면 '기내업무 방해행위'에 규정된 절차에 따라 승객의 행위를 중지시켜야 한다.

전자기기 사용 - 휴대전화 금지 안내방송

안내 말씀 드리겠습니다. 지금 휴대용 전화기를 사용하시는 분께서는 손님 여러분의 안전을 위해 즉시 전원을 꺼주시기 바랍니다.

Ladies and gentlemen. All passengers are kindly requested to turn off all mobile phones now.

Thank you for your cooperation

① 비행기에서 항상 사용금지 휴대용 전자기기

- AM/FM 라디오, TV, 휴대용 TV 수신기
- 케이블로 연결하여 사용하는 컴퓨터 · 게임기의 주변기기(프린터, 팩스 등)
- 무선 조종 장난감
- 상업용 또는 아마추어용 무선 송 · 수신기

전자담배는 폭발위험성 때문에 기내흡연 및 충전을 금지하고 있으며 위탁 수하물로도 운송을 금지한다. 오직 개인이 기내에 휴대할 수 있는 휴대수하물로만 가능하다. 또한 개인용 공기청정기, 가습기는 위생적 문제 등 타 승객의 건강에 영향을 줄 수 있으므로 상시 사용불가하다.

② 항공기 도어가 열려 있을 때 사용 가능한 휴대용 전자기기

- 외선사용 GPS 수신기
- 상방 통신용 무선호출기
- 무선통신기능이 꺼진 PDA, 스마트 기기 및 휴대용 전화기(핸드폰은 항공기 도어가 열려있는 경우 음성통화 기능을 사용할 수 있고 비행기 모드로 전환했을 경우 전 구간에서 사용할 수 있다.)

③ 비행기에서 항상 사용 가능한 휴대용 전자기기

- 인공심장박동기, 보청기, 기타 인공장기
- 사전 허가된 의료지원장치, 생명연장 보조장치
- 휴대용 녹음기, 전기면도기, 전자시계, 개인소음방지용 헤드폰
- 항공회사가 기내에 설치한 위성전화, 비디오장비
- 전자게임기, 블루투스 통신방식 기기, 비디오 카메라
- CD/MD/MP3
- 무선통신 기능이 없는 휴대용 선풍기 같은 개인 편의용 소형 전자기기

(10) 카트, 오븐, 커피메이커, 화장실문 고정(Cart, Oven, Coffeemaker, Lavatory Locking) 방법

항공기 출발 전 모든 갤리의 기물은 반드시 시건장치를 이용하여 안전하게 고정되고 잠근 상태로 출발하여야 한다.

1 서빙카트보관소
2 서빙카트보관소 도어
3 카트 고정장치
4 카트 고정장치, 페달 브레이크, 빨간색은 브레이크, 녹색은 고정해제 페달

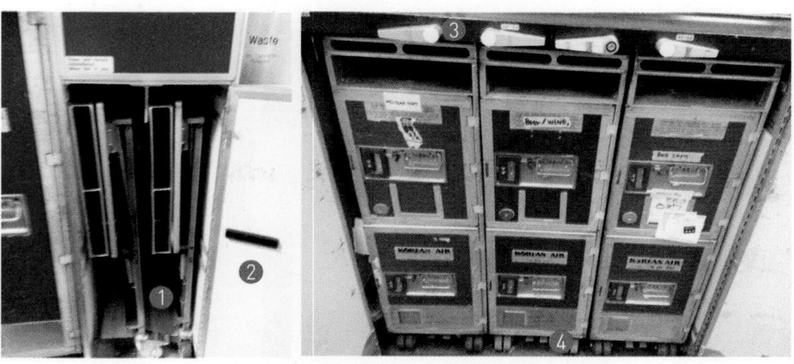

기내 서빙카트-Serving Car

기내 Meal and 음료 Cart

① **카트**(CART)

밀 카트, 음료·주류 카트는 하단의 브레이크 페달을 이용하여 잠금 위치로 꾹 밟아주고 갤리 Compartment에 부착되어 있는 문을 닫고 시건장치를 이용하여 정확히 잠근다.

② **오븐**(OVEN)

갤리(Galley)내에 설치되어 있는 오븐은 오븐 Door 중단, 상단에 설치되어 있는 잠금장치를 잠그고 손으로 강하게 눌러보아 튀어나오지 않는 정도가 완전한 잠금상태인 것이다. 이·착륙 중 오븐 문이 열리면 자동적으로 안에 있던 오븐 랙과 내용물이 튀어나와 큰 소음과 함께 승객과 승무원에게 상해를 입힐 수 있다.

1 오븐 잠금장치
2 오븐도어 잠금장치

오븐 내부

오븐 외부

③ **커피메이커**(COFFEE MAKER)

상단에 설치되어 있는 Locking Lever를 아래쪽으로 힘차게 내려 커피Pot을 완전히 커피메이커에 고정시켜야 한다.

1 Lock Lever
2 이 손잡이를 아래로 강하게 당기면 커피메이커가 고정된다.

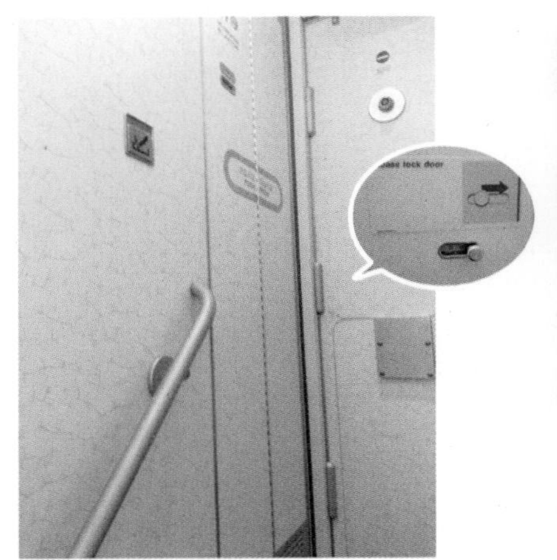

접이식 문이 설치되어 있는 화장실

고정식 문이 설치되 있는 화장실

④ **화장실문**(LAVATORY DOOR)

비행기의 화장실문은 대부분 접이식으로 되어 있으나 일부 기종에서는 핸들을 돌려 여는 고정식 문도 사용한다. 따라서 접이식 문은 이착륙 시 바깥에서 당겨보아 확실하게 닫아주고 고정식 문은 바깥에서 당기고 핸들을 돌려 완전히 닫힌 상태로 만들어 주어야 한다.

(11) 슬라이드 모드(Slide mode) 변경 방송 : 객실사무장·캐빈매니저가 실시-"ROLE PLAY"

- 승무원 역할
  - 모형객실(Mock up) 항공기 도어를 열어 놓는다.
  - 40명의 학생을 한 조당 3명, 13개 조로 나눈 후 모형객실(Mock up)에 착석시킨다.
  - 1조부터 앞으로 나와 1인은 외부에 대기하며 창문을 통해 수신호를 제공하고 2인은 열려진 항공기 도어를 닫고 슬라이드 모드를 변경하는 절차를 정확한 구령, 수신호와 함께 실습한다.
- 승객 역할 : 착석해 있는 학생은 학생들이 도어를 닫은 후 슬라이드 모드를 팽창위치로 변경하는 여부, 상호 정확한 수신호, 구령, 절차에 의해 닫는지 예의 주시한다.
- 준비물 : 모형객실(Mock up) 도어, 정확한 구령 및 자세, 진지한 마음

① 'Safety Check' - 비상시 탈출 위한 Escape Slide Mode를 변경하는 행위를 의미한다.

항공기 Push Back 직전 및 목적지 게이트(Gate)에 도착하여 항공기 엔진을 끈 직후 객실승무원은 각 도어에 설치되어 있는 비상탈출 슬라이드를 객실사무장/ 캐빈매니저의 방송에 맞추어 팽창위치(Armed Position) 또는 정상위치로 바꾸어야 한다. 이 동작은 많은 집중을 요하는 절차이므로 정확한 명령어에 의해 절도 있게, 재확인 실시하는 행동이 필요하다.

② 슬라이드 모드변경 방송 예-KE

- 제1단계 : Cabin Crew Door Side Stand By.
- 제2단계 : Safety Check
- 제3단계 : 객실사무장이 모든 승무원에게 인터폰을 이용하여 Call한다.
- 제4단계 : 제일 뒤편 승무원부터 'L5, L4, L3, L2 … 이상 없습니다'를 순서대로 객실사무장에게 연락한다.

항공기가 2층 구조로 되어 있는 A380인 경우 L5, L4, L3, L2, UL3, UL2, UL1 이상 없습니다 … 순으로 연락한다.

③ 슬라이드 모드변경 방송 예-OZ

- 제1단계 : 전 승무원은 Door Side로 위치하고 오른쪽 출입문 안전장치를 팽창(정상)위치로 변경하십시오.
- 제2단계 : 왼쪽 출입문 안전장치를 팽창(정상)위치로 변경하십시오.
- 제3단계 : 각 Door별 담당승무원이 PA를 이용해 '출입문 안전장치를 팽창(정상)위치로 변경하고 상호 확인했습니다'라고 보고한다.

- DOOR MODE 변경 절차 철저 준수
  - 'STOP, THINK and Arming lever 위치 확인' 절차 준수
  - 반드시 CROSS CHECK 절차를 준수할 것
- DOOR OPEN 시 2인 1조 작동 절차 준수
  - 특히, B737의 경우, 승객 하기 순서 준수를 위해 사무장 1인이 DOOR를 작동하는 사례 금지

④ 현재 운항되는 각 항공기별 슬라이드 모드변경

➡ B737-700/800/900

- B737 팽창위치(Automatic/Armed Position) : 도어 하단의 거트바(Girt Bar)를 바닥에 설치되어 있는 Brackets에 건 후 Red Warning Flag를 Viewing Window를 가로질러 놓는다.

1 B737 항공기의 팽창위치는 빨간색의 Red Warning Flag를 Viewing Window에 가로질러 설치한다.
2 BRACKETS 거트바고정장치
3 B737 항공기의 팽창위치는 GIRT BAR를 바닥에 설치되어 있는 BRACKETS에 넣어 고정시킨다.

B737 항공기 팽창위치

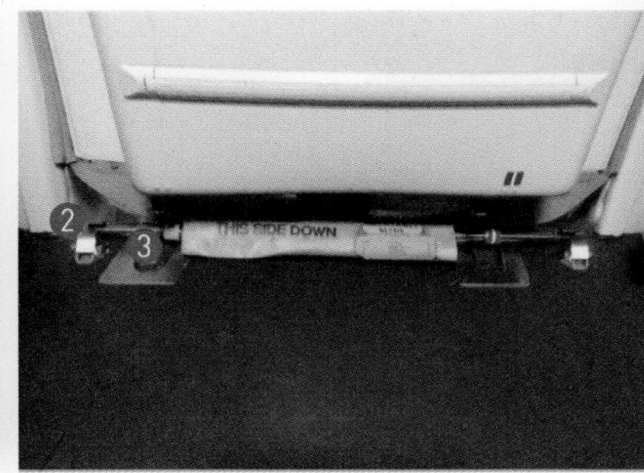

B737 항공기 팽창위치

- B737 정상위치(Manual/Disarmed Position) : 도어 하단 Brackets에 장착되어 있는 거트바(Girt Bar)를 슬라이드 Bustle에 장착시킨 후 Red Warning Flag를 Viewing Window 상단과 수평하게 놓는다.
  - Door Mode 변경 시 Girt Bar는 고정장치에 정확하게 장착
  - Door Open 시 Girt Bar 정상위치 반드시 재확인 후 Open

1 B737 항공기의 정상위치는 Red Warning Flag를 Viewing Window에 수평으로 놓는다.
2 B737 항공기의 정상위치는 슬라이드 Girt Bar를 Brackets에서 꺼내어 도어에 고정 시킨다.
3 Brakets

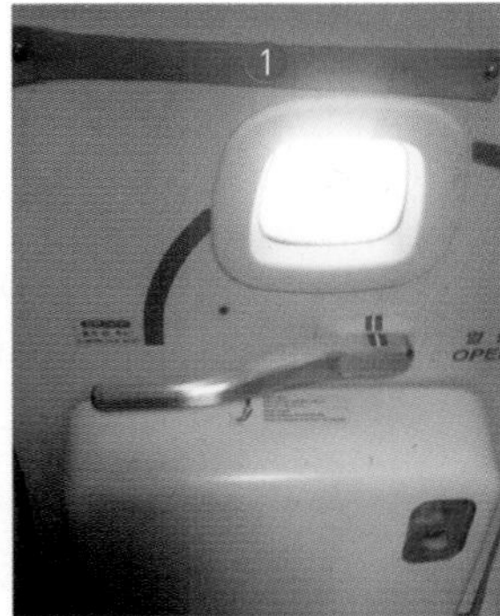

B737 항공기 정상위치

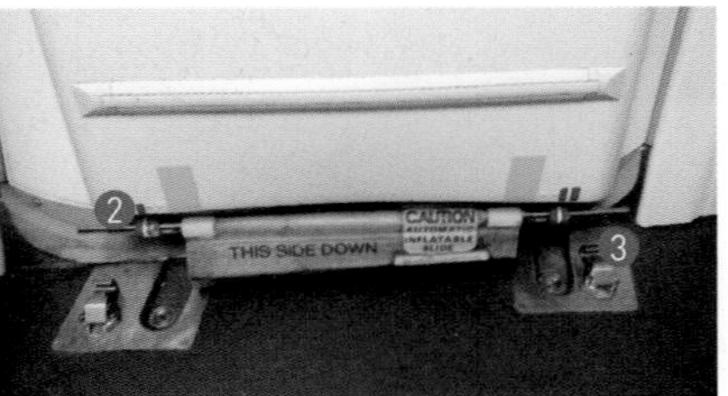

B737 항공기 정상위치

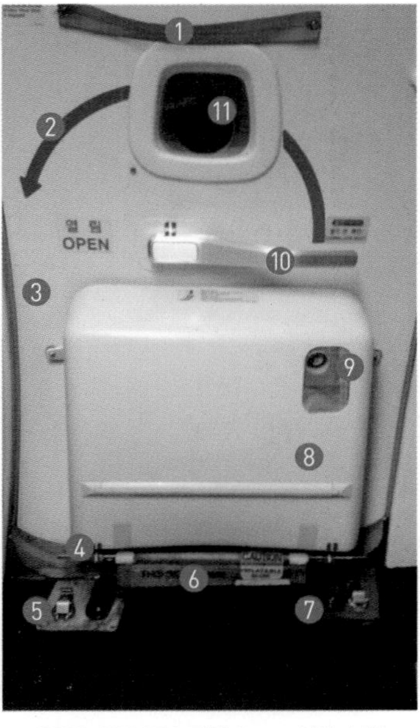

B737-800/900 기종 Door 구조 설명

1 Red Warning Flag
2 도어핸들 돌리는 방향표식
3 Door
4 Girt Bar
5 Brackets
6 Escape Slide
7 도어 바닥 물 배수구
8 슬라이드 Bustle
9 슬라이드 압력 게이지
10 Door Operation Handle
11 Viewing Window

1 슬라이드 모드 정상위치 표식 2 Arming Lever를 정상위치로 민다. 3 Safety Pin을 꽂는다. 4 실수방지를 위해 슬라이드 커버를 덮는다.

A330-200 항공기 정상위치

A330-200/300

- A330 정상위치(Manual/Disarmed Position) : 도어 슬라이드 손잡이를 왼쪽 정상위치로 강하게 밀고 Safety Pin을 꽂는다.
- A330 팽창위치(Automatic/Armed Position) : Safety Pin을 빼고 도어 슬라이드 손잡이를 오른쪽 팽창위치로 강하게 민다.
- A330 항공기 NO3 DOOR는 일반 도어와 달리 슬라이드 모드 변경 레버가 직사각형 구조로 되어 있다. 변경절차, 변경방법은 일반 도어와 동일하다.

A330 도어 구조 설명

1 Door Locking Indication 비행기 도어가 잘 닫혔는지 표시해 주는 창 2 Slide Mode 변경 손잡이 3 Gust Lock Release Button 4 Slide Bustle 5 Door Operation handle 6 Viewing Window 7 Door assist handle 8 도어를 열 수 있는 방향을 안내하는 표식

1 도어 팽창위치 표식 2 팽창모드로 변경하기 위해 슬라이드 도어핸들을 팽창위치로 옮긴다. 3 A330 항공기 도어모드 변경을 알 수 있는 상태표시창. 정상모드인 경우 노란색, 팽창모드인 경우 녹색으로 표시된다.

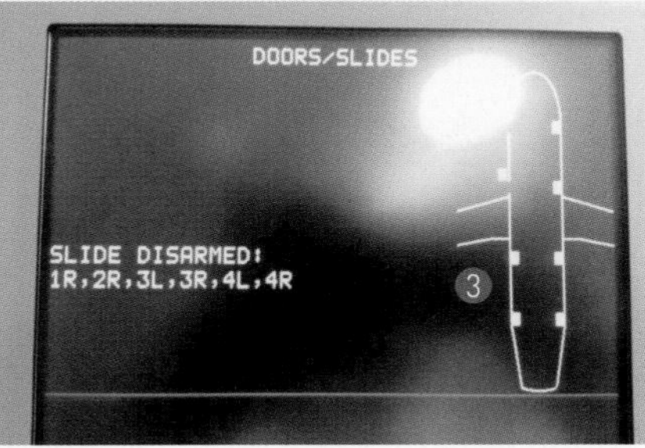

1 A330 NO3 도어 슬라이드 모드 변경 레버는 일반도어와 다르게 직사각형으로 되어 있다.

A330 항공기 NO3 DOOR 슬라이드 모드 변경사진

Safety Pin이란?

A330/B747-400/B747-8i/A380 항공기의 도어모드가 정상위치(Manual/Disarmed Position)에서 팽창위치(Automatic/Armed Position)로 넘어가지 않도록 정상위치 상태에서 고정핀을 삽입하여 움직이지 못하도록 하는 장치이다. 도어모드를 팽창위치로 옮기기 위해 Safety Pin을 뽑으려면 뒤쪽의 누름쇠를 누른 상태에서 잡아당기면 뽑힌다.

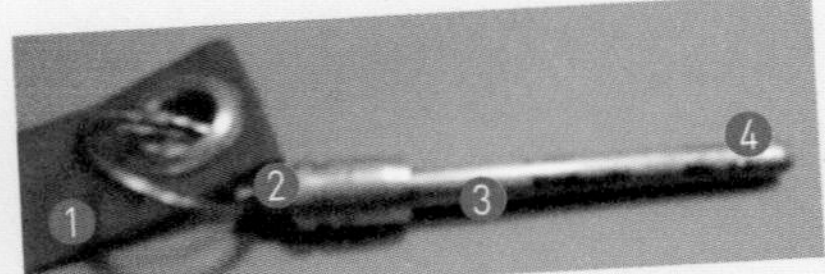

1 Red Warning Flag(경고)를 나타내는 표시 'Remove Before Flight' 라고 적혀 있다. 2 정상위치에서 팽창위치로 변경시킬 때 세이프티 핀을 빼게 되는데 이때 뒤편 튀어나온 부분을 누르고 당기면 핀이 빠진다. 3 세이프티 핀의 잠금장치. 뒤편 튀어나온 부분을 누르면 앞쪽 튀어나온 부분이 본체(금속막대기) 안으로 들어가서 Safety Pin을 빼기 쉽게 된다. 4 본체 금속막대기

1 팽창위치를 알려주는 표식 2 팽창위치로 변경할 때에 이 손잡이를 팽창위치 표식 방향으로 옮기면 된다. 3 B777 전체 도어가 팽창위치로 변경되면 AUTO 표식이 나타난다.

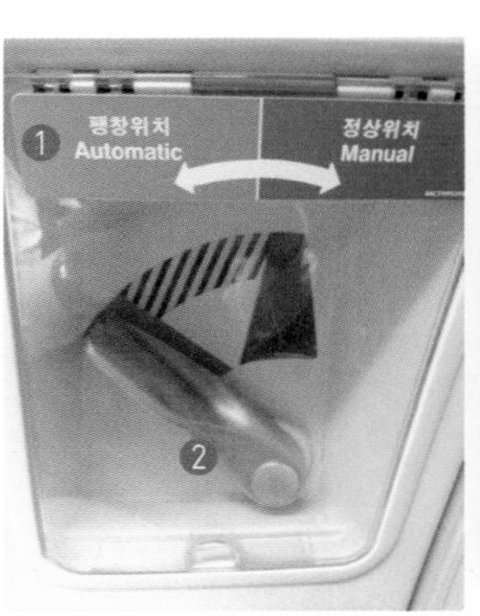

B777-200/300 항공기 정상위치/팽창위치

B777-200/300

- B777 팽창위치(Automatic/Armed Position) : 도어 슬라이드 손잡이를 왼쪽 팽창위치로 강하게 민다.

1 팽창위치를 알려주는 표식 2 정상위치로 변경할 때에 이 손잡이를 정상위치 표지 방향으로 옮기면 된다. 3 B777 전체 도어가 정상위치로 변경되면 AUTO 표식이 나타난다.

- B777 정상위치(Manual/Disarmed Position) : 도어 슬라이드 손잡이를 오른쪽 정상위치로 강하게 민다.

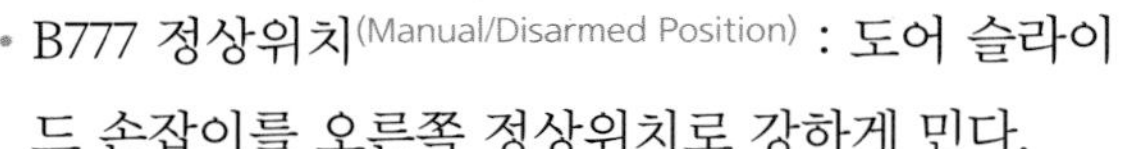

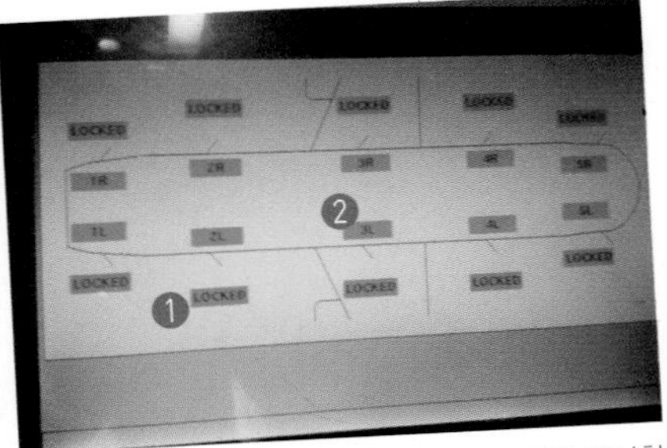

1 'LOCKED' 도어가 닫혔음을 나타낸다.
2 '3L' 항공기 왼편 3번째 도어를 나타냄.

B777 항공기 도어 상태를 표시해주는 상태 표시창

1 Door Window Shade(햇볕 가리개)
2 Viewing Window
3 Escape Slide 팽창시키는 압력수위를 나타내는 게이지
4 Slide Bustle
5 Door Operation handle
6 도어 Gust Lock
7 도어 열고 닫힘 방향을 표시하는 화살표
8 슬라이드 모드 변경장치

B777 항공기 도어 구조 설명

➡ B747-400/ 8i

- B747 팽창위치(Automatic/Armed Position) : 슬라이드 박스 덮개를 열고 Safety pin을 뺀 후 도어 슬라이드 손잡이를 아래쪽 팽창위치로 강하게 내린다.
- B747 정상위치(Manual/Disarmed Position) : 슬라이드 박스 덮개를 열고 도어 슬라이드 손잡이를 위쪽 정상위치로 강하게 올린 후 Safety pin을 꽂는다.

1 도어 정상위치 표식, 정상위치로 바꿀 때 아래쪽의 노란색 핸들을 위로 올리면 된다. 2 도어 팽창위치를 알려주는 표식, 팽창위치로 바꿀 때 아래쪽의 노란색 핸들을 아래로 내리면 된다. 3 도어 슬라이드 모드 변경하는 핸들.현재는 비행 중인 관계로 팽창위치에 있다.

B747-400 항공기 팽창위치

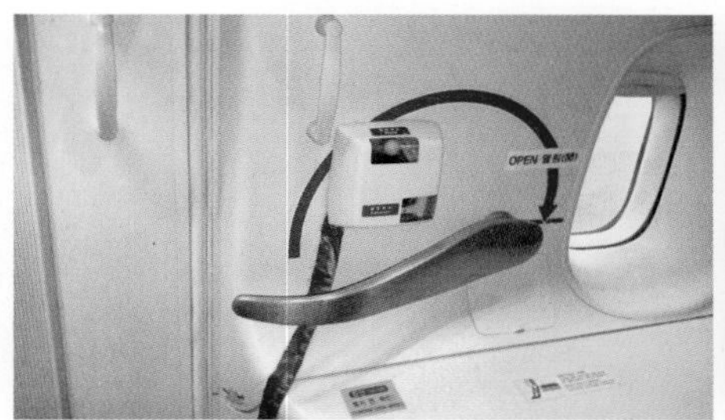

B747-400/8i 항공기 도어 정상위치

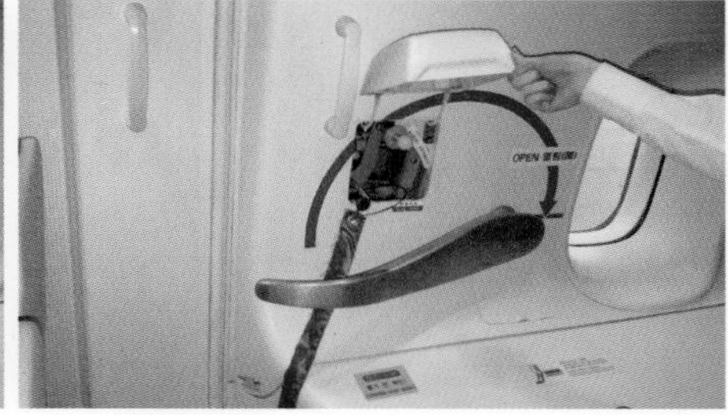

B747-400 / 8i Door Slide 내부 모습

1 도어 팽창위치 표식, 팽창위치로 바꿀 때 아래쪽의 노란색 핸들을 위로 올리면 된다. 2 도어 슬라이드 모드 변경하는 핸들. 현재는 비행기가 지상에 주기해 있는 관계로 정상위치에 있다. 3 도어 정상위치를 알려주는 표식, 정상위치로 바꿀 때 가운데 노란색 핸들을 아래로 내리면 된다.

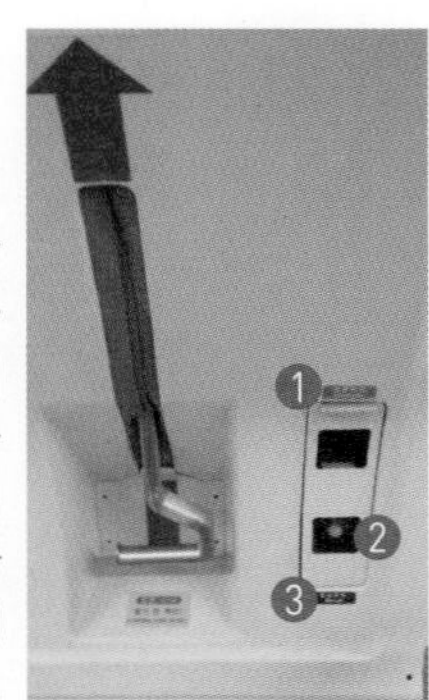

B747-400 UPPER DECK DOOR

1 Flash Hold Light(도어 주변 조명장치)
2 도어 창문 햇볕 가리개 (Window Shade)
3 Viewing Window
4 Slide Bustle
5 Door Operation handle
6 도어 모드를 정상·팽창 위치로 바꾸는 장치
7 Door Assist Handle
8 도어 열고 닫힘 방향을 표시하는 화살표

B747-400 항공기 도어구조 설명

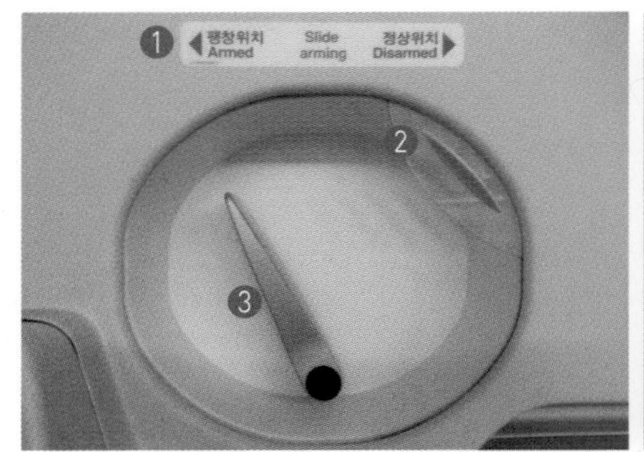

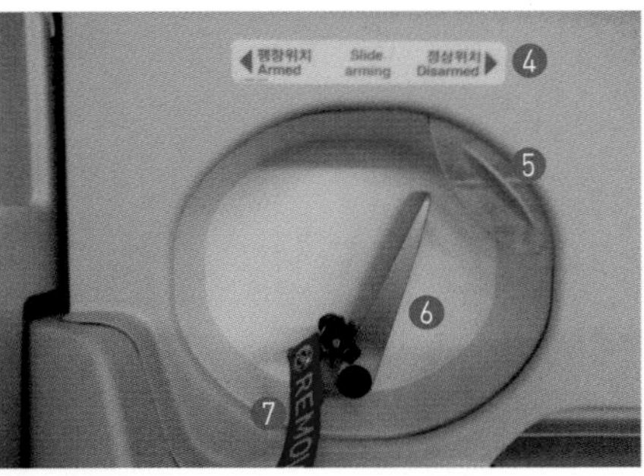

A380 항공기 팽창위치/정상위치

1 팽창위치를 알려주는 표식 2 덮개커버 3 도어 슬라이드 모드 변경하는 핸들. 현재는 비행 중인 관계로 팽창위치에 있다. 4 정상위치를 알려주는 표식 5 덮개커버 6 도어 슬라이드 모드 변경하는 핸들. 현재는 비행기가 주기 중인 관계로 정상위치에 있다. 7 Safety Pin, 정상위치에 있을 때만 꼽는다.

Safety Pin이란?

A330/B747/A380 항공기의 도어 모드가 정상위치(Manual/Disarmed Position)에서 팽창위치(Automatic/Armed Position)로 넘어가지 않도록 정상위치 상태에서 고정핀을 삽입하여 움직이지 못하도록 하는 장치이다. 도어 모드를 팽창위치로 옮기기 위해 Safety Pin을 뽑으려면 뒤쪽의 누름쇠를 누른 상태에서 잡아당기면 뽑힌다.

A380

- A380 팽창위치(Automatic/Armed Position) : 슬라이드 박스 덮개를 열고 Safety Pin을 뽑은 후 도어 슬라이드 손잡이를 왼쪽 팽창위치로 강하게 민다.
- A380 정상위치(Manual/Disarmed Position) : 슬라이드 박스 덮개를 열고 도어 슬라이드 손잡이를 왼쪽 팽창위치로 강하게 밀어 정상위치로 돌린 후 Safety Pin을 꽂는다.

1 앞쪽의 베어링이 튀어나와 있어서 뽑히지 않는다.
2 누름쇠를 누르면 앞쪽의 베어링이 안쪽으로 들어가서 뽑을 수 있다.

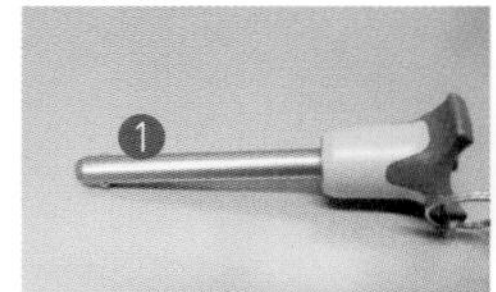
뒷쪽 누름쇠 누르기 전 모습

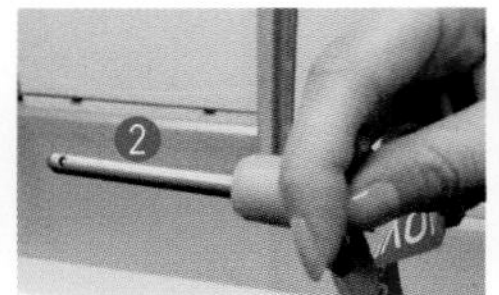
뒷쪽 누름쇠 누른 모습

전체 모습

1 Flash Hold Light(도어주변 조명장치) 2 Viewing Window 3 도어 개폐 시 사용하는 버튼 4 Assist Handle 5 Door Operation handle 6 Slide Bustle 7 슬라이드 모드 조작장치 8 조명등 9 도어핸들 조작방향을 가리키는 표식, 화살표 방향으로 들어 올리면 열린다.

A380 항공기 도어 구조 설명

(12) 승객 탑승 후/PUSH BACK 중 하기 승객 발생 시 대응절차

탑승했던 승객에게 갑자기 피치 못할 사정이 생기거나 의료적 문제점이 발생되어 하기를 요청하는 승객이 종종 발생한다. 이런 경우 항공사에서는 다음의 조치를 시행하여 사전계획된 항공기 테러를 방지하는 데 만전을 기한다.

탑승객 하기 시 객실사무장·캐빈매니저는 하기승객 정보를 지상직원에게 통보 및 기장에게 보고하고 운송직원 및 기장은 하기를 원하는 승객의 자발적·비자발적 여부를 판단한다.

① 자발적 하기 시

자발적 하기는 항공사의 귀책사유, 관계기관의 특별한 요구, 천재지변 등의 어쩔 수 없는 상황이 아니라 승객 개인적인 사유로 항공기에 탑승하였다가 출발 전 또는 지상운항 중 항공기에서 내리려는 행위를 말하며 해당 승객 및 해당 승객의 수하물 하기(별도 보안조치 시행), 운송직원이 공항종합상황실 경유 관계기관에 통보하여 관계기관의 판단에 따른 보안점검을 시행한다.

- 전 승객 하기 불요 시 : 하기한 승객의 좌석 및 전후 열의 Seat Pocket, 구명복, Seat Cushion 하단 추가 점검 좌석 및 좌, 우 좌석 점검
- 전 승객 하기 필요 시 : 탑승한 승객이 하기한 경우 모든 승객은 휴대품을 소지하고 하기하여야 하며 승객 하기 후 보안점검 CHK List의 Alert 3, 2에 의거 기내 보안점검 실시

승객 하기로 인한 보안 재검색 필요 시 안내방송

안내 말씀 드리겠습니다. 탑승했던 일부 승객이 비행을 포기하고 내림에 따라 비행기의 보안검색을 다시 실시하겠습니다. 지금부터 모든 짐을 갖고 내려 주시기 바랍니다. 이는 손님 여러분의 안전을 위한 불가피한 조치입니다.

손님 여러분의 양해를 바라며 검색이 끝난 뒤 직원이 재탑승을 다시 안내해 드리겠습니다.

Ladies and Gentlemen. We regret to announce that this aircraft needs another Security check, because some passengers have decided not to travel with us today. Please take all of yours belongings with you when you deplane. Our ground staff will announce the re-boarding time after the security check is completed. Thank you for your cooperation.

② 비자발적 하기 시 : 해당 승객 및 해당 승객의 수하물 하기(별도 보안절차 없음)

비자발적 하기란 다음의 기준에 해당하는 승객으로 별도의 보안조치 불요하다.

- 시스템 오류로 인한 좌석 중복된 탑승권 교부, 예약 초과로 인한 좌석

부족, 항공기 허용 탑재 중량(ACL : Allowable Cabin Load) 부족으로 인해 승객의 의사와 관계없이 부득이 하기하여야 하는 경우

- 기상, 정비 등과 같은 운항 지연 사유에 따라 승객이 여행을 포기하고 하기를 요청하는 경우
- 입국거부승객, 강제퇴거승객, 호송대상승객 및 환자승객이 여행을 지속할 경우 운항 중 항공기 및 승객의 안전에 영향을 줄 것이 우려되어 의료진 또는 당사 직원(승무원 포함)의 판단하에 해당 승객(일행 포함)이 하기할 경우
- 승객 하기의 원인이 항공사 또는 관계기관에 있음이 명백한 경우(단, 관계기관에서 구체적 정보에 의해 보안위협승객을 하기 조치한 경우 또는 관계기관의 요청이 있는 경우에는 항공사와 협조하여 전 승객 하기 또는 기내 재검색을 실시할 수 있다.)

쉬어가는 Corner

Sterile Cockpit이란?

비행중요단계(Critical phases flight)에서는 운항승무원의 업무에 방해를 줄 수 있는 객실승무원의 어떠한 행위도 금지한다.

- 항공기의 지상이동 및 비행고도 10,000ft(3,048m) 이하에서 운항하는 시점을 "비행중요단계"라고 규정하며 객실승무원은 이·착륙 시 Fasten seatbelt sign on/off 및 기내 표준신호를 이용하여 비행중요단계의 시작과 종료를 알 수 있다. 쉽게 말하면 지상이동 및 비행고도 10,000ft(3,048m) 이하에서 객실승무원에 의한 조종실 연락을 제한하는 것을 "Sterile Cockpit"이라 한다.
- 객실승무원은 비행단계 중 항공기 이륙 전 지상이동(TAXING), 이륙(TAKE OFF), 착륙(LANDING), 착륙 후 지상이동(TAXING) 및 이륙 후/착륙 전 10,000ft(3,048m) 고도 이하에서 일체의 조종실 업무방해행위를 하지 말아야 한다.
- 하지만 객실승무원은 보고의 실시 및 지연이 비행안전과 직결되는지 여부를 파악하기 어렵기 때문에 안전에 관련된 사항 또는 위급상황 발생 시 아래의 긴급신호를 이용하여 운항승무원에게 연락을 취할 수 있다. 기장은 안전을 고려하여 객실승무원과 통화 여부를 결정할 수 있으며 즉각 응답이 어려운 경우 가능한 빠른 시간 내에 객실승무원에게 연락한다.

수고많으셨습니다.
다음 장은 "CHAPTER 08 비행 중 안전 및 보안"에 대해 학습하도록 합니다.

수행평가 퀴즈

학생들은 교수님 지시에 따라 각 Chapter 수행평가 퀴즈를 작성한 후, 절취하여 정해진 날짜까지 담당교수님에게 제출 바랍니다.

(답안지 공간 부족 경우 메모란을 활용하셔도 좋습니다.)

01 아래의 문장 설명이 의미하는 답을 골라 보시오.

승객 탑승완료 후 아래의 상황을 점검하여 이상이 없을 때 지상직원에게 통보하는 '구두용어'로 객실사무장 · 캐빈매니저가 지상직원과 승객 탑승완료 점검을 마친 후 기장에게 통보하여 항공기 Door를 닫는 절차를 말한다.

① 객실 준비 완료
② 이륙 준비 완료
③ 서비스 준비 완료
④ 도착 준비 완료
⑤ 호텔준비완료

02 괄호안을 적절한 단어를 넣으시오.

게이트에 접안되어 있던 항공기에 모든 승객이 탑승을 완료하고 객실준비가 완료되었을 때 기장에게 연락하면 기장은 지상의 정비사에게 연락하여 항공기를 뒤로 밀어낼 준비를 한다. 따라서 거대한 특수차량(Towing Car)을 이용하여 항공기를 뒤로 밀어내는 행위를 (   )이라 한다.

03 오버헤드빈(Overhead Bin) 여는 표준동작 3단계를 적어 보시오.

제1단계 :

제2단계 :

제3단계 :

04 다음은 비상구열 좌석배정 불가 승객이다. 틀린 것을 고르시오.

① 15세 미만 승객
② 비상탈출 지시 이해 못하는 승객
③ 승무원의 탈출지시 청취 불가 승객
④ 비상구 좌석 착석규정 준수의사가 없는 승객
⑤ 신혼부부 승객

05 다음의 설명이 의미하는 도어장치를 고르시오.

A330/B747-400/B747-8i/A380 항공기의 도어모드가 정상위치(Manual/Disarmed Position)에서 팽창위치(Automatic/Armed Position)로 넘어가지 않도록 정상위치 상태에서 고정핀을 삽입하여 움직이지 못하도록 하는 장치이다.

① Safety Pin
② 슬라이드모드
③ 랜딩기어
④ ELT
⑤ Fire Detector

06 Sterile Cockpit에 대해 설명하시오.

memo

비행 중 안전 및 보안

08 Chapter 비행 중 안전 및 보안

1 비행 중 상시 좌석벨트 착용안내

항공기 이륙 후 기장에 의해 "Fasten Seat Belt Sign"이 "Off" 되더라도 기내에 있는 모든 승객은 화장실 이용을 제외하고 좌석에 앉아 있을 때나 누워 있더라도 항상 좌석벨트를 착용하고 있어야 한다. 왜냐하면 항공기가 비행하는 동안 조종석 앞에 있는 레이더를 통해 구름과 난기류를 사전에 감지하여 회피기동을 하거나 객실에 미리 알려줄 수 있으나 맑은 하늘이지만 레이더에 나타나지 않는 에어포켓, 즉 CAT(Clear air turbulence, 청천난류)를 만나면 꼼짝없이 수백피트 아래로 심하면 수천피트 아래로 항공기가 곤두박질 칠 수 있기 때문이다. 승객과 승무원이 부상을 당하는 이유는 바로 전혀 예측할 수 없는 CAT에 의해 피해를 입는 것이다.이때 벨트를 착용하지 않으면 기내 천장에 머리를 부딪히거나 떨어지면서 구조물에 부딪혀 심한 중상을 입게 된다. 따라서 항공기가 이륙하여 정상고도에 이르면 승무원은 "비행 중 상시 좌석벨트 착용안내 방송"을 반드시 실시하게 된다.

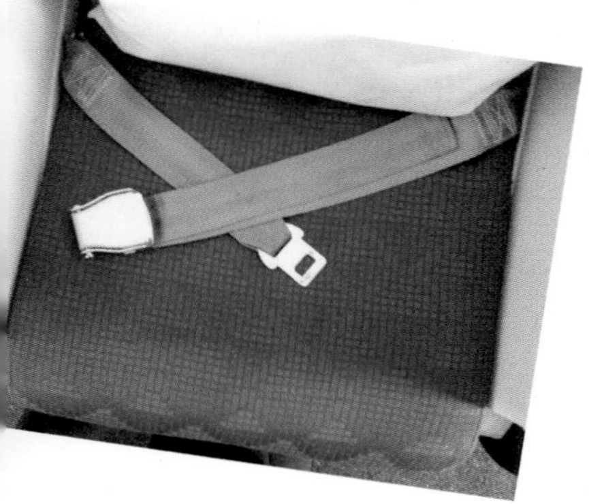

손님 여러분, 방금 좌석벨트 표시등이 꺼졌습니다.
그러나 비행기가 갑자기 흔들리는 경우에 대비해 좌석에서는
항상 좌석벨트를 매고 계시기를 바랍니다. 그리고 머리위 선반을 여실때는
안에 있는 물건이 아래로 떨어지지 않도록 조심해 주십시오.
Ladies and gentlemen/,
The captain has turned off the seatbelt sign/.
In case of any unexpected turbulence,/ we strongly recommend you/
keep your seatbelt fastened at all times /while seated.
Please use caution /when opening the overhead bins /as the contents
may fall out./

2 기내 밀폐공간 내부상태(화장실, 벙커, 코트룸) 점검

비행 중 항공기 내 설치되어 있는 화장실, 승무원 휴게실, 승객 의복을 보관하는 코트룸은 수시로 점검하여 의심스러운 물건이 남아 있지 않도록 최선을 다하여야 한다. 비행 중 객실승무원은 화장실을 매 30분마다 화장실 설비 및 내부공간을 점검하여 환자발생, 의심스러운 승객의 유무를 파악하여야 하며, 특히 화장실 내 Hand Paper Towel, 크리넥스 티슈, 롤페이퍼 등 비품을 보관하는 내부 적재공간을 반드시 한 번씩 열어보아 의심스러운 물건이 비치되어 있지 않도록 해야 한다. 비행 중 점검사항은 화장실 설비, 보안 스티커 훼손상태, 이상 액체물질 적재상태이다.

(1) 화장실(Lavatory)

화장실은 기내 설비 중 가장 보안 및 안전에 취약한 시설로 적지 않은 수납공간과 가연성 물질로 가득 차 있어 비행 중 객실승무원에 의해 수시로 점검해야 할 필수장소이다. 일반적으로 각 승무원별로 담당 화장실이 지정되어 있어 지정된 화장실의 안전, 보안 유무를 반드시 확인해야 한다.

보안스티커 : 항공기 보안상 필요로 하는 곳에 한 장씩 떼어 붙이게 되어 있으며 뜯어낸 자국이 있으면 재보안점검 실시한다.

1 여분의 롤페이퍼 2 여분의 핸드페이퍼 타올 3 여분의 크리넥스 4 핸드페이퍼 타올 : 밑에서 순서대로 빼서 쓰게끔 되어 있다. 5 화장실 내 유리 뒷면 6 여분의 크리넥스 7 화장실 거울 김서림방지 장치 8 화장실 내 물잠금장치

B777 항공기 화장실 내부 적재공간 : 크리넥스, 롤페이퍼, 핸드페이퍼 타올을 보관하며 물잠금장치가 있으며 오른쪽 문 바깥쪽은 거울로 되어 있다.(즉 화장실에서 사용하는 큰 것울의 뒷면이다)

(2) 승무원용 BUNK

승무원 휴게실은 승무원만이 사용하는 공간이므로 승객이 점유하지 않도록 평상시 출입절차를 숙지하여 철저한 보안을 유지하여야 한다. 최근에는 승무원 휴게실마다 시건장치가 부착되어 승무원만의 비밀번호를 입력해야만 출입이 가능하도록 보안장치가 강화되었다. 또한 승무원 휴게실 안에는 사람이 들어갈 수 있는 비교적 넓은 공간이 적지 않게 있으므로 비행전·중·후 반드시 Compartment마다 개봉 검사하여 의심스러운 물건, 사람이 남아 있지 않도록 해야 한다. 점검사항은 승무원 휴게실 내 안전장비, 보안 스티커 훼손상태, 인가되지 않은 승객의 출입 및 잔류 여부이다. 따라서 승무원 휴게실은 승객이 잠입하지 못하도록 철저하게 잠겨 있으며 열쇠는 아래 사진의 보안함에 보관되어 있다. 즉, 각 기종별 보안번호를 다이얼로 입력해야만 휴게실 열쇠를 찾을 수 있다.

승무원 BUNK 보안 위한 키패드

키패드 열린 모습

B777 항공기 운항승무원용 BUNK

운항승무원 BUNK 내부모습

B777 기종 객실승무원용 BUNK-8명 동시 취침 가능

(3) 코트룸(Coat room)

코트룸은 비행 중 승객의 요청이 없는 한 승무원의 손길이 제일 닿지 않는 공간이기도 하다. 코트룸 안에는 승객의 의복 및 응급처치에 필요한 약품상자 그리고 서비스용품이 혼재되어 있을 경우가 있으므로 반드시 분리하여 보관하고 비행 중 점검 시에는 항상 코트룸에 설치되어 있는 조명을 점등하여 내부 구석까지 확실히 점검할 수 있도록 해야 한다.

B737 항공기 코트룸

A330 항공기 코트룸

3 비행 중 의심스러운 승객과 이상물건

객실승무원은 승객이 위험물을 반입할 가능성이 있기 때문에 비행 중 의심스러운 승객이나 물질을 발견했을 경우에 승객에게 내용물 확인을 요청하고 즉시 객실사무장·캐빈매니저를 통해 기장에게 연락하여 공항관계기관의 협조를 구해야 하며 특별한 요청이 없는 한 옮기거나 분해하지 않도록 한다.

의심스러운 물건과 승객은 다음과 같다.

① 한쪽으로 쏠려 있거나 봉합되지 않아 내용물이 흘러나올 수 있는 물건
② 무엇인가 누출된 것 같은 현상을 보이는 물건
③ 외관상 이상하고 의심스러운 냄새를 풍기는 물건
④ 시계 초침 소리가 들리거나 배터리가 연결되어 있는 물건
⑤ 물건을 들고 화장실을 자주 들락거리는 승객이나 오랜 시간 동안 화장실에서 나오지 않는 승객
⑥ 매우 불안해 하며 좌우를 살피며 승무원의 시선을 피하는 승객
⑦ 기내에서 식은땀을 흘리거나 눈동자가 풀려 있는 승객
⑧ 비행 중 휴대폰, 시계와 연결된 물체를 은밀히 분해하거나 조립하는 등의 비정상적인 행위를 반복하는 승객
⑨ 액체나 고체성 물질을 아주 조심스럽게 운반하는 승객
⑩ 권총이나 칼, 폭발물처럼 보이는 무기류를 소지하고 있는 승객

비행 중 기내에서 행동이 수상한 승객 발견 시 인터폰을 통하여 기장에게 보고하고 감시활동을 강화하며 만일 조종실 진입·파괴시도나 하이재킹(Hijacking) 등 위협상황이 발생 시 인터폰으로 보고할 수 없는 경우 설치된 비상벨을 이용한다. 객실승무원은 비행하는 항공기의 안전을 해치고 승객 및 승무원의 인명이나 재산에 위해를 가하며 기내질서를 문란시키거나 규율을 위반하는 승객의 행위를 저지시키기 위한 필요한 조치를 취할 수 있다.

4 터뷸런스(기체요동, Turbulence)

(1) TURBULENCE란?

항공기가 제트기류나 구름 등을 만나서 흔들리는 현상을 말하며, 승객과 승무원의 기내 부상요인 중 제일 큰 부분을 차지한다. CAT와 일반 Turbulence의 차이점은 다음과 같다.

(2) Turbulence와 CAT의 차이

요동치는 난기류 구름모습

난기류에 파손된 항공기

- CAT(Clear Air Turbulence) : 항로상에 구름이나 바람도 없는 쾌청한 날씨에 공기밀도 차이에 의해서 항공기가 놀이기구인 롤러코스터가 심하게 미끄러지듯 비행 중 저고도로 순식간에 낙하하는 현상을 말한다. 비행기를 조종 중인 운항승무원과 객실승무원 그리고 승객이 전혀 인지를 못하는 상황이므로 대부분의 심각한 부상은 CAT에 기인한다.

- Turbulence : 항공기가 비행 중 구름이나 제트기류를 만날 때 흔들리는 일반적인 현상을 말한다. 따라서 CAT도 광역범위 내에서는 Turbulence 범주에 포함된다 할 수 있다.

(3) Turbulence 강도와 기내규정

구분	Light	Moderate	Severe
기내현상	음료수 컵 찰랑 좌석벨트 약간 압박	기내 보행 곤란 좌석벨트 압박	기내 보행 불가능 좌석벨트 강하게 조임
행동 지침			
신호	Fasten Seatbelt Sign		
	1회	/ 2회	
기내서비스	조심스럽게 지속	중단 카트 상단 물건 고정	즉시 중단 카트 Brake
좌석벨트	승객 착용 여부 확인	즉시 Jumpseat 착석, 가는 동안 육안 확인	가장 가까운 자리 착석 무리하게 확인 않음
기내방송	객실사무장(또는 객실승무원) 실시, 필요 시 기장 추가 방송		
기내조명	객실 조명 Off 시, Dim으로 조절, 영화 상영 또는 승객 수면 시 Galley 커튼 Open		

2015년 저자가 탑승한 한중노선에서 실제 일어났던 터뷸런스 후 모습(항공기 A330-300)

(4) Turbulence 조우 시 객실승무원의 행동지침

① Fasten Seatbelt Sign 1회 점등(기내방송 필수)

- 조심스럽게 서비스를 계속한다.
- 뜨거운 음료를 서비스할 때 주변에 쏟지 않도록 주의를 기울인다.
- 승객의 좌석벨트 상태를 확인하고 착용하도록 안내한다.
- 화장실 내 승객의 유무를 확인한다.

② Fasten Seatbelt Sign 2회 점등(기내방송 필수)

- 서비스를 중단하며 가장 가까운 좌석이나 Jump Seat에 착석한다.
- 서비스 Cart를 Compartment에 보관하거나 복도 좌우측에 대각선으로 위치시키고 Cart Brake 페달을 밟는다.
- 뜨거운 물, 커피, 녹차 등은 바다에 내려놓는다.
- 승객의 좌석벨트 착용상태를 무리하게 점검하지 않는다.

비행 중 터뷸런스 조우 시 실시 방송문

- Tubulence 1차(터뷸런스 1차)

손님 여러분 비행기가 흔들리고 있습니다.
좌석벨트를 매주시기 바랍니다.
Ladies and gentlmen./
We are experiencing turbulence./
Please return to your seat /and fasten your seatbelt./

- Tubulence 2차(터뷸런스 2차)

손님 여러분
비행기가 계속해서 흔들리고 있습니다.
좌석벨트를 매셨는지 다시 한 번 확인해 주시고 화장실 이용을 삼가시기 바랍니다.
Ladies and gentlemen./
We are continuing to experience turbulence./

For your safety /Please remain seated with your seatbelt fastened./

• Tubulence 3차/서비스 일시중단(터블런스 3차/서비스 일시중단)

지금 비행기가 심하게 흔들리고 있어 잠시
기내 서비스를 중단하겠습니다.
기류가 안정되는 대로 서비스를 다시 시작하겠으니
양해해 주시기 바랍니다.
Ladies and gentlemen./
We must also suspend cabin service /until conditions improve./
Thank you for your understanding./

• Tubulence 후 서비스 재개 시

손님 여러분
기류 변화로 인해 비행기가(다소, 많이) 흔들렸습니다.
하지만 지금은 기류의 영향권에서 벗어나 정상 운항하고 있으며
안전에는 문제가 없으니 안심하시기 바랍니다.
곧 식사 및 음료 서비스가 계속되겠습니다.
Ladies and gentlemen./
Thank you for your patience./
We will now be resumming /our meal,/beverage service.
Please enjoy the rest of the flight./

• CAT 또는 Severe Tubulence 조우 후

손님 여러분
조금 전 예기치 못한 기류 변화로 인해 비행기가 심하게 흔들렸습니다.
안전벨트는 계속 착용하시고, 도움이 필요하신 분이 계시면
저희 승무원에게 말씀해 주십시오.
Ladies and gentlemen./
The turbulence we just experienced was /quite rare /and unexpected /and we are get out of this area./
Please keep your seatbelt fastened at all times /and if you need any assistance,/
please ask our cabin crew./
Thank you./

③ 객실·운항 간 기내 표준신호

구분	표준신호	발신자	객실승무원 행동
승무원 상호 간 인터폰	"딩동" High Low chime 1회	인터폰 사용하고자 하는 승무원	인터폰을 받는다.
이륙	"딩,딩,딩"Fasten seatbelt sign이 3회 점멸	조종실	Jump seat에 착석
상승 중 10,000ft 통과	"딩"하며 Fasten seatbelt sign이 꺼짐.	조종실	객실승무원 Jump seat 이석 가능
어프로칭 (착륙 20분 전)	"딩,딩,딩" Fasten seatbelt sign이 3회 점멸	조종실	객실 착륙준비
착륙신호 (착륙10분 전)	"딩,딩,딩" Fasten seatbelt sign이 3회 점멸	조종실	Jump seat에 착석
비상착륙(수) 위한 충격방지자세 신호(착륙 1분 전)	"딩,딩,딩,딩" Fasten seatbelt sign이 4회 점멸	조종실	객실승무원 및 승객 충격방지자세
비상신호	"딩동,딩동,딩동" High Low chime 3회	비상사태를 인지한 모든 승무원	인터폰을 받아 상황 파악
비상탈출신호	"삐 삐 삐 삐~~"소리가 나며 Evacuation horn 작동되고 비상등 켜짐.	조종실	승객 탈출지시

5 항공 안전·보안에 관한 법률의 이해-"ROLE PLAY"

(1) 항공보안이란?

국제민간항공기구는 국제민간항공조약 부속서 제17조에서 항공보안의 개념을 다음과 같이 정의하고 있다. "항공보안이란 국제민간항공을 범죄로부터 보호하기 위하여 인력과 물자, 대책을 종합한 것(A Combination of measures and human and material resources intended to safeguard international civil against acts of unlawful interference: ICAO Annex 17, Chapter 1, Definition)"으로 정의

한다. 따라서 항공보안은 불법적인 기내 업무방해행위나 위협으로부터 민간 항공의 안전을 보호하기 위하여 사람과 관련되거나 의심스러운 물건이나 환경을 조성하는 것들과 여러 요소가 결합된 부분들을 사전에 차단 또는 제압하는 것이다. 항공기 내에서의 범죄 및 기타 행위에 관한 협약에서는 항공보안의 목적이 민간 항공을 대상으로 하는 항공기 납치, 항공기 폭파, 항행(항공기나 차량의 움직임을 계획, 분석, 그리고 조절하는 과정) 안전시설 및 공항시설의 파괴 등을 자행하는 테러 등의 불법방해행위로부터 민간 항공의 운항을 보호하고 승객, 승무원, 지상 운영 요원과 일반 국민을 보호하는 것이다.

항공보안이 범죄로부터 민간 항공을 보호하는 것으로 정의된다면 항공보안의 개념을 구체화하기 위해서는 항공범죄에 관한 개념을 구체화 하는 것이 필요하다. 우선 항공범죄의 종류를 열거하면 다음과 같다.

① 항공기 납치행위
② 항공기 납치기도행위
③ 운항 중인 항공기의 폭파행위
④ 공항 등 항공운송시설물 폭파행위
⑤ 항공기 내의 범죄행위
⑥ 기타 항공운송의 안정성을 저해하는 불법행위(운항중인 항공기 내 또는 안전운항을 저해하는 농성행위, 항공기 점거행위)

2017년 3월 30일부로 현재 항공법은 항공안전법, 공항시설법, 항공사업법으로 분류 되고 항공보안법은 그대로 존속한다.

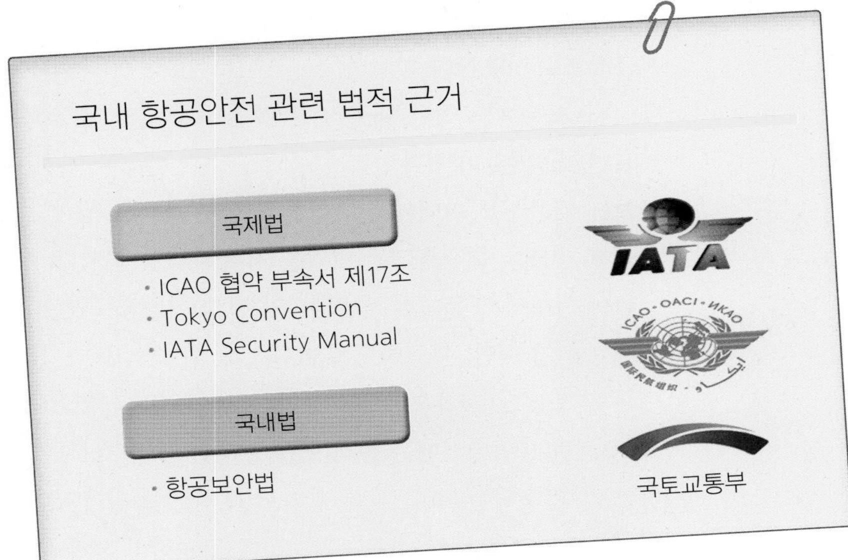

(2) 기내 업무방해행위

기내 업무방해행위란 승무원의 정당한 직무집행을 방해하거나 승무원과 탑승객의 안전한 운항이나 여행을 위협하는 다음 일체의 행위를 말한다.

① 승무원 및 타 승객에 대한 폭행, 폭언, 협박, 위협행위를 포함한 소란행위
② 음주(만취) 및 약물중독으로 벌어진 소란행위
③ 기내흡연, 금지된 전자기기의 사용
④ 승무원, 승객에 대한 성추행, 성희롱
⑤ 기장의 승낙 없이 조종실 출입을 기도하는 행위
⑥ 착륙 후 항공기에서 농성을 하거나 점거하는 행위
⑦ 운항 중인 항공기의 도어핸들 조작, 화장실 내 연기감지기 훼손, 조종실 문을 발로 차는 행위

(3) 기내 불법행위 발생 시 대응절차

① 2017년부터 바뀌게 될 기내 난동 및 승무원 업무방해행위 규정(예정)

2017년부터 항공기 내에서 승객이 중대한 불법행위를 저질렀을 때 항공사가 즉시 대응하지 않으면 과징금을 물게 된다. 따라서 항공사는 기내 난동 시 테이저건(전기충격기)을 적극적으로 사용해야 하고 난동 승객을 신속하게 포박하도록 신형 장비를 도입해야 한다. 국토교통부는 이런 내용의 항공사 기내 난동 대응 강화방안을 마련해 시행한다고 2017년 1월 19일 밝혔다.

최근 대한항공 기내에서 만취한 승객이 폭력을 행사한 사건을 계기로 항공안전에 대한 우려가 커지자 관계기관 협의를 거쳐 내놓은 것이다.

먼저 기내에서 중대한 불법행위가 발생하면 승무원이 경고장 제시 등 사전 절차를 생략하고 즉시 제압·구금하도록 했다.

사전 경고 등 절차를 이행하느라 초기 제압이 지연됐던 문제점을 개선하기 위한 조치다. 중대한 불법행위에는 승객 또는 승무원 폭행, 승무원 업무방해, 음주 후 위해, 조종실 진입 기도, 출입문·탈출구 등 기기 조작 등이 포함된다.

국토부는 이를 국가항공보안계획에 명시하고 이를 지키지 않은 항공사에 대해서는

1~2억원의 과징금을 부과하도록 항공보안법을 개정할 계획이다.

또 지금까지는 테이저건을 승객과 승무원의 생명에 위험이 임박한 경우에만 제한적으로 쓸 수 있었다. 그러나 앞으로는 폭행 등 기내 난동이 발생한 때에도 사용할 수 있도록 절차와 요건이 완화된다.

특히 혼잡한 기내 상황을 고려해 격발보다는 접촉에 의한 전기충격 방식을 적극 사용하도록 했다.

몸을 포박할 때 쓰는 포승줄도 올가미를 씌워 잡아당기면 자동으로 조여지는 신형으로 교체되었다.

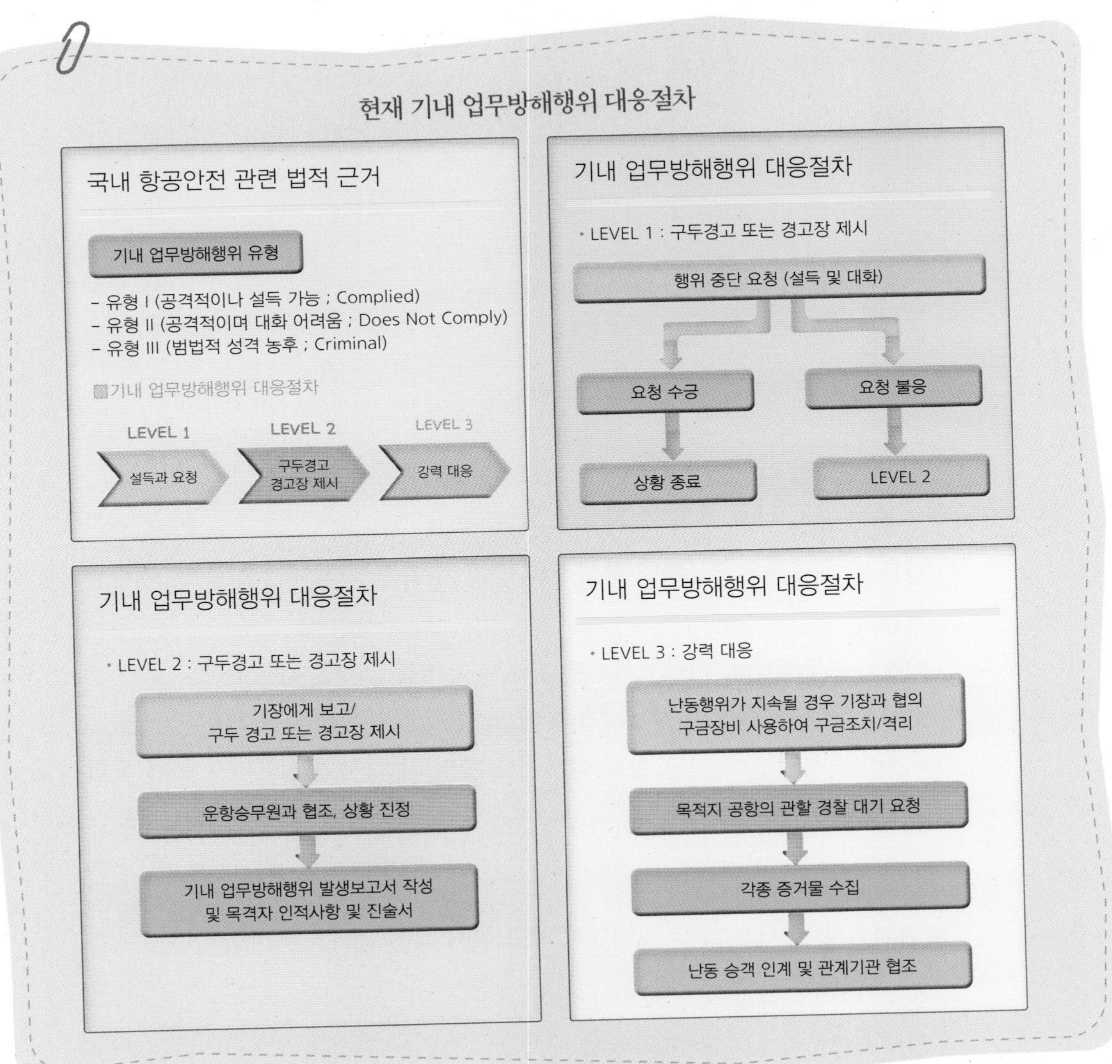

(4) 기내 불법행위 발생 시 적극적인 경찰 인계(도착지 공항) 절차

① 불법행위 사안에 따라 경찰 인계 구분하여

- 중대한 불법행위 : 즉시 경찰 인계하고
- 경미한 불법행위 : 1차 경고 후 행위 지속 시 경찰 인계한다.

※ 단, 경미한 불법행위라도 즉시 경찰 인계가 필요하다고 승무원 판단 시 1차 경고 후 중단한 경우에도 경찰 인계 실시 가능

기내 불법행위 유형		경찰 인계 절차
중대한 불법행위	- 승무원 폭행 - 성적 수치심 유발행위(성희롱 등) - 기내 흡연(전자담배, 유사흡연기구 포함) - 조종실 진입 기도행위 - 기내 출입문·탈출구 및 기기조작행위	경찰 인계
경미한 불법행위	- 승무원 협박 및 업무방해 - 승무원 또는 승객 대상 폭언 등 소란행위 - 음주 후 위해행위 - 승객 간 폭행 - 허용되지 않은 전자기기 사용	1차 경고 후 행위 지속 시 경찰 인계

② 불법행위 발생 시 경찰 인계 절차

- 사무장, 캐빈매니저 : 기내 불법행위 발생 시 즉시 기장에게 보고 및 관련증거를 확보한다.
- 기장 : 중대하거나 경미한 불법행위에 따라 경찰 인계를 결정한다.
  - 중대한 불법행위 : 통제센터를 통해 도착지 공항 경찰 출동 요청
  - 경미한 불법행위 : 1차 경고 이후에도 행위 지속 시 통제센터를 통해 도착지 공항 경찰 출동 요청

③ 불법행위 발생 시 녹화 등 증빙확보 적극 실시

- 실시시기 : 기내 불법행위 발생 초기
- 실시방법 : 스마트 폰 이용 녹화 실시

- 녹화를 우선적으로 하되, 급박한 사정으로 불가한 경우 녹음 실시
- 승객에게 "녹화(녹음)를 시작하도록 하겠습니다."라고 안내 후 실시

• 자료전달 : 녹화(또는 녹음) 파일 경찰 인계

(5) 기내 업무방해 행위금지 방송문

기내 흡연 제지를 위한 안내방송

안내 말씀 드리겠습니다.
기내에서의 흡연, 특히 화장실 안에서 담배를 피우시는 것은 비행기 안전을 직접 위협할 수 있으며 항공보안법에 따라 엄격히 금지되어 있습니다.
손님 여러분의 안전하고 쾌적한 여행을 위한 기내 금연 규정에 적극 협조해 주시기 바랍니다.
감사합니다.

Ladies and gentlemen.
For safety reasons, aviation law strictly prohibits smoking on the airplane, including in the lavatories.
Thank you for your cooperation.

기내 농성승객 하기요청 방송문

안내 말씀 드리겠습니다.
항공보안법에 따라 비행기 안에서의 농성은 엄격히 금지되어 있습니다.
아직 하기하지 않은 손님께서는 조속히 내려 주시고 불편사항에 대해서는 공항 내 운영되고 있는 항공기 이용 피해구제 접수처의 안내를 받으시기 바랍니다.
Ladies and gentlemen./
In accordance with aviation security laws,/ it is strictly forbidden to make any unofficial demands in the cabin./
We request all passengers to deplane now./
Your complaint issue will be kindly addressed/ at the passenger service desk in the terminal./
Thank you for your cooperation./

기내 소란행위 자제 방송문

안내 말씀 드리겠습니다.

비행 중 한 곳에 모여 큰소리로 이야기를 나누시면 다른 손님들의 큰 불편을 초래할 수 있습니다. 객실승무원의 안내에 따라 좌석으로 돌아가 주시기 바랍니다.

Ladies and gentlemen./

As a courtesy to other passengers on board,/ we ask you to refrain from making loud noises or gathering in large groups./

Please return to your seat/ as directed by cabin crew./

Thank you for your cooperation./

기내 난동승객 : 법적 대응 후 방송문

손님 여러분

저는 여러분을 모시고 가는 사무장입니다.

조금 전 기내 안전을 위협하는 행위가 계속되어 해당 손님을 불가피하게 억류하게 되었습니다.

이는 관련법규에 근거한 조치이오니 널리 양해해 주시기 바랍니다.

원만한 사태해결 위해 협조해 주신 손님들께 다시 한 번 감사드립니다.

Ladies and gentlemen./

This is purser speaking./

There was an unexpected cabin disturbance caused by one of passenger/, and it is now under control./

Thank you for your understanding./

(6) 기내 업무방해행위 처벌규정

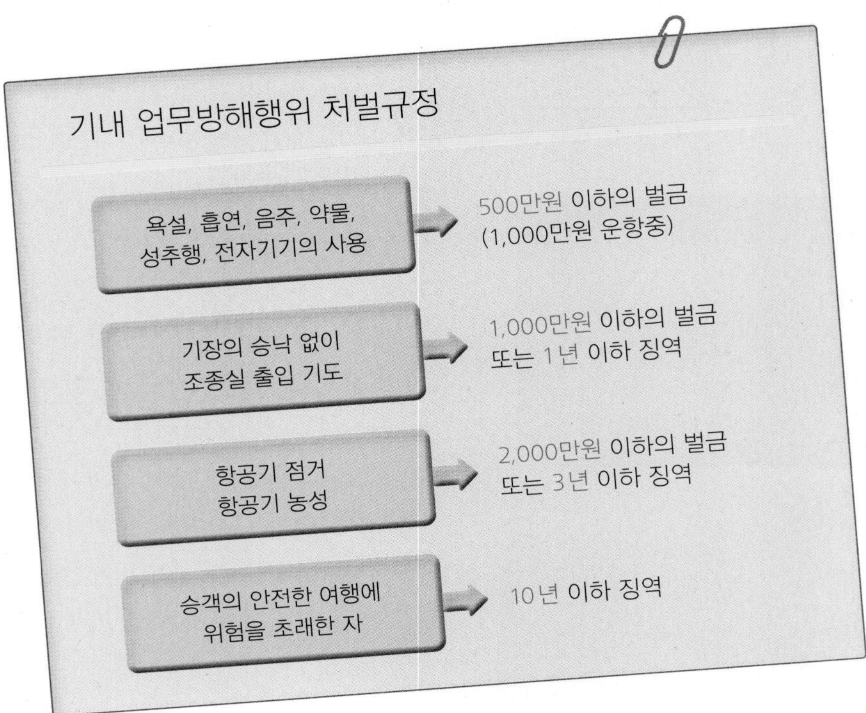

(7) 항공보안법 제23조 위반 실제사례 및 처벌-"ROLE PLAY"

- 승무원 역할
  - 한 반 40명을 한 조에 4명씩 10개 조로 나눈다.(각 조에 남학생 1명 포함)
  - 광동체(Wide body) 항공기 탑승을 상상하여 각 복도 앞쪽에 2명, 뒤편에 2명을 배치한다.
  - 현장감 있게 실제 기내 난동을 접한 승무원과 같은 마음자세를 가지고 교재내용과 같이 해결하려고 노력한다.
- 승객 역할 : 승무원 역할을 맡은 학생 4명이 앞,뒤로 기내 순회를 하는 동안 승객 역할을 맡은 학생은 미리 지정한 순서대로 아래 15개 기내 난동 항목을 힘 있고, 현장감 있게 시연한다.
- 준비물 : 기내 난동 해결 위한 진지한 자세, 테이저, 스턴건, 포승줄, 모형객실, 담배, 술병, 메모패드, 필기도구, 녹음과 사진, 동영상 촬영 위한 핸드폰

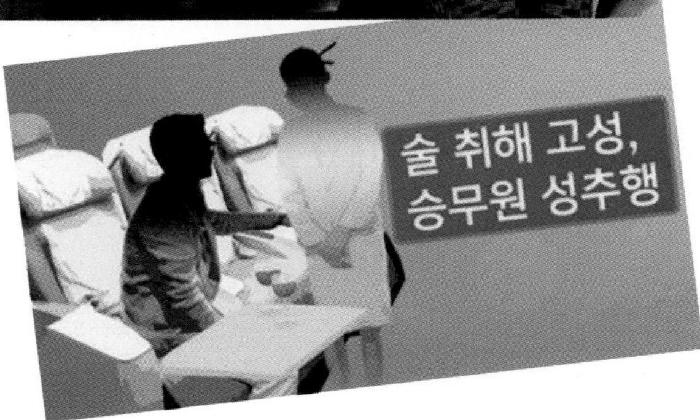

탑승한 개인의 무질서한 행위는 같은 항공기를 타고 가는 다른 승객들에게 불편과 불만족, 안전을 위협하는 큰 범죄가 될 수 있으며 국토교통부는 2010년부터 올해 6월까지 비행 중 발생한 사고의 통계를 발표하였다. 전체 475건 가운데 흡연이 285건(60%)으로 가장 많고, 소란행위 90건(18.9%), 폭행·협박행위 45건(9.5%), 성적 수치심 유발행위와 음주·약물사건이 각각 25건(5.3%)을 차지했고 비행 중 소란 등 다양한 유형의 비매너 사건이 점점 증가하는 추세에서 더 이상 위와 같은 불법행위는 남의 이야기가 아니다. 피해자는 바로 우리가 될 수가 있으며 해외여행 이용 시 공공의식을 가지고 나보다 남을 배려하는 자세가 필요한 시점이다. 이제 실제 비행 중 항공보안법 위반사건을 살펴 보면서 법의 실제 적용 사례를 보도록 하자.

사례1

2011년 11월 3일 오후 7시 20분 제주발 부산행 항공기 화장실에서 담배를 피운 혐의의 승객이 이를 제지하는 승무원에게 욕설과 함께 머리로 승무원의 얼굴부위와 입술을 들이받아 전치 3주의 상처를 입힌 혐의로 기소됨.

(항공보안법 제23조 제1항 위반, 벌금 300만원)

사례2

2011년 12월 7일 부산발 제주행 기내에서 50세 남성이 비행기 바닥에 누워 잠을 자기 시작했고 승무원이 지정된 좌석에 앉을 것을 권유하였다. 하지만 해당 남성승객은 승무원에게 '왜 깨우냐, 니가 뭔데'라며 욕설을 퍼부었고 주먹으로 승무원의 얼굴을 때리고 손으로 여성의 가슴부위를 가격하였으며 다른 승무원이 '경찰을 부르겠다'라고 경고했지만 오히려 '내가 어떻게 변할지 모르니 조심해라' 하며 승무원을 위협하고 입에 담기 힘든 욕설로 위협한 혐의로 기소됨.

(항공보안법 제23조 제1항 위반 징역 1년 집행유예 3년 선고)

사례3

2010~2016년 현재 항공기 내에서 휴대전화 등 전자기기를 사용하는 것은 비행기 기기의 공진현상과 오작동을 일으키기 때문에 법으로 금지되어 있으며 이를 위반하면 항공보안법 위반으로 처벌을 받게 됨. 이러한 사례는 너무 많아 기재 불가. (항공보안법 제23조 제1항 위반, 500만원 이하의 벌금)

사례4

2012년 3월 5일 오전 8시 김포공항발 부산행 기내에서 만취상태로 탑승한 김모씨가 승무원에게 폭언, 욕설 및 신체적인 위협을 가해 항공기 지연 및 승무원 업무방해행위로 기소됨.

(항공보안법 제23조 제1항 위반, 1심에서 법정 최고형 구형)

사례5

2012년 2월 20일 오후 5시 김포공항발 제주행 비행기에 폭발물을 설치했다는 장난전화를 건데 이어 같은 날 저녁과 다음 날 오전 KTX 열차에 폭발물을 설치했다고 장난전화를 함으로써 국가정보원 요원과 공항경찰대 기동대원 등이 수색작업을 벌이고 승객들이 해당 항공기의 탑승을 포기하는 등의 큰 불편을 초래하여 기소됨. (항공보안법 제23조 위반, 1심에서 징역 2년 선고)

사례6

2013년 일본 저비용 항공사의 항공기가 인천국제공항발 오사카행 비행기에서 승객 한 명이 이륙 직전 하기하였음에도 불구하고 기내 보안검색을 실시하지 않고 출발함.

(조종사 및 객실승무원 일본 지방법원 재판회부)

사례7

2013년 4월 15일 인천공항에서 출발하여 미국 로스앤젤레스로 향하는 기내에서 라면의 질에 대한 불만족으로 불만을 제기하던 한국 포스코 상무는 잡지책으로 객실승무원의 눈두덩을 폭행하였다. (항공보안법 제23조 제1항 위반, 해당 상무 사과문 게재, 사직 및 고액벌금 부과)

사례8

2014년 3월 인천국제공항에 주기되어 있던 항공기에 폭탄을 적재하였다는 허위제보를 하고 공항 시설물에도 폭발물을 설치했다는 장난전화를 한 미성년자가 체포되어 기소됨.

(항공보안법 제45조/제48조 공항운영방해죄/운항방해정보제공죄 위반)

사례9

2014년 8월 9일 싱가포르발 인천행 항공기 내에서 싱가포르 승객이 승무원이 통로를 오갈 때 마다 치마 속 부위를 카메라로 촬영하다 적발됨. 해당 승객은 경찰에서 부인하였지만 계속되는 추궁에 결국 자백함. (항공보안법 제23조 위반, 한국입국 불가 및 추방)

사례10

2014년 9월 8일 인천국제공항발 터키 이스탄불행 항공기에서 과다음주를 한 터키 승객이 승무원의 제지에도 불구하고 계속적인 주류 요구 및 폭언, 폭행을 하였고 급기야 항공기 갤리에 들어가 주류를 요구하다 기내 보안장비인 테이저건을 맞고 기내 체포됨.

(항공보안법 제23조 제1항 위반, 터키 자국에서 귀국 직후 긴급체포)

사례11

2015년 1월 7일 인천국제공항발 샌프란시스코행 비행기 내에서 연예인 승객이 과다한 술을 마시고 기내에서 기장 사전 경고에도 불구하고 승무원 A씨의 왼쪽 팔을 잡고 휴대전화 번호와 호텔이 어딘지를 물었으며 다른 승무원에게 제지당한 뒤에도 한 차례 더 지나가던 A씨의 허리를 감싸안는 등 강제추행을 하고 다른 여승무원의 허리를 껴안는 등 소란을 부리며 주위승객을 밀쳐내는 등의 폭력을 행사한 혐의로 기소됨.

(항공법 제23조 제1항 위반, 징역 1년 집행유예 2년 성폭력 치료 프로그램 이수)

사례12

2015년 4월 17일 중국 다롄에서 선전으로 가던 여객기 안에서 앞 좌석 등받이를 너무 눕혔다며 20대 여성 2명과 50대 여성 2명이 시비가 붙었고, 상공 7,000m에서 벌어진 싸움 덕분에 결국 비행기는 장쑤성 난퉁공항에 비상착륙한 혐의로 기소됨.

(중국공안법 위반, 즉시 기소되어 중국법정 1심 최고형 부과)

사례13

2015년 12월 7일 오후 4시 35분 상하이(上海)를 출발해 미국 뉴욕으로 향할 예정이던 유나이티드 항공 UA 087편 여객기에서 한 남성이 난동을 부려 당국에 체포됐다.이 남성은 애초 비상 탈출구를 열라고 요구했고 제멋대로 자리를 바꿔 앉았으며 승무원이 이를 제지하자 고래고래 소리를 지른 것으로 전해졌다. 또한 기장의 요청에 따라 출동한 공항 보안관들이 그를 끌어내리려 하자 그는 도리어 경찰을 공격해 3명의 경찰관이 다친 것으로 전해졌다.
중국 국적자로 추정되는 이 남성의 이름은 '루융(盧勇)'으로, 미국 펜실베이니아주립대학에서 부교수로 재직 중이며 지난 8월 중국 쓰촨(四川)성 청두(成都)의 서남재경대학에 단기교수로 채용됐다. (중국공안당국에 의해 공무집행방해, 기내 난동으로 체포되어 재판 대기 중이고 대학에서 즉각 해임됨)

사례14

2015년 12월 17일 전직 권투선수 A씨는 12일 오후 7시20분경 제주행 B사 항공기에서 소주가 담긴 물병을 몰래 갖고 탑승한 후 옆 좌석 승객에게 술을 권하고, 이를 제지하는 승무원들에게 약 30분 동안 폭행과 협박을 하는 등의 난동을 부렸다.
이에 승무원들이 남성 승객들과 합세해 수갑으로 피의자를 제압한 후 김포공항 경찰대에 인계했다. (2015년 12월 24일 재판 대기 중이며 상당한 금액의 벌금/징역형이 예상됨)

사례15

2016년 12월 20일 베트남 호치민 공항에서 인천공항으로 오는 국내항공사 B737-800 비행기에서 국내 굴지의 화장품, 뷰티업종 생산회사인 두○ 물산의 대표이사 아들, 임 ○○(남, 34세)가 술에 만취해 여승무원을 발로 차고 욕설을 하였으며 말리는 승객 얼굴에 침을 뱉는 등 …… 폭력을 휘두르고 기내 난동을 피워 미국의 유명한 가수인 리처드 막스(Richard Max, 1963년생) 및 기내 정비사에게 제압당한 사건이 발생 하였다.
항공보안법 제23조 제1항 위반 구속영장이 청구되었고 항공보안법 제46조 항공기 안전운항 저해 폭행죄는 5년 이하의 징역형이 부과될 예정임. 또한 해당 항공사의 블랙리스트에 올라 영원히 탑승금지 승객이 되었다. 난동을 제압한 대한항공 기내 정비사에게는 공로표창이 수여되었다.

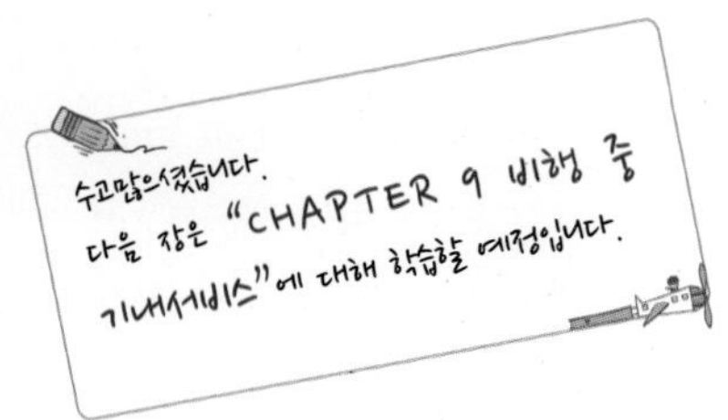

쉬어가는 Corner

비상신호(Emergency sign)와 긴급신호(Urgent sign)의 차이

- 비상신호 : 항공기 순항 중 객실 내 테러, 기내 난동, 응급환자 발생 시 운항승무원을 포함한 전 객실승무원에게 비상사태를 알리기 위한 신호
- 긴급신호 : 항공기 고도가 10,000ft 이하 비행 시 객실승무원이 항공기의 이상이나 객실 안전에 문제가 있을 때 운항승무원에게 긴급히 알리기 위한 신호

B737 긴급신호와 비상신호

1 2번 버튼을 2회 누른다.
2 2번 버튼을 3회 누른다.

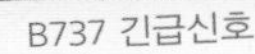
B737 긴급신호

B737 비상신호

A330 긴급신호와 비상신호

A330 비상신호	A330 긴급신호
인터폰 키보드에서 "PRIO CAPT"버튼을 누른다.	인터폰 키보드에서 CAPT, RESET, CAPT 버튼을 누른다.
모든 승무원은 비상신호를 듣는 즉시 인터폰을 들고 자신의 위치와 지시를 전달받아야 한다.	

1, 2 CAPT, RESET, CAPT 버튼을 누른다.
3 PRIO CAPT 버튼을 누른다.

A330 긴급신호

A330 비상신호

쉬어가는 Corner

B777 긴급신호와 비상신호

B777 비상신호	B777 긴급신호
5, 5 (인터폰 키패드에서 5를 2회 누른다.)	*.*(인터폰 키패드에서 *를 2회 누른다.)

1 *버튼을 2회 누른다
2 5 버튼을 2회 누른다.

B777 기종의 긴급신호

B777 기종의 비상신호

B747 긴급신호와 비상신호

B747-400 비상신호	B747 -400 긴급신호
인터폰 키패드에서 "5"버튼을 2회 누른다.	인터폰 키패드에서 "P"버튼을 2회 누른다.

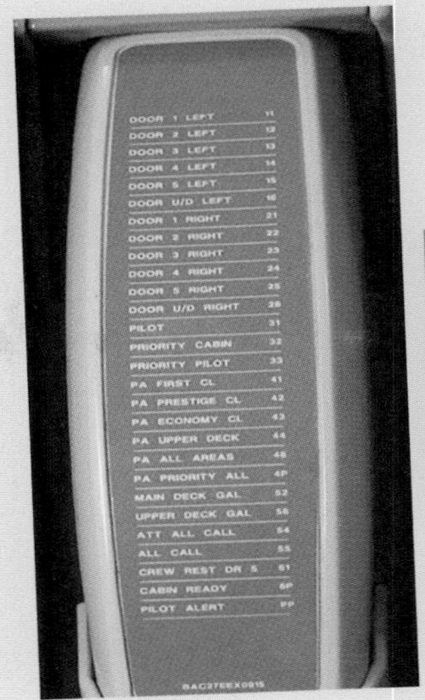

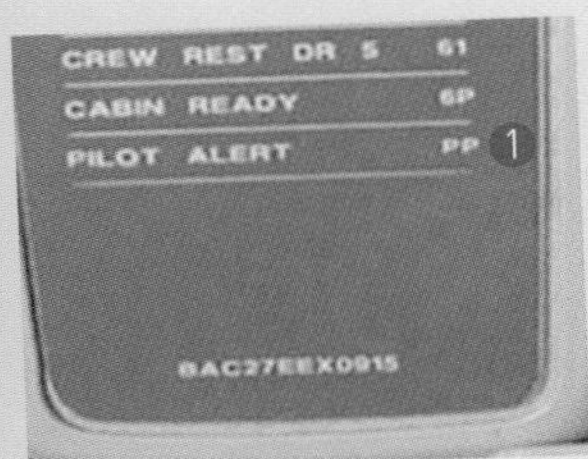

1 PP버튼을 2회 누른다.

쉬어가는 Corner

B747 8i 긴급신호와 비상신호

B747 8i 비상신호	B747 8i 긴급신호
인터폰 키패드에서 "5"버튼을 2회 누른다.	인터폰 키패드에서 "*"버튼을 2회 누른다.

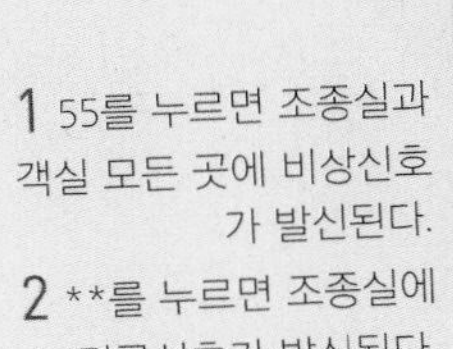
1 55를 누르면 조종실과 객실 모든 곳에 비상신호가 발신된다.
2 **를 누르면 조종실에 긴급신호가 발신된다.

747-8i 항공기 비상신호와 긴급신호

A380 긴급신호와 비상신호

A380 비상신호	A380 긴급신호
인터폰 키보드에서 "EMER" 버튼을 1초 이상 누른다. 또는 "EMER"을 누른 후 "SEND"를 누른다.	인터폰 키보드에서 "EMER" 버튼을 1초 이상 누른다. 또는 "EMER"을 누른 후 "SEND"를 누른다.

1 EMER 버튼을 1초 이상 누른다.

A380 기종의 비상신호 및 긴급신호-동일함

수행평가 퀴즈

학생들은 교수님 지시에 따라 각 Chapter 수행평가 퀴즈를 작성한 후, 절취하여 정해진 날짜까지 담당교수님에게 제출 바랍니다.

(답안지 공간 부족 경우 메모란을 활용하셔도 좋습니다.)

01 CAT에 대해 설명 하시오.

02 Turbulence 조우 시 객실승무원의 행동지침 중 Fasten Seatbelt Sign 1회 점등 시 승무원의 행동지침에 대해 적어 보시오.

03 기내업무 방해행위의 종류 7가지를 적어 보시오.

04 다음은 기내업무방해행위 처벌규정이다. 틀린 것을 고르시오.

① 욕설, 흡연, 음주, 약물, 성추행 - 500만원 이하의 벌금

② 기장의 승낙없이 조종실 출입기도 - 1000만원 이하의 벌금 또는 1년이하 징역

③ 항공기점거, 농성 - 2000만원 이하의 벌금, 또는 3년 이하의 징역

④ 승객의 안전한 여행에 위험을 초래한자 - 사형

05 비상신호와 긴급신호에 대해 설명 하시오.

memo

비행 중 기내서비스

09 Chapter

비행 중 기내서비스

1 비행 중 기내식 음료 서비스 원칙

비행 중 식음료 서비스 제공은 항공기 객실승무원이 구역별(Zone)로 역할을 수행한다. 하늘을 날고 있는 비행기 기내에서는 본 교재를 학습하는 예비승무원이 상상할 수 없을 만큼 적지 않은 고객불만이 표출되며 이를 해결하는 제일 좋은 방법은 고객불만이 발생되지 않도록 원인을 차단해야 하는 것이다. 식음료 서비스 불만의 주된 원인은 승객의 무리한 요구도 일부 작용하지만 대부분 서비스를 제공하는 승무원이 서비스 원칙을 간과하고 기내업무를 담당할 때 발생된다. 따라서 식음료 서비스를 제공하는 객실승무원

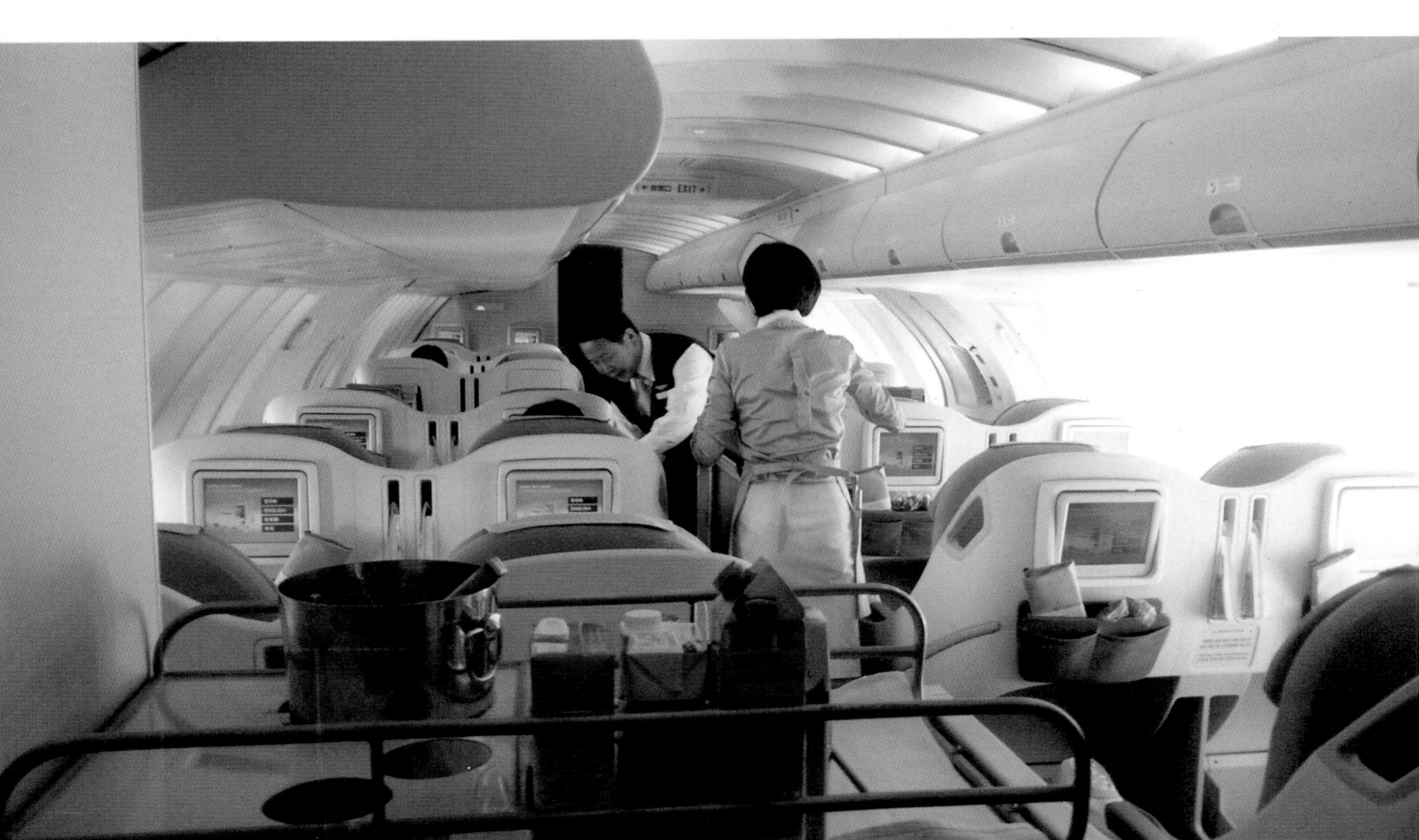

은 아래 원칙을 정확히 숙지하고 식음료 서비스를 제공해야 한다. 고객불만이 발생했을 때 항상 아쉬운 점은 서비스 제공자인 객실승무원이 식음료 서비스 원칙을 지키지 않아 발생한 경우가 대부분이었다고 생각된다. 담당승무원이 원칙을 지키지 않은 상태에서 고객불만 발생 시 이 또한 해결하기 힘든 경우가 대부분이었다. 따라서 모든 FSC(Full service carrier) 항공사가 공통으로 사용하고 있는 28가지 식음료 서비스 규정을 한 줄씩 정독하며 몸에 완전히 익도록 학습해야 한다.

서양식의 이해, 알코올음료, 비알코올음료, 와인, 칵테일, 승객국적별 선호 식음료, 기내식관련 고객불만, 오븐 및 일반석 서비스기물의 이해, 국내선 음료 서비스에 관한 자세한 사항은 다른 저서인 "기내 식음료 서비스 실무"에서 매우 상세히 다루었으니 해당 교재를 참고하도록 하자.

(1) 기내식 음료 서비스 원칙

식음료 제공

① 뜨거운 식음료는 뜨겁게, 차가운 식음료는 차갑게 제공한다.

② 뜨거운 식음료는 복도에서 따른다.

③ 뜨거운 식음료를 제공할 경우 화상에 주의하도록 안내한다.

④ 모든 식음료는 창측 승객부터 주문받고 먼저 제공한다.

⑤ 남녀 승객이 같이 앉아 있는 경우는 여성승객에게 먼저 주문받고 먼저 제공한다.

⑥ 어린이동반승객의 경우는 어린이승객에게 먼저 주문받고 먼저 제공한다.

⑦ 노인승객이 같이 앉아 있을 경우 노인승객에게 먼저 주문받고 먼저 제공한다.

⑧ 창측승객-여성승객-어린이승객-노인승객 순으로 제공한다.

⑨ 식음료를 제공할 때는 주문내용 재확인하여 착오 없도록 한다.(동명복창)

⑩ 승객과 마주보아 왼쪽 승객에게는 왼손으로, 오른쪽 승객에게는 오른손으로 제공하되 뜨겁거나 무거운 것을 제공할 때는 잡기 쉬운 편한 손으로 제공해도 무방하다.

⑪ 제복을 착용한 항공사 직원에게는 알코올성 음료를 제공하지 않는다.

⑫ 만 19세 미만 미성년 승객에게는 알코올성 음료를 제공하지 않으며 만 19세에 도달하는 해의 1월 1일을 맞이한 승객은 제외하며 미성년 확인이 필요할 경우 승객이 불쾌하지 않도록 유의하여 여권 등의 신분증 확인을 요청한다.

⑬ 기내에서 서비스로 제공한 알코올성 음료를 기내에서 마시지 않고 항공기 밖으로 반출하려는 의도를 가진 승객에게는 알코올성 음료를 제공하지 않음을 정중히 안내한다.

⑭ 기내에서 제공하지 않은 즉 승객이 외부에서 반입한 알코올성 음료는 마시지 않도록 안내한다.

⑮ 3회 이상 계속적으로 알코올성 음료를 제공받은 승객에게는 이후 매번 대화를 조심스럽게 시도하고 행동을 관찰하여야 한다. 그리고 과음으로 인한 불상사를 방지하기 위해 알코올성 음료를 제공한 승객에게 특이사항이 있을 경우 모든 객실승무원 간 정보를 공유해야 한다.

⑯ Cart로 서비스하는 경우를 제외하고는 모든 서비스 Ietm은 Tray mat를 깐 Tray에 준비하여 제공한다.(미끄럼 방지)

⑰ 모든 서비스 품목은 앞면이 보이도록 제공한다.(해당 항공사 마크가 승객을 향하도록)

⑱ Entree가 승객 앞쪽으로 놓이도록 제공한다.

⑲ Tray 또는 접시가 승객 머리 위로 지나가서는 안 된다.(손가락의 food line 침범 방지)

⑳ 창가측 또는 안쪽 승객에게 서비스 시 통로 측 승객의 자리를 침범하게 되는 경우 사전 양해를 구한다.

㉑ 음식 담는 부분에 손이 닿지 않도록 한다.

㉒ 승객이 서비스 품목을 떨어뜨렸을 경우 먼저 동일한 새 서비스 품목을 제공하고 떨어진 서비스 품목은 타올이나 칵테일냅킨을 사용하여 집어 올린 후 즉시 갤리로 가져가 치운다.

㉓ 컵을 승객에게 건낼 때에는 위생상 잔의 하단 또는 Stem 부분을 잡는다.

㉔ 음료는 승객 오른쪽에, 땅콩이나 안주는 음료 왼쪽에 놓는다.

㉕ 일반석인 경우 Meal tray 위에 제공할 때만 빼고 모든 음료 제공 시 냅킨을 제공한다.

㉖ 음료는 넘치지 않도록 잔의 7 내지 8부를 제공한다.

㉗ 어린이, 신체장애승객 및 기체요동 시 음료제공할 때는 컵의 1/3 또는 1/2만 제공하고 잠시 후 더 제공해 드리겠다는 안내를 한 다음 잠시 후 같은 양으로 제공한다.

㉘ 잔에 얼음을 넣을 때는 반드시 얼음을 먼저 넣고 음료를 따른다.

식음료 회수

① 회수는 제공한 순서와 동일한 순서로 회수하는 것을 원칙으로 하며 승객이 요구할 때는 먼저 회수하며 식사가 일찍 끝난 승객에게는 승객의 의향을 물어 먼저 회수한다.

② 식음료 회수 시에는 먼저 취식에 대한 승객의 만족도를 확인하고 반드시 회수 여부를 물어본 뒤 회수한다.

③ 통로 측 승객부터 회수하며 창 측 승객이 먼저 끝난 경우엔 통로 측 승객에게 양해를 구하고 회수한다.

④ Meal cart를 이용한 Tray 회수 시에는 Cart 상단부터 넣는다.

⑤ Meal tray 회수 시 Tray는 한 번에 한 개씩 회수하며 승객 앞에서 3~4개씩 포개어 회수하지 않는다. 단, 회수된 Tray를 운반하는 경우는 예외로 한다.

⑥ 일반석의 경우 사용한 품목을 회수 시 Tray를 이용하는 것이 원칙이나 필요 시 청결상태가 양호한 Drawer로 회수할 수 있다.(Drawer-일종의 서랍같은 형태로 카트나 캐리어박스 내 서비스용품의 보관에 사용되지만 서비스용품 회수에도 사용하고 있다. "(3) 중, 장거리노선 일반석 1st 서비스"사진을 참조하기 바란다)

⑦ 회수 시 Tray의 방향은 복도와 평행하게 긴 쪽을 잡고 회수한다.

⑧ 일반석에서는 Meal cart 상단에 잔여 타올을 준비하여 필요한 경우 승객의 Tray table을 닦아 드린다.

기내취식 불가음식

① 기내에서 승객이 개인적으로 휴대한 음식에 대해 취식 가능 여부를 문의하거나 취식하는 것을 발견하는 경우에는 기내에서 취식 불가능함을 안내하고 제지한다.

② 도시락 등 음식을 취식하는 승객에게는 변질로 인한 위생문제 및 주변승객에게 불편을 끼칠 수 있음을 안내하고 취식을 제지한다.

③ 김치, 마른오징어 및 라면 등과 같이 냄새가 강한 음식을 취식하는 승객에게는 주변승객에게 불편을 끼칠 수 있음을 안내하고 취식을 제지한다.

④ 자체 발열음식을 취식하는 승객에게는 위험물 규정 의거, 기내에서 취식 불가함을 안내하고 취식을 제지한다.

스페셜밀 및 승객보관요청

① 영, 유아식, 소아식, 종교식, 야채식, 식사조절식 등 건강 및 종교사유로 SPML을 취식해야만 되나 기내 탑재되지 않은 경우에 한해 휴대한 음식을 취식할 수 있다.

② 승객이 개인음식 또는 약품을 냉장 보관해 달라고 요청하는 경우 원칙적으로 불가함을 안내한다. 단, 당뇨병 환자 위해 특별히 제작된 펜 타입(Pen type)의 인슐린은 보관상 파손위험이 없으므로 냉장고 및 Ice drawer에 보관이 가능하다.

2 일반석 서비스 순서

FSC(Full service carrier), LCC(Low cost carrier) 항공사의 비행 패턴을 보면 단거리, 중거리, 장거리 패턴으로 나뉠 수 있으며 모든 항공사가 비행기의 회전율과 많은 승객, 짧은 구간으로 인해 수익이 많이 발생하는 단거리 노선에 집중하는 것을 볼 수 있다. 대부분의 항공사에서 단거리 노선은 2시간 내외의 비행시간을 의미하며 객실승무원 입장에서 보면 짧은 시간 내에 지상업무, 안전업무, 기내서비스업무, 면세품판매업무 등, 많은 업무를 동시에 처리해야 하므로 정확한 업무지식, 서비스 스킬(Skill)을 소지하지 않으면 같이 비행하는 동료, 탑승승객에게 적지 않은 불편을 끼칠 수 있다. 따라서 단거리 노선은 비행 전·중·후 업무로드(Work load)가 많이 발생하여 객실승무원이 매우 힘들게 생각하는 경우가 대부분이다.

단거리 노선에서 제공하는 기내식은 노선이 동일하더라도 항공사별로 차이가 있을 수 있으며 항공사 사정에 따라 전략적으로 COLD MEAL과 HOT MEAL 서비스 노선으로 나뉠 수 있고 서비스 가용시간이 장거리 노선에 비해 현저히 짧음을 감안하여 아래의 설명하는 업무를 숙지하고 사용하는 용어 및 정의를 확실히 이해하여야 한다.

비행시간별 노선 구분

노선 구분	비행시간	노선
단거리	비행시간 3시간 미만	일본, 중국 노선
중거리	비행시간 3~7시간 미만	홍콩, 동남아 노선
장거리	비행시간 7시간 이상	미주, 구주, 중동, 오세아니아 노선

시간대별 기내식 명칭

식사 시간대별 기내식 Type	기내식 제공시간
Breakfast(아침식사)	04:00~09:00
Brunch(브런치, 아침 겸 점심식사)	09:00~11:00
Lunch(점심, 중식)	11:00~14:00
Light Meal(가벼운 식사)	14:00~17:00
Dinner(석식, 저녁식사)	17:00~22:00
Supper(밤참)	22:00~24:00

(1) Cold Meal(가열하지 않은 기내식-3시간 이하 단거리)

[2019년 10월부터 KE에서는 모든 노선 땅콩서비스를 하지 않는다.]

① 서비스 순서

Cold Meal with Soup, Hot and Cold Beverage

↓

기내식 회수(Meal Tray Collection) 및 음료수 Refill

↓

Aisle Cleaning

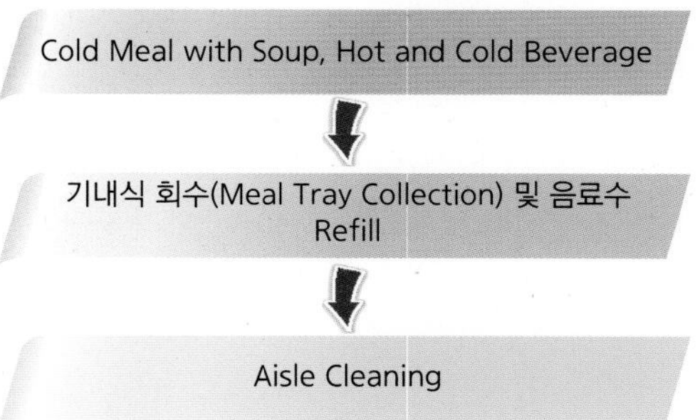

② 단거리 Cold Meal 서비스 시 주의점

가열하지 않은 식사를 제공함과 동시에 뜨거운 Miso Soup(일본식 된장국), 커피, 차 또는 음료수를 함께 서비스한다. KE에서 2019년 중반까지 1.5리터 대용량 스프라이트를 탑재,서비스하지 않았으나 하반기부터는 대용량 스프라이트를 탑재하여 제공한다.

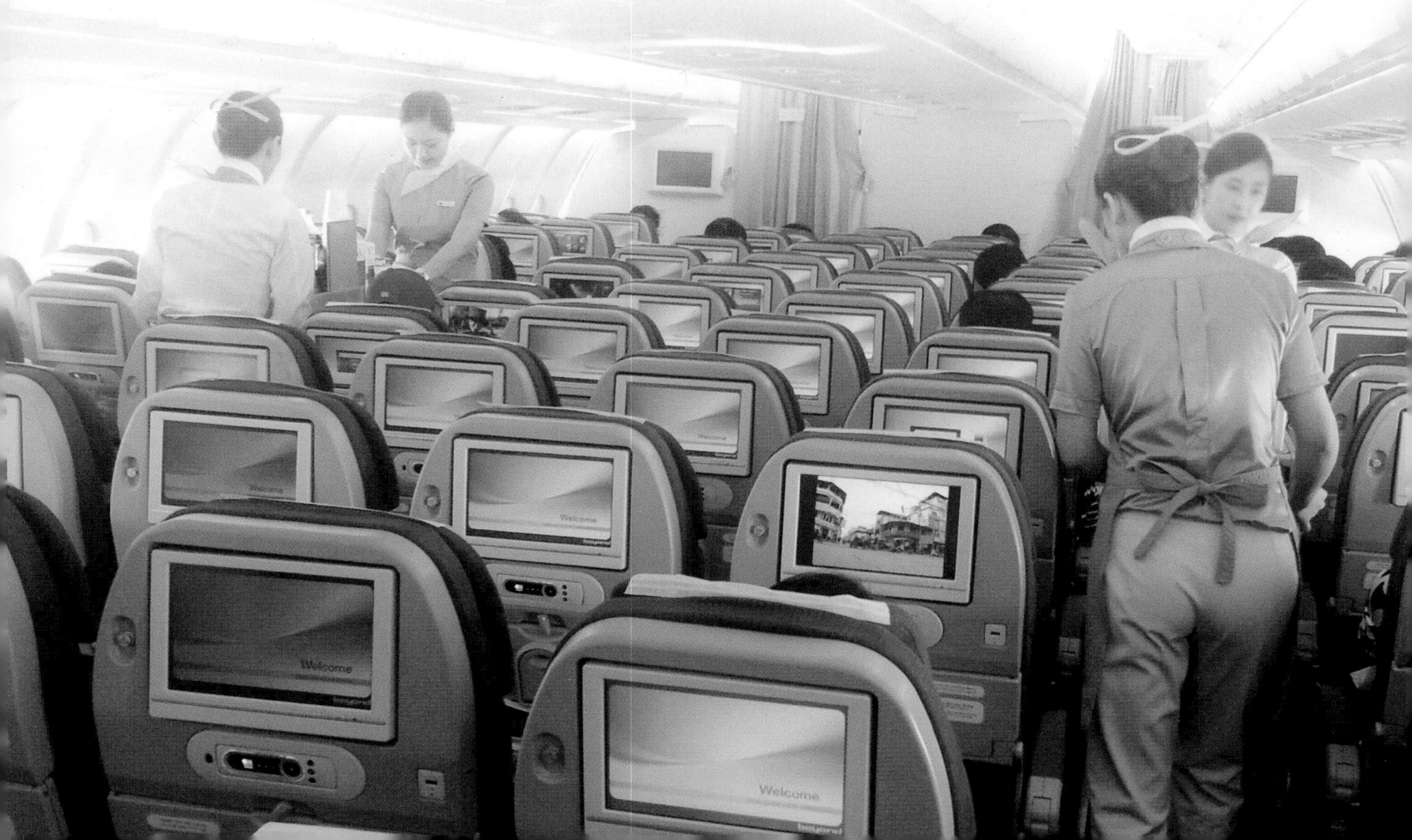

(2) Hot Meal(3시간 초과 단거리)

[2019년 10월부터 KE에서는 모든 노선 땅콩서비스를 하지 않는다.]

서비스 순서

단거리 Hot Meal 서비스 시 주의점

① 가열하여 뜨거운 식사를 제공함과 동시에 음료수를 함께 서비스한다.
② 기내식을 회수하는 과정에서 커피와 차의 Refill을 실시한다.
③ 비행시간이 짧은 관계로 Meal Skip에 각별히 유의하여야 한다.
④ 비행시간이 짧은 관계로 식사제공 시 Tray를 던지듯 놓지 말고 공손하게 서비스한다.

3 중·장거리 노선 일반석 1st 서비스

본 교재에서 일반석만을 규정하여 설명하는 이유는 현재 4년제 대학, 2년제 전문대학, 2년제 학점은행제 항공서비스과에서 학습하는 예비승무원이 항공사에 입사하게 된다면 대략 약 5~6년 동안은 일반석 근무만을 하게 되고 상위클래스로 이동하려면 이후 항공사별로 마련된 "상위클래스 서비스 특별교육"을 이수하게 된다. 따라서 상위클래스 근무까지 너무나도 충분한 시간이 있기 때문에 굳이 상위클래스에 대한 서비스절차 및 기물은 소개하지 않도록 한다.

[2019년 10월부터 KE에서는 모든 노선에서 땅콩서비스를 하지 않는다.]

중·장거리 노선은 FSC(Full service carrier)항공사가 각자 가장 자랑하고 싶어 하는 기내서비스를 제공한다. 사실 해당 항공사의 기내서비스 품질은 중·장거리 노선에서 차별화될 수 있다고 보며 승객이 항공사의 서비스 평가를 내릴 수 있는 중요한 노선이다. 따라서 FSC(Full service carrier)항공사는 허용할 수 있는 범위 내에서 항공사 자신을 가장 잘 나타낼 수 있는 기내서비스를 제공하게 되며 비교적 서비스능력이 우수한 객실승무원을 편조(Scheduling)하고, 양질의 식음료를 제공하게 된다. 다음에 설명하는 기내 식음료 서비스는 국내 대형 항공사인 KE 항공 일반석을 중심으로 하여 설명하기로 한다.

서비스 순서

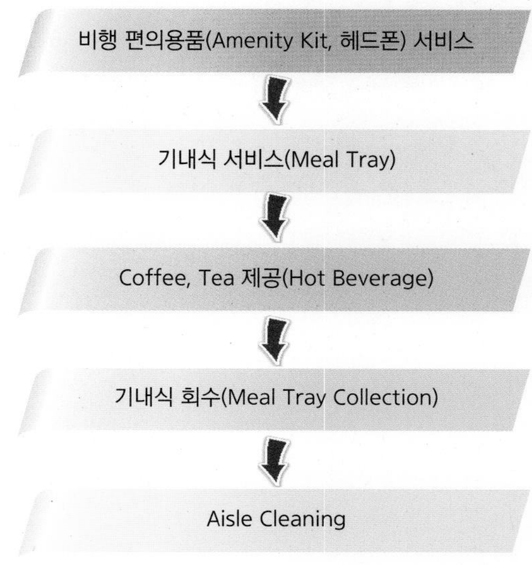

① KE에서는 중·장거리 노선에서 승객의 편의성 증대를 위해 일회용 타월, 음료, 기내식을 동시에 제공하고 있다.(2017년 3월부터 시행)

② 타월의 경우 1st SVC 시 일회용 타월이 Meal tray 위에 세팅되어 서비스되고 2nd SVC 시에는 기존의 면타월이 제공된다.

4 중·장거리 노선 Lunch, Dinner, Supper 기내식 서비스 준비

대부분의 국내 FSC(Full service carrier)항공사의 중, 장거리 서비스에서 명칭은 틀리지만 공통적으로 일반석 기내식 서비스는 ① Meal cart 상단 준비, ② Entree setting, ③ 기내식 제공, ④ 뜨거운 음료(Hot beverage) 제공, ⑤ 회수, ⑥ Aisle cleaning 순서로 진행되고 있으며 순서별로 준비요령, 주의사항, 서비스원칙에 대해 심도 있게 알아보도록 하자.

1 레드와인
2 화이트와인
3 생수
4 오렌지주스
5 플라스틱컵
6 얼음
7 콜라, 사이다
8 여분의 고추장
9 미역·된장국용 뜨거운물
10 밀카트

잘 정리된 기내식 Meal Cart 상단

(1) 기내식 Lunch, Dinner Cart 상단 준비

① 중·장거리 Lunch, Dinner, Supper Meal Cart 상단에는 화이트와인, 레드와인, 오렌지주스, 플라스틱컵, 고추장, 린넨, 소금, 후추, 서비스 스티커를 준비한다.

② 비빔밥을 서비스하는 경우에는 뜨거운 물을 Coffee Pot에 담아 서비스 직전 상단에 준비하며 Pot는 깨끗이 닦아 얼룩이 없는 청결한 상태를 유지하도록 한다.

③ 비빔밥이 제공될 경우 외국인을 위해 비빔밥 안내지를 역시 Cart 상단에 준비한다.

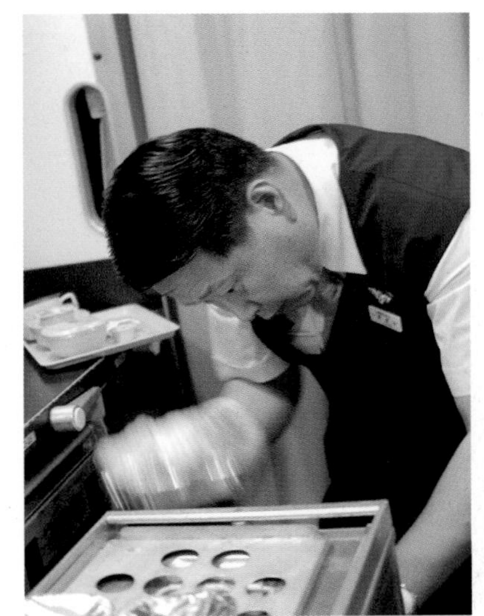

갤리에서 Entree를 오븐에서 꺼내 Meal Cart내 승객 Tray에 세팅하는 저자

(2) 기내식 Lunch, Dinner, Supper Entree Setting 시 유의사항

Entree setting이란 승객에게 제공하게 될 가열된 육류, 조류, 생선 등의 주메뉴(Main menu)를 오븐(Oven)에서 꺼내 기내식 Tray 위 지정된 곳에 올려놓는 절차를 말한다. 이러한 절차는 주로 갤리 듀티(Galley duty)로 지정받은 승무원이 시행하게 되며 객실사무장(캐빈매니저)은 비

교적 서비스 경험이 풍부한 승무원을 갤리 듀티로 지정한다.

항공기 내 모든 승무원은 갤리 듀티와 아일 듀티(Aisle duty)로 지정되어 있으며 갤리 듀티는 갤리업무, 즉 서비스를 잘 할 수 있도록 뒷받침해주는 업무이고, 아일 듀티는 승객과 대면하여 서비스를 제공하는 업무를 말한다. 일반적으로 갤리 듀티는 경력자 시니어(Senior) 승무원을 배정하고, 아일 듀티는 비경력자 주니어(Junior)승무원을 배정한다.

기내식 Entree Setting을 기다리는 Meal Cart 내부, 정면으로 보이는 하얀색 플라스틱 캐소롤 위에 오븐에서 갓 꺼낸 Entree를 넣는 기내업무를 Entree Setting이라 한다.

① 모든 Entree는 가열방법에 의거해서 뜨겁게 가열한다.

② 하절기에는 기내식 보관 위해 기내식 Cart 위에 드라이아이스가 놓일 수가 있으므로 지나친 냉동을 막기 위해 객실승무원은 탑승 후 적정시점에 제거하여 음식물이 얼지 않도록 해야 한다.

③ 가열된 Entree를 미리 세팅할 경우 승객 제공 시점에 식는 경우가 많으므로 적당한 시점에 세팅하여 지나치게 식은 기내식이 승객에게 제공되지 않도록 한다.

④ 양식에 제공되는 빵은 적절하게 가열하여 전체적으로 따뜻한 상태를 유지해야 하며 식사 서비스 제공 직전 카트 위에 세팅하여 식은 상태로 제공되지 않도록 한다.

⑤ Main Dish Setting 시에는 커튼을 잘 쳐서 승객에게 보이지 않도록 해야 한다.

1 이곳 빈 플라스틱 접시에 뜨겁게 가열한 앙뜨레를 놓는다.

1 빵을 포장한 비닐은 가열해도 녹아붙지 않는 특수비닐로 되어 있어 가열해도 무방하다.

Carrier on Box에 탑재된 일반석 양식용 빵-객실승무원은 기내식 제공 전 탑재된 빵을 오븐에 넣어 따뜻하게 Heating 해야 한다.

⑥ Entree를 포개 놓으면 모양이 변형되고 내용물이 눌리므로 포개어 놓지 않도록 한다.

⑦ Entree를 절대 갤리 바닥에 놓지 않도록 한다.

⑧ 훼손된 Entree 알루미늄 포일(Tin foil)은 완전히 제거한 후 새것으로 교환하도록 한다.

⑨ Entree를 기울이면 국물이 새어나와 지저분해지므로 기울이지 않도록 노력한다.

⑩ 냉장고가 장착된 기종에서는 Entree Setting이 끝난 Meal Cart를 보관할 때 냉기가 남아 있지 않도록 유의한다.

(3) 기내식 Lunch, Dinner, Supper 제공

기내식 제공은 승객이 제일 기다리고 설레이는 순간이라 할 수 있다. 항공기 내에서 기내식 제공은 일반적으로 객실승무원 한 명 또는 두 명으로 이루어져 기내식 밀 카트(Meal cart)를 밀고 다니며 앉아 있는 승객에게 원하는 메뉴를 안내하고 제공하게 된다. 기내식 카트는 1인용(Half cart)과 2인용 카트(Long cart)로 제작되어 있고 1인용 카트는 비교적 경력이 풍부한 시니어 승무원, 2인용 카트는 시니어와 주니어 승무원으로 배정되어 운용되며 각각 승객을 마주보는 위치에서 서비스하게 되어 있다. 2인용 카트의 경우 아래 그림에서 볼 수 있듯이 주니어 승무원이 승객을 마주보는 위치에 배정되고 시니어 승무원이 승객에게 등을 진 상태로 서비스한다. 기내식 서비스 도중 부족한 서비스 품목을 보충할 경우 갤리(Galley)에서 가까운 승무원이 갤리로 이동하여 서비스 물품을 가져오게 되어 있으나 자신의 경력을 고려하여 주니어 승무원이 자진하여 부족한 서비스 물품 보충을 전담하기도 한다.

기내식 Lunch, Dinner, Supper 제공 시 유의사항

① 일반 기내식보다 Special Meal 주문승객에게 우선 제공이 가능하도록 준비한다.

② Special Meal을 제공할 때는 주문승객을 확인하고 내용이 맞는지 재확인한다.

③ 갤리 듀티(Galley Duty) 승무원은 남은 기내식 Entree의 세팅을 완료하고 Meal Service에 가담하며 적정시점을 보아 Meal Cart 상단의 부족한 용품을 보충한다.

④ 갤리 듀티(Galley Duty) 승무원은 담당구역, 각 Aisle의 진행 여부를 관찰하고 담당구역 내 모든 승객이 동시에 같은 서비스를 받을 수 있도록 조정해야 한다.

⑤ 갤리 듀티(Galley Duty) 승무원은 Aisle 담당승무원으로부터 Meal Tray 제공완료 여부를 확인한 뒤 혹시 Meal Tray를 받지 못한 승객의 유무를 파악한다.

⑥ Meal Tray를 제공할 때는 승객의 테이블을 펴고 식사의 종류, 내용, 조리법 등을 설명드린 후 식사 주문을 받아야 한다.

⑦ Meal Cart는 승객 좌석 6열을 기준해서 중간열에 정지시키고 승객의 앞쪽에서 식사와 음료를 신속히 제공한다. 단, 1인이 혼자 서비스할 경우 3열 단위로 이동시킨다.

⑧ 와인과 기타 음료는 Meal Tray를 제공함과 동시에 주문을 받아 즉시 제공한다.

⑨ 기내식 서비스가 진행되는 동안 혹시 Skip되는 승객의 유무를 반드시 재확인하여야 한다.

⑩ 비빔밥이 제공되는 경우 Pot의 뜨거운 물을 된장국 또는 미역국의 Bowl에 즉시 부어 드리며 뜨거운 국물이 넘쳐 화상을 입지 않도록 각별한 주의를 기울인다.

⑪ 비빔밥용 국은 Meal Tray를 서비스한 후 직접 승객의 Tray위에 놓아 드리는 것이 원칙이나 안쪽, 또는 창 측 승객인 경우 의향을 물어보아 Meal Tray와 함께 제공해도 된다.

⑫ 비빔밥을 주문한 외국승객에게는 비빔밥 안내지를 동시에 제공하고 간단한 설명을 곁들여 취식이 쉽도록 한다.

⑬ 와인은 승객에게 권유하여 제공하며 기타 음료수는 원하는 승객의 위주로 제공한다.

⑭ 와인 서비스 시 와인의 흘러내림을 방지하기 위해 Wine Server를 입구에 꽂아 사용하며 Wine 서비스용 린넨을 다른 한 손에 준비한다.

⑮ 고추장은 추가로 원하는 승객에게 제공한다.

⑯ Meal Tray 제공이 끝나면 즉시 와인 Refill을 실시해야 한다.

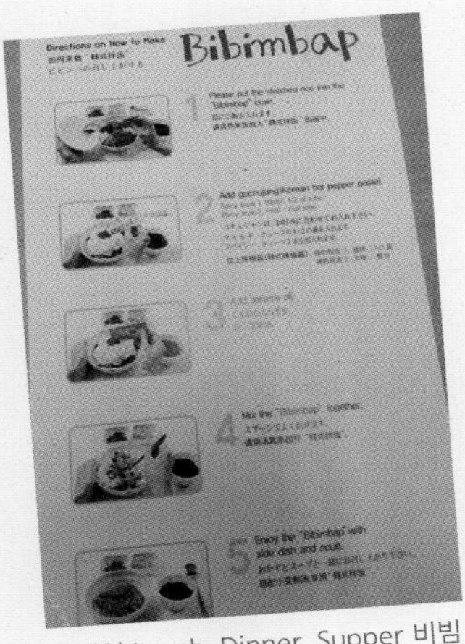

국제선 Lunch, Dinner, Supper 비빔밥 서비스 시 외국인에게 제공되는 비빔밥 안내지

(4) 기내식 Meal Choice가 안 됐을 경우 조치방법

인천공항에서 미주나 유럽으로 향하는 항공기 일반석에서 제공되는 기내식은 한식과 서양식으로 나눠고 대한항공의 경우 한식은 비빔밥(아시아나항공은 쌈밥등), 서양식은 소고기, 닭고기, 생선을 사용하여 만든다. 사실 모든 승객이 원하는 기내식 메뉴를 부족함 없이 제공하는 것이 각 항공사의 목표이지만 개인마다 취향이 다른지라 기내식 제공시점에 승객 개인의 선호를 100% 만족시키기는 사실상 불가능하다고 말하고 싶다. 물론 일반석 예약시점에 해당 편의 메뉴와 조리법을 알려주고 예약을 받으면 가능하다고 하겠지만 장소와 시간에 따라 수시로 바뀌는 개인의 선호 음식을 길면 6개월 전 빠르면 한 달이나 15일 전 미리 정해두는 것도 약간 이치에 안맞는 방법인 것 같기도 하며 그 많은 승객에게 일일이 메뉴와 조리법을 알려주고 주문을 받는 것도 정말 쉬운 방법은 아닌 것 같다. 저자도 32년간 객실 상무대우 수석사무장으로 근무하면서 쉽지 않은 업무 중에 하나가 기내식 제공시점인 것은 틀림없고 모든 승무원들이 승객의 양해를 구하며 선택받지 못한 기내식을 제공하는 노력과 인내는 겪어보지 않고는 이해하기 힘들지 않을까 한다. 따라서 원하는 기내식 메뉴를 제공받지 못하게 될 때 31년 9개월간 아래와 같은 조치를 시행하였으며 승객으로부터 매우 좋은 Feed Back을 얻었다.

① 원하는 기내식 메뉴를 선택하지 못하는 구역은 따로 있다.

항공기 Meal Choice가 잘 안 되는 날개 주변 승객의 짐을 들어주는 저자

일반적으로 일반석에서 1st 기내식을 제공하게 될 때는 일반석 제일 앞에서 뒤로, 제일 뒤에서 앞으로 진행하여 가운데서 함께 만나 끝내는 것을 원칙으로 한다. 따라서 기내식 Meal Cart가 서로 만나는 지역 부근에서 기내식 메뉴선택이 매우 어려워지며 저자의 경험상 항공기 양측 날개 쪽 부근 지역이 아닌가 생각한다.

따라서 객실승무원은 직업상 기내식 메뉴선택이 어려워지는 구역을 사전에 알고 있으므로 탑승 시부터 그 구역의 승객과 좋은 커뮤니케이션을 통해 친밀도를 높여놓는 것이 매우 필요하다 할 것이다. 이러한 친밀도는 나중 기내식 서비스 제공시점에 '보이지 않는 큰 손(Invisible Hands)'으로 작용할 수 있고 심지어 동료 일행 중

메뉴선택 못해 불평하는 승객까지도 나서서 말려줄 수 있는 '매우 긍정적인 힘'으로 다가온다.

1 이곳이 승객이 원하는 식사의 주메뉴가 제공되어야 하나 기다리시는 승객을 위해 먼저 Entree가 없는 Basic Tray를 제공하는 것을 적극 권장한다.

② 기내식 메뉴선택을 못한 승객에게는 일단 음료수나, 포도주, 그리고 Basic Meal Tray부터 제공 하여야 한다.

저자의 경험으로 본다면 모든 사람은 다른 승객이 식사를 하고 있는데 본인 Table에 아무것도 없이 무작정 기다리는 것을 무척 못참아 한다. 그때 기다리는 시간은 1분이 10분 정도로 긴 시간이라 생각하지 않을까?

Entree가 없는 Basic Tray일지라도 기본세팅되어 있는 빵과 물 그리고 디저트가 있으니 기다리는 동안 즐길 수 있다.

따라서 승무원이 승객이 원하는 기내식을 찾는 동안 음료수나 포도주, 그리고 Basic Tray를 제공하면 Meal Tray 위에 있는 식음료를 마시고 먹으면서 기다리면 약간의 시간이 지체돼도 마시고 먹는 자체로 화를 많이 누그러뜨릴 수 있다. 이러한 조치가 이루어지지 않으면 나중에 승객이 원하는 식사를 제공해도 기분이 상해 취식을 안하겠다는 승객이 대부분이고, 이는 바로 객실승무원이 제일 염려하는 고객불만으로 이어지게 되는 것이다.

일반석 Basic Tray 위에 있는 빵과 버터, 디저트, 생수, 전채요리, 후식...

③ 열심히 찾아보는 진지한 모습을 보이자.

승객이 원하는 기내식 메뉴를 어차피 제공해 드리지 못한다는 것은 웬만한 근무경력 있는 승무원은 다 아는 사실이다. 기내식은 비율에 맞추어 탑재되는데 정해진 비율을 다 썼다면 시속 1,000km로 비행하는 기내에서 어찌 만들어 내겠는가? 한두 개 정도야 할 수 있다고 생각해도 날개 부근 모든 승객의 원하는 메뉴 기내식을 만들어 내는 것은 불가능하며 어차피 다시 가서 승객의 양해를 구해 다른 종류의 기내식을 권해야 하는바, 승객의 가시권에서 다른 업무하고 있는 것보다 이리저리 구해보고 앞뒤로 왔다갔다 하면서 진지하게 찾고 있는 모습을 보면 그제서야 승객들도 마음속으로 포기를 하고 있을 것이다. 이때 다가가서 정중히 다른 기내식을 권하면 마지못해 양해하고 받아들이는 형식을 취하며 마무리할 것이다.

만일 승무원이 상기의 방법을 다 시행했는데도 승객이 선택한 기내식(한식·양식)을 계속 주장하는 경우에는

① 한식만 주장하는 경우 : 기내에 비교적 여유가 있는 햇반과 고추장 또는 라면을 권한다.

② 양식만 주장하는 경우 : 승객에게 시간적 여유에 대해 양해를 구하고 두 번째 식사 중 양식 Entree를 가열해 제공한다.

④ 간식과 두 번째 기내식의 우선 선택권을 제공한다.

첫 번째 식사가 끝나면 두 번째 식사 제공 전 간식을 제공한다. 간식의 종류는 대한항공의 경우 막걸리쌀빵, 컵라면, 마블케이크, 브라우니, 새우깡 등 여러 종류가 있는바, 간식의 종류를 말씀 드리고 개인당 한 가지씩 선호하는 간식을 미리 받아 메모해 놓으며 어차피 두 번째 식사는 처음 서비스의 반대로 제공하게 되어 제일 먼저 제공하지만 메뉴를 말씀드려 선택하게 한 후 승객 앞에서 메모하여 선제공하면 어느새 승객의 입가에 빙그레 미소가 퍼지며 만족한 표정을 짓게 된다. 기내에 없는 건 활용할 수 없지만 있는 자원을 활용할 수 있는 좋은 방법인 것이다.

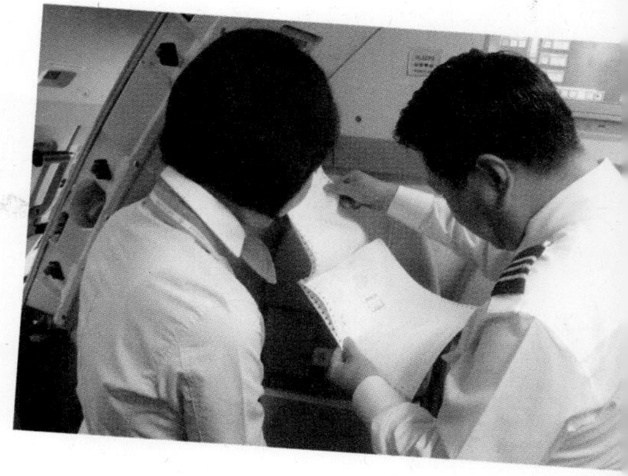

⑤ **객실사무장·캐빈매니저에게 보고한다.**

객실·캐빈에서 일어나는 모든 사항은 객실사무장·캐빈매니저에게 보고해야 하지만 특히 많은 승객에게 원하는 메뉴의 식사를 제공하지 못했을 경우 반드시 객실사무장·캐빈매니저에게 보고하여 회사에 건의하는 방식을 거쳐 비율이나 개수를 조정하는 방법을 취해야 한다. 승무원 한 개인은 이번 비행만 무사히 마치고 빠져나올 수 있지만 매일 반복되는 고객불만을 미연에 방지하고 원만한 기내식 Meal Choice를 위해 절대로 간과할 수 없는 부분이며 항공기 Approching 전 담당구역 승무원과 객실사무장·캐빈매니저가 함께 가서 기내식 서비스 시 원하시는 메뉴를 못드린 점에 대한 사과의 말씀을 드리면 거의 모든 승객이 만족하며 환한 웃음과 함께 맞아 줄 것이다.

⑥ **기타**

참고로 저자도 일반석 서비스에 많이 가담하는 편이며 듀티(Duty)배정상 홀로 서비스하는 여승무원을 돕기 위해 Meal Cart를 함께 잡고 상기의 어려움도 많이 겪었으나 오히려 기내식 Choice가 안 되어 힘들어하는 승무원들에게 저자 Meal Cart에 있는 선호 기내식을 원하는 만큼 제공하곤 했다. 저자는 경험도 풍부하고 어느 정도 나이도 들어 정중히 양해를 구하면 많은 승객들이 저자가 제공하는 기내식을 취식하곤 했으며 이후에 4번과 5번의 방법을 써서 마지막까지 신경을 쓰면 승객과의 관계가 이전보다 더 좋아지곤 했었다. 상기의 방법은 우리 항공업계에서 비행근무 시 식음료 서비스를 제공하는 객실승무원이 필수적으로 알아야 할 정보라 생각한다.

5 중·장거리 노선 Hot Beverage 서비스

Hot beverage 서비스는 일반석에서 기내식 제공 후 승객 개인별로 서비스하는 커피, 녹차, 홍차를 의미하며 조식 서비스(Breakfast service)에는 조식과 동시에 제공하고 그 외에는 기내식을 먼저 제공하고 승무원이 갤리에서 Hot beverage를 포트(Pot)에 준비한 후

비행 중 만들어지고 있는 커피

Hot Beverage는 위와 같은 Pot에 담아 제공한다.

스몰 트레이(Small tray)를 사용하여 담당구역별로 원하는 승객에게 제공한다. 일반적으로 기내에서는 주니어 승무원이 "차" 종류를 서비스하고, 시니어 승무원이 "커피"를 전담하는 제도로 시행되고 있다.

Coffee, Tea 제공(Hot Beverage)

1 일반녹차
2 프림
3 설탕
4 현미녹차
5 홍차

Hot Beberage 서비스에 사용되는 녹차, 커피크림, 설탕, 홍차를 준비한 모습

① 기내식 서비스가 끝난 후 실시한다.

② Coffee Pot, Tea Pot, Tea Bag, Sugar, 인공설탕, 레몬슬라이스를 Small Tray 위에 세팅한다.

③ Hot Beverage 서비스는 기내식 제공 순서와 동일하게 제공한다.

④ Hot Beverage를 서비스할 때에는 Small Tray를 이용하여 승객의 잔을 건네받고 통로 위에서 따른 후 설탕, 크림과 함께 제공하며 승객이 직접 집도록 한다.

⑤ Tea 제공인 경우 뜨거운 물을 먼저 드리고 Small Tray 위의 티백, 레몬슬라이스, 설탕, 크림을 집을 수 있도록 안내하며 승객의 화상방지에 신경 써야 한다.

6 중·장거리 노선 Lunch, Dinner, Supper Meal Tray 회수

식사제공, 승객의 취식, Hot beverage 서비스가 완전히 끝난 상태가 되면 승객들은 제공받은 Meal tray를 회수해가길 원한다. 이 시점에 빈 카트(Empty cart)를 객실로 가지고나가 승객 개개인에게 제공한 Meal tray를 일사일언하며 걷는 행위를 Meal tray 회수라 한다.

일사일언 : 한 가지 행동을 할 때 반드시 한 가지 말을 한다는 뜻으로 회수 시 아무말 없이 그냥가져가는 것보다 "맛있게 드셨습니까?" "더 필요하신 것은 없으신지요?" "따뜻한 차 한 잔 더 드시겠습니까"라고 말하고 회수하는 것이 훨씬 더 서비스적이다. 따라서 이러한 행위를 하는 것을 일사일언이라고 한다.

Lunch, Dinner, Supper Meal Tray 회수 시 유의사항

회수된 기내식 카트

① Hot Beverage 서비스가 완전히 끝난 후 실시한다.
② Meal Cart 상단에 생수, 주스, 플라스틱컵, 냅킨을 준비하며 사용한 컵과 캔의 회수용으로 별도의 Drawer를 준비한다.
③ 식사를 빨리 끝낸 승객의 Meal Tray는 개별적으로 회수하며 식사를 끝내고 커피나 차를 계속 드시는 승객에게는 Meal Tray 회수 후 냅킨을 컵 아래 받치도록 권유한다.
④ Meal Tray의 회수는 식사제공 순서와 동일하게 실시한다.
⑤ Meal Tray 회수 시 승객의 Table이 깨끗하지 못한 경우 준비된 냅킨, 타올로 닦아 드려야 한다.
⑥ Meal Tray를 회수할 때에는 회수한 Meal Tray를 Cart의 제일 윗부분부터 넣어야 한다.
⑦ Meal Tray 회수 시 취식에 대한 승객의 만족도를 확인하고 회수 여부를 물어본 뒤 치워 드린다.
⑧ 청결을 위한 복도 점검 시 수거하지 못한 Meal Tray가 없는지 다시 한 번 확인해야 한다.
⑨ 이 시점이 승객들이 제일 화장실 사용에 대한 욕구가 많은 시점이므로 2/3 정도 회수하면 곧바로 화장실 점검에 착수해야 한다.

1 훑어 낸 먼지나 오물은 이곳에 모이며 가득차면 쓰레기통에 버리면 된다.

내부모습

외부모습

7 중·장거리 노선 Aisle Cleaning

Aisle Cleaning(복도청결업무)이란 기내식 회수 후 담당구역의 복도에 떨어진 음식 부스러기, 쓰레기, 오물 등을 청결하게 하는 절차이며, 일반적으로 아일담당(Aisle Duty) 승무원, 즉 주니어 승무원이 담당하게 된다. Aisle Cleaning 시 부스러기나 쓰레기가 많이 발생되는 아기동반승객, 노약자 및 환자승객의 주위를 특히 신경 써서 청결하게 하여야 한다.

간혹 발생되는 고객불만 중 서비스하던 승무원이 맨손으로 바닥에 떨어진 물건이나 부스러기, 쓰레기를 주웠고 손을 닦지 않고 승객에게 서비스하여 불쾌하였다는 내용의 서신을 많이 보았다. 따라서 승객의 가시권에서 서비스하고 있는 승무원은 바닥에 떨어진 물건이나 부스러기를 회수할 경우 항상 냅킨(Napkin)을 사용하여 물건을 감싼 후 줍는 습관을 가져야 한다.

Aisle Cleaning 시 사용하는 솔 : 바닥을 문지르면 과자나 땅콩 부스러기가 솔 안쪽으로 모이고 업무가 끝난 후 뚜껑을 열고 쓰레기통에 털어 버리면 됨. 반드시 비닐 장갑을 끼고 사용한다.

갤리에 항상 비치되어있는 비닐장갑 Aisle Cleaning or LAV 정리 시 사용한다.

8 장거리 노선 In Between Snack Service(간식서비스)

In Between Snack이란 장거리 노선에서 정규 Meal 외의 시간에 제공하는 간식 개념으로서 영화상영, 승객 휴면, 기내판매 등의 시점에 제공하며 비행 중 Meal 서비스와의 적정 시간 간격을 유지하여 1st Meal과 2nd Meal 사이에 제공한다. 하지만 승객이 간식을 요청한 경우, 스낵서비스를 계획한 시점이 아니라도 즉시 제공하여야 한다.

➡ In Between Snack 제공순서

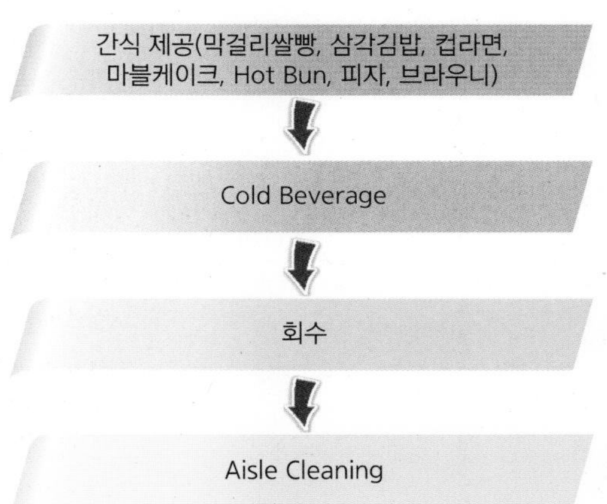

(1) In Between Snack의 종류

In Between Snack의 종류에는 핫번(Hot bun-빵안에 고기 다진 것을 넣은 것), 피자, 삼각김밥, 컵라면, 마블케이크, 브라우니, 새우깡, 바나나 등이 있다.

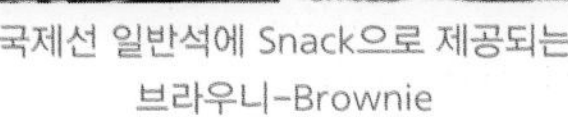
국제선 일반석에 Snack으로 제공되는 브라우니-Brownie

국제선 일반석에 Snack으로 제공되는 삼각김밥과 마블케이크

국제선 일반석에 Snack으로 제공되는 컵라면과 새우깡-새우깡은 비행 중 압력차 때문에 상당히 부피가 늘어나게 된다. 서비스 직전 깨끗한 이쑤시개 같은 뾰족한 물체로 비닐에 구멍을 조금 내주면 정상으로 돌아옴.

국제선 일반석에 Snack으로 제공되는 핫번-Hot Bun은 오븐을 이용해 따뜻하게 데워서 제공하며 빵 안쪽에 소고기가 들어 있음. 따라서 채식주의 승객, 종교적인 이유로 소고기를 취식하지 않는 승객에게는 제공하지 않는다. 국제선 일반석에 Snack으로 제공되는 바나나는 일반적으로 채식 위주의 스페셜밀을 취식했던 승객에게 제공한다.

(2) In Between Snack 준비 시 유의사항

① Heating이 필요한 Snack은 미리 Heating한다.

② Drawer(또는 Bread Basket)에 종류별 Snack과 Cocktail Napkin을 준비한다-Hot Bun, 막걸리쌀빵 등 포장이 되지 않은 Snack이 포함된 경우에는 Bread Tongs도 함께 준비한다.

③ 가열이 필요한 피자는 해동된 상태의 피자를 오븐에 넣고 약 15분 정도 가열하여 제공한다.

④ 가열한 피자는 2분 정도 식힌 후 서비스하되, 실온에서 지나치게 시간이 많이 경과하면 표면이 굳어 딱딱해지므로 유의해야 한다.

핫번

⑤ 컵라면이 제공되는 경우 나무젓가락도 동시에 준비한다.

⑥ Snack과 함께 제공할 음료를 Tray에 준비한다.

기내 일반석 탑재되는 라면 젓가락

(3) In Between Snack 제공

In Between Snack은 노선별로 차이가 있으나, 아래 사진과 같이 종류별로 Drawer나 Bread Basket에 정돈하여 냅킨과 함께 제공한다.

바나나

Snack 제공시점

① 영화 상영시, 승객 휴식 시, Walk Around 시, 기내판매 시 등에 제공한다.

② 1st 와 2nd Meal 사이 시점에 서비스하되, Meal 서비스와의 적정 시간 간격을 유지한다.

③ 승객이 간식을 개별적으로 요청하는 경우에는 사전에 계획한 시점과는 별도로 해당 승객에게 즉시 제공한다.

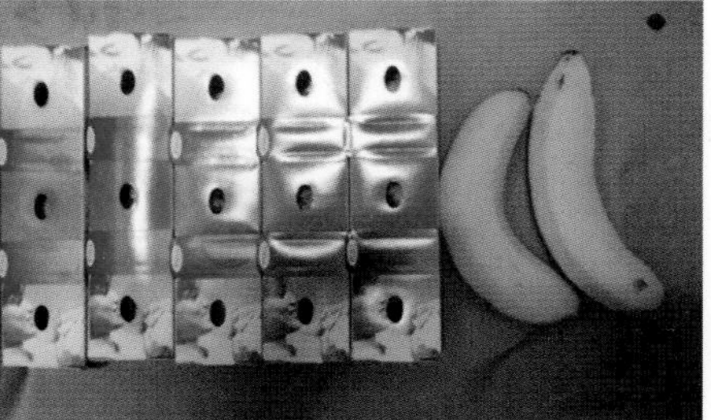
가열하여 제공하는 박스형 피자

(4) In Between Snack 제공 시 유의사항

① 승객이 자유롭게 드실 수 있도록 하며 승객이 만석인 상태에서 창가 측이나 내측에 있는 승객이 요청하면 객실승무원이 제공할 수 있다.

② 승객이 라면을 취식하는 경우 객실승무원은 용기에 뜨거운 물을 부어 제공하고 1인당 1개씩만 들고 좌석으로 돌아갈 수 있도록 권유한다.

③ 가열한 피자는 상당히 뜨거울 수 있으므로 승객에게 조심하도록 안내한다.

④ Aisle 담당 승무원은 영화 상영 시 승객 휴식 중 기내를 순회하며 준비한 음료수와 함께 제공한다.

⑤ 준비된 Snack을 Drawer(또는 Bread Basket)에 담긴 채로 승객에게 보여주며 종류를 소개하고 권한다.

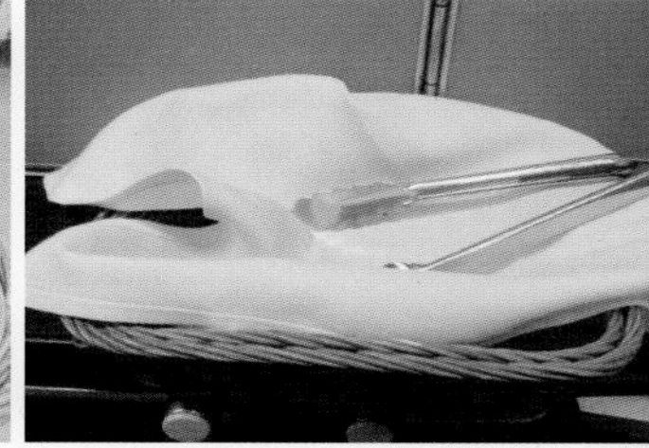

In Between Snack 서비스 시 사용하는 Bread Basket-린넨(Linnen)을 사용하여 먼저 바스켓을 감싸고 후에 In Between Snack을 넣어 서비스한다.

⑥ 승객이 직접 집도록 안내하되, 통로에서 먼 곳에 착석한 승객에게는 승무원이 Table에 Napkin과 함께 놓아드린다. 이 경우, Hot Bun 등은 Bread Tong(빵텅)을 이용한다.

⑦ Snack 제공 직후, Tray에 준비한 음료를 서비스한다.

⑧ 서비스 후 잔여 Snack은 Drawer에 담아 Self Service Corner에 준비해 두거나 승객 요청에 따라 개별 서비스한다.

⑨ 스낵의 경우 승객이 선호하는 물품을 몇 개씩 집어 뒤편 승객의 선택 시 경우의 수를 줄어들게 하는 경우가 있다. 이러한 문제를 예상하여 승무원이 승객에게 강제로 한 개씩만 집도록 하는 경우가 많이 발생하고 승객이 여러 개를 선택하면 더불어 표정도 언짢아지어 고객불만의 원인이 될 수 있다. 한 사람이 많이 집더라도 개의치 말고 부족분은 상위클래스에 문의하거나 다른 스낵을 권유하도록 해야 한다.

In Between Snack과 동시에 제공하는 음료수 Tray

⑩ 상기에서도 언급했듯이 스낵을 제공함으로써 두 번째 식사까지의 여유시간에 시장기를 느끼는 많은 승객의 불편이 줄어든 것은 명확한 사실이나 제공과정에서 의외로 적지 않은 고객불만이 발생하기도 한다. 사실 기내에 탑재되는 간식은 탑재공간상 무한정 탑재가 불가능하고 승객 대비 적정량을 계산하여 갤리공간에 탑재되기 때문에 서빙하는 객실승무원의 마음을 안타깝게 하는 원인이 되기도 한다. 유난히 많은 승객들이 한 가지 스낵만을 선택할 때 또는

많은 양을 탑재하면 문제는 해결되지만 항공기 탑재공간에 제한이 있어 곤란하며 상기의 문제는 시장기를 느낀 많은 고객의 고객불만 원인이다.

지나치게 많이 원하시는 승객이 있을 때 뒤편의 승객의 원활한 스낵 선택을 위해 제공하는 승무원이 개수를 제한하기도 하고 이러한 과정에서 표정도 조금 불편해지는 것은 사실이다. 따라서 스낵을 이용하는 승객으로 하여금 불편한 감정을 가지게 하고 이는 목적지나 한국에 도착 후 바로 고객불만으로 이어지는 것이다.

저자의 생각으로는 In Between Snack을 제공할 때 개수, 종류를 제한하지 말고 승객의 선택에 맡기며 모자랄 경우 상위클래스에 문의하거나 다른 품목으로 대체하는 등의 적극적인 서비스 자세가 요구된다.

(5) 라면 서비스 등 뜨거운 국물에 의한 화상주의

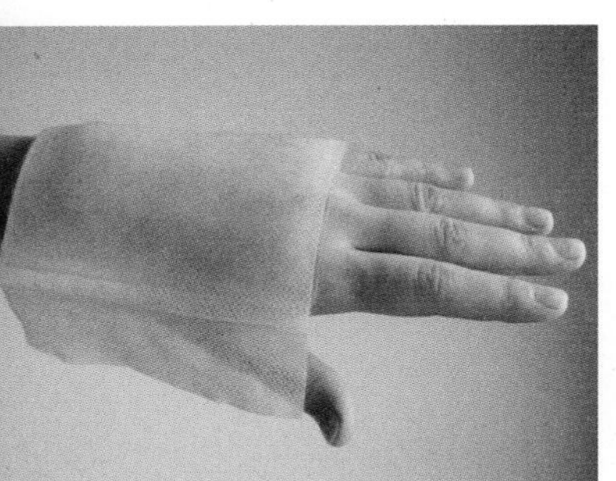
화상부위에 번텍을 도포한 모습

라면 및 기내 일반석에서 제공되는 미역국, 된장국, 커피, 녹차 등은 뜨거운 물을 부어 승객에게 제공되므로 객실승무원은 뜨거운 음료 제공 시 각별한 주의를 요한다.

2015년 8월 인천공항에서 파리로 가는 비행기에서 국내 A항공사에 전직 모델이었던 한 승객이 뜨거운 라면국물에 화상을 입어 항공사에 2억원의 민사소송을 제기하여 큰 이슈가 되었다. 뜨거운 라면 국물 등 뜨거운 물을 취급하는 승무원은 뜨거운 물 자체가 위험물이라는 생각을 가지고,

2016년부터 대한항공에서는 기존 화상처치와 달리 화상부위에 붙이기만 하면 되는 "번텍-Burn tec"이라는 제품을 기내에서 사용하고 있다.

① 승객에게 화상을 입힐 수 있으므로 집중해야 하고
② 기체요동 시에는 승객에게 미리 양해를 구하여 안정된 후 서비스 해야 한다.
③ 승무원, 승객의 실수로 뜨거운 액체를 엎질렀을 경우에는 기내 화상응급처치를 하고 필요한 경우 기내의사호출 방송을 하여 의료진의 전문치료를 받도록 한다.
④ 대한항공에서는 2017년 3월부터 뜨거운 커피 및 물로 인한 승객의 화상방지를 위해 아래와 같은 신형 커피포트(Coffee pot)을 사용하고 있다.

구형 커피포트

신형 커피포트

신형 커피포트 뚜껑 분리모습

(6) In Between Snack 회수

In Between Snack 서비스 후 기내 쓰레기가 많이 발생됨에 따라 신속히 회수하지 않으면 객실의 쾌적성이 많이 떨어지게 되고 특히 비닐 포장지 같은 물질은 승객이 잘못 밟을 시 미끄러져 상해를 입을 수 있다. 따라서 서비스 직후 준비된 Drawer를 사용하여 모든 쓰레기를 회수하여야 하고 갤리 쓰레기통이나 탑재된 In Between Snack 카트의 빈 공간을 이용하여 처리하여야 한다. 회수 시 유의사항은 아래와 같다.

① 객실승무원은 제공한 모든 In Between Snack의 잔여물을 회수해야 하며, 회수 시에는 기내의 Drawer를 이용하여 사용한 컵과 쓰레기류를 수거한다.

② 취식하고 남은 라면은 쓰레기통에 버려야 하며 갤리 내 물방수구(Water Drain)나 압축 쓰레기통(Trash Compactor)에 넣으면 안 된다.(막힘현상, 고장유발)

9 승객의복 손상 시 대처방법-Cleaning coupon 사용 절차

음료 서비스 도중 기체요동이 발생하면 즉시 기내방송을 실시하고 커피, 녹차, 라면과 같은 뜨거운 음료는 음료카트 내부에 넣어두어 승객의 안전을 도모하며 찬 음료 위주로 제공하여야 하며 승무원의 실수로 또는 기체요동으로 승객의 의복을 손상시킨 경우 즉시 사과드리고 객실사무장·캐빈매니저가 소지한 클리닝쿠폰(Cleaning coupon)을 발급해 드려야 한다.

클리닝쿠폰(Cleaning coupon)의 사용절차는 아래와 같다.

① 기체요동으로 인해 음료를 승객에게 엎질렀을 경우 즉시 사과드리고 닦아 드리며 세탁쿠폰(Cleaning Coupon)을 제공하여 승객의 불편함을 해소해야 한다. 승객이 자신의 실수로 음료수를 의복에 쏟았을 경우에도 역시 제공 가능하다.

② 세탁쿠폰을 제공 시 승객에게 마지못해 억지로 제공하는 듯한 인상을 보여서는 안 되며 기내에서 발급매수가 3매로 제한되어 있으나 그 이상의 보상이 필요한 경우

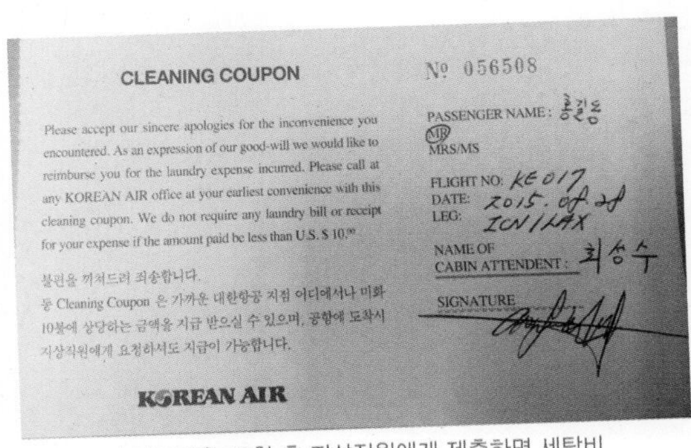

CLEANING COUPON

№ 056508

Please accept our sincere apologies for the inconvenience you encountered. As an expression of our good-will we would like to reimburse you for the laundry expense incurred. Please call at any KOREAN AIR office at your earliest convenience with this cleaning coupon. We do not require any laundry bill or receipt for your expense if the amount paid be less than U.S. $ 10.00

불편을 끼쳐드려 죄송합니다.
동 Cleaning Coupon 은 가까운 대한항공 지점 어디에서나 미화 10불에 상당하는 금액을 지급 받으실 수 있으며, 공항에 도착시 지상직원에게 요청하셔도 지급이 가능합니다.

PASSENGER NAME: 홍길동
MR/MRS/MS

FLIGHT NO: KE017
DATE: 2015.
LEG: ICN/LAX

NAME OF CABIN ATTENDENT: 최승수

SIGNATURE

KOREAN AIR

승객보관용-도착 후 지상직원에게 제출하면 세탁비 일정금액 제공

1 성별표시
2 피해승객이름
3 비행편수, 날짜, 구간
4 작성한 승무원 이름
5 승무원이 회사에 제출하는 부분
6 쿠폰번호
7 피해승객이름
8 작성한 승무원 이름
9 승객이 비행 중 소지하였다가 도착 후 제시하는 부분

CLEANING COUPON

PASSENGER NAME: 홍길동 ②
MR ①
MRS/MS

FLIGHT NO: KE 017
DATE: 2015. 08. 28 ③
LEG: ICN / LAX
④ NAME OF
CABIN ATTENDENT

№ 056508 ⑤

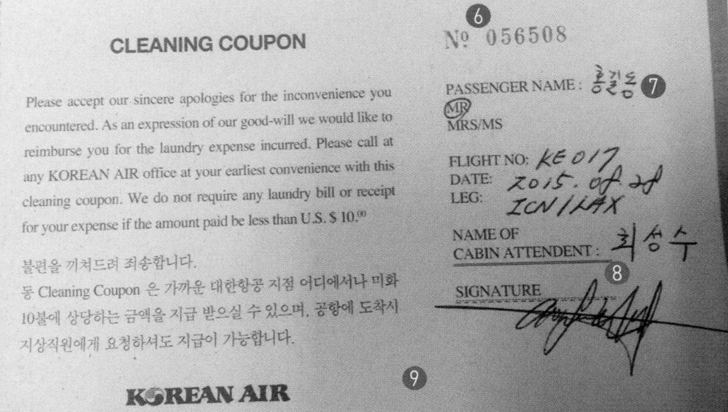

CLEANING COUPON

Please accept our sincere apologies for the inconvenience you encountered. As an expression of our good-will we would like to reimburse you for the laundry expense incurred. Please call at any KOREAN AIR office at your earliest convenience with this cleaning coupon. We do not require any laundry bill or receipt for your expense if the amount paid be less than U.S. $ 10.

불편을 끼쳐드려 죄송합니다.
동 Cleaning Coupon 은 가까운 대한항공 지점 어디에서나 미화 10불에 상당하는 금액을 지급 받으실 수 있으며, 공항에 도착시 지상직원에게 요청하셔도 지급이 가능합니다.

KOREAN AIR ⑨

⑥ № 056508

PASSENGER NAME: 홍길동 ⑦
MR
MRS/MS

FLIGHT NO: KE 017
DATE: 2015. 08. 28
LEG: ICN / LAX

NAME OF
CABIN ATTENDANT: 최성수 ⑧

SIGNATURE

클리닝쿠폰-국제선 국내선 공용

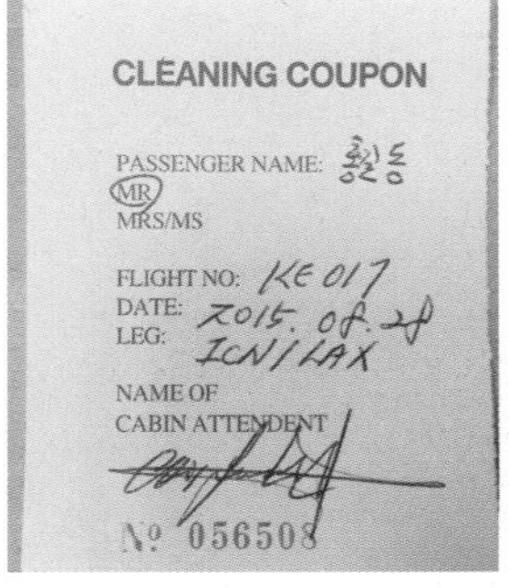

CLEANING COUPON

PASSENGER NAME: 홍길동
MR
MRS/MS

FLIGHT NO: KE 017
DATE: 2015. 08. 28
LEG: ICN / LAX

NAME OF
CABIN ATTENDENT

№ 056508

회사제출용

조종실을 통해 해당 공항에 통보하고 지상직원에게 피해승객을 인도하여 적절한 보상을 받도록 유도한다. 따라서 상기 사항이 발생하면 수습 후 즉시 조종실에 연락하여 해당 지점에 세탁비를 준비하도록 해야 한다.

③ 항공사에서는 승무원이 기내에서 개인의 현물, 현금을 사용하여 승객에게 보상하는 것을 엄격히 금지하고 있으며 승객이 기내 서비스 감사표시로 제공하는 후의(팁, Tip)를 수수하는 행위 역시 금지하고 있다.

④ 클리닝쿠폰 중 절취부분은 승객에게 전달하고 승객은 목적지 도착 후 기내 연락으로 대기하고 있던 지상직원으로부터 해당 국가별 화폐로 봉투에 준비한 세탁비를 수령하게 되고 해당 승무원은 나머지 부분을 가지고 있다가 서울 도착 후 회사에 보고하기만 하면 된다.

A380　　A330-200ER

기내 영화, 음악을 조절할 수 있는 비디오 조절장치

10 기내 오락물 제공하기

기내 오락물이란 승객이 목적지까지 비행하는 동안 기내식을 제외한 비행 중 사용하는 모든 장치를 의미하며 "영화, 음악, 게임, 에어쇼" 등의 엔터테인먼트를 총칭한다. 기내 오락물 운영 및 관리는 객실사무장/캐빈매니저가 담당하며 비디오 조절장치가 위치한 최선임 승무원이 보조를 할 수 있다. 기내 오락물 의 상영시간은 이륙 후 항공기가 정상 고도를 취한 시점부터 도착

B777　　영화 시청을 위한 비상구열 모니터　　상위클래스 모니터

전 기장의 안내방송 후 헤드폰 수거시점까지 상영한다.

(1) 기내영화(In Flight Movie)

AVOD(Audio Video on Demand) 시스템이 갖추어진 항공기는 국내선 구간을 제외하고 모든 비행구간에서 영화 및 단편물 시청이 가능하고 AVOD 내 상영물의 교체주기는 항공사별로 차이가 있으나 일반적으로 영화는 3~6개월, 단편물은 3개월, 시사·스포츠·드라마는 매월, 최신가요는 매월, 기타 음악은 2개월 단위로 교체한다.

(2) IFE 시스템(In Flight Entertainment)

기내에서 승객이 즐길 수 있도록 제공되는 오락물을 총칭하는 용어로서 기내에서 서비스되는 영화, 국내외 NEWS, 음악, 단편물, 게임 등의 영상매체와 기내지, 잡지, 신문 등의 인쇄매체를 제공한다.

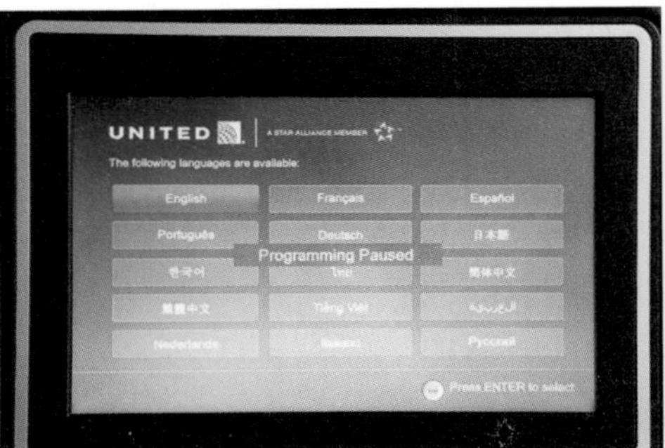

A380 영화상영 초기화면, 언어선택을 먼저 눌러야 한다.

(3) AVOD 시스템(Audio Video on Demand)

주문형 기내오락 시스템으로 승객이 원하는 시점에서 오디오, 비디오 내용들을 불러와 재생, 일시정지, 앞으로 감기, 뒤로 감기, 영화 시청하던 부분에서 다시 시청하기 등이 가능한 시스템을 말하며 요즘 제작되는 모든 항공기에는 승객에 대한 기내 서비스 강화 면에서 대부분 AVOD 시스템이 장착되어 있다.

(4) IVS 시스템(Individual Video System)

승객 개인용 비디오 시스템으로 승객 각 좌석에 설치된 개인용 모니터 화면을 통해 영상 서비스를 제공하는 시설을 말한다.

(5) 기내영화 선정기준

- 선정성, 음란성이 강하지 않아 온 가족이 볼 수 있는 영화
- 오락성을 중시하는 영화
- 상영시간이 너무 길지 않고 적당한 영화
- 지나친 폭력물, 전쟁, 재난 등 불안감을 조성하지 않는 영화

(6) 기내영화의 등급설정

등급기준은 예술성보다는 선정적인 부분의 묘사 양식에 중점을 둔다. 영화등급 기준을 마련한 것은 성장기에 있는 청소년들을 선정적인 영화들로부터 보호하기 위한 목적을 갖고 있다. 미국에서 영화등급 심사위원회는 영화인협회, 영화관협회, 시민단체 등으로 구성되어 있다. 미국에서는 영화등급을 크게 G급과 PG급, R급, X급의 4가지로 구분한다. G급(general audience)은 관람연령에 제한을 두지 않는 영화이며, PG급(parental guidance)은 관람객의 연령에 제한은 없으나 자녀들은 부모의 허락을 받아야 한다. R급(restricted, under 17s require accompanying parent of guardian)은 17세 이하의 청소년이 관람하게 될 경우 반드시 부모 또는 보호자의 동반하에 관람할 수 있는 영화이며, X급(none under 17 admitted)은 17세 이하의 청소년은 절대로 관람을 허용하지 않는 영화이다. 특히 X급의 영화는 청소년의 정서 활동을 매우 해치는 지극히 선정적인 내용들로 구성되어 있다.

- G (general audience) : 어린이를 포함하여 모든 승객이 감상할 수 있는 영화(한국 연령 기준)
- PG (parental guidance) : 12세 이상 관람 가능
- PG13 (parental guidance over 13) : 15세 이상 관람 가능
- R (restricted, under 17s require accompanying parent of guardian) : 19세 이상 관람 가능
- X (none under 17 admitted) : 기내에서는 상영하지 않는 성인용 영화

기내 클래식 영화는 6개월 주기로 전량 교체되며 할리우드 영화, 한국, 일본, 중국 및 유럽영화, 단편물은 3개월마다 교체되고 시사, 스포츠, 드라마, 최신가요의 단편물은 매월 교체된다. 요즘 최신형 항공기에서 AVOD를 서비스하는 항공사에서 영화상영 시간은 특별하게 지정되지 않았지만 일반적으로 식사와 기내면세품 판매가 끝난 시점부터 승객들이 본격적으로 영화를 감상하기 시작하며 이때부터 기내창문과 객실조명을 단계별로 조절할 수 있다.

기내음악 청취 가이드

단거리 노선용 이어폰

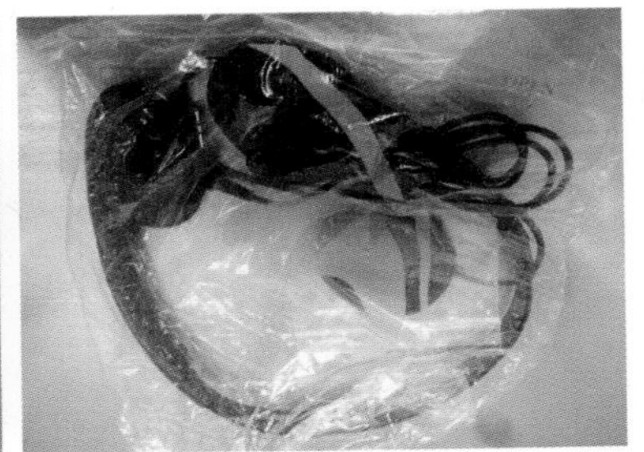
장거리 노선용 헤드폰

11 기내음악(In Flight Music)

기내음악은 보딩뮤직과 IN Flight Seat Music으로 구분되며 AVOD System이 장착되어있는 비행기인 경우 클래식, 팝송, 재즈, 세계음악, 각종 테마음악, 한국가요 등 여러 가지 장르의 음악을 승객이 원하는 대로 선택하여 청취 가능하며 기내음악의 교체시기는 항공사별로 차이가 있지만 일반적으로 1~2개월 사이에 교체한다.

(1) 기내음악의 선곡기준

보통 항공기는 8개 채널을 갖고 있으나 최근에 출시되고 있는 신형기에는 16개 채널이 있다. 기내음악은 보통 한 두 달을 주기로 교체하고 있다. 그런데 항공기가 막 움직이기 시작했을 때 듣고 있던 음악이나 비디오의 소리가 약간 커지는 걸 느낄 수 있는데 이것은 비행기의 엔진이 정상 회전을 시작했을 때에 오디오의 음량이 약간 커지도록 설계되어 있기 때문이다. 또한 일반적으로 안내방송을 실시할 때는 음악이 중단되도록 시스템화되어 있다. 2년 전에 가수 테이(Tei)가 대한항공의 기내방송 음악 프로그램 진행을 맡았다 해서 화제가 됐었는데 기내음악도 이젠 경쟁 선점시대로 다가온 느낌이다.

① 승객의 국적, 성별, 연령별 승객 분포 감안
② 유명한 음악가와 가수의 기념 이벤트
③ 사회적으로 명성 있는 음악가나 가수의 음악 반영
④ 노동가요, 전투가요 등 부정적 이미지의 음악 제외
⑤ 기내소음 감안 저음역대 위주 음악 배제
⑥ 계절기준을 반영하고 음울한 분위기 음악은 제외

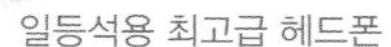

일등석용 최고급 헤드폰

일반석 헤드폰 꽂는 곳

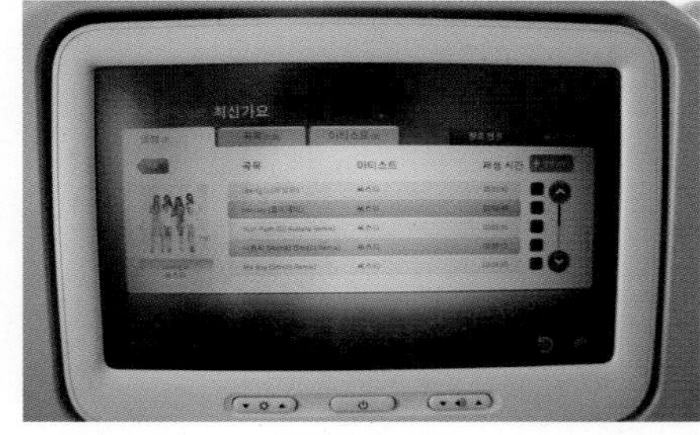

음악 장르 소개

12 Airshow(Moving Map)

(1) 에어쇼(Airshow)란?

에어쇼란 비행 중 승객에게 해당 편의 비행에 관련된 각종 정보를 제공하는 시스템으로 승객이 탑승한 비행기의 비행속도, 고도, 현재위치, 목적지까지의 거리와 남은 시간, 현지시간 및 온도 등에 관한 정보를 제공하며 AVOD System이 장착되지 않는 비행기는 메인스크린으로, AVOD System이 장착된 비행기는 이륙 전 승객 탑승 시부터 착륙 후 항공기 완전 정지 시까지 상영한다.

마드리드·인천공항 구간 에어쇼

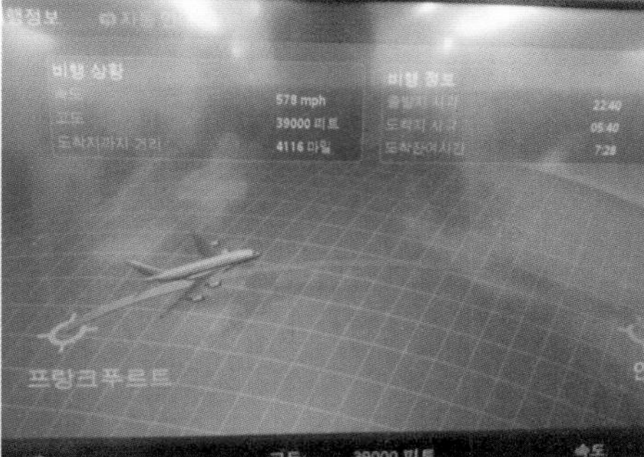

독일 프랑크푸르트·인천공항 구간 에어쇼

이러한 에어쇼 시스템은 조종실 프로그램과 연동 되므로 승객이나 승무원이 시간을 바꾸거나 위치를 바꾸는 설정을 할 수 없게 되어 있다.

13 화장실(Lavatory) 점검하기

객실승무원은 비행 중 화장실 내부 시설물의 고장 여부와 청결상태를 수시로 점검 해야 하며 고장난 화장실은 더 이상 사용하지 않도록 외부에서 잠그고 화장실문에 '수리중'(Repair Tag)이라는 표식을 부착하여야 한다.

화장실은 개별 소모품을 제일 많이 필요로 하는 곳이므로 비행 전, 비행 중 식사 서비스 직후, 승객 휴식, 착륙 전 매 30분마다 반드시 점검하여 필요한 물품과 청결상태를 유지해야 한다. 화장실 점검하는 승무원은 위생적인 측면을 고려하여 갤리에 비치되어 있는 비닐장갑과 방향제를 이용한다.

A380 LAVATORY

B777 LAVATORY

A330 LAVATORY

(1) 화장실 점검항목

① 세면대(Water Basin), 변기(Toilet Bowl), 물내림장치(Flushing Botton) 상태 확인 및 위험물질 탑재 여부 점검

② 컴파트먼트(Compartment) '잠금'상태 확인

③ 연기감지기(Smoke Detector) 위치, 작동상태 확인

화장실 경고문

사용가능표시

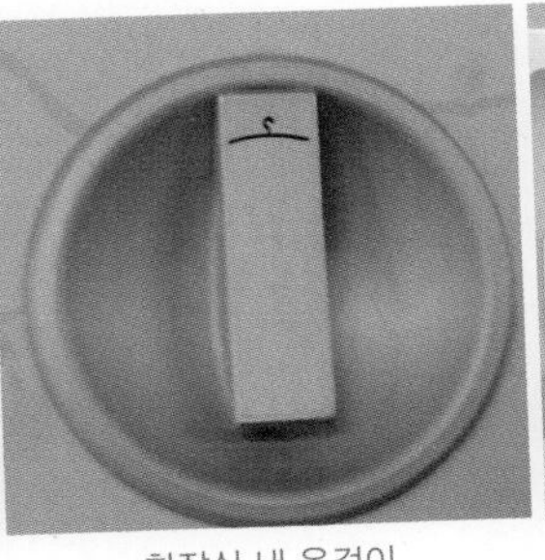

화장실 내 옷걸이

Repair Tag

(2) 화장실 용품 점검항목

① 화장지, 두루마리화장지(Roll Paper), 종이타올(Hand paper towel), 3온스컵(3oz cup), 일회용 변기커버(Toilet Seat Cover)

② 스킨, 로션, 향수, 빗, 칫솔, 면도기, 생리대, 구강청정제

(3) 화장실 세팅

① 승객 탑승 전 화장실 용품이 충분히 탑재되었는지 점검한다.

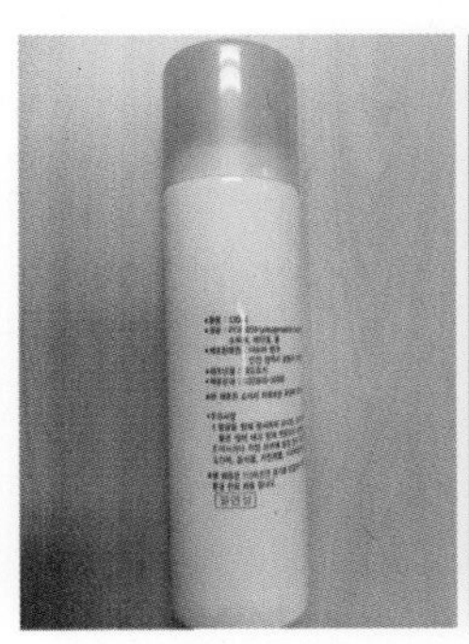

화장실 방향제 스프레이

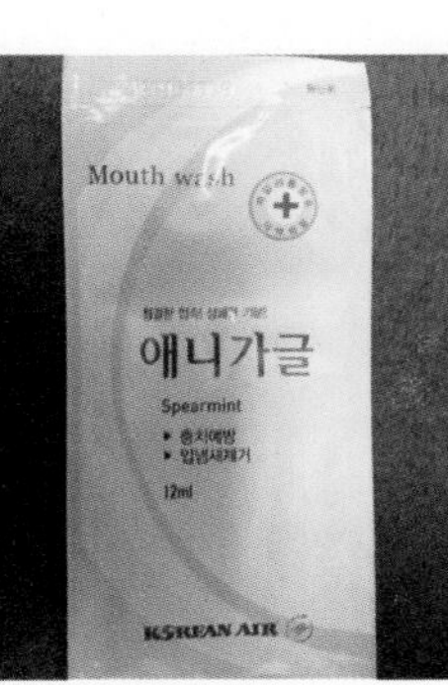

구강청정제

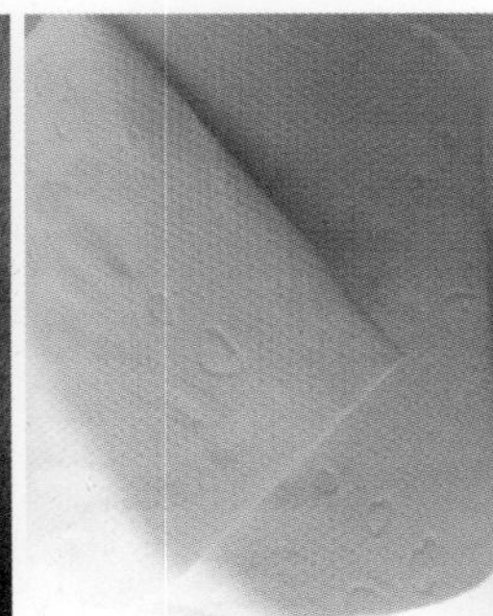

Roll paper 접는 방법

1 로션의 노브(Knob)

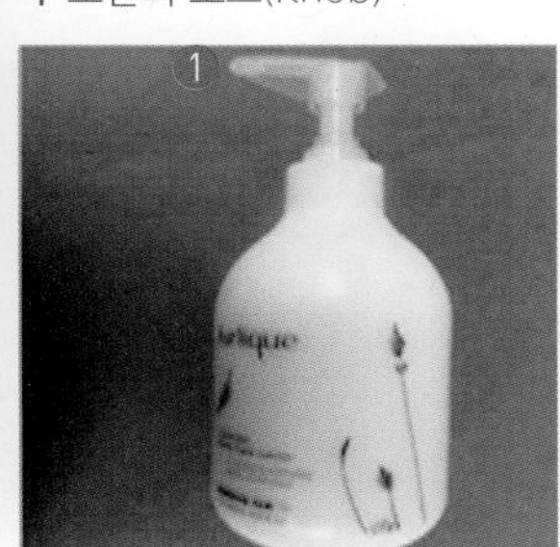

Knob

두루마리휴지 Roll paper

② 화장실 컴파트먼트(Compartment) 내 여분의 비품 및 용품이 충분한지 점검한다.

③ 스킨(Skin), 로션(Lotion)은 뚜껑을 열어 로고(Logo:항공사 표식)를 앞쪽으로 오게 하고 입구를 열림 상태로 돌려 놓는다.

④ 두루마리화장지(Roll Paper)는 사용하기 쉽도록 끝쪽을 앞으로 하여 삼각형으로 접어두며 뽑아 쓰기 쉽게 미리 한 장을 반 장정도 뽑아 놓는다.

⑤ 액체비누(Liquid Soap)는 노브(Knob)를 눌러보아 비누잔량이 충분한지 확인한다.

⑥ 화장실 용품은 정해진 위치에 가지런히 정돈해 놓고 비행 중 청결이 유지되도록 한다.

⑦ 기내식 서비스 후 객실승무원은 해당 클래스 화장실에 지상에서 준비한 칫솔세트를 세팅(Setting)한다.

⑧ 화장실 비품은 승객 탑승 전부터 하기 시까지 항상 비치되도록 지속적으로 보충한다.

승객의 가시권에서 승무원이 비닐장갑을 사용하지 않고 맨손으로 화장실 점검을 실시하는 것을 승객이 보게 되면 위생상 문제를 제기할 수 있어 반드시 비닐장갑을 끼고 점검해야 한다.

(4) 비행 중 화장실 점검요령

① 화장실은 항상 청결하게 유지되도록 수시로 점검한다.

② 화장실 주변 통로를 수시로 청소하여 청결유지한다.

③ 화장실 점검은 화장실 문을 연 상태로 비닐장갑을 끼고 점검한다.

④ 화장실 내부 점검이 끝난 후 방향제를 스프레이한다.

⑤ 화장실이 사용불능 상태가 되면 외부에서 문을 잠가놓고 상기의 "고장"을 의미하는 표식(Tag)을 붙여야 한다.

⑥ 화장실 내 절대 금연 규정을 준수하며 비행 중 화장실에서 흡연하는 승객이 있는지 수시로 점검한다.

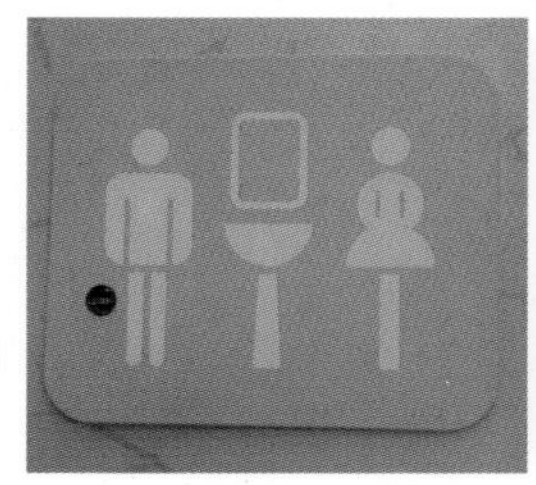
사용 중인 화장실

사용 가능한 화장실

화장실에서 도움이 필요하면 승무원 표시 버튼을 누른다.

화장지 접는 방법-처음 사용하는 승객이 쉽게 꺼내 쓸 수 있도록 삼각형 모양을 유지한다.

⑦ 승객이 화장실에서 흡연하기 위해 "연기감지기(Smoke detector)를 젖은 휴지나 양치컵으로 막아놓았을 경우를 대비하여 화장실 점검 마지막 단계에서 천장에 설치되어 있는 연기감지기의 작동상태를 확인한다.

14 면세품 판매하기

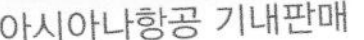
아시아나항공 기내판매

대한항공 기내판매

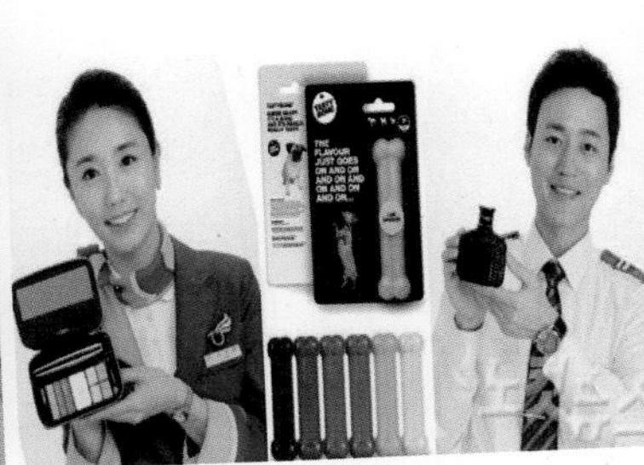
에어부산 기내판매

싱가폴항공 기내판매

제주항공 기내판매

중국항공 기내판매

일본 피치항공 기내판매

이스타항공 기내판매

(1) 기내판매(In flight duty free sales)란?

아시아나항공 기내면세품 사전 주문서 홍보문

이륙 후 기내의 모든 식음료 서비스 후 승객의 편의를 위해 기내 객실승무원이 면세품을 판매하고 있으며 판매하는 면세품 판매행위(Duty Free Sales)를 기내판매라고 한다. 기내면세품 판매는 다른 일반 판매에 비해 수익이 높은 것으로 알려져 있다. 항공사 별로 차이가 있지만 ① 카트를 이용한 판매와 ② 승객의 Order Base로

기내면세품 판매 시작을 알리는 기내 안내방송

안내 말씀 드리겠습니다.

손님 여러분, ○○○○ 항공에서는 손님 여러분의 편리한 쇼핑을 위해 우수한 품질의 다양한 면세품들을 일반 면세점보다 저렴한 환율로 판매하고 있습니다. 구입을 원하시는 손님께서는 판매카트가 지나갈 때 말씀해 주시기 바랍니다. 또한 000국가에서 환승하시는 손님 중에 액체류를 구입하시기 원하시는 분은 승무원에게 문의하시거나 기내 안내지를 참고하시기 바랍니다.

Ladies and gentlemen./

Our in flight duty free sales have started /and you may now purchase duty free items /or order items for your return flight.

Passengers transferring from ○○○ /should contact with cabin crew /when purchasing duty free liquor items./

For more information, /please refer to ○○○○ magazine in your seat pocket./

If you need any assistance, /our cabin crew is happy to help you./

면세품 카트마다 면세품 판매담당 2명과 면세품 물건 운반담당 1명 총 3명씩 구성된다. 신입 승무원으로 입사하게 되면 제일 먼저 면세품 물건운반담당으로 지정되어 면세품 판매 중 카트에 없고 갤리(Galley) 내 보관되어 있는 면세품을 가져오는 업무를 담당한다.

판매하는 형태가 있으며 매 비행마다 기내면세품 판매를 담당하는 승무원을 지정하여 기내면세품의 인계부터 도착 후 기내판매대금 입금까지 모든 절차를 수행하도록 하고 있다.

일반적으로 국내 항공사에서는 비행경력 3~5년 정도의 승무원을 기내판매담당 승무원으로 배정하고 있으며, 기내판매 카트는 항공기별로 차이를 두어 운영하고 한 카트당 3명의 승무원이 배정받게 된다.

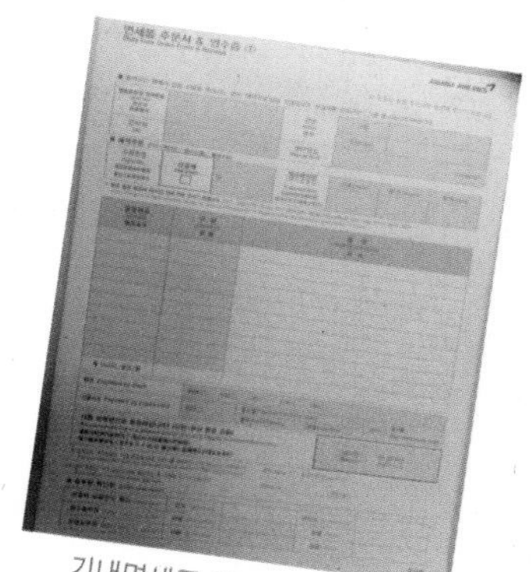

기내면세품 사전예약주문서 내용

기내면세품 판매준비된 카트

기내비치용 기내면세품 안내책자

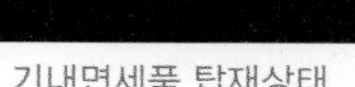

기내면세품 탑재상태

기내면세품 탑재

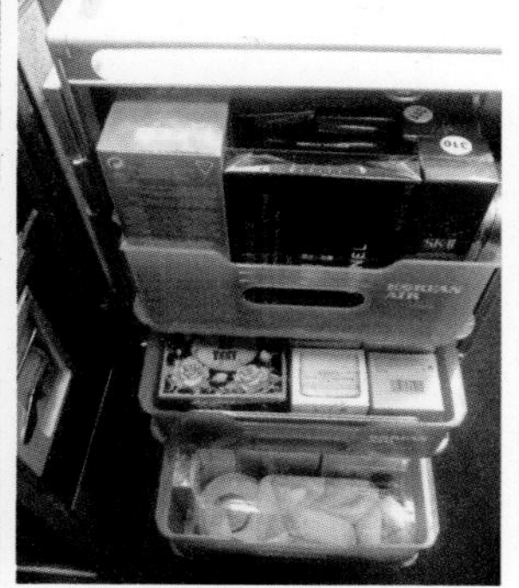

기내면세품 카트 내 탑재

기내면세품 사전주문서를 제대로 인계인수하지 않아 많은 승객으로부터 불만이 접수되고 있으며 제출용과 승객보관용을 구분하여 인계한다.

(2) 기내판매담당 승무원의 임무

① 항공기 출발 전 기내판매 잔돈 수령, 판매승무원용 조견표, 기내판매 거스름용 잔돈 및 머니백(Money Bag)을 수령한다.

② 객실브리핑 시 해당 편 승무원에게 판매 당일 적용 기내환율, 노선별 특이한 기내판매 업무사항을 알려준다.

③ 항공기 도착 후 객실승무원들이 항공기에 들어오기 전 기내에 탑재해 놓은 기내판매용 면세품 및 판매장비를 담당 조업원으로부터 인수한다.

④ 해당 편 비행 중 기내판매 기준에 따라 기내판매를 담당한다.

승무원용 기내면세품 판매 조견표

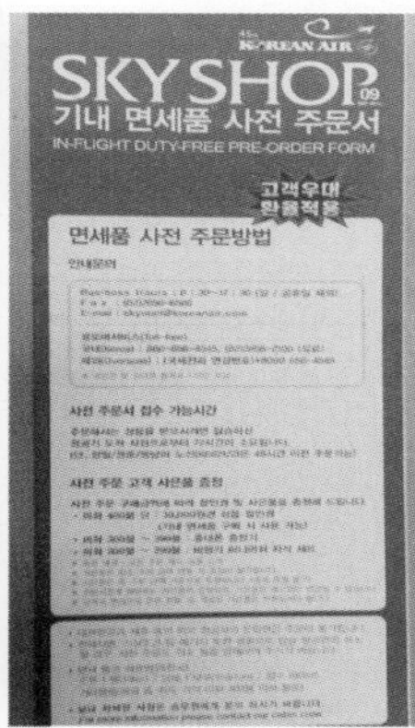

기내면세품 사전주문서

⑤ 미국 등 기내판매품에 대한 세관보고서가 필요할 경우 출력하고 제출하는 업무를 담당한다.

⑥ 해외 도착 후 기내판매 대금 및 인수·인계용 서류를 다음 팀에게 인계한다.

⑦ 해외에서 출발 시 항공기를 인계한 기내판매 담당 승무원으로부터 인계받은 면세품의 보관상태, 기내판매 대금, 면세품 개수가 정확한지 파악하여 객실사무장·캐빈매니저에게 보고한다.

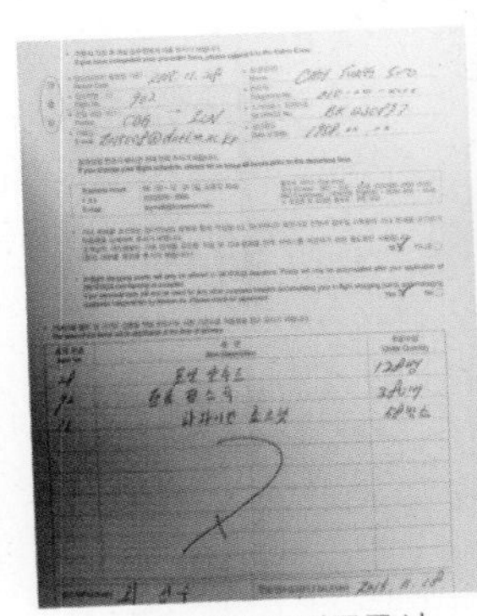

기내면세품사전주문서

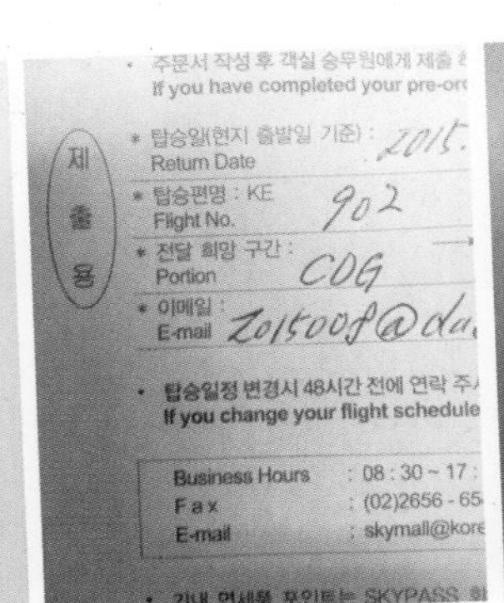

회사제출용

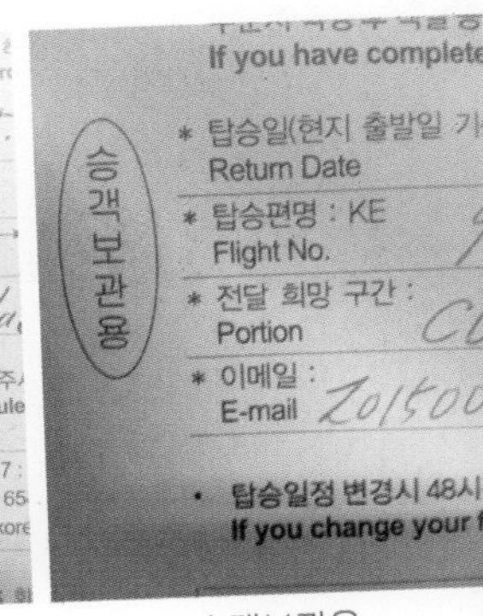

승객보관용

대한항공의 경우 기내면세품 판매용 잔돈은 2014년까지 출발 시 기내면세품 담당 승무원이 인천공항 소재 은행에서 수령하였으나 2015년부터는 승무원 대기실에 있는 은행에서 수령하며 항공기 출발 후 다시 인천공항으로 돌아올 때까지 전 구간 사용한다. 원화, 달러, 엔화, 유로화, 위안화 잔돈으로 구성되어 있고 인천공항 도착 시 잔돈이 아닌 같은 액수의 지폐금액만 반납하면 된다.

⑧ 인천공항 도착 후 기내면세품을 지상 조업원에게 인계하고 판매대금, 잔돈을 반납한다.

⑨ 항공기 인천공항 출발 시 비행기 안에서 접수한 기내판매 사전주문서를 정확히 인계해야 한다.

(3) 기내판매 중 각 클래스별 승무원의 임무

① 기내판매 담당 승무원은 모든 주문품목의 계산 및 정산을 총괄한다.

② 기내판매 담당 승무원으로 지정은 안 되었지만 각 클래스 서비스 전담 승무원 중 객실사무장·캐빈매니저가 지정한 승무원이 기내면세품 판매카트가 해당 클래스를 지나갈 때 면세품의 접수, 계산, 물품 포장의 임무를 수행할 수 있다.

(4) 기내판매 운영

① 기내면세품 판매는 각 비행별로 설정된 서비스 순서에 의거하여 시작하되 기내판매 카트를 이용하여 판매 시 일등석을 제외한 비즈니스 클래스부터 판매하기 시작한다.

② 일등석 승객에게는 개별 판매를 원칙으로 하며, 일반석 승객에 대해 개별 주문접수 및 판매는 하지 않는다.

③ 장거리 비행인 경우 나중에 주문하는 승객의 편의를 위해 두 번째 식사를 마치고 기내판매를 시작할 수 있다.

④ 기내판매 카트 대수는 기종, 객실상황, 승객 수에 따라 신축적으로 조정할 수 있으며 원칙은 아래와 같다.

- A380 : 3~4대
- B747, B777 : 2~3대
- A330 : 2대
- B737 : 1대

(5) 기내판매 방법

상위클래스 승객에게 증정하는 할인권

기내면세품 판매 시 이용하는 받침대

① 주문한 상품은 Meal Tray Table 위에 놓아드려 확인하기 쉽도록 하고 주문한 물품을 소개하여 승무원과 승객 간의 오전달이 발생하지 않도록 한다.

② 계산기나 암산을 사용하지 않고 회사에서 지급된 기내판매 전용 POS를 사용하여 판매하여야 한다.(재고물품, 계산서, 인수인계서, 영수증이 자동작성되고 출력 가능함.)

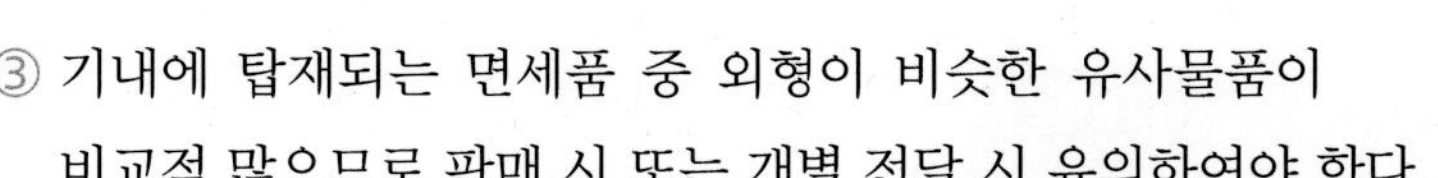

③ 기내에 탑재되는 면세품 중 외형이 비슷한 유사물품이 비교적 많으므로 판매 시 또는 개별 전달 시 유의하여야 한다.

④ 기내면세품 판매 시 대금 및 거스름돈 계산은 정확하게 해야하며 계산착오, 판매지연, 거스름돈 미지급, 판매물품이 아닌 다른 물품 지급, 판매한 물품을 제때에 전달하지 못해 이로 인한 승객 불만이 발생하지 않도록 유의해야 한다.

⑤ 신용카드를 이용하여 USD 400 이상의 물품을 구입할 시 카드를 제시한 승객과 카드상의 명의자가 동일한지 확인 후 성명, 여권번호, 좌석번호를 신용카드 전표에 기재하여야 한다.

⑥ 기상악화, 도착지 공항사정상 불가피한 원인으로 항공기가 회항하는 경우 탑승객에게 기내판매 된 면세품은 관세법상 위법이 되므로 전량 회수하고 환불조치하여야 하고 해외에서 출발하는 항공기 역시 현지지점의 지상직원과 확인 후 필요 시 기내면세품을 회수하고 전액 환불한다.

(6) 기내면세품 판매 시 수수 가능 화폐와 사용할 수 없는 카드의 종류

대한항공의 경우 기내면세품 구입 시 사용할 수 있는 화폐 및 사용할 수 없는 사전 거래 승인이 필요한 신용카드는 다음과 같다.

기내 사용 가능 화폐

미국달러, 한국원화, 유로화, 일본엔, 중국위안(2015. 9. 해당 항공사별 변경 가능)

기내에서 수수하는 나라별 화폐

기내 사용 불가 신용카드

기내면세품 구입 시 사용할 수 없는 카드의 종류

- VISA ELETRON CARD
- EASY CARD
- CHECK CARD
- DEBIT CARD
- 복지 CARD
- 백화점 및 기타 일반(미용실, 헬스클럽 등) 제휴카드
- 해외에서만 수수 가능한 카드
- 유효기간 경과 CARD 및 각종 선물카드(GIFT CARD)
- 교통카드

(7) 기내면세품 판매의 종료 및 유의사항

(별지4호서식)

신고번호

기내판매물품멸실(파손)신고서

판매자	상호	㈜대한항공		주소	서울강서구 공항동 873
항공기	편명		등록번호		
	항로		항행일수		
멸실(파손)물품 내역					
품명	규격	수량(EA)	단가($)	총액($)	멸실(파손)사유

기내판매물품이 항공기 운항중 멸실(파손) 되었기에 관세법 제 143조 제4항 및 동법 시행령 제166조 제7항 규정에 의거 위와 같이 신고합니다.

20 년 월 일

인천공항세관장 귀하

신고인 지 창 훈 (인)

멸실(파손)년월일			
기장(사무장)확인	성명		(인)
세관공무원 확인	직급		성명 (인)

■ 제9조 제 1항의 판매자는 보세 창고에 멸실(파손)을 반입시 위 신고서를 반드시 첨부한다.

기내판매물품 파손신고서

① 기내면세품 판매는 항공기 강하시작(Approching) 시점까지 종료해야 한다.

② 판매된 물품은 쇼핑백에 넣어 승객에게 전달하며 만 19세 미만의 미성년 승객에 대해 주류판매는 금한다.

③ 기내에서는 현금영수증 발급 요청이 불가하므로 관계법령(법인세 시행규칙 제79조 제2항)에 의해 현금영수증 발급이 불가함을 안내한다.

④ 기내면세품이 파손되는 상황 발생 시 한국 도착 후 세관에 제출하는 기내판매물품 멸실(파손)신고서를 작성해야 하고 편명/구간/파손품 발생 연월일을 빠짐없이 기재하며 객실사무장·캐빈매니저의 서명을 받아 기내판매품 하기 담당직원에게 파손된 기내면세품과 함께 인계한다.

⑤ 기내면세품이 제조과정에서 발생한 불량품을 발견하였을 경우 조업원에게 발생 연월일, 편명, 이름을 기록한 후 물품과 함께 조업원에게 인계하여야 한다.

⑥ 과거에 판매된 물품의 기내 교환 및 환불은 관세법상 불가하며 그 외 사항으로 교환 및 환불을 원하는 승객에게는 기내 비치된 면세품 안내서에 기록된 고객관리창구 전화번호를 안내하여 교환 및 환불하도록 한다.

기내면세품 판매 후 재고 파악 모습

기내면세품 대·소 비닐봉투

공항마다 환승승객에 대한 액체류를 환승보안검색 시 제한하는 공항이 많다. 따라서 기내에서 액체류(주류, 화장품 등)를 판매 시 위와 같은 봉투에 넣어 완전 봉인 후 제공하게 되며 승객은 환승보안검색 통과 및 도착지까지 개봉해서는 안 된다.

아래의 Bag을 사용했을 경우 담당승무원은 기내에 비치되어 있는 장부에 사용기록 및 서명을 해야 한다.(일명 템포백-Temper Bag이라고 한다)

환승하는 승객에 대한 액체류 판매 시 봉인봉투(Temper evident bag)같은 기능의 POS 계산기를 사용하고 있다.

기내면세품 판매를 위한 계산기, 프린터 겸용 POS
현재 국내의 대부분 항공사에서 종류는 약간 다르지만 같은 기능의 POS 계산기를 사용하고 있다.

(8) 기내면세품 판매전용 포스(POS)장비 소개

① POS 계산기 : 객실승무원이 기내판매 시 필요한 제반 기능을 통합한 장비로서 일본에서 개발된 시스템 운영체제를 이용한 장비이다.(대당 150만원)

② KAL POS의 기능을 살펴보면 아래와 같다.
계산기능, 영수증 인쇄기능, Refund 기능, 재고파악(Inventory) 기능, 구간별 통화별 판매금액 조회기능, 환율계산기능, 미국 입국 시 세관용지 제출기능, Merge기능

기내면세품 인수인계 출력용 POS

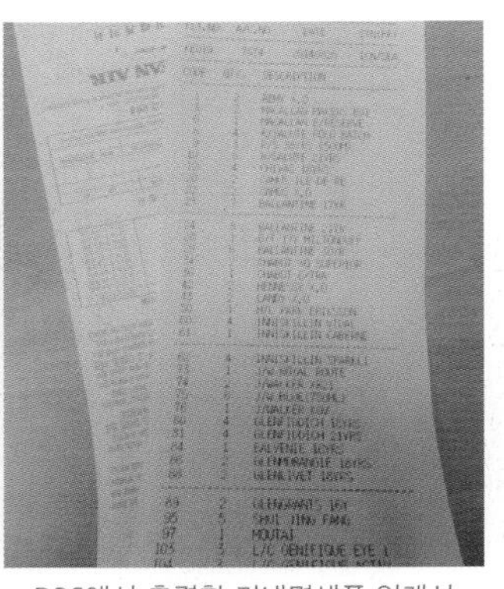

POS에서 출력한 기내면세품 인계서

(9) 기내면세품 인수인계

① 기내판매가 완전히 끝나면 기내면세품의 재고정리 및 파악(인벤토리, Inventory)을 하게 되며 재고정리는 기내판매에 사용한 모든 POS 기계를 특정 POS(Master)에 접속시켜 판매한 모든 품목과 비용을 종합한다.
또한 판매금액을 정확히 계산하여 현금과 카드를 합한 금액과 일치하게 되면 비행기를 인계·인수하는 승무원 간 인수·인계용 보고서를 기내판매 POS(대한항공에서는 KALPOS라고 함)에서 출력하여야 한다.

재고정리 및 파악(인벤토리, Inventory)-기내현장에서는 재고정리 및 재고 파악하는 절차를 "인벤토리한다"라고 표현한다.

② 해외 현지 도착 시 기내판매품은 승무원 간 Seal to Seal 방식으로 인수·인계하게 되며 만일 인수받은 금액과 기내판매품의 수량이 차이가 나거나 기내면세품을 봉인한 Seal이 파손된 경우, 또는 인수받은 번호가 기내면세품을 봉인한 Seal 번호와 다른 경우 지상직원 입회하에 개봉하여 점검할 수 있고, 상호 서명을 통해 확인할 수 있다.

(10) 해외에서 면세품 분실사례가 발생했을 경우 처리절차

해외에서 비행기를 인수하다 보면 드물긴 하지만 면세품 보관장치(Seal)가 파손되어 물건이 없어졌거나 면세품 보관카트, 보관함이 통째로 없어지는 경우가 발생한다. 이러한 경우에는 아래의 절차에 의거하여 처리한다.

면세품 분실 확인 (해외 출발편) → 운송직원에게 통보 → 지상직원과 함께 분실 여부를 확인 → 분실확인서 접수 → Cavin Report

- 분실확인서 접수: 운송직원과 함께 seal 상태·내용물 확인
- Cavin Report: 운송직원 서명 필요

> 기내판매품을 시건하는 Seal-항공사별로 색깔은 다를 수 있지만 일반적으로 빨간색은 기판품, 파란색은 기용품 봉인에 사용하며 일단 봉인된 SEAL은 뜯어내지 않는 한 절대로 열 수 없고 봉인된 상태에서 SEAL에 써있는 번호와 인계받은 장부의 번호가 일치하면 정상이다.

기내면세품 판매 후 잔량, 판매한 물품, 대금이 서로 맞지 않을 경우도 발생할 수 있다. 현장 승무원들은 이런 경우를 쇼트(Shortage)가 발생하였다고 하며 정당한 절차에 의해 판매되었을 경우 회사에서 대금을 변제해 주는 제도도 있지만 규정과 절차를 준수하지 않은 경우 전액 해당 승무원이 변제해야 하므로 판매 시 꼼꼼함이 요구된다.

규정을 준수한 대부분의 부족부분, 분실부분은 항공사에서 변상하고 보호하지만 기내에서 보관 부주의로 인해 기내판매 대금을 일부·전체를 분실한 경우, 해외에서 봉인을 하지 않거나 부실한 봉인을 하는 등 개인의 보관 부주의로 면세품 분실이 발생되었을 경우에는 봉인절차를 준수하지 않은 승무원이 변상하도록 규정하고 있다.

따라서 객실승무원의 비행 중 업무의 일부인 기내면세품 판매, 봉인 및 인계·인수는 정확하고 신중하며 집중력이 요구되는 기내업무 중의 하나라고 할 수 있다.

기내판매품 봉인용 seal

봉인하기 전 상태

봉인한 상태

봉인된 seal이 파손된 상태

15 애완(Pets) 및 장애인 보조동물(Service Animals)

① 애완동물은 기내반입이 가능하나 개, 고양이 및 애완용 조류에 한하며(7kg 이하인 경우에 한함) 위탁수하물 또는 기내 휴대수하물로 운송될 수 있고 기내에서 운반용기 바깥으로 꺼내놓는 것은 엄격히 금지되어 있다. 또한 기장은 다른 승객의 편의와 쾌적한 비행을 위해서 필요하다고 판단되면 애완동물을 화물칸으로 이동시킬 수 있다.

② 시각, 청각 장애인 등을 보조하도록 특별히 훈련된 인도견 등은 운송 담당자가 확인할 경우 항공기 탑승이 가능하며 SHR상에 장애인 보조동물을 표시하여 객실사무장이 알 수 있도록 해야 한다.

③ 장애인 보조동물은 비상구 열 좌석에 배정될 수 없으며 비상 탈출구를 막아서도 안되며 보조동물이 기내를 배회하게 해서도 안되며 좌석을 점유할 수도 없다.

④ 장애인 보조동물은 하네스 및 목줄이 잘 매어져 있어야 하지만 재갈을 물릴 필요는 없고 Pet로 취급하지 않아 기내 마릿수 제한이 없다.

⑤ 보조동물에 관한 항공코드는 아래와 같다.

코드	코드내용	해설
PETC	Pet in Cabin	기내에 반입된 애완동물
AVIH	Animal in Hold	위탁수하물(화물칸)로 운반되는 애완동물
ESAN	Emotional Support Animal	정서적장애 보조동물, 미국 출/도착편의 경우만 기내반입 허용
SVAN	Service Animal	맹인 안내견과 같은 훈련된 정식 보조견

* 햄스터, 토끼, 페릿, 거북이, 뱀, 병아리, 닭, 돼지등 모든 종류의 동물은 수하물(휴대, 위탁)로 운송불가
* 애완동물은 승객 일인당 기내반입 1마리, 위탁수하물 2마리만 가능
* 단두종(목이짧은 동물: 불독, 페르시아고양이)은 호흡기가 취약하여 폐사위험, 수의사 상담 후 가능

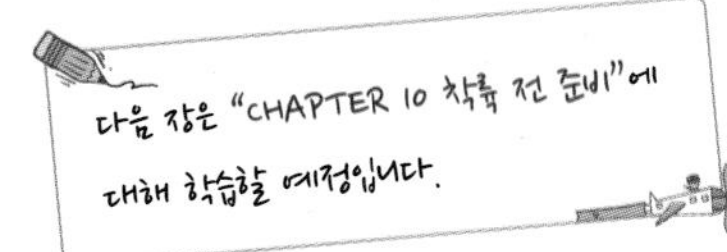

수행평가 퀴즈

학생들은 교수님 지시에 따라 각 Chapter 수행평가 퀴즈를 작성한 후, 절취하여 정해진 날짜까지 담당교수님에게 제출 바랍니다.

(답안지 공간 부족 경우 메모란을 활용하셔도 좋습니다.)

01 기내식 음료 서비스 원칙 5가지 이상 설명해 보시오.

02 기내식음료 회수 원칙 5가지 이상 설명해 보시오.

03 기내 취식 불가음식에 대해 설명해 보시오.

04 시간대별 기내식 명칭에 6가지에 대해 설명해 보시오.

05 기내식 Meal Choice가 안 됐을 경우 조치방법에 대해 설명하시오.

06 클리닝쿠폰(Cleaning Coupon)에 대해 설명하시오.

07 기내영화 선정기준에 대해 설명해 보시오.

08 기내 판매 시 사용 가능한 화폐 5가지를 쓰시오.

09 다음은 애완동물 및 장애인 보조견의 코드이다. 각 코드를 설명해 보시오.

PETC

AVIH

ESAN

SVAN

memo

착륙 전 준비

10 Chapter 착륙 전 준비

1 입국서류란?

항공기 탑승승객이 최종 목적지 국가에 입국하기 위해 여권과 비자를 포함한 기내에서 작성하는 출입국서류, 세관서류 및 검역설문서를 말하며 탑승승객의 목적지 국가 입국을 용이하게 하기 위해서 객실승무원은 출발지에서 탑승승객의 숫자, 국적을 사전에 파악하여 지상직원으로부터 입국서류를 인수할 때 정확한 매수와 언어 등을 유의해서 인수 받아야 한다. 고도 4만피트로 비행 중 부족한 입국서류를 보충할 수 있는 방법은 전혀 없다.

2 입국서류 배포 시 객실승무원 협조사항

① 담당구역별로 도착지 입국에 필요한 서류를 배포하고 작성을 협조한다.
② 입국서류 배포시점은 각 담당구역의 서비스 절차에 따라 배포한다.
③ 객실승무원은 도착지 국가의 출입국 규정을 철저히 숙지하여 작성 여부를 확인한다.
④ UM, 노약자, 도움을 필요로 하는 승객들은 필히 입국서류 작성에 적극적으로 도와준다.
⑤ 입국 시 작성해야 하는 서류가 2가지 이상인 경우 Small Tray를 준비하여 배포한다.
⑦ 입국서류 작성에 승무원의 도움을 꼭 필요로 하는 승객은 아래와 같다.
UM, 장애인, 노약자, 유아동반승객, Family Care 승객
⑧ 장거리인 경우 노선별 서비스 순서에 맞도록 배포한다.
⑨ 영어인 경우 대문자로 작성한다.
⑩ 단거리 노선에 한해 안전규정이 허용하는 범위 내 지상에서 배포할 수 있다.

3 미국 출입국 신고서 작성하기

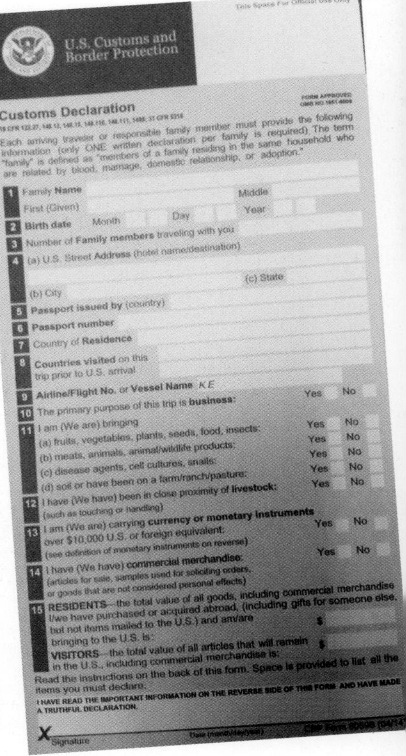

This Space For Official Use Only

U.S. Customs and Border Protection

FORM APPROVED OMB NO 1651-0009

Customs Declaration

19 CFR 122.27, 148.12, 148.13, 148.110, 148.111, 1498; 31 CFR 5316

Each arriving traveler or responsible family member must provide the following information (only ONE written declaration per family is required). The term "family" is defined as "members of a family residing in the same household who are related by blood, marriage, domestic relationship, or adoption."

1 Family **Name** Middle
First (Given)
2 **Birth date** Month Day Year
3 Number of **Family members** traveling with you
4 (a) U.S. Street **Address** (hotel name/destination)
(b) City (c) State
5 **Passport issued by** (country)
6 **Passport number**
7 Country of **Residence**
8 **Countries visited** on this trip prior to U.S. arrival
9 **Airline/Flight No.** or **Vessel Name** KE
10 The primary purpose of this trip is **business**: Yes No
11 I am (We are) bringing
(a) fruits, vegetables, plants, seeds, food, insects: Yes No
(b) meats, animals, animal/wildlife products: Yes No
(c) disease agents, cell cultures, snails: Yes No
(d) soil or have been on a farm/ranch/pasture: Yes No
12 I have (We have) been in close proximity of **livestock**: Yes No
(such as touching or handling)
13 I am (We are) carrying **currency or monetary instruments** over $10,000 U.S. or foreign equivalent: Yes No
(see definition of monetary instruments on reverse)
14 I have (We have) **commercial merchandise**: Yes No
(articles for sale, samples used for soliciting orders, or goods that are not considered personal effects)
15 **RESIDENTS**—the total value of all goods, including commercial merchandise I/we have purchased or acquired abroad, (including gifts for someone else, but not items mailed to the U.S.) and am/are bringing to the U.S. is: $
VISITORS—the total value of all articles that will remain in the U.S., including commercial merchandise is: $

Read the instructions on the back of this form. Space is provided to list all the items you must declare.

I HAVE READ THE IMPORTANT INFORMATION ON THE REVERSE SIDE OF THIS FORM AND HAVE MADE A TRUTHFUL DECLARATION.

X Signature Date (month/day/year) CBP Form 6059B (04/14)

① 이름 Name : Family Name, Sur Name은 성을 말하며 Given Name은 이름을 말한다. 한국인인 경우 Middle Name은 작성하지 않는다.

② 생년월일 Date of Birth : 여권에 있는 생년월일을 Day, Month, Year에 맞게 기입하면 되며 생년월일을 영어로 DOB라고 표기하는 나라도 있으니 주의한다. 외국은 우리나라와 생년월일 표시방법이 반대이니 주의해야 한다.

③ 함께 여행하는 가족 인원수 : 혼자이면 1, 두 명이면 2로 표시한다.

④ 미국 내 주소 : 미국 내 주소이며 호텔 투숙을 하면 호텔 이름을 적고 연락처도 호텔 연락처를 적으면 된다. 해당 국가에 입국을 하지 않고 경유·환승일 경우는 Transit이라고 적으면 된다.

⑤ 여권발행국 : 한국인은 South Korea 또는 REPUBLIC OF KOREA라 적으면 무난하다.

⑥ 여권번호 본인의 여권 우측 위에 있는 번호를 적으면 된다. 가령 저자가 소지한 대한민국 전자여권의 예를 들면 M3644894라고 쓰여져 있다.

⑦ 거주국가 : 한국인은 South Korea 또는 REPUBLIC OF KOREA라 적으면 무난하다.

⑧ 미국 도착 전 방문한 국가명 : 미국 도착 전 방문한 국가명을 적는다.

⑨ 미국 도착 시 타고온 항공편/배편 : 이번 방문 시 타고 온 비행기 번호, 배 번호를 적는다.

⑩ 이번 여행의 제일 큰 목적이 비즈니스인지? : 맞으면 Yes에 표시, 아니면 NO에 표시함.

⑪ 나는 아래의 물품을 소지하고 있다. : 소지하고 있으면 Yes, 소지하고 있지 않으면 No에 체크한다.

- 과일, 채소, 식물, 씨앗, 음식, 곤충을 소지하고 있는가?
- 고기 및 동물 부산물을 소지하고 있는가?
- 병균, 세포배양, 권패류를 소지하고 있는가?(권패류-고동, 소라, 달팽이 등 껍질이 둥글게 말려 올라간 형태를 취한 조개류)
- 흙 또는 목장을 방문한 적 있다.

⑫ 나는 동물을 가까이 접한 적 있다. : 우리나라 승객은 인감에 대해서는 매우 중요시하고 민감하나 서명에 대해서는 필요이상 관대한 경우가 많다. 외국에서는 서명이 곧 인감도장이니 모든 서류 서명할 때는 다시 한번 내용을 읽어보고 서명, 사인하는 습관을 가져야 한다.

⑬ $10,000 이상 가지고 있다.

⑭ 상업적 샘플이나 상품을 가지고 있다.

⑮ 미국 거주인만 해당됨.

⑯ 이번 방문에서 미국에 남기고 가는 상품, 선물 총 합계

⑰ 자필서명 : 보통 앞면에 있는데 없으면 뒷면에 있으니 반드시 뒷면을 확인하고 사인을 해야 한다. 우리 국민은 인감이나 도장은 중요시 하는데 서명은 중요하게 여기지 않는 경우가 많다. 하지만 외국은 사인이 인감이고 서명이다. 특히 기내에서 승객의 서류작성을 도와주면서 서명까지 대신해주는 승무원이 많은바, 큰 문제를 야기시킬 수 있으니 절대 지양해야 한다.

4 자주 쓰이는 입국·세관 신고서 용어

① 성별, SEX : 남(Male), 여(Female) 꼭 구분해서 체크해야 하며, 성별은 일반적으로 SEX라고 묻는다.

② 현주소 Country Name, City Name : Pusan, South Korea, 또는 Seoul, South Korea와 같이 거꾸로 표시하며 번지/동/구/도/국가 순으로 적어야 한다.

③ 직업 Occupation : 직업은 입국하는 데 상당히 중요하니 신경써서 써야 한다. 승무원으로 입국 시 Airline Crew, Cabin Crew로 적으면 된다.

④ 방문목적 Purpose of visit : 관광(Tourism), 상용(Business), 환승(Transit), 친지방문(Visiting relatives). 이런 문구를 적거나 적어 있는 문구에 ☑ 표시를 하게 되어 있고 어떤 것을 적느냐에 따라 심사대에서 질문이 달라지는 경우가 있다.

- 관광의 경우 특별한 질문은 없다.
- 상용은 초대장 소지하고 있나?
- 환승은 다음 비행기 티켓 보여달라.
- 친지방문은 언제 돌아가나?

⑤ 체류기간 : 관광, 방문, 상용으로 그 국가에 있을 기간을 적어주면 된다.

⑥ 제일 중요한 서명, SIGN or Signature!

⑦ 비자번호, VISA NO : 비자가 필요한 국가에서는 비자번호를 적도록 되어 있으며 비

자번호는 여권 내 해당국 비자를 받았던 페이지를 열어보면 VISA NO란 옆에 써있는 숫자가 비자번호이다. 환승할 경우 72시간 무비자를 이용할 때는 Transit이라고 적으면 된다.

5 입국서류 충분하지 않을 때 사용하는 방송문

본 방송문은 출발지에서 입국서류를 수령할 때 부족하게 수령했거나 아에 수령하지 않은 경우에 객실사무장(캐빈매니저)이 방송한다. 비행기가 고공비행 중이라 승객들도 어쩔 수 없이 용인하겠지만 비행 후 고객컴플레인이라는 큰 위험으로 돌아올 수 있으니 입국서류 만큼은 정확히 계산해서 수령해야 한다.

> 손님 여러분 지금 입국카드·세관신고서가 부족합니다.
> ○○ 공항에 도착하여 바로 제공해 드리겠습니다.
> 이 점 양해해 주시기 바랍니다.
> Ladies and gentlemen.
> Due to an insufficient supply of entry cards/customs forms on board, our ground staff will distribute them upon arrival at 00 airport.
> Thank you.

6 기내용품 회수하기

(1) 기내서비스의 종료시점

기장의 착륙 안내방송(Approaching sign) 직후 모든 승무원은 담당구역별로 기내용품의 회수, 화장실 정리정돈 및 객실 정리정돈을 실시해야 하며 이때 중점 유의사항은

① 승객 좌석 주변과 베개, 모포 등의 정리
② 승객의 좌석벨트 착용상태
③ 식사 테이블과 좌석 등받이 원위치

④ 승객의 입국서류 작성상태 재확인
⑤ 서비스기물의 회수이다.

(2) 기내용품이란?

기내에서 사용하는 용품은 서비스아이템(Service Item)과 서비스기물(Service Item을 제외한 모든 서비스 보조용품)로 나눌 수 있으며, 서비스아이템(Service Item)은 승객에게 제공하여 회수가 필요 없는 물품이며, 서비스기물이란 Tray, Headphoe, Cutlery, 유리잔, 접시, 독서물, 대나무지압대 등을 말하고 회수하여 재사용이 가능한 물품을 말한다. 기내의 주요한 회수용품 회수요령은 다음과 같다.

① 헤드폰(Headphone) : 서빙카트나 드로어(Drawer)를 이용하여 회수하고 회수 전용백에 사용한 것과 사용하지 않은 것을 구분하여 넣는다.
② 독서물(Reading meterial) : 비행 중 사용하지 않는 것을 지속적으로 회수하고 재서비스하는 것을 원칙으로 한다.
착륙 전 회수 시점에는 승객의 양해를 구한 뒤 회수하여 독서물 전용백에 넣어 봉인한다.
③ 화장실 용품(Lavatory Item) : 비치용 로션과 스킨 등의 화장품은 내용물이 흐르지 않도록 뚜껑을 닫고 기내에 비치된 비닐가방을 이용하여 일괄 회수한다.
④ 유아용 요람(Bassinet) : 착륙 시 안전을 위해 회수해야 함을 아기부모에게 고지하고 유아용 요람 안에 승객의 물품이 없는지 확인한 후 탈착하여 회수하며 회수된 유아용 요람은 원래의 보관위치인 코트룸에 넣어 인천공항에서 하기한다.
⑤ 기내담요(Blankets) : 기내담요는 승객이 완전히 하기한 다음 회수하는 것이 원칙이며 혹시 모를 분실에 대비하여 정확한 수량을 미리 파악하여야 한다. 승객 하기 후 승무원은 기내담요를 청소요원이 파악하기 쉽도록 의자 위에 올려놓는다.
⑥ 맡은 짐 : 기내용품을 회수하는 시점에 맞추어 승객으로부터 보관을 의뢰받은 물품도 반환하도록 하는 것을 권장한다.
⑦ 기내돋보기(Magnifying glass) : 기내에서 승객에게 제공하는 서비스용품 중 제일 고가의 제품이며 서비스한 승객의 좌석번호를 정확히 기억하여 착륙 전 반드시 회수하여야 한다. 승객제공용 돋보기는 인천공항에서만 탑재되기 때문에 분실되지 않도록 관리에 만전을 기하여야 한다.

회수한 기내용품은 수량과 사용한 품목, 사용하지 않은 품목을 구분하여 사용하지 않은 것은 다음 편 비행에 재사용할 수 있도록 보관에 유의를 기하고 다음 편 승무원에게 서면이나 구두로 인계한다.

(3) 대표적인 미회수용 기내용품

미회수 편의용품 기내제공 kit

미회수용품 땅콩

미회수용품 플레잉카드

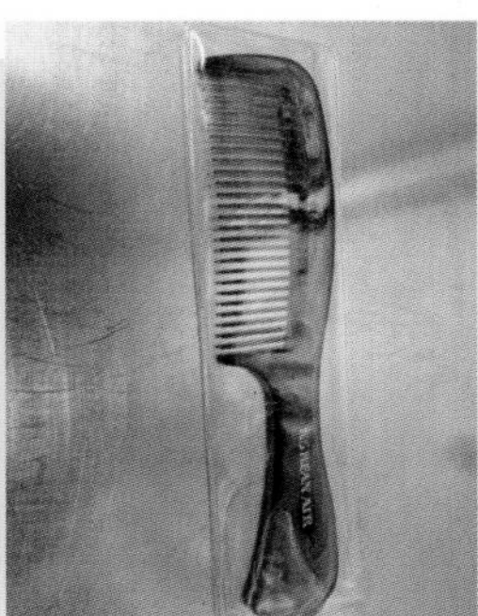
미회수용품 머리빗

미회수 용품 안대-Eye Mask

미회수용품-여성용품

미회수용품 단거리용 이어폰

미회수용 칫솔

미회수용품 단거리용 이어폰

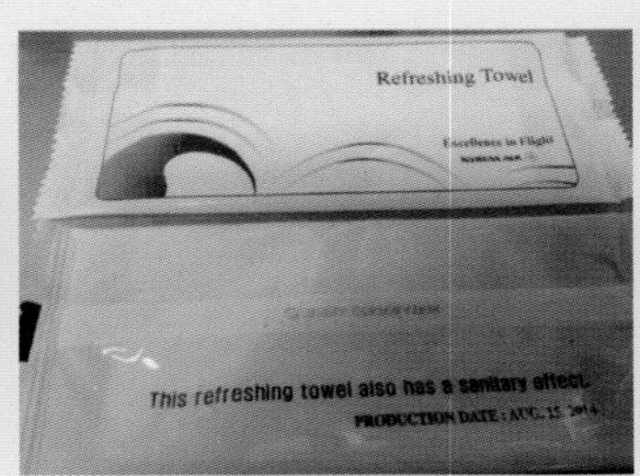

미회수용품 리프레싱 타올
(Refreshing Towel)

미회수용품 기내판매용 쇼핑백

미회수용 볼펜

따라서 서비스기물은 착륙 전 회수하여 승객의 사용 여부에 따라 구분·분리하여 보관한다. 일부 국가 승객(중국)인 경우 기내 서비스기물을 탑승기념품으로 가져가려고 하는 경우가 많은바, 정중히 안내하여 회수하여야 한다.

(4) 대표적인 회수용 기내용품

회수용품 커트러리

회수용품 갤리기물 와인오프너

회수용품 기내방향제

회수용품 상위클래스 화장실 크림

회수용품 일반석 화장실 크림

회수용품 일반석 화장실 크림

회수용품 갤리기물 타올바스켓, 스프레이, 집게

회수용품 갤리기물 와인용 소품

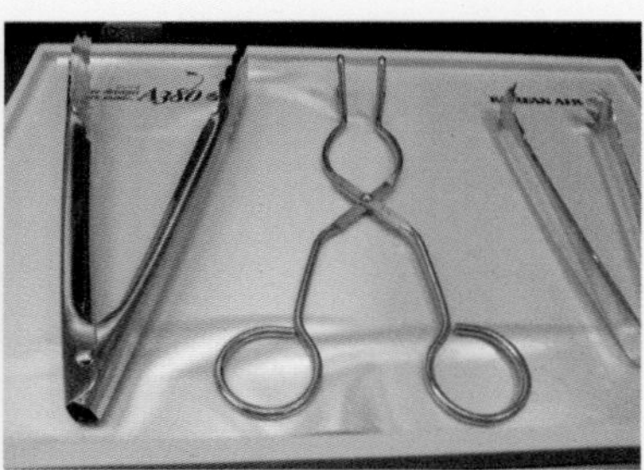
회수용품 갤리 각종 Tong

회수용품 면타올

회수용품 바닥청결용 솔

회수용품 기내 돋보기

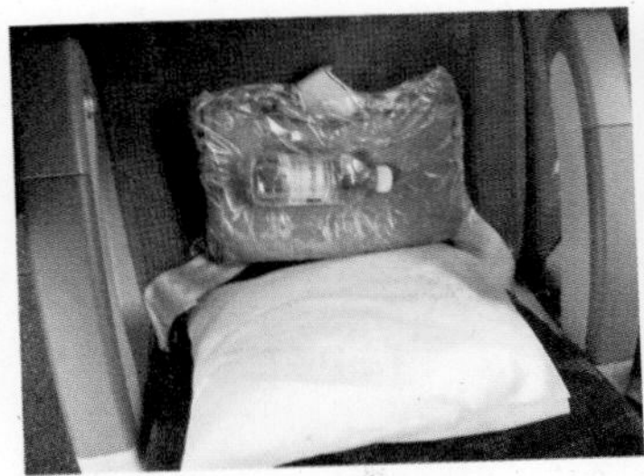
담요와 베개는 회수대상

회수대상용 일반석 담요

① 담요 : 승객이 비행 내내 사용하지 않은 미사용 담요는 전량 회수하여 적절한 장소에 보관하고 기내 미화요원에게 위치를 알려준다.

② 잡지 : 회수된 잡지는 회수하여 해외인 경우 잡지백에 보관하고 Blue Seal하여 다음팀에게 인수인계 하고 국내도착인 경우 조업원에 의해 하기토록 한다.

③ 화장실 용품 : 화장실 용품은 일반적으로 승객 하기 후 회수 하도록 한다.

④ 헤드폰 : Drawer를 이용하여 2~4회 걸쳐 헤드폰을 회수하고 사용한 것과 사용하지 않은 것을 분리하여 정위치에 보관 하여야 하나 단거리 노선에 제공된 이어폰은 회수하지 않는다.

회수용 상위클래스 화장실 용품

회수용 일반석 화장실 용품

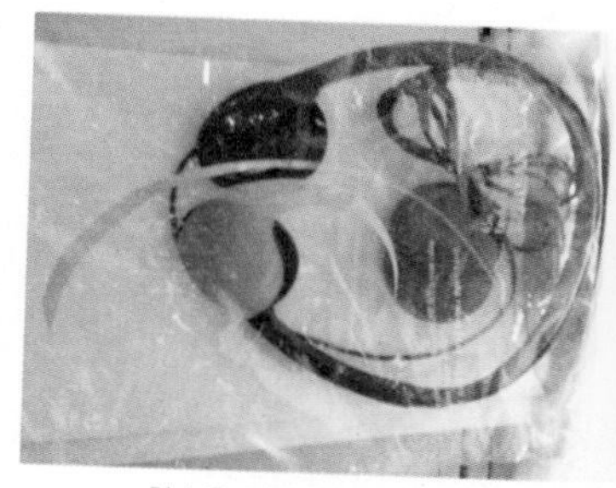
회수용 일반석 Headphone

회수용 Headphone 제공모습

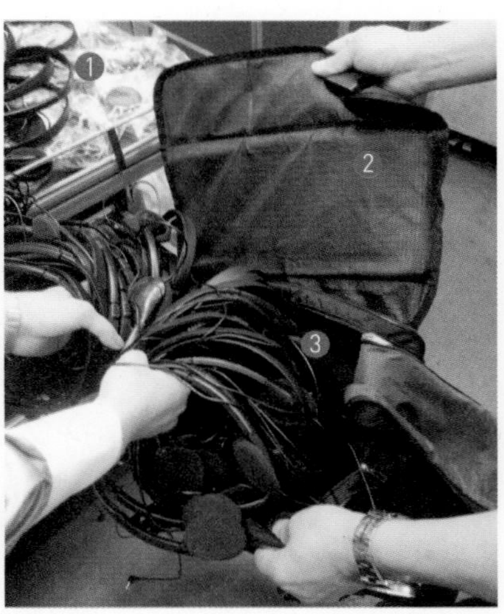
1 사용하지 않은 헤드폰
2 헤드폰 회수용 가방 : 사용한 헤드폰과 사용하지 않은 헤드폰을 구분하여 회수한다.
3 사용한 헤드폰

⑤ Cutlery : 사용한 포크와 나이프, 숟가락은 회수하여 Used Meal Cart 내에 넣어 지상직원에게 인계한다.

회수용 일반석 Cutlery

회수한 Used Meal Cart에 넣어 하기한다.

기내용품 회수 안내방송

안내 말씀 드리겠습니다.

지금부터 헤드폰과 잡지를 걷겠습니다. 그리고 미국에 입국하시는 손님 여러분께서는 입국서류를 작성하셨는지 확인해 주십시오. 참고로 이곳은 현재 ○월 ○일이며 이비행기는 ○○항공 ○○○편입니다.

Ladies and gentlemen.

We will now collect headphones and magazines.

To enter the USA, please have your entry documents ready.

For your information, our flight number is ○○ and today's date is ○○○.

If you need any assistance, Please ask our cabin crew.

Thank you.

7 기내 서비스용품 재고 확인하기

(1) 기내 서비스용품 재고 파악하기

인천공항에서 출발하여 외국공항에 착륙 전 객실승무원은 다음 팀의 편의를 위해 객실 내 주류(Liquor), 음료수(Beverage), 컵(Cup), 생수(Mineral water), 서비스기물(Service Tools) 등 다음 구간에 서비스 시 필요한 모든 품목의 재고를 미리 확인하고 부족·충분 품목을 구분하여 다음 팀에게 알려주어야 하며 가능하면 하기 시 지상직원에게 고지하여 충분량이 탑재될 수 있도록 해야 한다. 유의사항은 아래와 같다.

① 모든 주류는 잔량을 파악하여 주류재고확인서(Liquor Inventory List)에 기록한다.

② 각종 음료수는 남은 수량을 확인하여 소모품재고확인서 양식에 의거하여 작성한다.

③ 각종 소모품은 남은 수량을 파악하여 소모품재고확인서를 작성한다.

④ 모든 기용품의 재고를 정확히 파악하여 다음 편 비행에 지장을 주어서는 안 된다.

⑤ 필요한 경우 각 갤리(Galley)에 다음 편 승무원을 위해 간단한 메모를 남겨 놓으면 편리하다.

(2) 갤리 내 인계하기

다음 팀에게 비행기를 인계하기 위해 담당승무원은 갤리별 부족·충분 서비스용품 재고 파악을 하고 간단하게 메모하여 갤리 내 부착해 놓으면 알기 쉽다. 따라서 현재 항공기를 인계해주는 모든 팀이 이렇게 시행한다.

1, 2 헤드폰을 말한다.
3 페트병에 들어 있는 대용량 콜라를 말한다.
4 일반 면타올이 아닌 종이로 만든 타올. 일반석에서 제공한다.

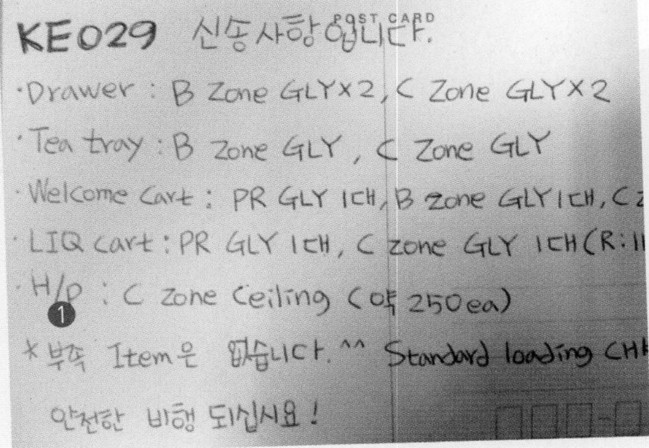

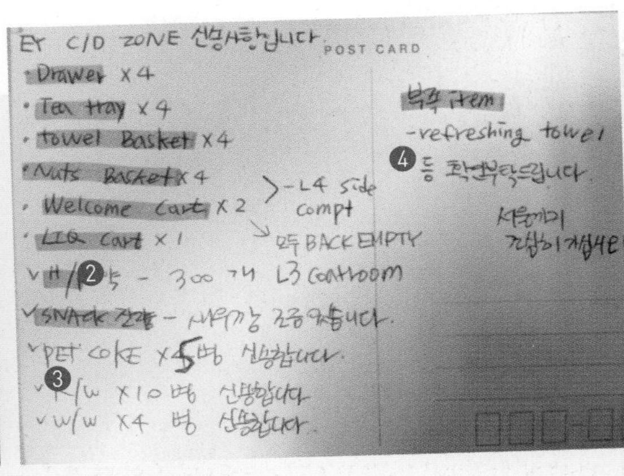

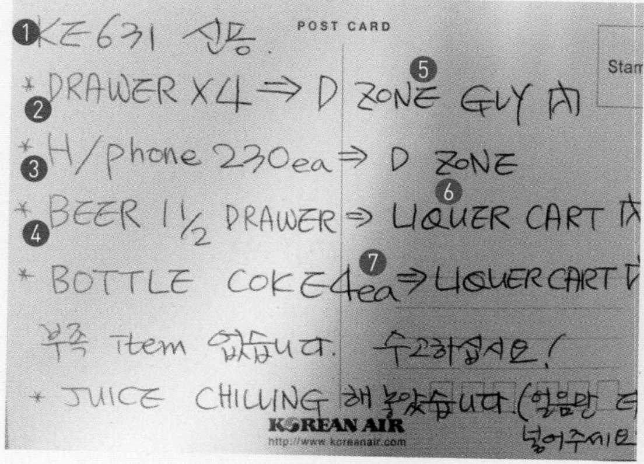

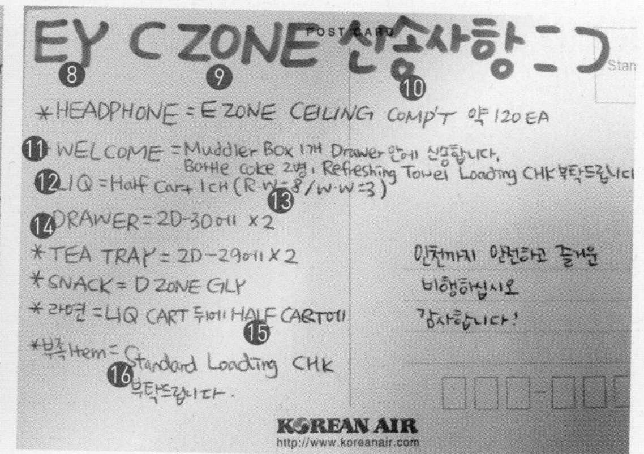

객실승무원 인계사항 용어의 이해

1 편명 2 서랍모양의 플라스틱 박스가 4개 있다는 것을 말함 3 헤드폰이 230개 있다는 것을 말함 4 맥주가 서랍 2개에 11개 남아있다는 것을 말함 5 일반석 뒷갤리 D 존 안에 있다는것을 의미 6 주류카트 안에 있다는 것을 말하는데 스펠링이 LIQUOR이 맞음 7 대용량 플라스틱 병 콜라가 4병 있다는 것을 말함 8 Economy, 즉 일반석을 의미함 9 일반석 C구역을 말함 10 인계사항이나 보통 신송사항이라고 함 11 식전음료를 서비스할 때 끌고 다니는 음료카트를 말함. Welcome Cart라고 함 12 주류를 말함 13 레드와인·화이트와인을 의미 14 서랍처럼 생긴 투명재질의 플라스틱 보관함 15 긴 카트가 아닌 반쪽짜리 카트를 말함 16 Standard Loading CHK란 인천을 출발한 항공기가 목적지에 도착하면 기본적으로 탑재해 주는 품목을 말한다.

☑FR ☐PR ☐EY

SERVICE ITEM INFORMATION

1. Flight & PAX

Flight Number	Date	A/C	PAX Total	Extra Crew
KE 029	2014. 10. 9.	HL 7598		1

2. Crew

Galley (Duty)	Aisle (Duty)					
[illegible] FAGT ( )	( )	( )	( )	( )	( )	(

3. Champagne & Wine

Champagne	1. [illegible] / 2 btl	2. / btl	3. / bt
White Wine	1. [illegible] / 2 btl	2. [illegible] / 2 btl	3. / bt
Red Wine	1. [illegible] / 2 btl	2. [illegible] / 2 btl	3. / bt

4. Service Items & Tools

	Quantity	Location	Seal Number
Bamboo Set	2ea	R1 Coatroom 상단	
Menu List		1C-10	
Water Spray		1C-10	
Wine Basket			
Newspaper Trolley		R1 Coatroom	
Slipper		2J O/BIN	
Headphone		〃	
Ramen	×		
Gochujang 고추장		LIQ CART Ⓐ	
Magazine		R1 Coatroom	
Giveaway		1C-01	
Lavatory Item		1C-09	
김, 쿠키, SNX, 오미자, 잡곡[illegible]		1L-09	
이불	2ea	S1-1	

5. Message & PAX Info of Multi-Portion Flight

클래스별 부족·충분용품 인수인계서

기내식/객실용품 인계인수서

8/28/212

FLT NO : KE019 A/C : A772A

HL No : 7733 DATE : 2014. 08. 28

A 등급(미주) 22/239

구분	CLS	Normal Meal					Special Meal
기내식	FC	I/CAVIAR 3					
	PR	15					
	EY	Total	1st 메뉴	탑재량	2nd 메뉴	탑재량	AV14. CH-SPG/BGR 1. CH-PCT/OMM 1. CH-BGR/OMM 2. CH-SPG/OMM 1. CH-BGR/SPG 1. JPM 1. HN 4. CH-SPG/PCT 1. BBM 1. CH-OMM/PCT 1. CH-OMM/BGR 1.
		211 / 188	비빔밥	85	야채죽	[illegible]	
			Beef	[illegible]	O.M.T	[illegible]	
			비빔국수	9	컨티넨탈	18	
	Crew	C/C 2	C/A 13				EY 2nd ROLL : 140 EA
스낵		바나나 : [illegible] ea	제주캔 : [illegible] ea				Tarmac 대기용 스낵(브라우니) : 268 ea
		마들렌와 : [illegible] ea					

Item	Unit	FR	PR	EY	Remark
LIQ/BEV	Cart	1	1	5	
DRY ITEM	C/box	1	1	3	
SVC TOOLS	Cart	1			
	C/box		2	2	
GLASS	Cart	1	1		
	C/box				
CHINA	Cart	2	1		W/SPRAY 40EA
MENU BOOK	C/box	1	1		
SLIPPER	Bag	2	2		
HEADPHONE	EA	4	28	428	EY 라면 SVC용 젓가락 150 ea 탑재
RAMEN	EA	3	8		
LINEN	PK	2	2	1	
TOWEL	장	50	70	240	일회용 타월 : 300 ea
WATER(1.5 L)	Box	1	1	2	생수(330ml) 10 Box
MAGAZINE	Bag	1	1	1	
고추장	Box		150 EA		EY 복편용 현지 탑재 안내 40ea 탑재
A/Kit	EA	4	26	240	
임신부용 A/Kit		1			
Bassinet	EA	O/B : 2	I/B : 5	TTL : 5	CHD G/Away
편의복	EA	1			복편신문 Belly 탑재 L/M 확인 SIGN
NEWSPAPER	PK	O/B : 4 pk	I/B : 5 pk		

인천공항 출발 시 인수인계서-함께 인계한다.

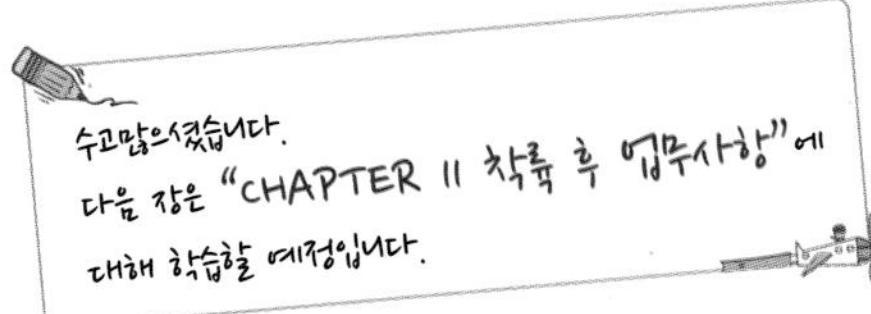

수행평가 퀴즈

학생들은 교수님 지시에 따라 각 Chapter 수행평가 퀴즈를 작성한 후, 절취하여 정해진 날짜까지 담당교수님에게 제출 바랍니다.

(답안지 공간 부족 경우 메모란을 활용하셔도 좋습니다.)

01 입국서류 배포 시 객실승무원 협조사항을 5가지 이상 적어 보시오.

02 입국서류 작성 중 아래의 단어를 많이 접하게 된다. 각각 단어의 뜻을 설명하시오.

① SEX

② Occupation

③ Purpose of visit

④ Sign

memo

착륙 후 업무사항

"ROLE PLAY"

11 Chapter 착륙 후 업무사항 "ROLE PLAY"

1 항공기 지상 이동(Taxing) 중 객실승무원의 업무

항공기가 도착 후 활주로(Runway), 유도로(Taxing)를 지나 게이트로 이동 중에는 승객이 일어나지 않도록 안내를 한다. 특히 좌석벨트 표시등(Seatbelt sign)이 꺼질 때까지 승객이 좌석에 착석하도록 안내를 하여야 하며 안전업무를 수행하지 않는 승무원은 반드시 승무원 좌석(Jump seat)에 착석해야 한다. 객실승무원은 게이트 진입 직전 승객이 일어서려는 상황이 발생하면 적극적으로 착석을 유도하고 아래의 승객착석 요청방송을 실시한다.

지상 이동(Taxing) 중 승객착석 요청방송 예문

손님 여러분
우리 비행기는 아직 터미널에 도착하지 않았습니다.
좌석벨트 사인이 꺼질 때까지 좌석에 앉아 계시기 바랍니다.
Ladies and gentlemen./
We have not reached at the Terminal yet./
For your safety,/
please remain seated /until the seatbelt sign is off./

2 항공기 게이트에 도착 후 도어 오픈(Door Open)–Role play

(1) 세이프티 체크(safety check)

① 항공기가 Parking area에 완전히 정지한 후 객실사무장·캐빈매니저의 세이프티 체크 방송에 맞추어 전 승무원은 슬라이드 모드(slide mode)를 정상위치로 변경하고 상호 확인한 후에 사무장에게 보고한다.

단 B737 기종은 외부직원의 수신호를 확인한 후 내부에서 도어를 연다.

A330 항공기 정상위치

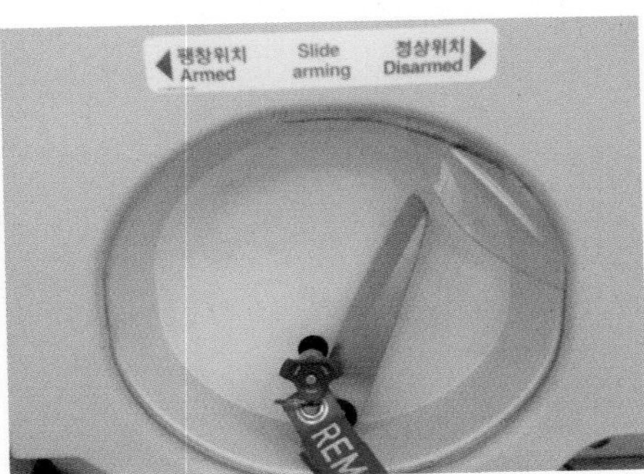

A380 항공기 정상위치

B777 항공기 정상위치

② 세이프티 체크(Safety Check) 후, 기내 조명시스템이 설치된 스테이션의 담당승무원은 기내 조명을 최대 밝은 조명(full bright)으로 조절한다.

- 승무원 역할
  - 모형객실(Mock up) 항공기 도어를 닫아 놓는다.
  - 40명의 학생을 한 조당 3명, 13개 조로 나눈 후 모형객실(Mock up)에 착석시킨다.
  - 1조부터 앞으로 나와 1인은 모형객실 외부에 대기하며 창문을 통해 수신호를 제공하고, 2인은 닫혀진 항공기 도어를 외부에서 수신호를 받은 후 내부에서 외부로 개방하는 절차를 정확한 구령, 수신호와 함께 실습한다.
  - 착석해 있는 학생은 도어를 오픈하는 학생들이 정확한 수신호, 구령, 절차에 의해 개방하는지 예의 주시한다.
- 준비물 : 모형객실(Mock up) 도어, 정확한 구령 및 자세, 진지한 태도

비상시 B737 기종을 제외하고 팽창위치에서는 절대 내부에서 도어를 열지 않는다.

활짝 열린 A330 기종 도어

③ 모든 객실승무원은 승객 하기를 위해 도어를 열기 전 슬라이드 모드의 정상위치 여부, 장애물 유무를 확인한다. 객실사무장·캐빈매니저는 좌석벨트 표시등(Fasten seatbelt sign)이 꺼졌는지 확인한 후에 항공기 외부 지상직원에게 도어 오픈을 허가하는 수신호를 하여 지상직원이 출입문을 열도록 한다.

④ 출입문을 연 후에 객실사무장·캐빈매니저는 운송 담당 직원에게 운송관련 서류(ship pouch)를 인계하고, 특별승객, 운송제한승객 등 승객 하기 업무수행에 관한 필요사항을 구두나 문서로 전달한다.

항공기 비상사태가 아닌 경우 항공기 도어(Door)를 열 때 Escape Slide의 오작동이 발생할 가능성이 매우 높기 때문에 많은 주의가 필요하며 도어를 취급하는 승무원은 원칙과 절차를 준수하여야 한다.

항공기 도어(Door)는 객실승무원이 내부에서 여는 경우와 지상직원에 의해 바깥에서 열어주는 경우가 있는데 일반적으로 B737 기종을 제외한 모든 항공기는 지상직원이 바깥(외부)에서 열어주는 것을 원칙으로 한다.

이러한 이유는 B737(Slide 모드를 레버로 작동시키는게 아니라 Girt bar를 사용하여 장착) 항공기를 제외한 항공기는 비상탈출 시 사용하는 Escape Slide가 객실승무원의 실수로 팽창위치에 있더라도 항공기 외부에서 도어를 열면 자동적으로 정상위치로 변경되어 팽창하지 않기 때문이다.(Escape Slide의 오팽창 금지)

(2) 항공기 내부에서 도어를 여는 경우

① 외부에 지상직원이 대기하고 있으나 외부에서 항공기 도어 여는 방법을 모르고 게이트(Gate) 환경상 외부에서 열 수 없는 경우

② 외부에 지상직원이 없고 비정상 상황 등으로 인해 도어를 반드시 내부에서 열어야 할 경우

③ B737 항공기

(3) 항공기 내부에서 도어 여는 절차

① 담당승무원은 객실사무장·캐빈매니저에게 인터폰으로 보고한다.

② 객실사무장·캐빈매니저는 기장에게 보고하고 허가를 득한 후 Door Slide Mode 정상상태를 재확인하고 Door Open을 허가한다.(단, B737 기종인 경우 내부에서 도어를 여는 것이 원칙이므로 항공기 도착 후 기장이 좌석벨트(Fasten Seatbelt)를 Off 하는 것을 기장의 허가로 간주한다)

③ 도어를 여는 승무원은 해당 도어 담당승무원 또는 객실사무장·캐빈매니저가 지정한 승무원을 '도어조작 승무원'과 '도어관찰 승무원'으로 임명하여 2인1조로 구성한다.

④ 도어조작 승무원은 항공기 도어를 열기 전 도어관찰 승무원이 들을 수 있도록 아래 명령어를 큰 소리로 말하면서 해당 부분을 손가락으로 가리킨다.

"외부상황 정상"

"도어모드 정상"

"Door Open"

(4) 항공기 외부에서 도어를 여는 경우 절차와 수신호

B737 기종을 제외한 모든 항공기에 해당하며 항공기가 게이트나 외부 주기장에 완전히 정지 후 기장이 좌석벨트(Fasten Seatbelt) 사인을 Off 하게 되면 외부에서 대기하고 있던 지상직원이 항공기 도어에 3차례 노크를 한 후 도어에 장착되어 있는 Viewing Window를 통해 객실승무원의 수신호를 기다리게 된다. 이때 항공기 내부에 있는 승무원은 엄지손가락을 위로 세워 도어를 열어도 된다는 표시를 한다. 만일 항공기 내부사정이나 여압장치가 완전히 정리되지 않는 상태 또는 좌석벨트(Fasten Seatbelt) 사인이 꺼지지 않은 상태

에서 지상직원이 문을 열려고 하면 Viewing Window를 통해 양손의 검지를 엇갈리게 하여 거부의사를 분명하게 표시해주고 내부의 상태가 정리될 때까지 대기하게 한다.

외부에서 열어진 항공기 도어 모습

외부에서 열어도 좋다는 승무원 신호

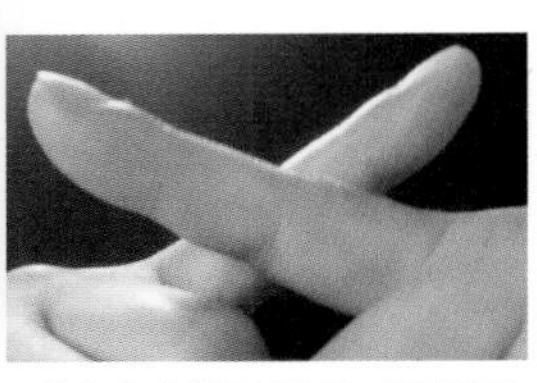
외부에서 열지 말고 대기하라는 승무원의 신호

항공기 Viewing window를 통해 지상직원에게 보내는 승무원의 수신호

3 승객 하기 순서

승객의 하기는 아래의 순서에 따라 하기하는 것을 원칙으로 한다.

응급환자 → VIP → CIP → FR/CL → PR/CL → UM(비동반소아) → EY/CL → 제한승객 → 스트레처 승객

응급환자 우선 하기 시 안내방송 예문

손님 여러분
비행기가 도착하면 응급환자를 먼저 모시도록 하겠습니다.
다시 안내해 드릴 때까지 자리에서 잠시만 기다려 주시기 바랍니다.
Ladies and gentlemen./
We have a passenger /who requires emergency medical attention./
Please remain seated /until this passenger has been assisted to deplane./
Thank you for your cooperation./

(1) 응급환자 하기 시 주의사항

① 비행 중 발생한 응급환자에게 조치한 처치 내용을 잘 기억하고 정리하여 응급환자 이송을 위해 기내에 진입한 현지 의료진에게 자세하게 전달한다.
② 승객의 건강상태, 성별, 나이, 의식상태, 주소, 사용 중인 약품, 응급처치 사항을 지상직원과 현지 의료진에게 충분히 고지한다.
③ 도착 후 응급환자가 신속히 하기할 수 있도록 필요에 따라 아래의 응급환자 우선 하기방송을 실시할 수 있다.

(2) VIP/CIP 하기 시 주의사항

① 지상직원에게 서류를 전달하면서 VIP/CIP에 대한 정보를 미리 알려 주어야 하며 이때 주변 승객에게 해당 VIP/CIP 승객의 개인신상정보가 누출되지 않도록 유의한다.
② VIP/CIP 승객을 마중 나온 지상직원 및 관계자에게 인도가 잘 이루어질 수 있도록 도움을 준다.
③ VIP/CIP 하기 시 주위 승객에게 불편을 끼치는 듯한 인상을 느끼지 않도록 자연스럽고 정중하게 인사한다.
④ VIP/CIP 하기 시 담당 객실승무원은 다른 승객의 하기가 VIP/CIP 승객 하기 후 이루어질 수 있도록 자연스럽게 다른 승객의 하기를 지연시키며 VIP/CIP 승객의 하기가 완전히 종료된 후 다른 승객에게 밝은 미소와 단정한 용모를 갖추어 하기 인사를 전한다.

(3) FR/CLS(일등석), PR/CLS(비즈니스) 승객 하기 시 주의사항

① 일반적으로 VIP/CIP는 일등석에 탑승하므로 다른 승객이 보기에 해당 승객에게만 특별한 대우를 한다고 느끼지 않도록 일등석 승객 전체에게 정중하고 예의를 갖추어 하기인사를 한다.
② 하기인사 시 SHR/SSR을 참조하여 정확한 호칭을 부르며 감사의 뜻을 전한다.
③ 일등석 승객의 경우 휴대수하물은 객실승무원이 적극적으로 도와주며 다음에 또 기내에서 뵙기를 희망한다는 마음을 함께 전달한다.

(4) EY/CLS(일반석) 승객 하기 시 유의사항

① 일반석 승객 하기 시 승객들의 원활하고 신속한 하기가 될 수 있도록 적극적으로 돕는다.

② 대형기인 경우 항공기 도어 2곳(A380 항공기는 3개)을 개방하여 승객을 하기할 수 있으므로 항공기를 기준으로 왼편 승객은 두 번째 도어로, 오른편 승객은 첫 번째 도어를 이용하여 신속히 하기할 수 있도록 안내한다.

③ 유아동반승객인 경우 객실승무원의 적극적인 도움을 필요로 하며 유모차나 아기용 의자를 기내에서 승무원에게 맡긴 경우 다른 승무원과 유모차의 크기 · 색상 · 보관 장소에 관한 정보를 공유하고 승객 하기 시 보관한 승무원이 반드시 전달하도록 해야 한다.

④ 도움이 필요한 승객에게 적극적인 응대로 신속한 하기가 이루어질 수 있도록 하며, 필요에 따라 추가 입국서류나 음료를 제공하고 도착 공항에 대한 질문이나 문의사항에 적극적으로 응대한다.

⑤ 담당 도어(DOOR)에서 하기승객에게 밝은 미소와 함께 적절한 인사말을 구사하여 하기인사를 실시한다.

(5) UM 및 제한(특수) 승객

“CHAPTER 06 특수고객 안내”에서 상세히 설명하였으니 참고바람.

(6) 승객 하기 시 객실승무원 응대자세

① 객실 서비스 규정에 따라 단정한 용모와 복장을 유지한다.

② 밝은 표정으로 승객을 바라보며 감사의 인사를 전한다.

③ 정확한 발음과 적당한 속도로 긍정적인 언어를 사용하며 공손하게 응대한다.

④ 도움이 필요한 승객에게 적극적인 도움을 준다.

⑤ 도착한 공항 및 기타 여러 가지 사항에 대하여 정확한 지식으로 질문하는 승객에 대해 내용을 설명하고 친절하고 자세히 안내할 수 있도록 한다.

⑥ 승객 하기 순서를 정확히 숙지하고 적극적으로 안내한다.

4 항공기 입항서류 및 정보 전달하기

(1) 서류 및 정보 전달하기 : 도착 후 파우치(Ship Pouch) 인계

비행기가 도착 후 객실승무원은 승객하기 전 항공기에 탑재된 서류 파우치(Pouch-주머니, 행낭)를 지상직원에게 전달해야 한다. 서류 파우치 안에는 G/D, P/M, C/D 서류 및 본사와 지점 간 주고받는 중요한 메일(mail), 기내우편, 특별식 요청승객 요청서, 항공기 쿠폰 및 TWOV, 추방자의 여권서류가 들어 있으며 객실승무원은 도착지 지상직원에게 전달 전 빠지거나 기재 미흡한 사항이 있는지 재확인하고 분실 우려가 있는 품목은 필요 시 인수인계서를 작성하여 지상직원의 서명을 받아야 한다.

항공기 Ship pouch

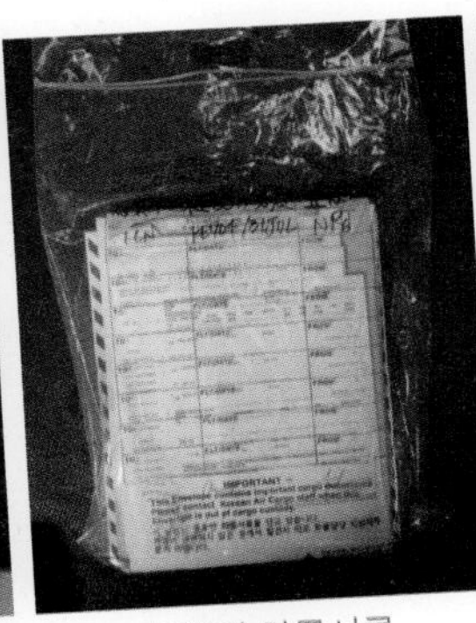
항공기 화물서류

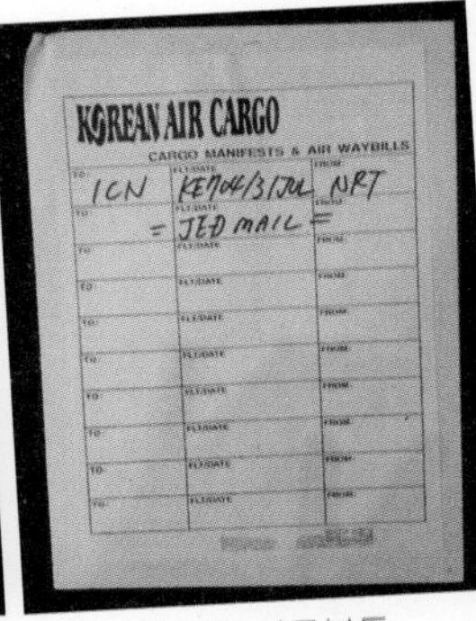

항공기 서류봉투

① CIQ(세관·출입국·검역소)

관계 직원에게 입항서류를 제출하고, 공항 특성상 검역 또는 세관의 하기 허가가 필요한지 확인한다.

- 승객 하기는 현지공항 당국의 하기 허가를 얻은 후 실시되어야 하며, 모든 절차가 끝난 후에 객실사무장·캐빈매니저는 승객 하기 방송을 실시한다.

② G/D(General Declaration)

승무원 명단과 항공기 검역에 관계된 서류로서 항공기 운항에 필수적인 서류이고 국가별로 중요시 하는 서류이므로 출발지 공항에서 반드시 수취할 수 있도록 해야 한다. 비행 중 기내에서 구토, 출혈 등 전염성이 있는 질

1 항공기 일반사항 : 편명, 항공기등록번호, 출발날짜, 목적지
2 승무원 명단, 3번이 저자 이름
3 출발지
4 탑승승객숫자
5 목적지
6 기내환자 및 전염병 등 신고사항이 있으면 기록한다.
7 객실사무장·캐빈매니저 서명

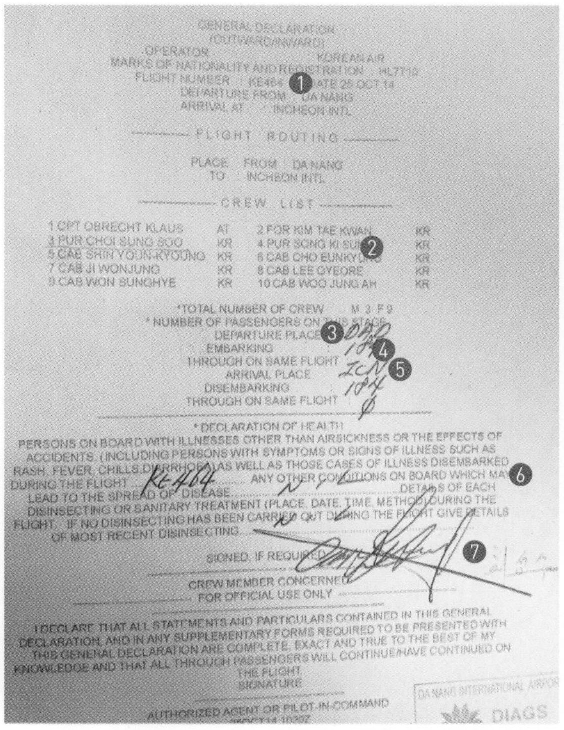
GENERAL DECLARATION
(OUTWARD/INWARD)
OPERATOR : KOREAN AIR
MARKS OF NATIONALITY AND REGISTRATION : HL7710
FLIGHT NUMBER : KE464 ❶ DATE 25 OCT 14
DEPARTURE FROM : DA NANG
ARRIVAL AT : INCHEON INTL

FLIGHT ROUTING

PLACE FROM : DA NANG
TO : INCHEON INTL

CREW LIST

1 CPT OBRECHT KLAUS	AT	2 FOR KIM TAE KWAN	KR
3 PUR CHOI SUNG SOO	KR	4 PUR SONG KI SU❷	KR
5 CAB SHIN YOUN-KYOUNG	KR	6 CAB CHO EUNKYUNG	KR
7 CAB JI WONJUNG	KR	8 CAB LEE GYEORE	KR
9 CAB WON SUNGHYE	KR	10 CAB WOO JUNG AH	KR

*TOTAL NUMBER OF CREW M 3 F 9
* NUMBER OF PASSENGERS ON THIS STAGE
DEPARTURE PLACE ❸ DAD
EMBARKING 184 ❹
THROUGH ON SAME FLIGHT
ARRIVAL PLACE ICN ❺
DISEMBARKING 184
THROUGH ON SAME FLIGHT Ø

* DECLARATION OF HEALTH
PERSONS ON BOARD WITH ILLNESSES OTHER THAN AIRSICKNESS OR THE EFFECTS OF ACCIDENTS, (INCLUDING PERSONS WITH SYMPTOMS OR SIGNS OF ILLNESS SUCH AS RASH, FEVER, CHILLS, DIARRHOEA) AS WELL AS THOSE CASES OF ILLNESS DISEMBARKED DURING THE FLIGHT KE464 ANY OTHER CONDITIONS ON BOARD WHICH MAY ❻ LEAD TO THE SPREAD OF DISEASE N/L DETAILS OF EACH DISINSECTING OR SANITARY TREATMENT (PLACE, DATE, TIME, METHOD) DURING THE FLIGHT. IF NO DISINSECTING HAS BEEN CARRIED OUT DURING THE FLIGHT GIVE DETAILS OF MOST RECENT DISINSECTING N/L

SIGNED, IF REQUIRED ❼
CREW MEMBER CONCERNED
FOR OFFICIAL USE ONLY

I DECLARE THAT ALL STATEMENTS AND PARTICULARS CONTAINED IN THIS GENERAL DECLARATION, AND IN ANY SUPPLEMENTARY FORMS REQUIRED TO BE PRESENTED WITH THIS GENERAL DECLARATION ARE COMPLETE, EXACT AND TRUE TO THE BEST OF MY KNOWLEDGE AND THAT ALL THROUGH PASSENGERS WILL CONTINUE/HAVE CONTINUED ON THE FLIGHT.
SIGNATURE
AUTHORIZED AGENT OR PILOT-IN-COMMAND

DA NANG INTERNATIONAL AIRPORT
DIAGS

베트남 다낭공항 출발 인천공항 도착편 G/D

1 승객이름
2 좌석번호
3 국적)
4 체크인 순서

병이 발생한 경우 조종실에 알려 도착공항의 검역 직원에게 공지하고 G/D에 기록해야 한다.

③ P/M(Passenger Manifest)

승객명단을 말하며 영어이름과 국적, 탑승수속 순서, 해당 승객의 클래스, 좌석번호가 기재되어 있다. P/M에는 해당 편 항공기에 탑승한 전 승객의 명단이 기록되어 있으므로 G/D에 기록하는 승객숫자와 P/M에 기록된 승객숫자가 동일하여야 한다.

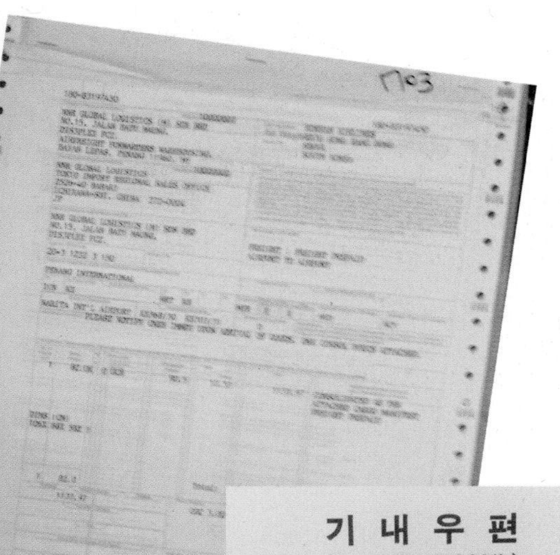

④ C/M(Cargo Manifest)

당 항공기 화물칸에 탑재되어 있는 화물 적하목록을 말하며 C/M이 없으면 출발지 공항에서 항공기를 이용하여 부친 화물의 통관이 지연되거나 화물이 해당 국가의 세관에 억류가 되는 경우가 발생할 수 있으므로 화주로부터 강한 불만을 접수할 수 있는 요인이 될 수 있어 취급에 각별한 주의를 요한다.

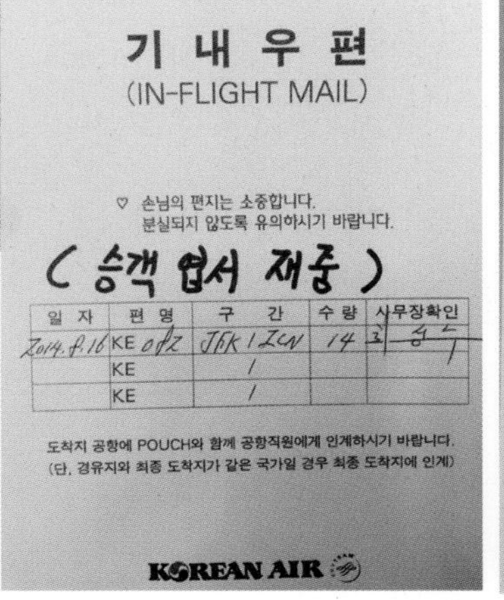

기내 우편을 담아 인계하는 봉투

⑤ 기내 우편물(Passenger's mail)

기내 우편물은 항공기에 탑승한 승객의 요청에 의해서만 발송하며 비용은 경우에 따라서 항공사가 부담하고 있지만 요즘은 승객 자신 비용으로 송달하는 쪽으로 가고 있다. 따라서 기내에서 접수된 우편물이 분실 또는 훼손되지 않도록 하여야 하며 착륙 전 객실사무장이나 캐빈매니저가 담당

기내 우편엽서 A

기내 우편엽서 B

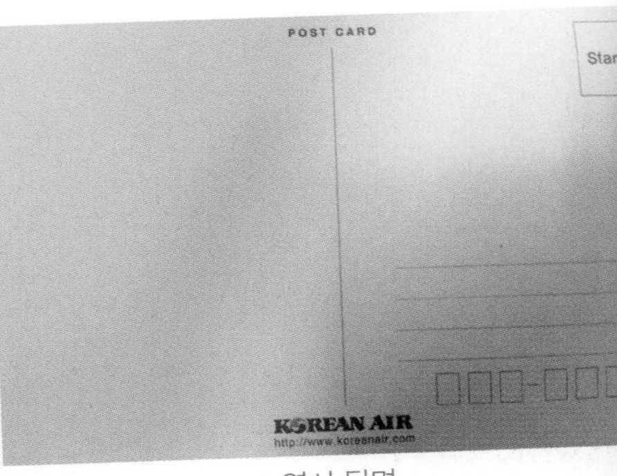

엽서 뒷면

구역의 승무원으로부터 기내 우편물을 취합하여 지상직원에게 정확히 전달하도록 해야 한다.

⑥ 승객 제안 서신(Passenger's complaint, compliment, suggestion letter)

2013년까지 모든 승객 제안 서신은 기내에서 승객이 직접 작성하거나 제안 서신을 집으로 가지고 온 후 작성하여 항공사 수취인 부담 우편으로 발송하는 형태를 취하였고 비행 중 기내에서 작성된 승객 제안 서신은 승무원에게 전해지고 객실사무장·캐빈매니저는 모든 승객 제안 서신을 취합하여 목적지 도착 후 지상직원에게 인계하는 방식을 사용하였다.

현재 대한항공에서는 기존의 종이양식을 없애고 홈페이지에 접속한 후 고객인증을 마친 상태에서 컴퓨터를 통하여 접수하고 있다. 따라서 기존처럼 인계인수의 필요가 없는 상태이며 추후 모든 항공사에서 이런 형태로 고객불만을 접수하게 되리라 생각한다.

⑦ 외교행낭(Diplomatic Pouch)

정부기관이나 각국의 대사관 등의 국가기밀과 관련된 문서를 담은 행낭을 말한다. 상당히 중요한 서류이므로 보통 담당하는 기관의 공무원이 함께 탑승하여 비행 중 외교행낭을 보호하고 하기 시 직접 가지고 나가게 된다.

외교행낭이 부피가 큰 것이 많아 좌석을 구입하여 운송하는 경우도 있다.

⑧ 상용고객 신청서

비행 중 작성한 상용고객 신청서는 해당 편 기내에서 작성할 경우에만 해당 편의 마일리지를 인정하며 항공기 도착 전 객실사무장, 캐빈매니저가 일괄적으로 취합하여 인천공항인 경우 지상직원에게 직접 전달하고 해외 공항인 경우 객실사무장·캐빈매

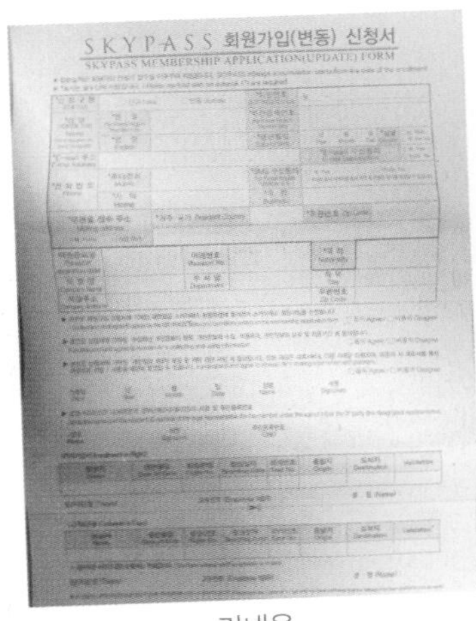
기내용

지상용

SKYPASS 모아 전달하는 봉투

기내면세품 사전주문서

면세품 사전 주문한 승객의 면세품 탑재

1 쿠폰인계날짜
2 인계한 출발지공항직원이름, 서명
3 승객쿠폰 수령자, 객실사무장, 캐빈매니저가 수령하여 보관하였다가 도착 후 인계한다.
4 도착지 공항에서 인수한 지상직원
5 총 쿠폰 묶음

니저의 인수인계서에 첨부하여 귀국 편 통해 신속히 인천공항으로 전달될 수 있도록 한다.

⑨ 귀국 편 기내면세품 사전주문서

출국하는 비행기 안에서 귀국 편 기내면세품을 미리 주문할 수 있는 서류를 말하며 주문서 작성은 항공기 도착시점 72시간 후 출발 편에 한해 가능하다. 귀국 편 사전주문서 접수 시 접수한 승무원의 서명과 이름이 기록되므로 취급에 유의하여야 하고 기내판매 전담부서에 정확히 인계될 수 있도록 해야 한다.

⑩ FLIGHT COUPON(승객쿠폰)

승객 항공권의 일부로서 해외지점에서 영업한 자료이며 항공사 비용 산출의 중요한 역할을 담당하는 영수증 및 증명서 묶음이다. 항공기 문을 열자마자 즉시 지상직원에게 전달하여야 하며 인계한 승무원은 인수인계 증명서를 일정 기간 동안 의무적으로 보관하게 되어 있다.

⑪ Passenger Information Sheet(연결편 승객 특별 주문서)

해당 서류는 도착편 비행 중 승객에게 발생된 비정상 상황에 대하여 다음편 객실사무장 · 캐빈매니저에게 정보를 제공하는 용도와 도착편 승객의 연결편에 스페셜밀(Special Meal) 탑재를 의뢰하는 용도로 쓰이며 동일 여정 비행당 1세트-set(3부로 되어 있음)를 작성해 도착 시 지상직원과 상호 서명한 후 2장을 지상직원에게 인계하고 도착편 객실사무장 · 캐빈매니저용 1부는 사무장 인수인계서(Purser's Flight Report)에 첨부하여 제출한다. 객실 도착 후 업무 중 상당히 중요한 업무이며 내용에 관한 자세한 설명은 아래와 같다.

1 해당 용지는 도착편 객실사무장·캐빈매니저용 이라는 표시
2 도착날짜, 편명, 출발날짜, 편명
3 스페셜밀 주문 승객의 이름, 좌석번호, 클래스
4 주문한 스페셜밀 내용
5 특이승객이름, 클래스, 좌석번호
6 도착 편 객실사무장·캐빈매니저 서명
7 도착공항 인도네시아 발리 지상직원 서명

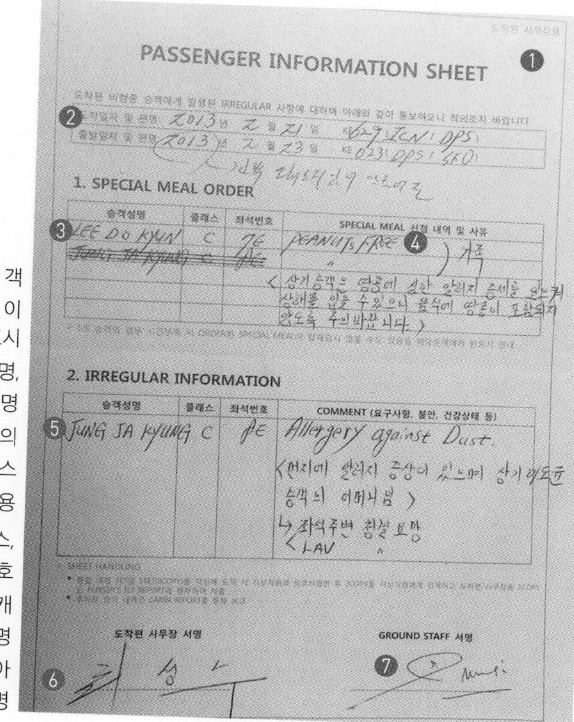
도착편 사무장용

PASSENGER INFORMATION SHEET ❶

도착편 비행중 승객에게 발생된 IRREGULAR 사항에 대하여 아래와 같이 통보하오니 적의조치 바랍니다.

❷ 도착일자 및 편명: 2013 년 2 월 21 일 KE 629 (ICN / DPS)
출발일자 및 편명: 2013 년 2 월 23 일 KE 023 (DPS / SFO)

1. SPECIAL MEAL ORDER

승객성명	클래스	좌석번호	SPECIAL MEAL 신청 내역 및 사유
❸ LEE DO KYUN	C	7E	PEANUTS FREE ❹) 가족
~~JUNG JA KYUNG~~	~~C~~	~~8E~~	〃
			<상기 승객은 땅콩에 심한 알러지 증세를 보여 상해를 입을 수 있으니 음식에 땅콩이 포함되지 않도록 주의바랍니다.>

2. IRREGULAR INFORMATION

승객성명	클래스	좌석번호	COMMENT (요구사항, 불만, 건강상태 등)
❺ JUNG JA KYUNG	C	8E	Allergery against Dust. <먼지에 알러지 증상이 있으며 상기 이도균 승객의 어머니임> ↳ 좌석주변 청결 요망 <LAV 〃

※ SHEET HANDLING

도착편 사무장 서명 ❻

GROUND STAFF 서명 ❼

Passenger Information Sheet, 연결편 승객 특별 주문서

⑫ 회사 물품(Company Item)

서울에 있는 항공사 본사에서 해외지점으로 보내는 긴급한 물품 또는 해외지점에서 항공사 본사로 송부하는 물품으로 지상직원과 승무원 간의 정확한 인수인계를 필요로 하는 물품이다. 항공기에서 주로 사무장 · 캐빈매니저가 보관하고 있다가 전해주게 되며 내용물은 컴퓨터부품, USB, 승객 유실물 등이 이에 해당된다.

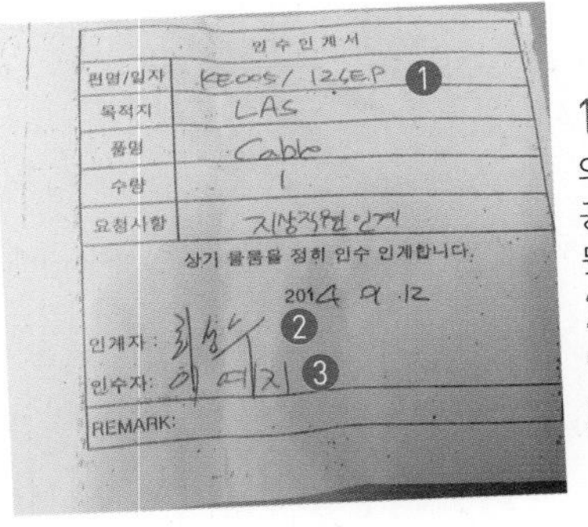
인 수 인 계 서

편명/일자	KE005/ 12SEP ❶
목적지	LAS
품명	Cable
수량	1
요청사항	지상직원 인계

상기 물품을 정히 인수 인계합니다.
2014 9 12
인계자: ❷
인수자: ❸
REMARK:

1 목적지가 미국의 라스베이거스 공항지점을 뜻한다.
2 객실사무장·캐빈매니저 서명
3 지상직원 서명

⑬ 클리닝 쿠폰(Cleaning coupon) 소지승객 인계하기

Cleaning Coupon은 기내에서 승무원의 실수나 승객의 실수에 의해 음료수를 엎질러 의복이 손상된 상

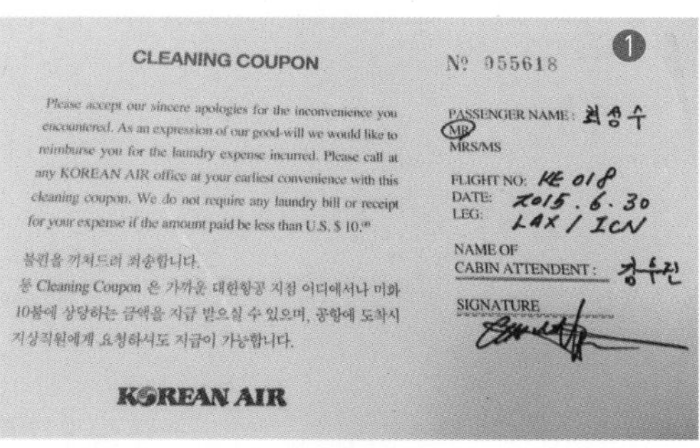
CLEANING COUPON

№ 055618 ❶

Please accept our sincere apologies for the inconvenience you encountered. As an expression of our good-will we would like to reimburse you for the laundry expense incurred. Please call at any KOREAN AIR office at your earliest convenience with this cleaning coupon. We do not require any laundry bill or receipt for your expense if the amount paid be less than U.S. $ 10.00

불편을 끼쳐드려 죄송합니다.
동 Cleaning Coupon 은 가까운 대한항공 지점 어디에서나 미화 10불에 상당하는 금액을 지급 받으실 수 있으며, 공항에 도착시 지상직원에게 요청하셔도 지급이 가능합니다.

PASSENGER NAME: 최성수
MR/MRS/MS
FLIGHT NO: KE 018
DATE: 2015. 6. 30
LEG: LAX / ICN
NAME OF CABIN ATTENDANT: 정수진
SIGNATURE

KOREAN AIR

클리닝쿠폰 소지승객은 하기 시 게이트 앞에서 세탁비를 지급받는다.

1 승무원이 발행한 승객 소지용 클리닝 쿠폰이다.

장당 $10를 지급하며 기내에서 고객불만을 사전차단하기 위해 승무원에 의한 현금지급은 사규로 엄격히 금지되어 있다.

태에서 발급하며 대한항공에서는 기내 발급매수를 최대 3매 이하로 제한하고 있고 그 이상의 발급을 요하는 승객은 지상직원에게 사전 무선통신으로 고지하여 해결한다. 따라서 기내에서 쿠폰을 발급하면 조종실에 연락하여 해당지점이나 인천공항 도착 후 지상직원과 해당 공항지점에 정보를 알려주어야 하며 항공기 Door를 개방한 직후 기다리고 있는 지상직원에게 해당 승객을 알려주어 세탁비 지급 등의 적의조치될 수 있도록 해야 한다.

⑭ 기내 업무방해행위·난동승객 인계하기

기내에서 비행 중 기내흡연, 성추행·성희롱, 폭행, 폭언, 난동 등 승무원 업무를 방해하는 행위를 한 승객은 도착 전 조종실을 통해 도착공항 경찰대에 신병인수를 요청하게 되며 항공기가 Gate에 도착하게 되어 항공기 도어를 열게 되면 지상직원과 현지 공항경찰이 대기하고 있게 된다. 하기 순서는 자연스럽게 일반적 하기 순서에 의해 내리게 되며 도어 근처에서 객실승무원이 인상착의를 잘 파악하고 있다가 승객이 내리는 순간 현지 공항경찰에게 승객의 신병을 인계하면 된다. 이때 승객의 개인 프라이버시를 침해하지 않도록 기내방송을 통해 해당 승객의 이름을 부르거나 눈에 띄는 행동을 하지 않도록 한다.

⑮ 환승 비행기에 늦은 승객 인계하기

출발지에서 기상·정비 등의 관계로 목적지에 지연 도착하여 연결편 비행기에 환승시간이 촉박하거나 탑승을 못하게 되는 경우가 발생할 수 있다. 환승시간이 매우 촉박한 경우 아래와 같은 방송을 항공기 도착 전 실시하여 제일 먼저 하기할 수 있도록 다른 승객의 양해를 구하여야 하며 지나치게 늦게 도착하여 연결편 항공기가 출발했을 경우 해당 환승승객은 대기하고 있던 지상직원에게 인계하여 호텔투숙이나 기타 편의조치를 취하도록 안내하여야 한다. 이때 승무원은 연결편 상태, 호텔과 관계되는 절차에는 항상 변동성이 있음을 인지하여 해당 승객에게 환승편·호텔 등에 관한 지나친 확신을 주어 불만의 원인이 제공되지 않도록 해야 한다.

⑯ 추방자(Deportee) 승객 인계하기

추방자란 항공기 출발국가에서 불법체류자, 범법자, 그외 해당 국가의 법률을 위반하여 강제로 출국조치를 당한 승객을 말하며, 항공기가 출발할 때까지 출국 사무소 직원이나 경찰이 항공기 입구를 감시하며 해당 승객의 여권 및 여행서류는 출발편 객실사무장·캐빈매니저가 비행 중 안전하게 보관하여 도착지 공항의 직원에게 신병과 함께 인계하여야 한다. 흔하지는 않지만 추방자 승객이 입국서류 작성을 위해 여권을 돌려달라는 요구를 하는 경우도 있고 여권을 돌려줄 경우 자신 범죄를 은폐하기 위해 파기하는 경우가 발생한 적도 있다. 따라서 추방자의 여권은 객실사무장·캐빈매니저가 보관하고 입국서류 작성도 승무원이 대신해서 해주는 것이 규정이다.

⑰ 호송죄수(Prisoner)승객 인계하기

일반적으로 객실 뒤편으로 좌석배정을 하고 범법자인 경우 호송책임자가 경호를 하게 되어 있다. 호송죄수에겐 기내에서 주류 및 알코올성 음료를 서비스하지 않아야 하며 철제 포크, 나이프를 제공하지 않는다. 도착지 공항에서 모든 승객이 완전히 하기한 후에 하기하여야 한다.

1, 2 모든 철제 식기류는 호송죄수에 의해 범죄에 사용될 수 있으므로 일회용 플라스틱 기물만 제공한다.

호송죄수에게 제공하면 안 되는 철제식기류

⑱ 유아동반승객 인계하기

어린이나 유아를 동반한 승객은 휴대한 아기용품이 많고 유모차를 위탁수화물로 부친 상태이기 때문에 하기 시 객실승무원의 도움을 필요로 하며 항공기 앞까지 짐과 필요 시 유아를 인도해 주는 등 각별한 보호를 필요로 한다. 특히 출발지에서 항공기 탑승 시 위탁수하물로 부친 유모차는 게이트 앞에서 보호자에게 인계하게 되니 유아가 유모차에 탑승하여 게이트를 빠져 나갈 때까지 돌보아 주어야 한다. 하기 즉시 지상직원에게 인계하여 일괄적인 안내를 받도록 하는 것이 좋다.

KE 한가족 서비스제공은 2019년 하반기부터 미주는 동일, 유럽은 프랑크프르트, 런던, 파리공항만 제공하고 국내선 구간은 제공하지 않는다.

유모차의 경우 완전히 접을 수 있으며, 크기가 115cm 이내일 경우, 기내로 휴대할 수 있으며 규격을 초과하거나 기내 공간이 불충분할 경우 위탁수하물로 맡겨야 한다. 이 경우 탑승 수속 시 위탁을 하거나, 탑승구에서 위탁하게 된다. 유아용 카시트는 한국, 미국 또는 기타 인증기관에서 인증한 표식이 있는 경우에 한하여 사용이 가능하다.

수고많으셨습니다.
다음 장은 "CHAPTER 12 승객 하기 후 관리"에 대해 학습할 예정입니다.

수행평가 퀴즈

학생들은 교수님 지시에 따라 각 Chapter 수행평가 퀴즈를 작성한 후, 절취하여 정해진 날짜까지 담당교수님에게 제출 바랍니다.

(답안지 공간 부족 경우 메모란을 활용하셔도 좋습니다.)

01 항공기 내부에서 도어를 여는 경우 3가지 상황에 대해 설명하시오.

02 항공기 내부에서 승무원이 아래와 같은 표시를 외부지상직원에게 하는 의미에 대해 적어 보시오.

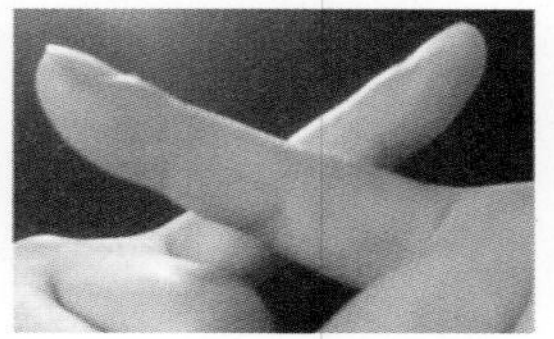

03 VIP/CIP 하기 시 주의사항에 대해 적어 보시오.

04 다음의 용어를 해설하시오.

① G/D

② P/M

③ C/M

④ Passenger Information Sheet

memo

Chapter 12

승객 하기 후 관리

"ROLE PLAY"

Chapter 12 승객 하기 후 관리

"ROLE PLAY"

1 승객 하기

① 승객 하기 때 승무원은 해당 클래스별, 각자의 담당 구역별로 승무원 좌석 주변에서 승객에게 하기인사를 하고 승객 하기가 순조롭게 진행되도록 협조한다.

② 비동반소아(UM), 장애인승객, 유아동반승객, 노약자승객, 짐이 많은 승객 및 제한승객 등 승무원의 도움을 필요로 하는 승객에게 휴대수하물 정리를 도와주고 하기에 협조한다.

③ 그외 무사증통과자(TWOV) 및 강제추방자(deportee)의 인수인계 및 환승승객의 재확인도 함께 실시한다.

(1) 승객 유실물(Left Behind Item) 점검-"Role play"

- 승무원 역할
  - 한 반 40명을 한 조에 4명씩 10개 조로 나눈다.
  - 광동체(Wide body) 항공기 탑승을 상상하여 각 복도 앞쪽에 2명, 뒤편에 2명을 배치한다.
  - 승무원 역할하는 학생은 앞쪽에서 뒤로, 뒤에서 앞으로 오면서 오버헤드빈, Seat pocket, 좌석 하단 등 승객의 유실물을 점검한다.
  - 유실물이 발견되면 교재의 절차에 따라 수행하는 방법을 시행한다.
- 승객 역할 : 승무원 역할을 맡은 학생 4명이 앞, 뒤로 기내 유실물을 점검하는 동안 승객 역할을 맡은 학생은 유실물 발견-보고-처리절차를 눈여겨 학습한다.
- 준비물 : 복사된 기내습득물 보고서, 가방, 노트북, 모형객실, 메모패드, 필기도구, 진지한 자세

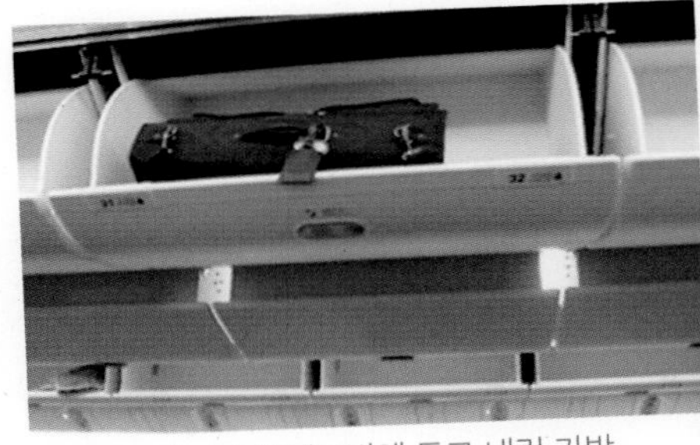
승객이 오버헤드빈에 두고 내린 가방

객실승무원은 담당구역 승객 하기 완료 후 객실 내 유실물 점검을 최우선으로 실시하여야 하며, 특히 상위클래스는 승객 하기 후 최단시간 내, 즉 지상조업 개시 전 유실물 점검이 이루어져 유실물 발견 시 즉시 승객에게 전달될 수 있도록 하여야 한다. 유실물 점검 시에는 상위클래스 승객 하기 직후 수하물 선반(오버헤드빈) ➡ 좌석 하단 ➡ Seat pocket ➡ 좌석 팔걸이 옆 물품보관소 ➡ 코트룸 ➡ 잡지꽂이 ➡ 상위클래스와 일반석 분리용 벽면 주변 ➡ 화장실 ➡ 기내 복도를 먼저 점검하여야 하며, 일반석인 경우 일반석 승객 하기 후 일반석 후방에서 전방으로 진행하며 일반석 좌석 ➡ Seat pocket ➡ 좌석 하단 ➡ 오버헤드빈 ➡ 코트룸 ➡ 잡지꽂이 ➡ 화장실 ➡ 승무원 휴게실 ➡ 갤리 내 냉장고 ➡ 기내 복도를 순차적으로 점검한다.

소유주가 나타난 경우 해당 유실물의 소유주 확인을 하여 돌려주고 소유주가 나타나지 않을 경우 습득물 인수인계서 작성 후 원본 1부는 유실물과 함께 도착지 지상직원에게 인계하고 사본 1부는 사무장 인수인계 서류(Purser's Flight Report)와 함께 제출한다.

(2) 유실물 발견 시 처리절차

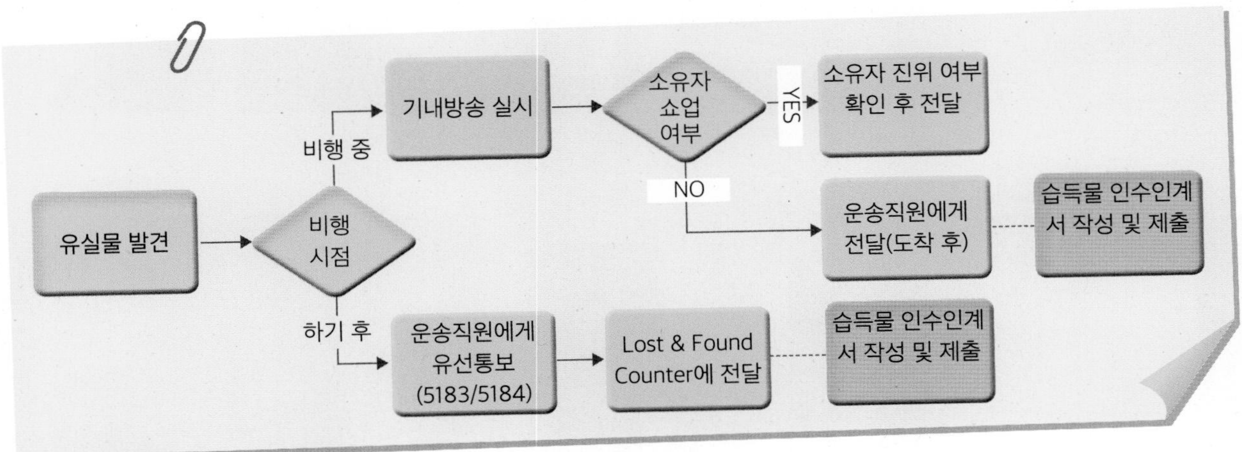

승객 유실물 발견 시 객실사무장·캐빈매니저에게 유실물의 발견장소, 시각, 내용을 보고해야 하고 하기 중인 승객에게 기내방송을 통해 공지한다.

① 객실사무장·캐빈매니저에게 신속히 보고한다.

기내습득물 인수인계서

② 유실물은 최대한 빨리 승객에게 인계하는 것을 원칙으로 한다.

③ 승객이 이미 청사로 이동하였을 경우 직접 전달은 불가하며 객실사무장·캐빈매니저가 지상직원에게 유실물의 내용 및 승객 인적사항을 통보하여 지상직원이 Baggage Claim Area에서 승객 Paging을 실시한다.

④ 유실물을 지상직원에게 인계 시 습득물 인수인계서 작성 후 원본 1부를 유실물과 함께 인계한다.

⑤ 유실물의 내용, 형태, 개수, 발견장소, 인계 운송직원의 인적사항 등을 사무장 운항보고서(Purser's flight report)에 기록한다.

(3) 사진으로 이해하는 상위클래스 유실물 점검절차

수하물 선반

좌석 하단

Seat Pocket

팔걸이 옆 물품보관소

코트룸

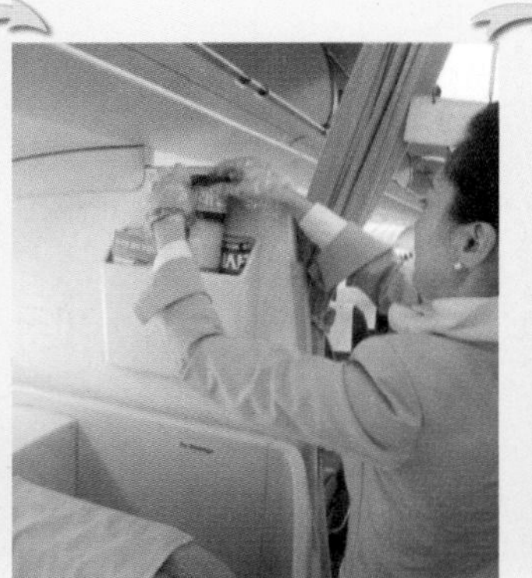

잡지꽂이

상위클래스와 일반석 분리용 벽면 주변

화장실

복도

(4) 상위클래스 승객 하기 후 점검방법

① 상위클래스 승객이 하기한 후 최단시간 내 담당승무원은 즉시 유실물 점검을 시작한다.
② 수하물 선반(Overhead bin)을 모두 개방한 후 육안으로 확인한다.
③ 좌석 위로 신발을 벗고 올라서서 수하물 선반 안쪽 깊숙한 곳까지 육안으로 확인한다.
④ 상위클래스 전용 코트룸(Coat room) 안쪽까지 점검한다.
⑤ 비행 중 보관하였던 휴대수하물을 승객에게 정확히 반환하였는지 승무원 상호 간 재확인한다.
⑥ 승객 좌석 하단과 객실 벽면을 확인하고 좌석 주머니 속은 육안과 손을 직접 넣어 확인한다.
⑦ 좌석 위의 담요, 베개를 정리하며 좌석 위쪽이나 팔 받침대(Armrest) 안쪽에 유실물이 떨어져 있는지 점검한다.
⑧ 잡지꽂이(Magazine rack) 안쪽을 확인하며 기타 불필요한 물품이 남아있는지 육안으로 확인한다.

(5) 사진으로 이해하는 일반석 유실물 점검절차

객실사무장·캐빈매니저는 최종적으로 기내를 순시하여 이상 유무를 확인한다.

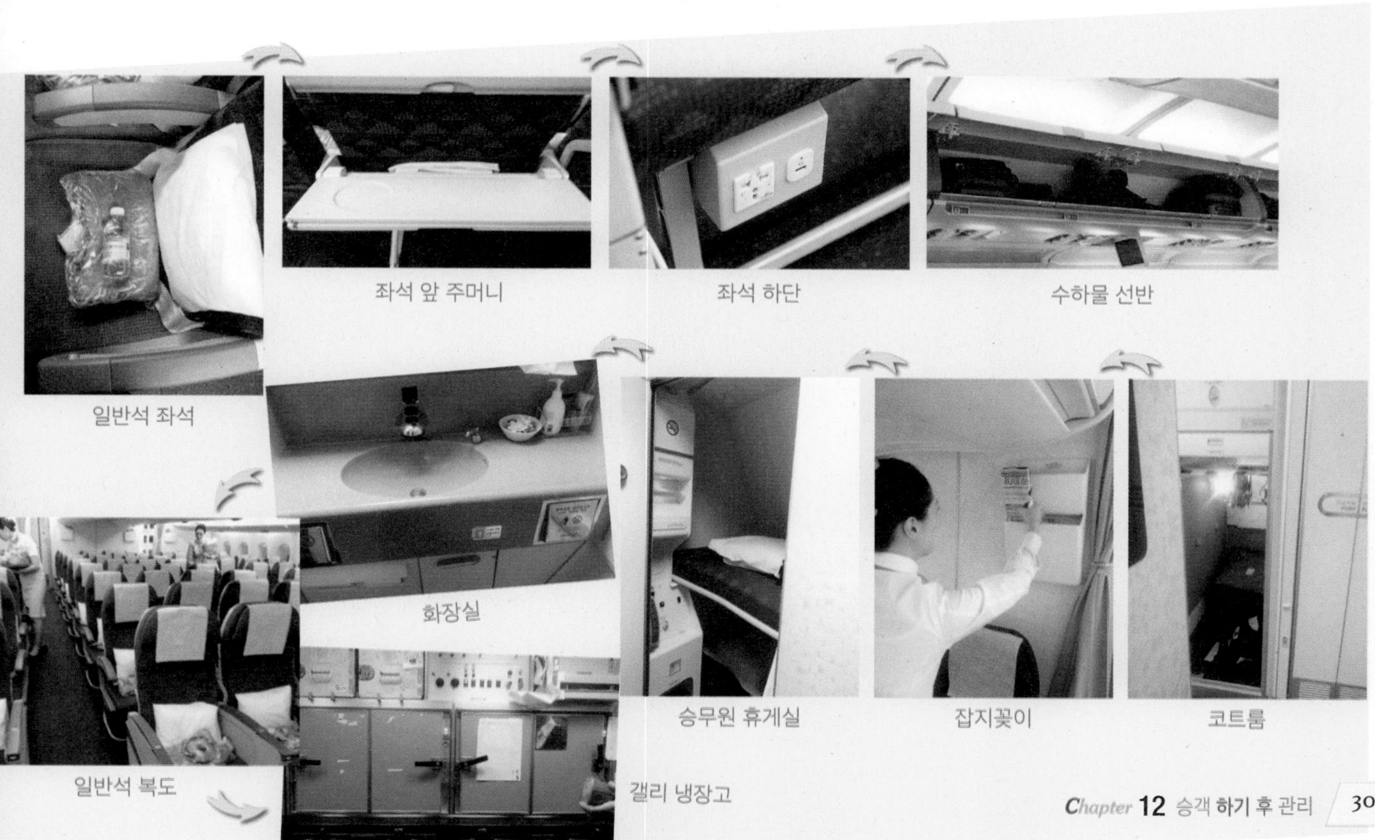

일반석 좌석 / 좌석 앞 주머니 / 좌석 하단 / 수하물 선반 / 코트룸 / 잡지꽂이 / 승무원 휴게실 / 화장실 / 일반석 복도 / 갤리 냉장고

(6) 일반석 승객 하기 후 점검방법

① 객실 뒤쪽 승무원 좌석에 착석한 객실승무원의 경우 승객이 하기 시 객실 뒤편에서 앞쪽으로 나오면서 객실의 모든 수하물 선반(Overhead bin)을 열어야 한다.

② 좌석 위로 올라서서 수하물 선반(Overhead bin) 안쪽의 유실물을 확인하며 수하물 선반에 남겨진 신문이나 기타 서비스용품을 모두 꺼내어 확인한다.

③ 좌석 위에 있는 담요나 베개 등을 정리하며 유실물을 육안으로 확인한다.

④ 객실 바닥이나 객실 벽면 좌석 하단(Seat pocket)을 점검하며 유실물의 여부를 확인하고 좌석 주머니 속은 직접 손을 넣어 촉수점검을 한다.

⑤ 유실물 점검을 하며 객실 앞쪽으로 나오면서 도어 슬라이드 모드(Door slide mode)가 정상위치에 정확히 놓여져 있는지 확인한다.

⑥ 객실 구역별 분리 칸막이 사이나 좌석 사이도 점검한다.

⑦ 기내판매 시 사용하는 쇼핑백의 내부도 승객에게 전달되지 않은 면세품이 남아 있을 수 있으므로 철저히 점검한다.

⑧ 일반석 내 잡지꽂이(Magazine rack)를 점검하고 잡지는 정리하여 가방에 넣어 봉인한다.

2 고객불만의 종류와 해결법–"ROLE PLAY"

- 승무원 역할
  - 한 반 40명을 한 조에 4명씩 10개 조로 나눈다.
  - 광동체(Wide body) 항공기 탑승을 상상하여 각 복도 앞쪽에 2명, 뒤편에 2명을 배치한다.
  - 현장감 있게 실제 고객불만을 접한 승무원과 같은 마음자세를 가지고 해결하려고 노력한다.
- 승객 역할 : 승무원 역할을 맡은 학생 4명이 앞, 뒤로 기내 순회를 하는 동안 승객 역할을 맡은 학생은 아래 14개 고객불만 항목을 현장감 있게 시연한다.
- 준비물 : 고객불만 해결 위한 진지한 자세, 모형객실, 메모패드, 필기도구, 눈높이자세

고객은 항공사의 상품과 서비스를 이용하는 사람으로 항공사가 존재하는 이유이며 기업 존재의 이유이다.

(1) 고객심리

기내서비스를 아무리 완벽하게 하려고 해도 승객으로부터의 불만은 있기 마련이다. 왜냐하면, 인간은 완벽할 수가 없으며 주관적인 사고를 갖고 있으므로 모든 고객의 욕구가 똑같을 수 없기 때문이다.

따라서 승객으로부터 지적이나 불만이 발생했을 경우, 항상 긍정적인 자세로 승객의 입장에 서서 정확한 원인을 파악하여 불만에 대한 해결방안을 강구하고, 승객에게 호감을 줄 수 있는 만족한 조치로 신뢰감을 높이면 승객·승무원 상호 간 신뢰와 상대존중/배려의 마음이 우러날 수 있다.

항공사는 오랜 숙제 중 하나인 승객불만을 해소하기 위해 객실승무원의 교육, 의식전환, 기내식 및 기내 설비 교체, 항공기 지연 방지를 위해 다방면으로 노력하고 있다. 항공사에서 대부분의 승객불만은 운송서비스 및 기내서비스에서 발생되는 경우가 많기 때문에 객실승무원의 비행업무 중 한 부분인 승객응대 시 주의사항과 불만승객 응대요령에 대해 알아보기로 한다.

- 환영기대심리 : 환영받고 싶은 마음
  - 고객에게 밝고 환한 미소로 첫인사를 실시하여 기분 좋게 맞이할 때 친절하고 고객을 존중한다고 느끼는 마음
- 보상심리 : 손해보기 싫은 마음
  - 다른 고객들과 공평하고 공정한 서비스를 제공받고 싶은 마음
  - 고객이 들인 비용만큼 그에 상응하는 응대를 받고 싶어 하는 마음
- 독점심리 : 끝까지 문제해결을 위해 도움받고 싶은 마음
  - 고객에게 끝까지 집중하여 성실한 태도로 응대하고 상황에 따라 적절한 대안을 제시하였을 때 성의 있다고 느끼는 마음
  - 모든 서비스 단계(탑승에서 하기까지)에서 동일한 수준의 서비스가 제공되기를 희망하는 마음

고객 만족을 위해 기본과 원칙에 충실하고 서비스 마인드를 함양하는 것이 바로, 우리 객실승무원의 역할과 임무입니다.

(2) 객실승무원의 고객에 대한 마음가짐

① 항공사의 상품과 서비스를 이용하는 승객이며 우리가 존재하는 이유이다.

② 승객을 존중하고 배려하는 마음에서 시작되는 고객 가치의 중요성을 인식해야 한다.

③ 승객만족은 고객의 기대를 충족시켜 주는 것이다.

④ 승객은 구전을 통해 재구매에 영향을 끼치고 새로운 고객을 창출한다.

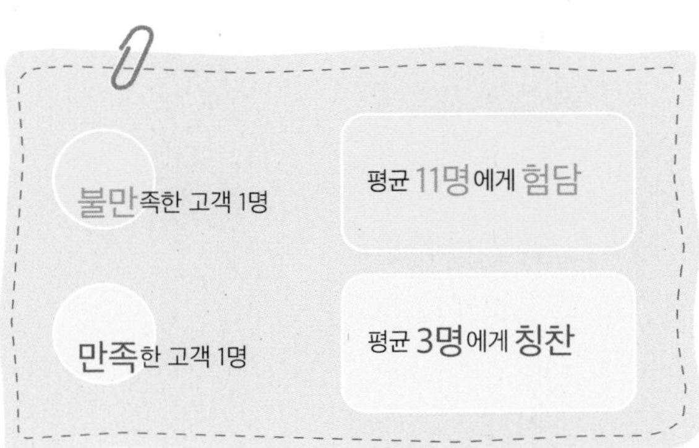

⑤ 규정, 원칙, 기본에 충실하고 고객을 최우선으로 하는 서비스 마인드를 함양해야 한다.

⑥ 항공사의 성장 원동력은 고객이며 객실승무원의 역할과 임무는 승객만족을 실현시키는 것이다.

(3) 객실승무원이 승객응대 시 지켜야 할 사항

① 객실승무원은 해당 항공사의 판매상품 및 업무지식을 숙지하고 있어서 승객의 질문에 항상 정확한 답을 주어야 한다.

② 승객이 승무원 호출버튼(Call button)을 눌렀을 경우 우선적으로 해당 승객의 요구사항을 해결하기 위해 노력해야 하며, 호출버튼은 승객의 요구를 끝까지 듣고 OFF 한다.

③ 담당구역 내 특정한 승객이 아닌 전 구역의 승객과 골고루 대화를 나누도록 하며 승객이 이야기할 때는 관심을 보이고 특별한 문제에 대해 토론은 하지 않는다.

올바른 고객응대 화법(존칭어)

존칭어 사용은 고객에 대한 존중과 존경의 표현이므로 올바른 어법으로 상황에 맞게 사용해야 하며, 어법에 맞지 않는 사물존칭은 사용해서는 안 됨.

부적절한 사물존칭 표현예문

시점	예문
탑승 및 지상 서비스	• 안녕하십니까? 자리는 이쪽이십니다. • 옆 좌석은 다른 손님이 앉으실 자리이십니다. • 말씀하신 신문이십니다. • 화장실은 이쪽이십니다. • 신문은 앞쪽에 진열되어 있으십니다. • 뒤쪽에 여러 가지 잡지가 준비되어 있으십니다. • 오늘 만석이라 빈 자리가 없으십니다.

④ 담당구역 내 특정승객과 장시간의 대화는 피하며 승객이 즐기는 게임, 도박에 참여해서는 안 된다.

⑤ 객실승무원은 탑승한 비행기의 비행시간, 경로, 목적지 도착시간, 기상 등 비행정보를 숙지하여 궁금해 하는 승객에게 제공할 수 있어야 한다.

⑥ 승객이 기내에서 희망하는 물품이 없거나 제공 불가능한 경우 정중히 사유를 말하고 기내에서 사용할 수 있는 대체품목을 권유한다.

⑦ 통로에서 승객과 마주칠 경우 비록 바쁠지라도 가볍게 목례를 실시하며 승객이 먼저 지나갈 수 있도록 배려한다.

⑧ 승객을 호칭할 때는 해당 승객의 직함을 호칭하고 어린이승객에게 반 토막 말을 사용하지 않는다.

⑨ 표준어, 경어 및 정중한 표현을 사용하며 반 토막 말이나 외래어, 승무원끼리만 알아들을 수 있는 외국어, 은어는 사용하지 않는다.

⑩ 모든 승객에게 예절 바르고 공평한 태도로 임한다.

(4) 14가지 고객불만 유형 및 해결방안

고객불만 유형에 따른 해결책

기내 발생 유형	객실승무원 고객불만 해결절차
① SPML 미탑재	• SPML 미탑재 시 '기내응대가이드'에 따라 고객응대 - 사과 표명 : [1차] 해당 Zone 담당승무원 [2차] 객실사무장/캐빈매니저 또는 부사무장 - 스페셜밀 종류별 대체 가능한 음식을 안내하며 식사 권유(대체 음식이 있는 경우) - SPML 주문이 누락된 승객응대 시 승무원 언행에 의해 불만이 가중되지 않도록 유의하며 응대

기내 발생 유형	객실승무원 고객불만 해결절차
② BSCT 미탑재	• Baby Bassinet 예약 수 + 1로 탑재(예약 수가 0인 경우에도 1개 탑재) • Baby Bassinet 제공이 불가한 경우, 여분의 좌석 확인 후 좌석교환 등을 통해 편의 제공
③ Seat Separate /ASP 미반영 (좌석분리 승객)	• Door Close 후 운송직원으로부터 통보받은 내용을 토대로 좌석분리 배정 상황에 대해 승객에게 정중히 설명 • 이륙 후 SHR/SSR 하단의 혼자서 여행하는 승객 명단을 참고하여 좌석 재배치 • 승무원의 좌석 재배치 노력에도 불구하고 좌석 조정이 이뤄지지 않는 경우 조치 불가한 상황임을 안내하고 승무원 간에 해당 상황에 대한 정보를 공유하며 식사서비스 메뉴/간식 우선 선택 등의 편의 제공
④ T/S(환승) 승객 연결지연	• 환승객의 잔여 Connecting Time을 고려, 3가지 유형으로 분류한(연결 가능, 불가능, 불확실) 지점의 H/D 계획을 ACARS(무선연락문서)로 접수하여 고객에게 안내(단, 도착 후 변동가능성을 고려, 절대 확답을 드리지 않도록 유의)

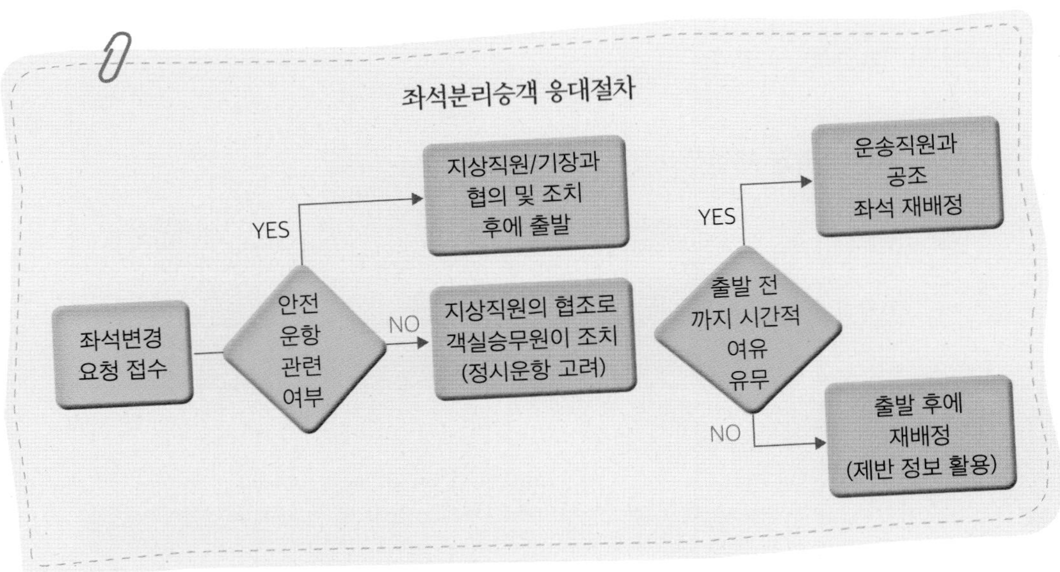

기내 발생 유형	객실승무원 고객불만 해결절차
⑤ Meal Choice 불가	• Crew Meal, 상위클래스 여유분 적극 활용 • 2nd Meal 제공 시 우선 선택 등의 편의 제공

기내 발생 유형	객실승무원 고객불만 해결절차
⑥ 의복 오염 시	• 의복 훼손 및 오염 정도에 따라 1~3매 발급 • 의복 훼손 및 오염 정도가 심해 세탁비 또는 의복수선비가 USD 30을 초과하는 경우 초과비용에 대한 영수증을 첨부하면 추가 배상 가능함을 안내(단, 추가 비용 발생이 명백할 경우에 한해 안내)
⑦ 화장실 악취 발생 시	• 화장실 점검절차에 의거 비행 중 악취 발생 여부 상시 점검 및 주기적으로 방향제 사용하여 악취 제거 • 지속적인 악취 제거에도 개선되지 않는 경우 화장실 내부구조 청결문제로 간주하여 CL(객실정비문서)에 기재

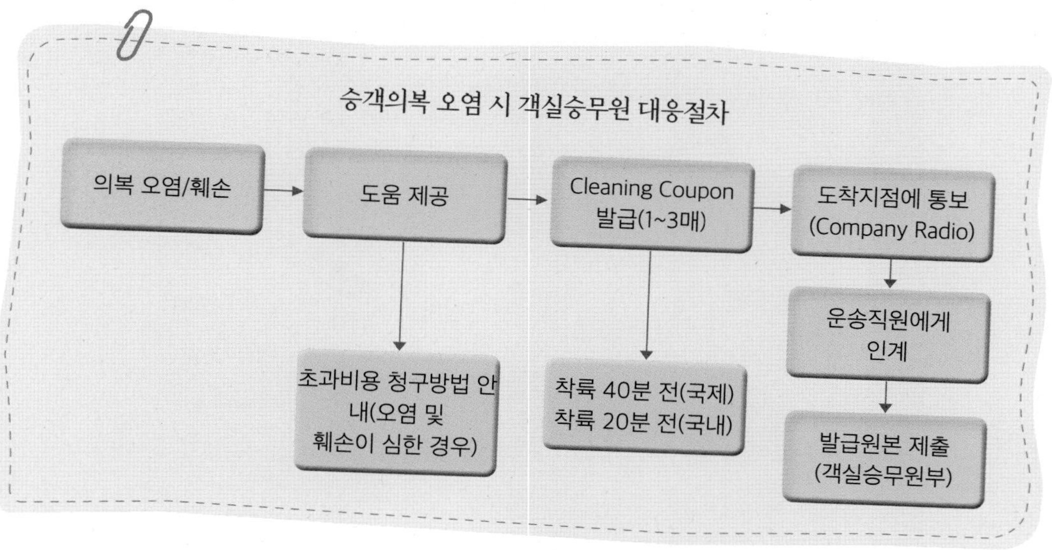

기내 발생 유형	객실승무원 고객불만 해결절차
⑧ 기내 낙수 발생 시	• 담당승무원이 1차 사과 및 상황설명(온도차에 의한 것이므로 안전운항과 무관하며 안심하셔도 됨을 안내) 및 방염테이프를 이용하여 응급조치한 후 객실사무장·캐빈매니저가 2차 사과 및 좌석 변경 조치 • 의복 오염 시 Cleaning Coupon 제공 및 운송직원에게 인계
⑨ IFE 등 기내설비 고장 시	• 기내설비 고장 시 전담은 교육을 이수한 자가 기내에 탑재된 'Trouble Shooting Guide'에 따라 실시 • 절차대로 수행해도 해결되지 않는 경우 SATCOM을 이용하여 항공기 운용팀 정비본부로 연락하여 자문 의뢰 • IRRE 상태 및 조치내역에 대해서는 CL(Cabin Log)에 기재

기내 발생 유형	객실승무원 고객불만 해결절차
⑩ 기내 온도 불만족 시	• 개인마다 적정온도 차이가 있을 수 있으므로 객실 적정온도 24±1°C 유지 • 온도가 낮은 경우 담요 및 Hot Beverage 제공하고, 반대로 높은 경우에는 찬 음료, Disposable Towel 제공
⑪ 앞 좌석 등받이로 인한 불편 발생 시	• 뒷좌석 승객의 불편사항을 정중히 경청하여 상황 파악 • 좌석 등받이 사용 기준, 즉 좌석 등받이는 항공기 이·착륙과 식사 시간대 외에는 모든 승객이 편안한 휴식을 위해 자유롭게 조정할 수 있음을 안내하고 먼저 뒷좌석 승객의 등받이 조절을 통한 불편 해소를 권유 • 뒷좌석 승객 불편이 지속될 경우 뒷좌석 승객의 좌석 이동을 권유하고 좌석 이동 시 적극 협조

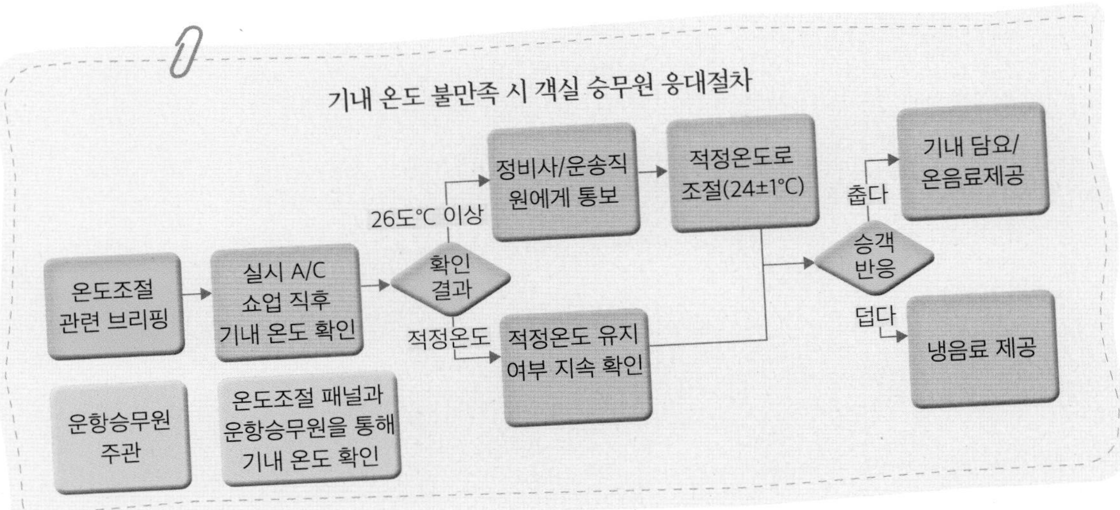

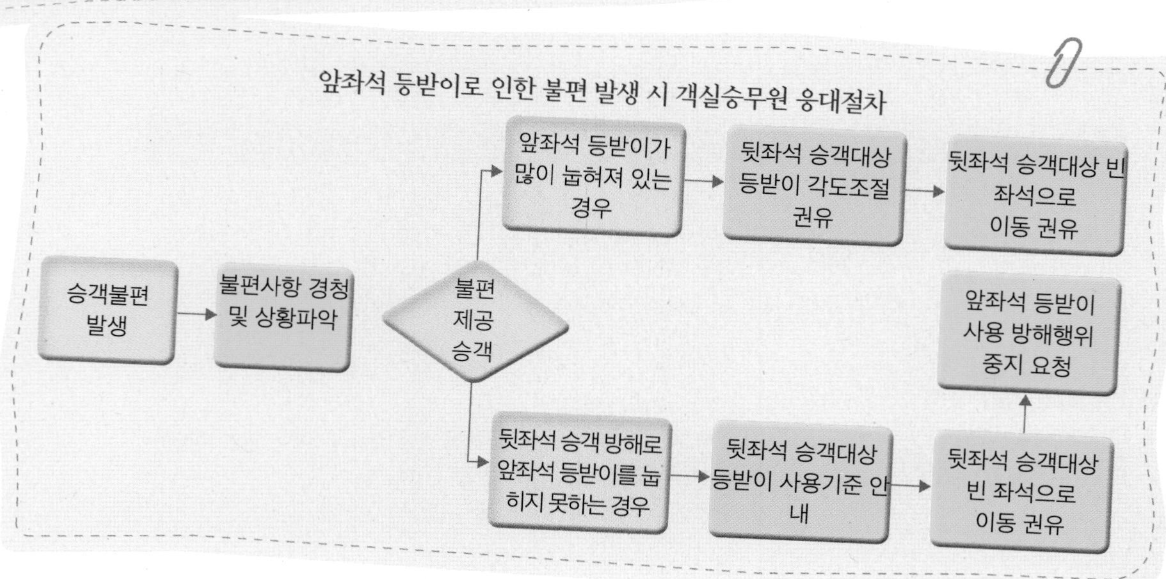

기내발생유형	객실승무원 고객불만 해결 절차
⑫ 우는 아이	• 보호자에게 도와드리겠다는 의사표명 후 보호자와 함께 아이 울음의 원인을 파악하여 상황별로 도움 제공 • 보호자가 우는 아이를 지속 방치할 경우 승무원은 보호자가 적극적인 행동을 취하도록 설득하고 요구 • 보호자가 달래도 지속적으로 울어 주변 승객의 휴식을 방해하는 경우, 주변 승객 좌석과 분리된 기내 후방. Galley, 화장실 등의 장소로 이동하여 유아를 달래도록 유도
⑬ 주변 승객 소란 발생 시	• 단체승객에게 불편을 끼치니 자제해 줄 것을 요청 • 이후 기내소란 행위 자제요청 방송 실시
⑭ 무단좌석 점유 시	• 해당 승객 탑승권을 확인 후 본인의 지정좌석으로 안내하되, 해당 승객이 복귀를 거부할 경우 객실승무원은 해당 승객에게 무단으로 좌석을 점유하고 있음을 인지시킨 후, 최소 3차례에 걸쳐 복귀 종용 • 복귀가 이뤄지지 않을 경우 객실사무장·캐빈매니저는 승객에게 기내 업무방해행위임을 인지시키고 '기내 업무방해행위 발생 시 승무원의 대응절차(설득·요청, 구두경고·경고장 제시, 강력대응)'에 따라 조치 • 도착 전 조종실 무선을 통해 무단좌석점유 발생사실을 통보하고 운송직원에게 인계조치

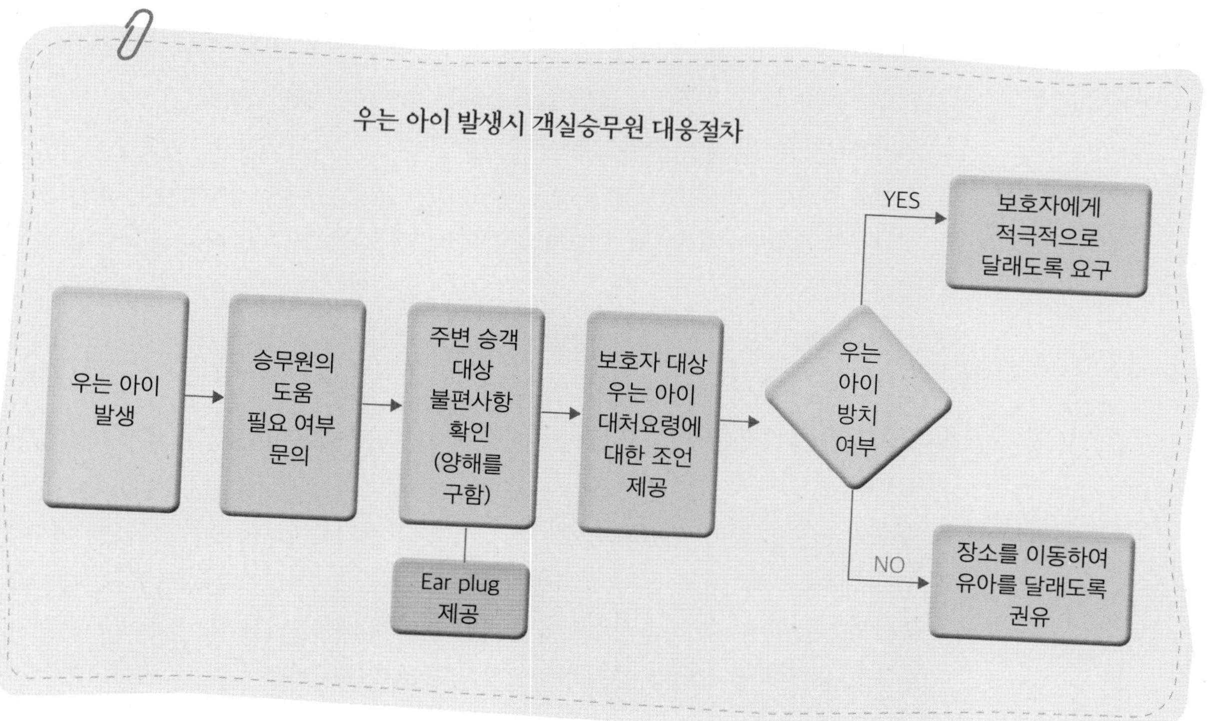

불만고객 응대방법 8단계

경청	• 고객의 항의를 경청하고 끝까지 듣는다. • 표현방식(표정, 언어)이 아닌 문제를 파악한다.
감사와 공감표시	• 일부러 시간을 내서 해결의 기초를 준 것에 감사표시 • 고객의 기분에 공감을 표시한다.
사과	• 고객의 이야기를 듣고 문제점에 대한 인정과 잘못한 부분에 대해 정중하게 사과한다.
해결 약속	• 고객의 불만을 느낀 상황에 대해 관심과 공감을 보이며 문제에 대한 빠른 해결을 약속한다.
정보파악	• 문제해결을 위해 꼭 필요한 질문으로 정보를 얻는다. • 해결이 어려우면 고객에게 어떻게 해주면 좋을지 묻는다.
신속처리	• 잘못된 부분을 신속하게 시정한다.
처리확인과 사과	• 불만처리 후 고객에게 처리결과에 만족하는지 확인한다.
피드백	• 고객불만 사례를 회사 및 전 승무원에게 알려 다시는 동일 문제가 발생하지 않도록 한다.

(5) 불만승객 응대요령

① 어떤 사항이라도 기내에서 불만을 표출하는 승객에게 불만내용을 끝까지 경청하고 이를 해결하는 모습을 보이도록 한다.

② 불만승객 발생 시 우선 담당구역을 맡고 있는 담당승무원이 1차적으로 해결 후 객실사무장·캐빈매니저에게 보고하여야 하며, 객실사무장은 비행이 종료되기 전 해결하도록 노력한다.

③ 객실사무장·캐빈매니저는 비행이 끝난 후 승객과 연관된 불만 등 후속조치가 필요한 사항이 있으면 회사에 즉시 보고한다.

④ 승객에게 불쾌감을 주었을 경우에는 담당자보다는 책임 있는 시니어가 처리를 담당한다.

⑤ 다수의 승객이 같이 있는 장소에서 시간이 오래 걸리게 될 경우에는 장소를 바꾸어서 응대하고 처리한다.

⑥ 불만의 내용에 따라서 그 장소에서 결론을 급하게 내지 말고 기내장소나 시간을 변경해서 승객이 납득할 수 있는 방향으로 해결책을 제시한다.

⑦ 불만을 받았을 때에는 반드시 원인이 있다. 그러나 원인을 밝히고 따지기에 앞서 우선 객실사무장·캐빈매니저에게 보고하고 수습책을 강구하는 동시에 담당승무원이 처리를 신속히 진행하는 것이 첫 번째이다.
책임을 묻는 것은 그 이후의 일이며 선의의 과실은 책임을 면하게 되나, 고의로 한 실수는 유발한 본인이 철저히 책임을 져야 한다.

기내 불만고객 응대 기본요령

1 경청 : 고객을 주목하고 끝까지 주의 깊게 들어라!

예, 그러시군요! 잘 알겠습니다.

2 공감 : 감사인사와 함께 공감을 표시하라!

말씀해 주셔서 감사합니다. 고객님의 심정을 충분히 이해하겠습니다.

3 사과 : 마음을 담아 정중하게 사과하라!

진심으로 머리 숙여 사과드립니다.

4 대안제시 : 고객이 납득하는 해결책 또는 대안을 제시하라!

즉시 해결하겠습니다. 이렇게 해드리면 어떨까요.

1도 불편하다

경청한다. - 공감한다. - 사과한다. - 대안을 제시한다.

2도 불편하다

경청한다. - 공감한다. - 감사한다. - 사과한다. - 대안을제시한다.

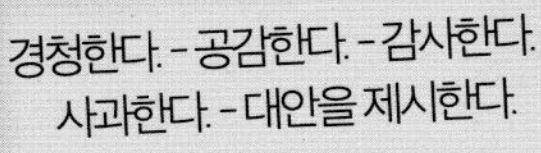

3도 터질 것 같은 분노를 느낀다

정중히 사과한다. - 경청한다. - 공감한다. - 재차 사과한다. - 대안을 제시한다. - 이후 후속절차를 안내한다.

(6) 기내에서 승객이 불만을 제기하지 않는 10가지 이유

① 목적지 도착해서 할 일도 많은데 피곤하고 귀찮다.
② 주위 승객들이 보는 것 같아 창피하다.
③ 승무원이나 항공회사에 불만을 말해도 해결될 것 같지 않다.
④ 시간과 수고의 낭비이다.
⑤ 차라리 내가 좀 참고 손해보고 이 회사 비행기 안타면 그만이다.
⑥ 기내 서비스 불량은 시간이 지나면 증거가 없고 사진 찍어 놓기도 뭐하다.
⑦ 15시간 이상 담당승무원과 함께 가야 하는데 불쾌한 것은 빨리 잊고 싶어 한다.
⑧ 서비스 불량의 경우 특정한 승무원의 행동을 비난해야 하는데 용기가 필요하다.
⑨ 불만을 말함으로써 승무원이 쌀쌀맞은 표정을 대하는 등 더 큰 불이익을 당할지 모른다.
⑩ 항공사에 불평 불만 승객이라는 나쁜 이미지가 형성될 것 같다.

객실승무원은 비행 중 고객으로부터 불만보다도 감사의 말과 칭찬을 받는 경우가 훨씬 많다. 승객은 비행 후 항공사 사이트에 접속하여 소정의 인증절차를 거친 후 자신이 받은 기내서비스에 대한 감사의 글을 쓰는 경우가 많은데 이러한 경우 항공사 담당부서는 해당 승무원, 캐빈매니저, 객실사무장의 사기를 북돋우기 위해 칭송장을 만들어 수여하곤 한다. 아래는 저자가 비행 중 받은 수많은 칭송장 중 한 개이다.

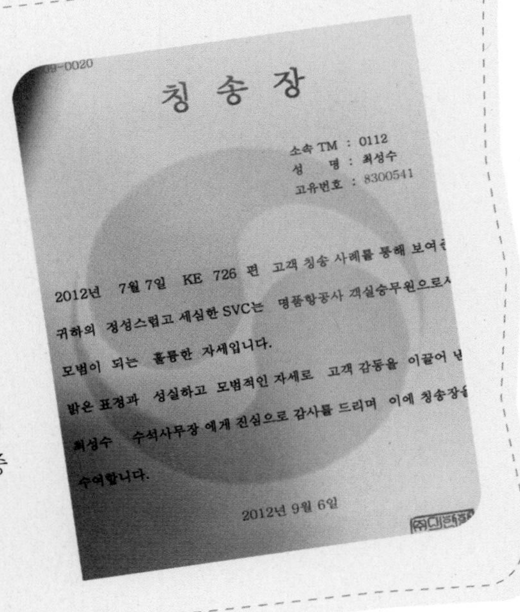

칭 송 장

소속 TM : 0112
성 명 : 최성수
고유번호 : 8300541

2012년 7월 7일 KE 726 편 고객 칭송 사례를 통해 보여
귀하의 정성스럽고 세심한 SVC는 명품항공사 객실승무원으로서
모범이 되는 훌륭한 자세입니다.
밝은 표정과 성실하고 모범적인 자세로 고객 감동을 이끌어 낸
최성수 수석사무장 에게 진심으로 감사를 드리며 이에 칭송장을
수여합니다.

2012년 9월 6일

(7) 객실승무원이 알아야 할 고객 서비스 명언

항공사 기내 서비스를 개선하자고 말하면 '돈이 없다' '사람이 없다' '무엇이 부족하다'고 말한다. 그렇다면 말해보라.
돈과 사람과 자원이 충분한 시기가 도대체 언제쯤 올 것인지를 …

-이라쿠니 / 사회 평론가

기내에서 항공사 서비스에 대해 항의하는 사람들은 하찮은 것을 가지고 흠잡는 사람들이 아니며, 오히려 구매자들을 대표하는 보다 광범위한 샘플이 되는 사람들이다.

-아서 베스트 / 하버드 대학 교수

승객들은 자신의 말을 잘 들어주고, 자신만을 항상 생각하고, 미소를 잘 짓고, 감사합니다 라는 말을 할 줄 아는 다정한 승무원을 찾습니다.

-콜린 바레트 / 사우스웨스트 항공사 부사장

항공사 객실승무원에게는 기내 서비스가 따르기 마련이고, 그것은 하나의 의무라고 할 수 있다. 그러나 그것을 단순히 의무라고 생각해서 마지못해 하려고 한다면 세상에 그것만큼 피곤한 일은 없을 것이다.
또한, 나만 피곤한 것이 아니라 승객에게도 그 "마지못해 함"이 자연히 전달되고 마는 것이다. 서비스란 상대방에게 기쁨을 주고, 또한 내게도 기쁨이 생기는 것이어야 한다. 기쁨을 주고 기뻐하는 그런 모습 가운데 진정한 기내 서비스가 존재할 수 있는 것이기 때문이다.

-미쯔시티 코모노스케

우리들의 일은 비행기를 날게 하는 것이 아니라 승객들의 여행에 봉사하는 것이다.

-얀 칼슨

- 고객만족은 '최소인자 결정의 법칙'이 적용되는 특성이 있다. 즉, 가장 열악한 기내 서비스가 당일 비행 기내 서비스의 전체를 결정짓는다. 고객을 상대하는 수많은 접점 중에서 가장 불량한 기내 접점의 수준이 그 기업 전체의 고객만족을 대표하게 되는 것이다.
따라서 접점 하나 하나, 객실승무원 한 사람 한 사람이 최고의 고객만족을 이룰 수 있도록 안전과 서비스에 최선을 다해야 한다.

-조관일 '서비스에 승부를 걸어라' 중에서

- 서비스 회복(Recovery SVC)과 관련되어 명심해야 할 세 가지 규칙이 있다.
  1. 애초에 잘하고
  2. 만약 잘못될 경우 바로 고칠 것이며
  3. 명심하라. 세번째 기회는 없다.

-레너드 베리, 텍사스 A&M 대학 마케팅 교수

- 국내 항공사 승무원들이 제일 하기 어려운 4가지 기본행동
  1. 승객의 눈을 보라.
  2. 승객을 향해 미소지어라.
  3. 승객과 대화를 나누어라.
  4. 승객에게 감사의 표시를 하라.

-주위 승객들의 표현

수행평가 퀴즈

학생들은 교수님 지시에 따라 각 Chapter 수행평가 퀴즈를 작성한 후, 절취하여 정해진 날짜까지 담당교수님에게 제출 바랍니다.

(답안지 공간 부족 경우 메모란을 활용하셔도 좋습니다.)

01 일반석 승객 하기 후 점검방법에 대해 5가지 이상 쓰시오.

02 고객의 심리 3가지를 쓰고 설명하시오.

03 승객의복 오염 시 객실승무원 고객불만 해결절차에 대해 설명하시오.

04 화장실 악취 발생 시 객실승무원 고객불만 해결절차에 대해 설명하시오.

05 앞 좌석 등받이로 인한 불편 발생 시 객실승무원 고객불만 해결절차에 대해 설명하시오.

06 불만승객 응대요령 5가지 이상 적어 보시오.

memo

객실승무원 해외국가 출입국 하기

13 Chapter 객실승무원 해외국가 출입국 하기

객실승무원이 국제선 비행할 때 많은 국가를 출입하게 된다. 따라서 승무원은 해외국가 입출국 시 회사에서 발급하는 ID CARD만 확인하는 등 승객과 달리 많은 편의를 제공하고 있으며 출입국하는 장소도 다르게 표시되어 있어 일반적으로 입출국 수속이 간편하다.

1 객실승무원에게 아이디카드(ID CARD)는 국내·국외공항에서 여권과 동일한 역할을 한다.

2 국외비행하는 승무원의 필수 아이템이며 모든 항공사가 객실브리핑 시 여권소지 여부를 확인한다.

3 객실승무원 업무교범은 팀장이 필히 소지하고 있어야 하고 일반승무원은 약본을 소지하고 있으며 항공기에 비치된 업무교범을 사용한다.

국제선 비행 시 객실승무원 비행 필수품목-한 가지라도 빠지면 비행 불가

하지만 여권 내 비자 및 국가의 특징에 맞는 서류를 반드시 소지하고 있어야 하는바, 비행 전 목적지 국가의 서류를 재확인하는 절차를 객실브리핑 시간을 통해 객실사무장·캐빈매니저가 점검하고 있다.

항공사 객실승무원은 승객에 비해 세관 검색 절차도 많은 편의를 제공하는 편이나 이러한 점을 면세범위 초과, 개인음식 휴대, 거액의 화폐운반 등 개인의 편리수단으로 이용해서는 안 된다.

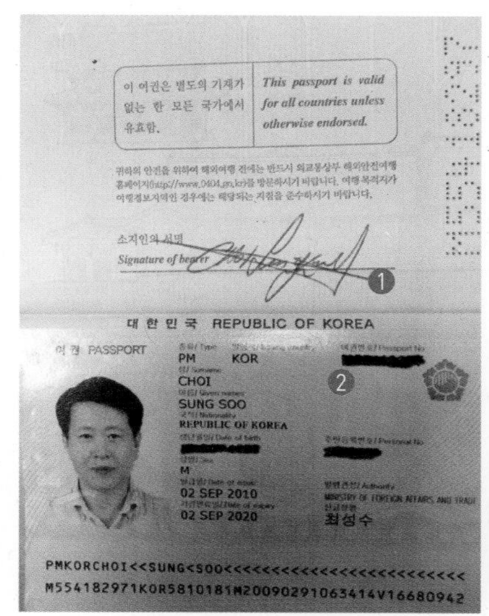

여권-승무원여권도 승객과 동일한 전자여권)(여권 내 출입국 비자-승객에 비해 간편하다.

1 모든 객실승무원은 여권수령 즉시 서명란에 Sign부터 해야 한다.

2 여권번호를 암기해두면 여러모로 편리하니 꼭 암기하도록 하자.

3 방문국 비자

참고로 2017년 9월 현재 객실승무원의 면세범위는 USD 200불이며, 상기 사진을 통해 비행필수 휴대품목과 승무원이 여권 내 소지하고 있어야 할 비행 전 필수휴대품목을 소개하였다.

승무원 비자 확인

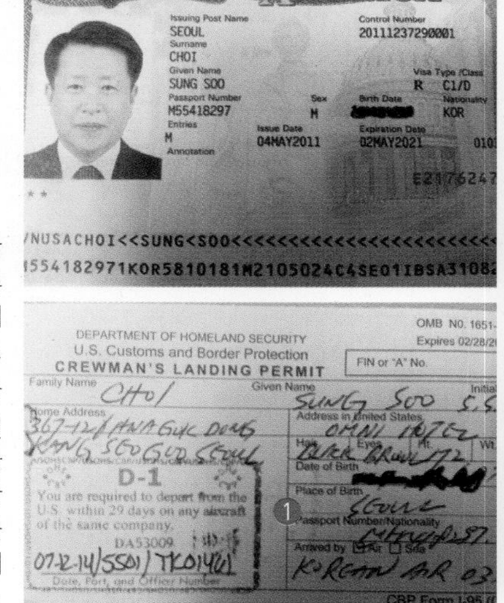

1 미국 최초 입국 시 작성하는 서류이며 여권 가운데 부착한다.

2 이후 미국 입국할 때마다 작성된 이면에 미국입국관리가 이렇게 도장을 찍어준다. 찍을 공간이 없을 시 새로이 작성한다.

승무원 미국비자-승무원은 B1/B2/C1/D[승무원용 미국입국카드 전면(후면기록)]

승무원의 면세범위

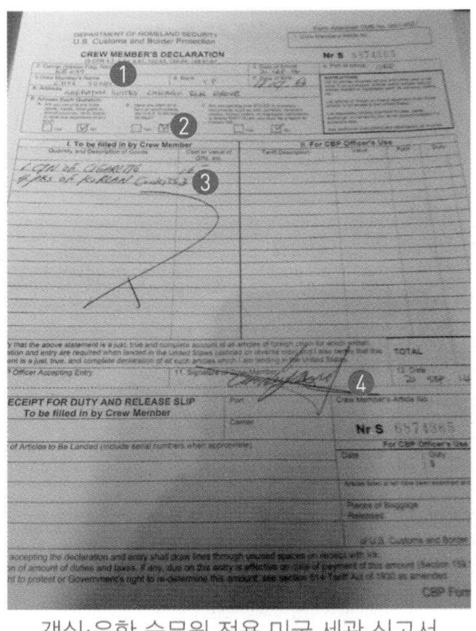
DEPARTMENT OF HOMELAND SECURITY
U.S. Customs and Border Protection
CREW MEMBER'S DECLARATION
I. To be filled in by Crew Member
II. For CBP Officer's Use
RECEIPT FOR DUTY AND RELEASE SLIP
To be filled in by Crew Member
Nr S
TOTAL

1 승무원 이름/생년월일/편명/날짜를 쓰는 공간
2 농장방문기록/세관 면세범위 초과 물품 소지 여부 체크표시
3 가방에 소지한 물품 신고란
4 서명, 어느 국가든지 서명이 상당히 중요하다.

객실·운항 승무원 전용 미국 세관 신고서
-비행 전 반드시 Pick-Up 해야 한다.

국내의 모든 승무원은 개인별 면세범위가 USD(미국달러) 100불이며, 해외에서 구입할 수 있는 물품의 총합계는 USD 200불이다. 만일 미국 시카고 쇼핑몰에서 청바지 한 벌을 구입했는데 구입단가가 USD 120불이면 해외구입 허용범위 USD 200불을 초과하지 않았으나 개인별 면세범위인 USD 100불을 초과하였기 때문에 도착 후 세관검사대에 신고해야 한다.

항공사별로 차이는 있지만 세관규정 위반 시 상당히 강한 회사제재가 수반되며, 담배는 1보루 가능하나 주류는 구입하지 못하기 때문에 유의 하여야 한다.

1 황열병 주사기록, 증명서가 노란색이라 Yellow Card라고도 한다.

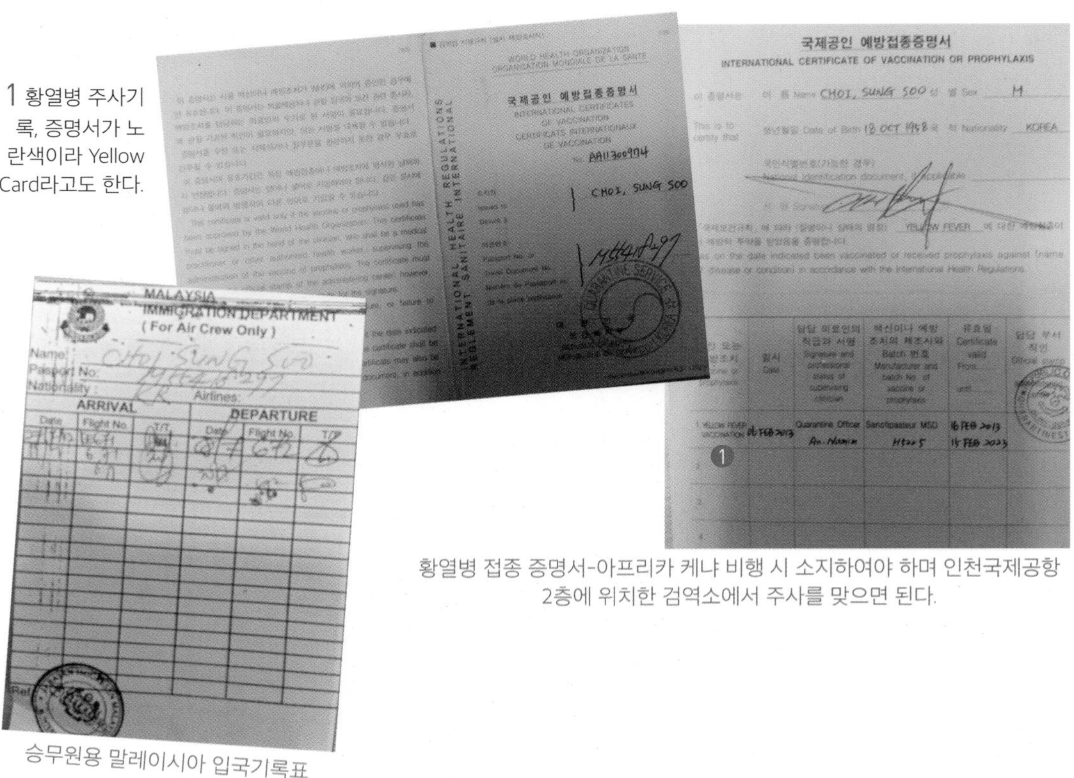
WORLD HEALTH ORGANIZATION
ORGANISATION MONDIALE DE LA SANTE
국제공인 예방접종증명서
INTERNATIONAL CERTIFICATES OF VACCINATION
CERTIFICATS INTERNATIONAUX DE VACCINATION
INTERNATIONAL HEALTH REGULATIONS
REGLEMENT SANITAIRE INTERNATIONAL
국제공인 예방접종증명서
INTERNATIONAL CERTIFICATE OF VACCINATION OR PROPHYLAXIS
YELLOW FEVER
MALAYSIA
IMMIGRATION DEPARTMENT
(For Air Crew Only)
Name:
Passport No:
Nationality:
Airlines:
ARRIVAL
DEPARTURE
Date | Flight No. | T/T.

황열병 접종 증명서-아프리카 케냐 비행 시 소지하여야 하며 인천국제공항 2층에 위치한 검역소에서 주사를 맞으면 된다.

승무원용 말레이시아 입국기록표

쉬어가는 Corner

대한항공 승무원 해외맛집

항공서비스과/항공경영과/항공운항과/항공관광과 졸업 후 항공사 객실승무원으로 근무하게 되면 꼭 한 번씩 가보시길 권유한다.

영국-호텔 근처 fish and chips 전문점

- 주메뉴 : 피시 앤 칩스, 흑맥주

태국-맨하탄 호텔 1층 누들 전문점

- 주메뉴 : 볶음누들

쉬어가는 Corner

체코-프라하 시내 족발집

• 주메뉴 : 돼지 족발구이

미국-샌프란시스코 베트남 쌀국수

• 주메뉴 : 볶음밥, 쌀국수(주인 : 베트남인)

뉴질랜드-상호 : 오클랜드 시내 소재 앵거스 비프

• 주메뉴 : 스테이크

쉬어가는 Corner

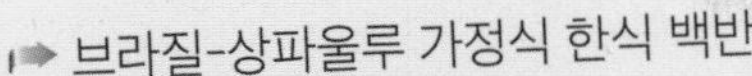

브라질-상파울루 가정식 한식 백반

- 주메뉴 : 매일 변동(한국교민 제공)

한국-기내 승무원 도시락

- 주메뉴 : 매일 다름

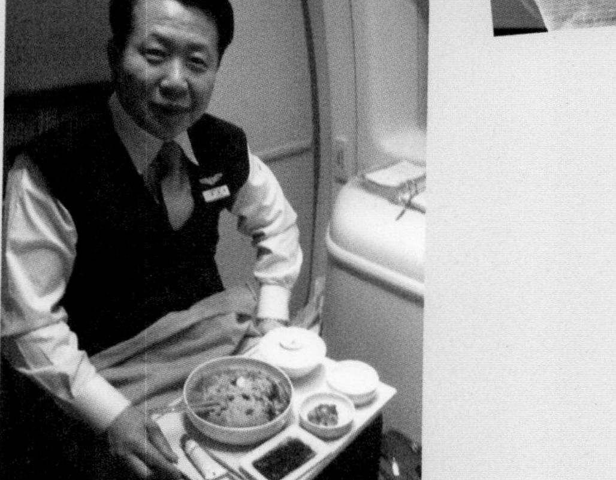

비행 중 기내-라면

- 상위클래스 라면
  (귀국 시 … 먹어보면 정말 맛있음!!)

수행평가 퀴즈

학생들은 교수님 지시에 따라 각 Chapter 수행평가 퀴즈를 작성한 후, 절취하여 정해진 날짜까지 담당교수님에게 제출 바랍니다.

(답안지 공간 부족 경우 메모란을 활용하셔도 좋습니다.)

01 국내 항공사 승무원 면세범위에 대해 설명 하시오.

이제까지 객실승무원의 업무에 대해 전 과정을 학습 완료하였습니다. 지금부터 여러분은 실제 기내현장에서 업무를 실시해도 좋을 만큼의 역량과 지식을 습득하셨기 때문에 기내업무를 하셔도 무방하리라 생각됩니다. 일단 항공사에 입사하면 서비스, 안전훈련을 거쳐 O,J,T 비행을 하게 되는데 이때 현장팀장으로부터 서비스 및 안전평가를 받게 됩니다. 평가표 내용은 아래와 같습니다.

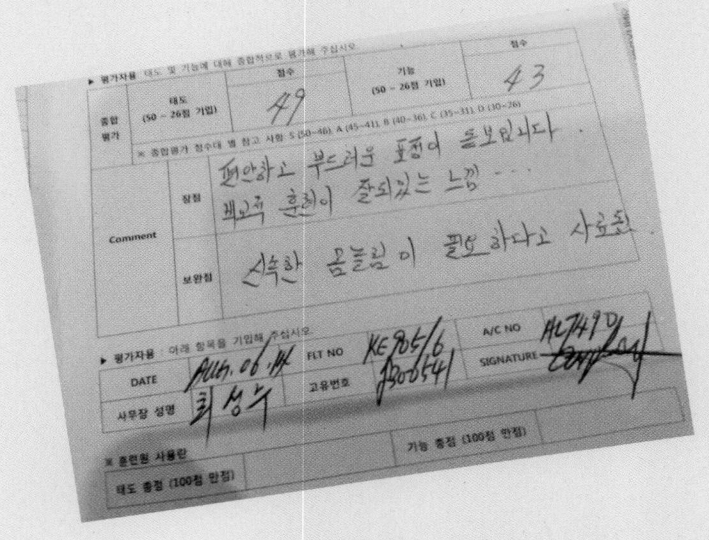

▶ 평가자용 : 태도 및 기능에 대해 종합적으로 평가해 주십시오.

		점수		점수
종합 평가	태도 (50 ~ 26점 기입)	49	기능 (50 ~ 26점 기입)	43
	※ 종합평가 점수대 별 참고 사항: S (50~46), A (45~41), B (40~36), C (35~31), D (30~26)			
Comment	장점	편안하고 부드러운 표정이 돋보입니다. 체계적 훈련이 잘되있는 느낌...		
	보완점	신속한 몸놀림이 필요하다고 사료됨.		

▶ 평가자용 : 아래 항목을 기입해 주십시오.

DATE		FLT NO	KE 905/6	A/C NO	
사무장 성명	최성수	고유번호		SIGNATURE	

※ 훈련원 사용란

태도 총점 (100점 만점)		기능 총점 (100점 만점)	

따라서 본서를 통해 학습한 여러분은 어느 항공사 객실승무원으로 근무하시든지 비행에 필요한 모든 사항을 습득하셨기 때문에 상당히 훌륭한 평가를 받을 수 있다고 사료되며 모쪼록 비행근무하시는 내내 여러분의 앞날에 무궁한 발전과 행운 그리고 비행안전이 늘 함께하시길 기원드립니다. 본 교재를 가지고 강의하시느라 학생들의 지도에 수고 많으셨던 교수님에게도 머리 숙여 심심한 감사의 말씀을 드립니다. 수고 많으셨습니다.

공동저자 대표 최성수 교수 드림

memo

참고문헌

검색엔진 내 대한항공 견학 블로그

국토해양부 국토교통뉴스(www.news.airport.co.kr)

기내식음료 서비스 실무(2016), 한올출판사, 최성수

대한항공 객실승무원 서비스 매뉴얼

대한항공 객실승무원 업무교범

대한항공 객실승무원 업무/서비스 교범

대한항공 홈페이지

대한항공/아시아나/제주항공/진에어/이스타항공/T way/유스카이항공 홈페이지

봄바디아 항공사 홈페이지

보잉 항공사 홈페이지

아시아나항공 홈페이지

에어버스 항공사 홈페이지

위키백과 /위키 pedia /You tube 내 항공기 소개

인천국제공항 홈페이지(www.airport.kr)

한수성의 영종 블로그(대한항공 Kalman Site 내)

항공기 객실구조 및 비행안전(2015), 한올출판사, 최성수

항공정보 포털 시스템(Air Portal)

Docs From 32 years Flight in Korean air

Knowledges From 32 years Flight in Korean air

NCS(국가능력표준) 객실승무관리(2016), 한올출판사, 최성수

NCS(국가능력표준) 기내일상안전관리(2016), 한올출판사, 최성수

NCS(국가능력표준) 비행 중 서비스(2016), 한올출판사, 최성수

NCS(국가능력표준) 승객탑승 전 준비, 이륙 전 서비스(2016), 한올출판사, 최성수

NCS(국가능력표준) 승객 하기 후 관리(2016), 한올출판사, 최성수

NCS(국가능력표준) 응급환자 대처(2016), 한올출판사, 최성수

NCS(국가능력표준) 착륙 전, 착륙 후 서비스(2016), 한올출판사, 최성수

Pictures From 32 years Flight in Korean air

www.ncs.go.kr

www.tsa.gov 미국교통안전청(Transpotation Security Administration) 홈페이지

NEW 항공객실 업무론

초판 1쇄 발행 2017년 8월 10일
2판 2쇄 발행 2021년 3월 10일
3판 1쇄 발행 2023년 2월 20일

지은이 최성수 · 서승혜 · 라미진 · 표경아 · 이인희
펴낸이 임 순 재

펴낸곳 (주)한올출판사
등 록 제11-403호
주 소 서울시 마포구 모래내로 83(성산동, 한올빌딩 3층)
전 화 (02)376-4298(대표)
팩 스 (02)302-8073
홈페이지 www.hanol.co.kr
e-메일 hanol@hanol.co.kr

ISBN 979-11-6647-317-3

□ 이 책의 내용은 저작권법의 보호를 받고 있습니다.
□ 잘못 만들어진 책은 본사나 구입하신 서점에서 바꾸어 드립니다.
□ 저자와의 협의하에 인지가 생략되었습니다.
□ 책 값은 뒤 표지에 있습니다